기독교
학교
교육론

기독교 학교 교육론

지은이 | 박상진
펴낸이 | 원성삼
펴낸곳 | 예영커뮤니케이션
초판 1쇄 발행 | 2006년 9월 5일
초판 7쇄 발행 | 2021년 7월 21일
등록일 | 1992년 3월 1일 제2-1349호
주소 | 03128 서울시 종로구 대학로3길 29, 313호 (연지동, 한국교회100주년기념관)
전화 | (02) 766-8931
팩스 | (02) 766-8934
이메일 | jeyoung@chol.com
ISBN 978-89-8350-408-1 (03230)

값 14,000원

모든 인간은 하나님의 형상을 닮은 존귀한 존재입니다. 사람은 인종, 민족, 피부색, 문화, 언어에 관계없이 모두 다 존귀합니다. 예영커뮤니케이션은 이러한 정신에 근거해 모든 인간이 존귀한 삶을 사는 데 필요한 지식과 문화를 예수 그리스도의 사랑으로 보급함으로써 우리가 속한 사회에 기여하고자 합니다.

기독교 학교 교육론

박상진 지음

예영커뮤니케이션

머리말

      이 책은 고통 가운데 있는 교육 현실에 대한 아픔으로부터 시작되었다. 마치 이스라엘 백성들이 애굽의 압제 밑에서 고통당하며 신음하듯이, 수 많은 학생들과 학부모들이 왜곡된 교육의 어두운 현실 속에서 아파하고 있다. 학교폭력, 조기유학, 입시지옥, 교실붕괴, 그리고 지금도 계속되는 학생들의 자살 등은 고통당하는 교육의 증상들이다. 왜 교육이 고통이어야 하는가? 왜 교육이 감당하기 어려운 짐이 되어야 하는가? 원래 '하나님의 교육'은 고통이 아닌 축복이요 감격임을 깨닫고, 교육의 영역에서 하나님 나라를 확장하는 것, 그것이 바로 기독교학교교육의 목적이요 비전이다. 이 책은 이러한 비전을 이야기한다. 하나님이 이스라엘 백성들의 신음소리를 들으시고 출애굽을 준비하시듯, 하나님은 오늘의 고통스러운 교육에 대해 대안을 준비하시며 이를 실현할 모세같은 일꾼을 찾으신다. 우리가 조금만 교육현장에 귀 기울여도 고통의 소리를 들을 수 있고, 우리가 조금만 하나님의 비전을 향해 눈을 열어도 가슴 벅찬 새로운 교육을 바라볼 수 있다. '기독교학교교육론'은 교육을 창조하신 하나님께서 일그러지고 뒤틀린 교육을 구속하시는 그 사역에 우리가 어떻게 동참할 수 있을 지를 소개하고 있다. 이 책을 통해, 교육의 영역에서 하나님 나라를 이루기 위해 기독교사로서, 학부모로서, 학교설립자로서, 목회자로서 우리가 무엇을 해야 할지를 안내받을 수 있을 것이다.

이 책은 또한 기독교학교교육에 대한 개론서이다. '기독교학교교육론'이라는 제목이 의미하듯이 이 책의 중요한 관심은 '기독교학교'이다. 우리나라에서 기독교학교의 역사는 한국교회의 역사와 동일하고, 동시에 한국교육의 역사와도 일치한다. 지금도 수많은 기독교학교들이 교육적 사명을 지니고 기독교교육을 실천하고 있다. 그러나 기독교학교를 대상으로 연구하며 설명하고 이를 지원하는 노력은 매우 미약하다. '기독교학교' 분야를 전공하는 학자도 거의 없을 뿐 아니라, '기독교학교'를 탐구할 수 있는 교과서나 교재도 취약하며, 이 분야의 연구소나 지원체제도 제대로 마련되어 있지 않다. 신학대학교에 기독교교육(학)과가 존재하지만 그 주된 관심이 교회교육에 있기 때문에. 기독교학교교육이 기독교교육의 중요한 영역임에도 불구하고 이에 대한 교육과 연구가 충분히 이루어지고 있지 못한 실정이다. 최근 급속하게 확산되고 있는 기독교대안학교에 대해서도 이론적인 연구나 지원이 실천을 따라가지 못하고 있다. 이 책은 이러한 기독교학교교육 실천의 견고한 기초를 확립하기 위한 것이다. 이 책의 또 하나의 중요한 관심은 '기독교적 학교교육'으로서 공교육에 대한 기독교적 접근을 포함한다. 비록 기독교학교가 아닌 공교육에서도 하나님의 주권이 인정되어야 하며, 기독교사들을 통해 하나님의 나라가 확장되어야 한다. 좋은교사운동을 비롯한 이 땅의 기독교사운동으로 말미암아 교실과 학교의 모든 영역 속에서 '기독'의 의미가 실현되어야 하며, 교육정책에 이르기까지 기독교적 변혁이 추구되어야 한다. '기독교학교교육론'은 이론적으로 이런 실천을 지원하는 것을 목적으로 한다.

이 책은 내 삶의 여정을 인도하신 하나님의 선물이다. 돌이켜 보면 대학에서 교육학을 공부하기 시작한 이후 오늘에 이르기까지의 그 과정 굽

이굽이가 하나님의 섭리로 채워져 있음을 깨닫는다. 교육학-신학-기독교교육학으로 이어지는 이론적 여정과 기독교사운동-교회사역-기독교학교교육연구소로 이어지는 실천적 여정도 하나님의 뜻을 조금이나마 더 알게 하시기 위한 그분의 손길이다. 내가 교육학과에 입학한 이후 '교육'이라는 단어는 내 심장을 두근거리게 하는 주제어가 되었고, 교육으로 인해 고통당하는 수많은 학생들의 신음소리는 이 길을 재촉하시는 주님의 또 다른 음성이었다. 대학원에서 공부한 교육사회학은 교육을 보다 비판적으로 성찰할 수 있는 눈을 뜨게 하였고, 한국행동과학연구소와 한국정신문화연구원 교육연구실, 그리고 한국교육개발원에서의 연구원 경험은 훗날 기독교학교교육연구소를 시작하게 하는 동인이 되었다.

그 후, 한국기독교사회(TCF) 대표간사로의 사역은 기독교사들을 섬기며 교육현장을 배우는 더 없이 좋은 기회였고, 기독교적으로 교육을 바라보는 것이 무엇을 의미하는지를 깨닫는 계기였다. 그리고 기독교사 운동이 얼마나 소중한지를 체험하게 되었는데, 이 때 꾸었던 꿈이 기독교사연합으로 열매맺게 되었고, 오늘의 좋은교사운동으로 발전하게 되었다. 지금도 부족하지만 좋은교사운동의 이사로 기독교사운동에 참여하고 있다. 특히, 신학공부와 목사 안수, 그리고 교회에서의 사역은 한국교회의 교육적 사명에 대해 깊이 생각할 수 있는 기회가 되었고, 교회와 학교, 학교와 가정, 그리고 교회와 가정의 연결이 얼마나 소중한 지를 깨닫게 해 주었다. 장로회신학대학교 기독교교육연구원에 책임연구원으로 일하면서 기독교교육함의 의미와 소중한 가치를 체험하였고, 5년간의 미국 유학생활은 기독교교육학을 공부하는 즐거움을 만끽하는 기간이었다. 지난 5년간 광나루에서 기독교교육학도들을 가르치는 기쁨을 누리면서 한국교회만이 아니라 한국교육에 대해 기독교교육학이 갖는 책무성을 깊이 인식하게 되었다. '기독교학교교육'이란 과목을 가르치면서 기독교교육의 너무나 중요한 하위영역이면서도 기독교교육학의 관심을 제대로 받지 못한 영역임이 안타까웠고, 그 안타까움은 소명이 되었고 하나님의 은혜와 많은 분들의 도움으로 최근에는 기독교학교교육연구소를 시작하게 되었다.

이 책은 이러한 삶의 여정 가운데 고민하고 아파했던 내용들을 담고 있다. 기독교학교교육의 문제에 대해 해답을 얻었다기보다는 질문하는 법을 배웠다고 할 수 있다. 설익은 과일을 내놓는 것 같아 쑥스럽고 부끄럽기도 하지만 번역서 외에는 '기독교학교교육' 분야의 교과서가 전혀 없는 현실 속에서 조그마한 참고라도 되기를 바라는 마음으로 이 책을 출간하게 되었다. 사실 모든 실천의 분야는 이를 담당하는 학문의 분야가 있는데, 그동안 우리나라의 기독교학교교육 분야는 이에 해당되는 학문의 분야가 없었다고 해도 과언이 아니다. 향후 이 분야가 '기독교학교교육학'이라는 분명한 전공영역이 되기를 바라는 마음으로 우선 이 책의 제목을 '기독교학교교육론'이라고 정하였다. 이 책이 기독교학교교육 현장에 계시는 분들과 공부하는 기독교교육학도들에게 하나님이 기뻐하시는 기독교학교교육으로 나아가는 작은 디딤돌이 되기를 바란다.

이 책은 크게 다섯 개의 영역으로 구성되어 있는데, 첫째, '기독교학교의 정체성'에서는 기독교학교가 무엇인지, 어떻게 분류되고 정의될 수 있는지를 살펴보았고, 둘째, '기독교학교교육의 기초'에서는 교육에 대한 기독교세계관적인 접근과 기독교사의 소명과 역할, 그리고 초기 한국교회사 안에서의 기독교학교의 역사적 기원에 대해 탐구하였다. 셋째, '기독교학교교육의 과제'에서는 지성과 영성의 통합의 문제, 경건 교육의 과제, 그리고 종교교육의 자유의 문제를 다루었다. 넷째, '기독교학교교육의 이슈'는 한국에서 기독교학교가 직면하고 있는 다양한 이슈, 즉 입시경쟁, 조기유학, 평준화제도 등을 포함하는데, 이 문제들을 해결하는 한 운동으로서 기독교사운동의 방향을 제시하였다. 마지막으로 '포스트모던 시대의 기독교학교교육'에서는 포스트모던 시대와 멀티미디어 커뮤니케이션 시대의 새로운 도전에 대해 기독교학교교육이 어떻게 응전해야 하고, 학원선교가 어떤 전략으로 대응해야 할 지를 다루었다. 각 장마다 마지막에 내용을 정리하며 심화시킬 수 있는 토의주제들을 제시하였다.

이 책은 많은 사람들의 도움이 없이는 출간될 수 없었을 것이다. 함께 기독교사운동에 참여했던 기독교사들과 '기독교학교교육' 수업에서 진지하게 토의에 참여했던 기독교교육학도들, 그리고 기독교학교에서 묵묵히 일하는 기독교교육자들과 기독교대안학교 운동에 용기있게 뛰어든 동역자들은 나에게 기독교학교교육에 대한 놀라운 통찰을 주었고, 이 책은 그 분들에게 큰 빚을 지고 있다. 무엇보다 이 책이 기독교학교교육연구소의 연구시리즈 첫 번째 도서로 출간될 수 있도록 후원해주시는 김진홍 이사장님을 비롯한 이사님들과 연구원들, 그리고 연구학기를 주어 이 책의 내용을 정리할 수 있는 시간을 갖게 해 준 장로회신학대학교 김중은 총장님께 감사를 드리며, 기독교교육의 여정을 즐겁게 동행해 준 아내 인혜와 딸 예정에게도 고마움을 전한다.

2006년 8월

박 상 진

차 례

3부 기독교학교교육의 과제

5부 포스트모던 시대의 기독교학교교육

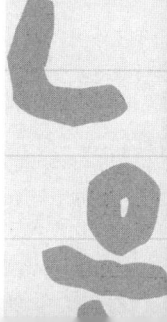

1부

기독교학교의
정체성

제1장 왜, 기독교학교인가?

1. 또 하나의 학교?

왜, 기독교학교인가? 오늘날 수많은 학교들이 존재하고 있고, 농어촌이나 산간벽지에서는 더 이상 학생들을 모집할 수 없어서 폐교하는 학교들이 늘어나고 있는 이 때에 과연 또 하나의 학교를 설립할 필요가 있는가? 교회마다 교회학교가 있지만 양적 성장이 정체되고 있을 뿐만 아니라 질적으로도 무기력해져가고 있기에 교회교육의 내실화가 시급한 이 때에 학교를 설립하는 것이 과연 우선순위가 있는가? 우리나라에 여러 종교가 있지만 개신교의 미션스쿨이 가장 많은 비중을 차지하고 있는데 또 기독교학교를 설립하여야 하는가? 교회의 여러 가지 사역의 과제 중 기독교학교 설립이 어느 정도 절실한 필요성을 지니는 것인가? 기독교학교가 설립되기 위해서는 이러한 질문들에 대해 응답해야 하는데, 이 글에서는 그 대답을 모색하며 한국교회가 왜 기독교학교에 관심을 갖고 '기독교학교 설립 운동'에 참여해야 하는지를 논의하려고 한다. 이를 위해 먼저 한국의 기독교학교교육을 대략적으로 진단하며 기독교학교의 정체성이 무엇인지를 밝히고, 기독교학교가 왜 필요한지를 설명하며, 또한 향후 어떤 모습의 기독교학교를 추구해야 할지를 논의하려고 한다.

2. 기독교학교의 정체성

우리나라 학교교육은 기독교와 관련이 깊다. 근대 학교교육은 선교
사들에 의해 세워진 미션스쿨(mission school)로부터 시작되었다. 1884년부
터 미국 북장로교회의 알렌(H. N. Allen)과 언더우드(H. G. Underwood), 미국
북감리교회의 아펜젤러(H. G. Appenzeller)와 스크랜튼(W. B. Scranton)등이
선교를 위해 경신, 배재, 이화, 정신 등의 학교를 세워 기독교 학교교육을
시작하였다. 이러한 미션스쿨은 기독교계 학교 설립으로 이어지는데, 1910
년 2월을 기준으로 설립된 기독교계 학교수가 796개교에 이르렀다.[1] 현재
는 1964년에 출범한 기독교학교연맹(초교파) 산하에 335개 학교가 소속되어
있다.

정웅섭은 이러한 한국 기독교학교의 역사를 4개의 시기로 구분하고
있다. 즉, 제1기 이교문화와의 대결시대(1884-1919), 제2기 일제 침식문화와
의 대결시대(1919-1945), 제3기 세속문화와의 타협시대(1946-1969), 제4기 정
체성 상실의 위기시대(1970-현재)이다.[2] 특히 기독교계 학교들은 1969년도
의 중학교 무시험 제도와 1974년의 고교 평준화 제도, 그리고 1980년도의
대입을 위한 고교 내신제도 등의 문교부(교육부) 입시 제도의 변천은 기독
교계 학교의 정체성에 심한 혼동을 야기하였다. 더군다나 '학습자 중심의
교육과정 운영'을 명분으로 하는 최근의 제7차 교육과정[3]은 종교 교과를
선택과목, 그것도 복수선택 교과의 하나로 규정함으로써 기독교계 학교의
존립 기반을 위협하고 있는 실정이다.[4]

이러한 기독교학교의 정체성 혼동의 시대에서 어떻게 기독교 학교
교육의 본래의 모습을 회복하며, 학교교육의 영역에서 하나님 나라를 이루
어갈 수 있을 것인가? 기독교학교의 필요성을 논하기 이전에 먼저 기독교
학교의 정체성을 분명히 하는 것이 필요하다. 은준관은 기독교학교의 정체

성에 대해 다음과 같이 질문을 던지고 있다.

> 한국에도 기독교학교가 200여 개가 넘는데, 학교 교훈을 하나님 사랑, 나
> 라 사랑, 이웃 사랑이라고 했다고 해서 기독교학교인가, 교장이 목사나 장
> 로이고, 교목이 있다고 해서 기독교학교인가, 아니면 정말 기독교학교가
> 그리스도의 사랑이라는 하나의 초월적인 차원이 학교의 행정, 교사들의
> 가르침, 교목들의 분위기, 그 학교 전체의 교육철학의 모든 구조를 꿰뚫고
> 학생들이 배우기도 하지만 그리스도의 사랑을 학문과 함께 호흡할 수 있
> 는 통합된 공동체인가? 어떤 것이 기독교학교인가?[5]

기독교학교의 정체성을 분명히 파악하기 위해서는 기독교학교교육
과 관련된 개념으로서 미션스쿨, 기독교계 학교, 기독교학교 등의 용어들
을 명료화시킬 필요가 있다.

(1) 미션스쿨과 기독교계 학교의 정체성

먼저 미션스쿨(mission school)의 정체성을 살펴보자. 고용수는 학교
설립 목적이 교육이라는 측면보다는 지상명령으로서 전도를 수행하기 위해
세워진 학교를 미션스쿨로 보고 있다.[6] 즉 미션스쿨은 설립자가 선교사로서
그 선교사가 소속되어 있는 교단과 연계되어 운영되며 교육을 수단으로 선
교적 사명을 성취하는 것을 목적으로 하고 있다. 그래서 미션스쿨에는 채
플, 성경과목, 부흥회, 전도 프로그램이 교육과정에 포함되어 있고, 교단에
소속된 교목이 있으며 교단과 관련된 인사들이 이사진을 구성하게 된다.

고용수에 의하면 기독교학교는 선교 초기의 미션스쿨과는 달리 교
육이 전도의 수단만이 아니고 교육에 전문성을 두면서 기독교 정신을 구현
하는 학교로 정의하고 있다. 그러나 1985년 장로교 통합 교단 내에 기독교

학교협의회가 결성될 때에는 학교의 건학이념이나 교육이념에서 '기독교 신앙에 의하여' 혹은 '기독교 정신에 입각하여'라는 등이 명시되어 있고, 교목과 채플, 성경과목이 있으면 기독교학교라고 정의하였다.[7] 사실상 해방 이후 대부분의 외국 교단의 선교 본부가 떠난 이후에는 미션스쿨과 기독교학교가 실제상으로는 혼용되어 왔다고 할 수 있다.

그런데 최근의 '기독교학교' 설립 운동은 미션스쿨과 큰 차이 없이 사용되어 온 '기독교학교'의 개념과는 구별되는, 보다 더 모든 학교교육의 내용과 행정, 활동이 기독교적으로 이루어지는 학교의 개념으로서 '기독교학교'라는 용어를 사용할 것을 요청하고 있다. 이런 점에서 필자는 '기독교계 학교'와 '기독교학교'를 구분하려고 한다. '기독교계 학교'는 기독교 정신의 건학이념을 갖고 있고, 교회나 기독교인에 의해 세워졌으며, 교목실이 있고, 채플이나 성경시간이 있어서 학원선교에 초점을 두는 학교라고 할 수 있다. '기독교학교'는 구조적이고 행정적으로 기독교적인 학교로 머무르는 것이 아니라 모든 교과목과 교육활동이 기독교적 관점으로 이루어지는 학교를 의미한다.

(2) 기독교학교와 관련된 네 가지 모델

'기독교학교'의 정체성을 보다 분명히 이해하기 위해 이 명칭이 지닌 특징을 분석할 필요가 있다. '기독교학교' 안에서 '기독교'와 '학교'가 어떻게 관련을 맺느냐에 따라 기독교 학교 유형을 네 종류로 분류해 볼 수 있다.[8]

첫째, '기독교' 학교로서 교회모델이라고 부를 수 있다. 기독교적인 특성을 강조한 나머지 학교의 본래의 성격을 떠나 오히려 교회와 같은 성격을 지니는 학교이다. 이사장이나 교장, 교목이 지나치게 학교의 모든 영역을 통제, 지배하고 간섭하는 유형이다. 이들이 교회의 당회와 같은 성격을 지닌다고 본다면 교사나 학생들은 마치 이들의 명령에 순종해야 하는 교인(평신도)들로 인식될 수 있는 구조이다. 이러한 학교는 '권위주의적' 형태를 취하기 쉬우며, 의사결정 구조가 위계적이며 수직적일 가능성이 있다. 예배와 성경과목, 부흥회와 수련회를 통한 학생들의 '영혼구원'이 가장 중요한 학교의 과제로 인식된다.

둘째는 기독교 '학교'로서 세속모델이라고 부를 수 있다. 교회와 관련을 맺고 있고 기독교 정신에 입각해 설립되었다고 하지만 실제적으로는 일반학교와 거의 차이가 없는 경우이다. 형식적으로 예배와 성경과목이 존재하기는 하지만 그 보다는 더 많은 학생들이 일류대학에 입학하는 것을 중요하게 여긴다. 일반학교와의 입시경쟁에서 더 우위를 점함으로서 기독교학교의 우월성을 증명할 수 있다고 생각한다. 학교의 건학이념이나 교훈, 그리고 예배시간과 성경과목을 제외한 다른 모든 요소는 일반학교와 구별되지 않는 유형의 학교이다.

셋째는 '기독교' '학교'로서 분리모델이라고 부를 수 있다. 기독교적인 건학 정신을 강조하며 학원선교에 깊은 관심을 가지고 있는 학교이다. 동시에 '일류' 학교가 되기 위해 부단히 노력하는 학교이다. 그러나 이두가지가 서로 분리된 채 존재한다. 기독교적인 관점이 '학교'의 모든 활동에 스며들지 못하고 학생 전도나 양육(제자훈련)으로 제한된다. 학교의 교사는 교회에서는 '열심히 일하는' 봉사자이고 학교에서는 '성실한' 교사이지만 이 두 가지가 이분법적으로 공존할 뿐이다.

넷째는 '기독교학교'로서 통합모델이라고 부를 수 있다. '기독교적인 것'과 '학교적인 것'이 조화롭게 통합되어 있는 유형이다. 기독교적인 건학정신에 의해 설립되고 교회와 유기적으로 관련되어 있을 뿐만 아니라 기독교적인 관점과 가치관이 모든 학교 조직과 활동, 교육내용 속에 스며들어 있다. 예배나 성경시간을 통한 학원복음화만이 아니라 각 교과 내용이나 교육방법, 학생상담 등이 기독교적인 관점에서 이루어진다. 이 유형의 교사는 교회에서 '좋은' 교인, 학교에서 '좋은' 교사로 구분되는 것이 아니라 좋은 '기독교사'이다.

(3) 기독교학교의 정체성

미션스쿨이 한국 기독교 학교교육에 공헌한 바는 지대하다. 특히 학원선교라는 관점에서 볼 때, 미션스쿨을 통해 수많은 학생들이 복음을 소개받고 예수 그리스도를 구주로 영접하여 기독교인이 되었다. 주중에 있는 채플과 성경시간을 통해 기독교적 가치관을 심어주고 불신학생들에게도 기독교적 윤리의식을 심어주는 통로가 되었다. 그런데 미션스쿨과 기독교계 학교가 지니는 한계성이 있다. 그것은 기독교적 건학이념이 모든 교과의 교육내용이나 학생생활 지도, 상담, 그 밖의 모든 학교교육의 활동 속으로 스며들지는 못하고 있다는 것이다. 예배와 성경교과를 제외한 일반 교과는 일반학교 교육과 다를 바 없으며, 학교제도가 지니는 여러 가지 사회적이고 구조적인 문제들(예컨대 입시경쟁, 획일적, 관료주의적 교육구조, 과외열풍 등)로부터 여전히 자유롭지 못하다.[9]

최근에 점차 활발하게 움직이고 있는 기독교적 학교교육을 위한 노력으로서 기독교학교 설립 운동을 들 수 있다. 학교붕괴를 경험하고 있는 작금의 학교교육에 대한 하나의 대안운동으로서 기독교학교를 설립하는 운동이다. 기독교학교는 대부분의 미션스쿨이나 기독교계 학교처럼 교회나 뜻있는 기독교인에 의해서 설립되고 운영되지만 몇 가지 점에서 미션스쿨이나 기독교계 학교와 구별된다. 첫째, 기독교학교는 단지 학원선교의 차원만이 아니라 교육내용에 있어서도 기독교적 세계관에 입각해 가르치려는 노력을 기울인다. 예배나 성경과목만이 아니라 모든 교과목에서 기독교적 관점으로 가르칠 것을 주장한다. 예컨대 일반학교의 국어과목을 그대로 가르치는 것이 아니라 기독교적 관점에서 국어를 가르친다. 따라서 교사들의 교과목별 연구모임이 매우 중요한 비중을 차지하고 있다. 둘째, 기독교학교는 대안교육으로서의 성격을 지닌다. 입시경쟁의 열기에 휩싸여 비인간적인 특징을 지니는 일반 공교육의 문제들을 개선하려는 의지에서 출발한 학교들이다. 그래서 일반학교의 동질성보다는 차별성에 역점을 두며, 어떤 점에서는 실험적으로 운영되고 있다. 아직 그러한 시도의 결과를 정확히 평가할 수는 없지만 여러 가지 참신한 형태로 시도되고 있다. 셋째, 기독교학교 운동은 충분한 재원을 기반으로 하는 대규모 회사나 기관, 단체에 의해 추진되기 보다는 교사 중심의 운동이다. 일반학교나 미션스쿨의 행정구조가 보다 상하관계를 강조하는 수직적 구조를 지닌다면 기독교학교는 교사들의 참여가 적극적으로 보장되는 수평적 구조를 지니고 있다.[10]

3. 기독교학교의 필요성

오늘날 우리나라 국민의 가장 큰 관심 중의 하나가 '교육의 문제'이고, 한국교회 성도들의 대부분의 가장 중요한 기도제목 중의 하나가 '자녀교육'에 관한 것이라고 할 수 있다. 교회가 교인들의 삶의 문제를 진지하게 생각한다면 맞부딪힐 수밖에 없는 주제가 바로 자녀들의 교육의 문제인데, 이는 교회학교 교육이나 신앙교육만을 의미하는 것이 아니라 학교교육을 포함하는 것이다. 얼마나 많은 부모들이 자녀들의 학교교육 문제로 인해 눈물 흘리며 기도하는가? 교회가 그 교인들의 고민을 함께 느끼며 해결하려는 노력을 기울이려고 한다면 기독교학교 설립에 관해서 관심을 갖지 않을 수 없다. 좀 더 구체적으로 기독교학교의 필요성을 살펴보면 다음과 같다.

1) 기독교교육의 요청

기독교교육(Christian education)은 교회교육(Church education)과 동일시 될 수 없다. 종전까지 기독교교육은 교회 울타리를 넘지 못한 채 교회 안의 교육만을 의미하는 것으로 여기는 경향이 있어왔다. 그 대상은 자라나는 세대로 제한되어 심지어는 주일학교교육(Sunday school education)과 동일시되곤 하였다.[11] 그러나 기독교교육은 그 장(場)을 교회로만 제한하지 아니하고 학교, 가정, 사회, 더 나아가 사이버 공간까지를 모두 포함한다. 은준관은 그의 책 『기독교교육현장론』에서 네 가지 기독교교육 현장의 원형을 열거하고 있는데, 예배공동체, 가정공동체, 학교공동체, 사회공동체이다.[12] 정웅섭은 기독교교육의 장을 두 학교로 설명하였는데, 하나는 주일학교이고 다른 하나는 '학교'(기독교학교)라고 하였다.[13] 김희자는 브루멜른(Van Brummeln)의 연구를 인용하면서 가정, 교회, 학교를 기독교교육의 '삼각 받침대'라고 주장하였다.[14] 가브리엘 모란(Gabriel Moran)도 그의 책 『Religious Education As A Second Language』에서 교육기관으로 가정이나 교회 외에 학교와 직장에서의 배움(apprenticeship)이 포함되어야 함을 말한다.[15] 기독교교육의 장으로서 학교는 학생들이 일주일 중 5일 또는 6일이라는 가장 많은 시간을 보내는 장으로서 그 영향력에 있어서도 가장 심대할 수 있다. 또한 교회라는 개념을 넘어서서 '하나님 나라'라는 관점으로 바라볼 수 있다면 교육의 장은 확대된다. 기독교교육이 형식적인 의미만이 아니라 참된 의미를 지니려면 학교라는 장을 결코 그 영역에서 제외시킬 수 없으며, 기독교교육의 중심적인 장으로 인정하여야 한다. 기독교교육은 본질상 학교교육이 기독교적이기를 요청하고 있는 것이다.

2) 전인적 신앙교육의 요청

기독교 신앙교육은 좁은 의미의 '신앙생활' 또는 '교회생활'만을 의미하지 않는다. 모든 삶의 영역에서 주님되심(Lordship)을 인정하는 것을 의미하고, 전인(whole person)을 그 관심으로 포함한다. "예수는 그 지혜와 그 키가 자라가며 하나님과 사람에게 더 사랑스러워 가시더라"(눅 2:52)는 말씀은 기독교교육이 영적인 차원만이 아니라 지적 차원, 신체적 차원, 정서적 차원, 관계적 차원 등을 포용함을 보여준다. 사실 영적인 차원은 다른 차원으로부터 분리될 수 있는 것이 아니라 서로에게 스며들어 있는 것이다. 알버트 그린(Albert E. Greene)은 『기독교세계관으로 가르치기』에서 '신앙과 학문이 통합되어야 한다'는 말에 오히려 결함이 있음을 지적하는데, 왜냐하면 애시당초 신앙과 학문은 분리될 수 없는 것이기 때문이라는 것이다.[16] 가치중립적인 지식은 없으며, 신앙에 근거하지 않은 지식은 없다.[17] 신앙은 아동(청소년)들이 공부하는 국어, 영어, 수학, 사회, 과학, 예술, 기술 등 모든 교과목과 관련되며 CA활동을 비롯한 학교생활 전체와 관련된다. 전인적 신앙교육이 기독교학교교육을 요청하고 있다.

3) 기독교 인재 양성의 요청

하나님 나라의 일꾼을 양성하고 사회 각 분야의 기독교적 리더십을 지닌 인재를 양성하기 위해서 기독교학교가 요청된다. 오늘날 정치, 경제, 사회, 문화, 예술, 교육 등 모든 분야에서 진정한 지도자를 요구하고 있는데, 일반 공교육은 이러한 지도자를 양성하기에 불충분한 구조이다. 특히 1974년 평준화 이후, 교육은 더 이상 수월성(excellence)을 추구할 수 없는 형편이 되고 말았다. 평등의 가치는 추구되었는지 모르지만 하나님께서 허락하신 재능들을 최대한 발휘할 수 있는 영재교육과 지도자교육이 설 자리를 상실하고 말았다. 기독교적 신앙을 바탕으로 각 분야 속에서 탁월한 리더십을 발휘할 수 있는 인재를 양성하는 것은 세상을 변혁(transformation)시키는 기독교적 영향력을 극대화하는 방법이기도 하다. 이러한 기독교 인재양성이 기독교학교를 요청하고 있다.

4) 기독교적 긍휼의 요청

기독교학교의 인재양성이라 함은 엘리트 교육만을 의미하는 것이 아니다. 기독교학교는 하나님의 긍휼에 기초해야 한다. 모든 인간은 하나님의 형상을 따라 창조함을 받았고, 각각 하나님의 은사를 지니고 있으며 하나님은 그 은사가 불일듯하게 되기를 원하신다(딤후1:6). 그런데 하나님은 우리가 가난한 자, 소외된 자, 장애가 있는 자, 그리고 학업성취가 높지 않은 자에 대한 관심도 갖기를 원하신다. 하나님은 "세상의 미련한 것들을 택하사 지혜있는 자들을 부끄럽게 하려 하시고, 세상의 약한 것들을 택하사 강한 것들을 부끄럽게 하려 하시며, 세상의 천한 것들과 없는 것들을 택하사 있는 것들을 폐하려" 하신다(고전1:27-28). 이러한 하나님의 긍휼은 기독교학교로 하여금 이러한 학생들에 대한 관심을 갖기를 요청하신다. 기독교학교가 기독교적 인재를 양성하기 위해 명문학교가 되는 것도 중요하지만 소위 '귀족학교'와 같이 '있는 자'들만을 위한 학교가 되어서는 안되며, 미련한 자, 약한 자, 천한 자, 없는 자들에 대한 관심을 갖고 이들도 하나님의 일꾼으로 변형시키는 긍휼의 학교가 되어야 할 것이다.

5) 미션스쿨에 대한 반성으로부터의 요청

앞에서 언급한 대로 기독교학교는 모든 학교교육의 영역 속에 기독교적 가치관이 스며들어 있는 학교로서, 현재의 미션스쿨이 갖는 한계성을 극복하려는 대안적 형태이다. 기독교적 건학이념을 지니고 있으며 예배와 성경시간, 그리고 기독교적 색채를 지닌 특별활동 등을 수행하고 있다고 할지라도 교육내용과 교육방법을 비롯한 교육상담과 교육행정 등 교육의 모든 영역을 기독교적으로 접근하는 노력이 필요하다. 물론 오늘날의 미션스쿨은 공교육 체제 안에서, 특히 평준화 정책 안에서 학생 선발권과 교육과정 편성권이 상실되어 있기 때문에 커리큘럼에 있어서 일반 학교와 크게 다를 수 없는 한계를 지니고 있다. 현 교육 체제 안에서는 '자립형 사립학교'의 요건을 갖추고 정부의 지원금 없이 독자적으로 운영하는 방법을 택하지 않는 한 완전한 모습의 기독교학교를 구현하는 것은 어려운 실정이다. 그러나 기독교적 건학정신을 온전히 실현하여 명실상부한 '기독교교육'이 되도록 하는 것은 어떤 값을 치루더라도 추구할 만한 가치가 있다.

6) 기독교세계관의 요청

기독교세계관(Christian Worldview)이 기독교학교를 요청하고 있다. 하나님이 살아계시고 모든 피조물은 하나님의 창조에 의한 것임을 믿는다면 아더 홈즈의 주장대로 "모든 진리는 하나님의 진리"(All truth is God's truth)임을 인정하여야 한다.[18] 이는 "만물이 그에게 창조되되 하늘과 땅에서 보이는 것들과 보이지 않는 것들과… 만물이 다 그로 말미암고 그를 위하여 창조되었고… 이는 친히 만물의 으뜸이 되려 하심이요"(골 1:16-18)라는 사도바울의 말씀과 일맥상통한다. 창조, 타락, 구속을 축으로 하는 성경적이고 하나님 중심적인 세계관[19]은 다른 인본주의적 세계관 – 그것이 과학적 휴머니즘이든, 낭만주의적 휴머니즘이든, 실존주의적 휴머니즘이든, 아니면 마르크스적 휴머니즘이든 – 에 의한 지식과 교과, 교육내용을 기독교적으로 비판(Christian critique)하고 원래의 모습의 회복을 추구한다.[20] "모든 이론을 파하며 하나님 아는 것을 대적하여 높아진 것을 다 파하고 모든 생각을 사로잡아 그리스도에게 복종케 하는 것"(고후 10:5)을 의미한다. 기독교세계관은 교육의 영역에서 이러한 변화를 요청하고, 그 요청에 응하는 하나의 방식이 '기독교학교'라고 할 수 있다.

4. 기독교학교의 가능성

1) 학교의 한계성과 가능성

오늘날 사회와 교회는 전통적인 교육의 한계를 극복할 수 있는 대안적 교육을 요청하고 있다. 그런데 꼭 '학교'여야 하는가? 온갖 문제의 온상이라고 할 수 있는 학교를 폐지하거나 이미 죽었다고 선언하고 가정이나 사회의 다른 기관을 통해 교육하는 방안을 모색하는 것이 더 바람직하지 않는가? 물론 대안교육으로서 홈스쿨링이 중요한 의미를 지니고 나름대로 공헌할 수 있다고 생각한다. 어차피 교육이 학교와 동일시될 수 없음을 인정하기에 다양한 대안적 형태가 시도될 수 있다. 그러나 학교를 포기하기에는 학교가 갖는 강점이 너무나 많다. 닐 포스트만(Neil Postman)은 그의 책 『교육의 종말』(The End of Education: Redefining the Value of School)에서 원제목의 영어부제가 보여주듯이 여전히 학교가 가치있는 교육기관임을 주장하고 있다.[21] 그에 의하면 "사실 냉혹한 것은 학교 자체가 아니라 우리의 교육"이다. 교육에 대한 다수의 무관심에도 불구하고 학교가 우리 아이들의 세계를 넓혀줄 수 있으리라고 믿는다는 것이다. 그는 책의 원제 '*The End of Education*'이 역설적으로 의미하듯이 교육의 목적이 바로 설정되지 않으면 교육의 종말이 오고, 반대로 교육의 목적을 새롭게 할 때 학교교육의 가능성이 있다고 보았다. 학교의 목적을 기술공학적, 실용주의적, 인본주의적 목적설정에서부터 복음을 통해 학생들이 하나님의 형상으로 회복되고 기독교적 진리 안에서 자라가며 하나님과 이웃을 사랑하도록 하는 본래의 교육목적을 분명히 할 때 기독교학교의 가능성은 여전히 존재하는 것이다.

일반 교육학자들의 모임인 '교육포럼 21'은 『우리가 꿈꾸는 아름다운 학교』에서 교육붕괴, 학교붕괴, 교실붕괴라는 단어로 표현되는 교육의 위기 속에서도 아직은 학교교육에 대한 꿈을 갖고 있다고 고백한다.[22] 특히 정범모는 기대하는 학교상으로 교사, 학생, 공부, 풍토의 사중주가 있는 학교를 제안한다. 먼저, 나를 좋아하는 선생님, 내가 좋아하는 선생님, 잘 가르쳐 주는 선생님, 가끔 감동을 주는 선생님이 있는 학교, 둘째, 열중하는 학생, 자유롭고 생동적인 학생, 남과 어울리는 학생, 더 큰 '우리', 더 높은 뜻을 생각하는 학생이 있는 학교, 셋째, 해볼 만한 공부, 소량의 철저한 공부, 풍부한 과외활동의 기회, 적은 시험, 무섭지 않은 시험이 있는 학교, 그리고 마지막으로 인간적인 분위기가 있고 교사자율, 학교자율을 보장하는 교육행정, 최소한의 넉넉함이 있고 협조적인 학부모와 지역사회가 있는 학교의 모습이다.[23] 그러나 과연 일반 학교에서 이런 모습이 가능할까? 기독교적 인간이해에 의하면 범죄한 인간의 모습으로는 이런 학교를 실현할 수 없음이 명백하다. 복음 안에서 죄 용서함을 받고 기독교적 진리 안에서 성숙하며, 기독교적 세계관과 태도로 인간과 지식, 사회를 대할 때에 비로소 아름다운 학교가 실현될 수 있을 것이다.

2) 기독교학교의 사중적 비전

기독교학교가 일반학교와 구별될 수 있는 것은 학교의 기초를 사회적인 인식이나 사람들의 판단 기준에 두는 것이 아니라 하나님의 말씀인 성경에 두는 것이다. 구체적으로 기독교학교는 성경에 계시된 바 네 가지 하나님의 부르심에 응답하는 학교이다.

첫째는 성화(sanctification)의 명령이다(마 5:48, 살전 4:3, 벧전 1:16). 이 것은 기독교학교 설립자나 교육행정가는 물론 교사의 영성(spirituality)에 대한 부르심이다. 기독교교육자는 계속 성화의 과정을 통해 그리스도의 인격으로 변해가야 한다. 맥루한의 말처럼 '전달매체가 전달내용이다.' 학생은 교육자의 인격을 닮고 모방하게 되어 있다. 이것이 바로 기독교교육자가 생애를 통해 추구해야할 중요한 하나님의 부르심이다. 기독교교육자는 지속적인 경건의 시간과 부단한 영성훈련을 통해 그리스도의 인격과 그의 거룩하심을 닮아가야 한다.

둘째는 선교(mission)의 명령이다(마 28:18-20, 행 1:8). 이것은 일반적으로 지상명령으로 이해되는데, 기독교학교로서는 특히 '학원복음화' 또는 '제자화' 로의 부르심이다. 기독교학교를 세우시는 것은 세상을 향해, 그리고 학생들을 향해 복음을 전하게 하기 위해서이다. 복음이 온전히 전파되지 않은 채 기독교교육을 할 수 있는 방법은 없다. 우리가 학생들을 교육(education)하기 원하지만 그들로부터 끄집어낼 수 있는 것(educare)만으로는 그들을 변화시킬 수 없다. 기독교학교는 계시의 빛, 예수 그리스도의 복음을 통해 학생들의 중심이 변화될 수 있도록 도와야 한다. 공교육 안에서는 직접적인 복음전파를 가로막는 여러 가지 장애요인들이 있지만, 다양한 방법을 통해서 학생들이 복음을 접할 수 있도록 해야 한다. 이런 점에서 기독교교육자는 '학교로 보냄받은 선교사' 이다.

셋째는 문화명령(cultural mandate)이다(창 1:28, 골 1:16-18). 기독교학교를 향한 '교과목에 대한 기독교적 접근' 또는 '기독교적 교수 방법'으로의 부르심이 있다. 이것은 하나님의 주권과 그리스도의 주되심에서부터 출발한다. 하나님은 창조주시며, 만물이 하나님의 것이다. 그렇기 때문에 국어, 영어, 수학, 과학, 사회, 예술 등 모든 분야에 대한 기독교세계관적인 접근이 필요하다. "모든 이론을 파하며 하나님 아는 것을 대적하여 높아진 것을 다 파하고 모든 생각을 사로잡아 그리스도에게 복종케 하니"(고후 10:5)라는 말씀처럼 모든 지식이나 교과도 그리스도게 순종하도록 해야 한다. 최근까지 활발하게 이루어지고 있는 기독교 학문 연구도 이러한 부르심에 성실하려는 노력이다. 이를 위해서는 교과별, 전공별 모임이 필요하고, 더 나아가 이들을 전문적으로 지원하는 연구소나 학회도 필요하다.

넷째는 이웃 사랑의 명령 또는 사회적 책임(social responsibility)이다(암 5:2, 마 22:39, 요 13:34). 이것은 좁게는 이웃에 대한 봉사(social service)로부터 넓게는 구조적 문제의 원인을 해결하는 사회적 개혁을 포함한다. '사랑의 하나님'은 동시에 '정의의 하나님'이시기 때문이다. 기독교학교는 사랑의 공동체일 뿐만 아니라 정의의 공동체가 되어야 한다. 우선 기독교교육자에게 가장 중요한 이웃은 학생이므로 이 명령은 학생에 대한 사랑으로 이해할 수 있다. 기독교교육자에게 학생 상담과 학생 지도는 예수 그리스도께서 보여주신 사랑을 실천하는 것을 의미한다. 동시에 이 명령은 왜곡되어 있는 교육현실에 대한 개혁으로의 부르심이다. 기독교학교는 구조적인 악과 싸워야 하고, 교육정책에 대해서도 기독교적 비판(Christian critique)의 목소리를 통해 소금과 빛의 사명을 감당해야 한다.

요컨대 기독교학교는 성화의 명령(교사의 영성), 선교의 명령(학원 복음화 및 제자화), 문화적 명령(기독교적 교과목 교수), 그리고 이웃사랑의 명령(학생상담 및 교육개혁)에 응답하는 학교이다. 이 네 가지 명령은 한 분 하나님의 부르심이다. 하나만을 추구하거나 다른 하나를 무시해서는 안 된다. 사실 성화 없는 전도는 불가능하고, 복음 전파 없이 교과목을 기독교적으로 가르치는 것은 의미가 없다. 또한 이웃사랑과 정의가 없는 전도나 성화는 불완전한 것이다. 네 가지 부르심은 서로 의존되어 있으며, 서로를 강화시킨다.

3) 기독교교육공동체

(1) 기독교학교, 가정, 교회의 공동체적 노력

기독교학교가 그 교육적 사명을 제대로 감당하기 위해서는 다양한 지원체제가 확립되어야 하고, 단위 기독교학교의 개별적인 노력만이 아니라 공동체적인 협력사역이 필요하다. 먼저, 기독교학교는 가정과 교회와 강력히 연계되어 공동체적 노력을 기울여야 한다. 학생의 태도나 가치관, 그리고 학습방식의 변화는 교사의 능력이나 수고만으로는 가능하지 않으며 학부모의 절대적인 협조가 필요하다. 교사가 부모의 기능을 갖는 것과 마찬가지로 부모는 교사의 기능을 갖고 소위 팀티칭(team teaching)을 한다고 생각해야 한다. 그리고 학부모회는 기독교학교에 대한 동일한 비전을 공유하는 비전공동체이자 지원공동체가 되어야 한다. 또한 기독교학교는 교회와 상호 유기적인 관계를 맺음으로 주일과 평일의 삶에 연속성이 있도록 해야 하며, 특히 같은 발달단계의 교회학교 부서와 인적 자원을 교류하며 교육내용에 있어서도 연계성이 있도록 하는 것이 바람직하다. 교회는 '기독교학교 교육주일'을 정하여 지키고 기도로 도우며, 재정적·환경적 지원을 아끼지 말아야 할 것이다.

(2) 기독교학교 교육연구소

기독교학교의 지원체제 가운데 가장 중요한 기능을 할 수 있고 또한 해야 하는 기관이 기독교학교 교육연구소이다. 현재에도 '기독교교육연구소'라는 이름을 지닌 연구소는 적지 않지만 이는 대부분 교회교육 관련 연구기관이고 기독교학교에 관련된 연구소는 거의 없다고 할 수 있다.[24] 그동안 이러한 기독교학교 교육연구소가 없었기 때문에 1974년 고교평준화 정책이 시작될 때에도, 1980년대 전교조가 결성되었을 때에도, 그릇된 정부의 교육개혁 시책이 발표되었을 때에도, 기독교계 사립학교의 존재기반을 흔드는 제7차 교육과정이 입안되었을 때에도, 강의석 군 사건이 발생했을 때에도, 그리고 학교붕괴 현상 및 조기유학 현상이 사회적 이슈가 되었을 때에도 적극적이고 구체적인 기독교적 대응을 하기가 어려웠다. 기독교학교 교육연구소는 기독교학교의 정체성 및 교육이념을 연구하며, 기독교학교 관련 교육정책을 연구하고, 기독교학교의 교과목 연구, 기독교학교교육 교재개발 연구(종교교재 등), 기독교 학교상담 연구, 기독교학교교육의 다양한 프로그램 연구, 기독동아리(CA) 프로그램 연구 등을 수행하며 기독교학교교육 관련 포럼을 개최하거나 기독교학교교육 관련 저널을 발행함으로 그 논의를 보급 또는 확산시킬 수 있다. 기독교학교교육연구소는 기독교학교와 기독교교육학 분야, 그리고 신학분야, 일반 교육학 분야를 연결시키는 가교 역할을 할 수 있다는 점에서 중요한 이론적, 실천적 의미를 지니고 있다.

(3) 기독교교육(사범)대학

기독교학교를 지원하는 기능 가운데 교사양성과 재교육은 가장 중요한 부분일 것이다. 기독교학교의 승패는 기독교사에게 달려있다고 해도 과언이 아니다. 일반 학교교육과는 달리 교사와 학생의 인격적인 관계가 중요하며, 기독교교육에 대한 교사의 비전과 소명이 차지하는 비중이 크고,

기독교세계관에 입각한 교과목 이해와 기독교적 교수방법 및 상담방법의 숙달이 필요하기 때문에 좋은 기독교사가 되도록 하는 교사 양성과정과 연수과정은 반드시 확립되어야 한다. 장기적으로는 기독교사 양성이 가능한 '기독교교육(사범)대학'의 설립을 목표로 해야 하며, 단기적으로는 기독교학교교육연구소의 한 기능으로, 또는 기독교교육과가 설치되어 있는 신학교의 부설 프로그램이나 기독교학교연합 기관이나 교단 교육부 주관의 프로그램으로 실행할 수도 있을 것이다. 이는 비단 기독교사만으로 제한되어서는 안되며 교장이나 교감, 그리고 이사장과 이사, 설립자들을 위한 다양한 전문적 연수과정을 포함해야 한다.

(4) 기독교교육공동체의 형성

교육에 있어서 하나님 나라 운동은 전면전의 성격을 지닌다. 기독교학교교육을 위해서는 다양한 기독교교육 관련 기관이나 단체들의 상호연대가 필요하며, 궁극적으로는 기독교교육공동체가 형성되어야 한다. 첫째, 교단과의 협력이 필수적이다. 교단 내에 기독교학교 사역을 돕는 전문기구가 필요하며, 교단적인 지원책과 교단 내 기독교학교를 연계시키는 노력과 이들을 지원하는 정책수립이 필요하다. 학원선교의 차원에서만이 아니라 교육의 내용과 방법 면에서도 지원이 가능하도록 자료개발이나 연수업무 등을 통해 기독교학교를 지원할 수 있어야 한다. 둘째, 학원선교 단체와의 긴밀한 협조가 필요하다. 청소년이나 아동을 대상으로 하는 선교단체는 물론 대학생 선교단체와의 연계가 필요하다. 특히 교대생, 사범대생, 교직 희망자에 대한 사역을 협력적으로 추진하여, 대학 시절에 기독교학교교육에 대한 비전을 갖고 기본적인 훈련을 받도록 해야 한다. 셋째, 기독교 학문 공동체와의 연대가 필요하다. 크리스천 교육학자는 물론 각 분야의 학자가 기독교적 관점에서 그 분야를 연구하고 가르치는 것의 의미와 구체적인 방법을 개발하고 이를 실천할 수 있도록 협력해야 한다. 특히 신학교의 기독교교육학자들과의 교류가 필요하다. 현재 대부분의 기독교교육학자들이 교회교육에 치중한 나머지 학교에서의 기독교교육을 거의 다루지 못하는 현실을 개선할 수 있도록 새로운 관심을 촉구하고, 학교에서의 기독교교육의 이론적 근거를 더 견고히 세워주는 역할을 감당하도록 해야 할 것이다. 넷째, 기독교사단체 및 좋은 교사운동과 같은 기독교사 운동과의 협력이 필요하며, 더 나아가 기독교시민단체 및 교육관련 시민단체들과의 협력도 필요하다. 그리하여 정부의 교육정책에 대해서도 비판 및 감시의 기능을 수행하며 기독교학교가 활성화될 수 있는 정책을 제안하는 데에 협력할 수 있을 것이다. 마지막으로 가장 중요한 공동체는 역시 기독교학교들 간의 견고한 연합이라고 할 수 있다. 서로가 긴밀한 네트워크를 형성해서 정보를 공유하고 각자의 시행착오를 다른 학교가 반복하지 않도록 돕는 일이 필요하며, 기독교학교교육을 공동체적 사역으로 생각하고 협력해야 한다.

5. 나가는 말

오늘날 교육이 위기에 처해 있음을 부인하는 사람은 아무도 없다. 각종 언론보도가 연일 학교교육의 일그러진 모습을 보도하고 있고, 여전히 삶의 생기와 희망을 갖지 못한 채 고통스럽게 학교를 오가는 학생들을 날마다 접하고 있다. 마치 "땅이 혼돈하고 공허하며 흑암이 깊음 위에 있고"라는 창세기(1:2)의 말씀처럼 교육은 혼돈과 공허와 흑암으로 가득 차 있다. 교육으로 인한 신음소리와 탄식소리와 부르짖는 소리가 사방에서 들려오고 있다. 하나님은 이러한 왜곡되고 뒤틀린 교육을 원안교육으로 회복시키기를 원하신다. 예수 그리스도의 복음 안에 그 하나님의 교육은 비밀스럽게 감추어져 있다. 이제 그 비밀을 깨닫고 그 비전을 자신의 소명으로 확신하는 자들을 통해 하나님은 기독교학교 사역을 이루시기를 원하신다. 이 사명은 목회와 다를 바 없는 가치를 지닌 하나님의 뜻이요 부르심이다. 오늘도 하나님은 기독교학교를 통해 교육의 영역에서 하나님 나라가 이루어지기를 원하시며, 오늘도 그의 나라와 그의 의를 구하는 일꾼을 부르고 계신다.

토의문제

1. 기독교학교의 네 가지 모델을 간단히 설명하고 비교해 보자.

    1) 교회모델
    2) 세속모델
    3) 분리모델
    4) 통합모델

2. 우리나라 기독교학교 중 위의 네 가지 모델 각각에 해당되는 학교들
   이 있는지 이야기해 보자.

3. 기독교학교에 대한 정의를 내려 보자.

4. 오늘날에도 여전히 기독교학교가 필요하다면 그 이유는 무엇이라고
   생각하는가?

5. 기독교학교의 4중적 비전이 무엇인가? 이러한 비전들이 기독교학교
   교육의 실제와 어떻게 연결되는지 이야기해 보자.

제 2 장 기독교대안학교의 정체성

1. 기독교대안학교의 성격

오늘날 한국의 기독교대안학교는 어떤 성격을 지녀야 하는가? 과연 기독교대안학교는 일반 공교육의 국·공립 및 사립학교와 어떤 차별성을 갖는가? 그리고 일반 대안학교와는 어떤 공통성을 가지며 동시에 그들과 구별되는 차별성을 갖는가? 또한 기독교학교와 기독교대안학교는 구별되어야 하는가? 구별된다면 어떻게 구별되는가? 한국의 기독교대안학교는 다른 나라, 특히 서구의 기독교학교 또는 기독교대안학교와 어떤 차별성을 갖는가? 그리고 왜 이 시대에 이런 기독교대안학교가 필요한가? 이상과 같은 질문들은 오늘날 한국의 기독교대안학교의 정체성을 확인하는 데에 꼭 필요한 질문들이다. 다르게 표현하면, '한국 기독교대안학교'의 정체성을 파악하기 위해서는 이를 구성하는 몇 가지 요소들의 성격을 밝힐 필요가 있다. 첫째는 '기독교'의 의미를 이해하여야 하는데, 무엇이 '기독교'적인 학교인가를 규명해야 한다. 둘째는 '대안'에 대한 이해로서 왜 '대안' 학교이어야 하고, 무엇이 '대안'인가를 탐구해야 한다. 셋째는 '학교'의 의미를 파악하여야 하는데, 기본적으로 '학교'일 수 있는 조건은 무엇이며, 기존의 학교와도 구별되면서도 홈스쿨링이나 교회 공동체와도 구별되는 기준을 밝혀야 한다. 마지막으로 '한국' 이라는 상황에 대한 이해로서, 한국에서의 기독교대안학교가 지니는 특수성을 이해해야 한다. 이러한 기독교대안학교의 정체성이 분명해질 때, 기독교대안학교 교사의 정체성 또한 분명해질 수 있을 것이다.

2. 기독교학교의 정체성

기독교학교의 정체성에 관한 논의는 매우 절실히 요청되고 있다. 많은 사람들이 '기독교학교' 라는 용어를 사용하면서도 다른 의미로 이해하는 경우가 많다. 이미 '기독교학교연합회' 가 있고 '한국기독교학교연맹' 이 있다. 이들 단체들이 발간해 온 간행물도 '기독교학교교육' 이라든지 '기독교학교' 라는 용어를 사용하고 있다. 그런데 최근 활발하게 이루어지고 있는 기독교대안학교 운동의 경우에는 기존에 기독교학교라고 불리우는 학교들을 미션스쿨로 부르면서, 이들은 기독교학교가 아니라고 말하기도 한다. 우리는 여기에서 기독교학교가 매우 넓은 스펙트럼을 갖고 있음을 알수 있다. 연세대, 이화여대, 서울여대, 한동대 등의 대학들도 기독교대학(학교)으로 자부하고 있고, 기존의 중고등학교 미션스쿨들은 물론 기독교대안학교들도 기독교학교로 불리워지고 있다. 이런 점에서 기독교학교(Christian School)의 범위(scope)를 어떻게 설정하느냐는 기독교학교의 정체성과 관련된 매우 중요한 문제이다. 기독교학교는 크게 기독교선교학교, 기독교학교, 기독교대안학교, 기독교특수학교[1]등으로 분류할 수 있다.

1) 기독교선교학교

우리가 일반적으로 부르는 미션스쿨(Mission School)이 그 본래의 목적을 추구하고, 명실상부한 미션스쿨이기를 원한다면 이 범주에 속한다고 볼 수 있다. 이 학교는 선교를 목적으로 한다. 선교를 목적으로 한다는 것은 그 주 대상이 아직 예수 그리스도를 주님으로 고백하지 않는 불신학생들임을 의미한다. 우리가 학원선교를 말할 때는 이러한 부류의 학교를 염두에 두는 것이다.

기존의 미션스쿨에 대해서는 여러 가지 평가가 있을 수 있다. 그러나 워낙 다양한 미션스쿨이 존재하고, 설립자에 따라, 그리고 설립 주체에 따라, 또한 현재의 이사장이나 교장단에 따라 동일하지 않은 형태의 미션스쿨이 존재하기 때문에 단순하게 판단하는 것은 지양해야 할 것이다. 지금까지 미션스쿨은 한국교육에 많은 공헌을 해왔고, 학원 복음화를 위해서도 중요한 사명을 감당해 왔음은 부인할 수 없는 사실이다. 그런데 미션스쿨이 과연 미션에 어느 정도 충실했는가에 대해서는 자성적인 질문을 던질 수 밖에 없다. 전도나 선교라 함은 아직 믿지 않는 자들을 이해하고 그들과의 접촉점(point of contact)을 갖고, 그들을 그리스도께로 인도하려는 자상하고 세밀한 노력을 필요로 한다. 그러나 지금까지의 미션스쿨의 현상을 살펴볼 때, 이 부분에서 충분했다고 말하기는 어려울 것이다. 미션스쿨을 미션스쿨답게 만드는 것이 중요한 과제라고 할 수 있다.

특히, 고교 평준화 정책이 실시된 1974년 이후, 많은 믿지 않는 학생들이 추첨을 통해 배정받음으로 미션스쿨에 입학하게 되었음에도 불구하고, 이들을 향한 적극적이고 효율적인 선교전략을 마련하는 면에 있어서 성공적이었다고 보기 어렵다. 물론 평준화 정책 결과, 보다 획일적인 교육이 이루어질 수밖에 없고, 학생선발권과 교육과정 편성권이 없는 상황에서 자율적으로 선교교육을 실시하기 어려운 상황임을 이해할 수 있다. 그러나 평준화는 기독교선교학교라는 점에서는 오히려 긍정적인 면도 지니고 있다. 믿지 않는 자들이 미션스쿨에 본의와 관계없이 배정됨으로 말미암아 전도의 기회를 그만큼 많이 갖게 되는 것이다.

미션스쿨은 기독교학교가 아니라고 말하는 것은 어폐가 있다. 미션스쿨은 넓은 의미에 있어서 기독교학교의 한 부류이다. 기독교학교 중에 선교를 강조하는 기독교선교학교인 셈이다. 그 주 대상을 불신학생으로 하는 기독교선교학교는 그 주 대상이 기독교인 자녀인 기독교대안(인가)학교와는 그 특징이 동일할 수는 없다. 기독교선교학교는 가능하면 공교육 체제 안에 몸담고 있으면서, 믿지 않는 학생들을 많이 대할 수 있는 구조를 지속적으로 유지하면서, 그러나 철저하게 선교할 수 있는 전략을 갖고, 적극적으로 선교의 사명을 감당하는 학교가 되어야 할 것이다.[2] 미션스쿨은 선교의 효율성이 높고, 선교적 영향력이 강하다는 강점이 있는 반면에, 학교로서 교육의 모든 내용과 과정이 기독교적으로 정립되어 있느냐의 면에서는 약점이 있을 수 있다. 그러나 기독교적 교리를 받아들인 사람만이 수긍할 수 있는 방식으로는 가르치기 어렵지만, 그 모든 내용이나 과정을 통해서 '하나님의 살아계심과 우리를 사랑하심'을 가르치려는 노력을 기울일 수 있다. 즉, 가르치는 내용과 방법도 선교적일 때, 미션스쿨은 그 본래의 목적을 보다 강력하게 추구할 수 있다.

만약 미션스쿨이 기독교인 자녀만을 대상으로 가르치는 기독교학교의 구조를 추구한다면 갈등이 있을 수밖에 없다. 모든 학생들을 이미 믿는 학생으로 간주한 예배, 성경교수, 양육, 생활지도, 상담, 행정이 이루어진다면, 특히 평준화 상황 속에서 자신의 의지와 관계없이 배정되어 학교에 입학한 학생들에게는 수용하기 힘든 현상이 될 것이다. 가장 바람직한 방법은 평준화제도를 폐지하여 학생들이 미션스쿨임을 알고 학교를 선택하게 하고 교육과정을 자율적으로 운영함으로 마음껏 선교활동을 실천하는 것이다. 또한 현 상황에서 미션스쿨이 기독교인 자녀만을 대상으로 하는 교육을 추구한다면, 제도권 안에서는 자립형 사립학교가 되거나, 제도권에서 나와서 대안학교가 되어야 할 것이다.

2) 기독교학교

기독교학교는 기독교인 가정의 자녀들을 양육하기 위해 기독교교육을 실천하는 학교를 의미한다. 기독교학교는 기독교신앙을 갖고 있지 않은 학생들을 대상으로 선교하는 목적으로 세워진 '기독교선교학교'와는 이 점에서 확연히 구분된다. 기독교선교학교가 복음전파(Evangelism)를 목적으로 하고 있다면 기독교학교는 제자도(Discipleship)를 목적으로 하고 있다고 표현할 수도 있다. 한국의 상황에서 이러한 기독교학교를 운영하기 위해서는 공교육의 제도권 내에서는 '학생선발권'이나 '교육과정편성권'과 같은 자율성이 보장되지 못하기 때문에, 공교육 밖에서 대안학교의 형태로 교육할 수밖에 없다. 이런 의미에서 한국에서 기독교학교는 기독교대안학교와 동일시되는 경향이 있다. 그러나 후에 '대안'의 개념을 설명하면서 논의하겠지만, 기독교학교와 기독교대안학교는 구별되어야 하며, 단지 인가, 비인가의 구분 이상의 차이가 있음을 이해해야 할 것이다. 단지 한국적인 상황 안에서는 '기독교적인 관점'을 강조하는 기독교대안학교와 '기독교적인 대안성'을 강조하는 기독교대안학교가 공존하고 있음을 이해할 필요가 있다.

기독교학교도 '기독교'를 어떻게 이해하느냐에 따라, 그리고 '교육에 대한 기독교적인 접근'을 어떻게 생각하느냐에 따라 다양한 종류로 분류될 수 있다. 기독교 안에 다양한 교파가 있고 교단이 있으며, 다양한 신학이 존재하는 만큼이나 다양한 종류의 '기독교'에 대한 이해가 있고, 이에 따른 다양한 종류의 '기독교학교'가 있을 수 있다. 기독교를 개신교와 가톨릭을 포함하여 이해하는 사람들에게는 가톨릭학교들도 넓은 의미에서 기독교학교로 이해되기도 한다. 기독교학교를 개신교학교로 제한하더라도 장로교의 기독교학교가 있는가 하면, 감리교, 침례교, 성결교, 루터교, 성공회, 순복음(하나님의 성회) 등 다양한 교파와 교단들의 기독교학교가 가능하며, 사실상 그런 류의 기독교학교들이 존재하고 있다.[3] 여기에서 이러한 다양한 기독교학교의 가능성에 대한 이해 없이 쉽게 자신이 생각하고 있는 범주만을 기독교학교라고 주장하며, 다른 학교들은 기독교학교가 아니라고 단정하는 것은 주의해야 할 것이다. 그렇다고 해서 기독교학교를 표방한 모든 학교를 기독교학교라고 하기에는 그 상이성이 너무나 크기 때문에 마냥 그 범주를 넓히기도 어려운 것이 현실이다.

그렇다고 한다면 과연 어느 범위를 기독교학교라고 할 수 있을 것인가? 이 질문은 다분히 신학적인 질문이다. 그러기에 또한 자칫하면 신학적인 논쟁에 빠질 수 있는 위험이 있다. 그러나 기독교학교에 있어서 '기독교'가 지녀야 하는 공통적이며 필수적인 요소를 7가지로 정리할 수 있다. 물론 모든 기독교인이 이 7가지 요소에 동의하지 않을 수 있고, 각 요소에 대한 중요성의 무게를 달리할 수도 있다. 그러나 교파주의에 빠지지 않으면서도 기독교적 정체성을 유지할 수 있는 최소한의 기준이라고 생각한다.

첫째, 기독교학교는 복음적이어야 한다. 예수 그리스도의 복음이 기독교학교의 중심에 있어야 한다. 복음은 예수 그리스도를 믿음으로 말미암아 하나님의 자녀가 되는 것을 의미한다. 이 복음은 개개인이 예수 그리스도를 믿음으로 영생을 누리는 것을 보장할 뿐 아니라 예수 그리스도의 십자가와 부활로 인하여 사탄의 권세가 깨트려짐으로 말미암아 모든 영역 속에서 하나님의 나라가 회복되는 기쁜 소식을 의미하기도 한다. 기독교학교는 이 복음의 기초 위에 세워져 있고, 이를 고백하며 전해야 한다.

둘째, 기독교학교는 성경적이어야 한다. 성경은 하나님의 말씀임을 믿고 성경에 기초한 교육이 이루어져야 한다. 모든 판단의 원천은 성경이며, 모든 가치는 성경으로부터 발현된다. "모든 성경은 하나님의 감동으로 된 것으로 교훈과 책망과 바르게 함과 의로 교육하기에 유익한"(딤후 3:16) 것을 믿고 성경을 가르치고 성경에 기초한 교육을 실시해야 한다. 성경적이라 함은 자의적인 성경해석을 의미하는 것이 아니라 성경이 성경을 해석하는 것을 강조하며, 성경의 전체성을 강조하는 것을 일컫는다.

셋째, 기독교학교는 개혁적이어야 한다. 이는 인간과 교회, 그리고 기독교학교는 불완전한 존재이기에 성경에 비추어서 계속해서 개혁되어야 함을 의미한다. 종교개혁자들과 개혁신학자들의 정신을 이어받아 복음적이지 않고 성경적이지 않은 것을 계속 개혁하며, 인간의 세속적인 관점이 아니라 하나님의 기준으로 개혁해 나가야 한다. 이 점에서 기독교학교는 지속적으로 겸손해야 하며, 끊임없이 자신을 개혁하고 갱신하는 노력을 기울여야 한다.

넷째, 기독교학교는 연합적이어야 한다. 기독교학교는 복음에 기초해 있는 한 연합하기를 힘써야 한다. 분파주의나 교파주의에 빠져서도 안되고, 할 수 있는 한 연합하고 협력해야 한다. 지역이나 성별, 학력, 다른 어떤 기준으로 사람을 차별해서는 안되며 상호협력하며 교류하기를 힘써야 한다. 기독교학교들 간에도 코이노니아가 있어야 하고, 아름다운 협력관계를 가질 수 있도록 해야 한다.

다섯째, 기독교학교는 세계관적이어야 한다. 기독교학교의 모든 영역, 교과목과 교수방법, 행정, 상담, 학생지도, 그리고 교육정책에 이르기까지 기독교적인 관점이 스며들어야 하고, 하나님의 통치가 이루어지도록 해야 한다. 창조, 타락, 구속으로 요약될 수 있는 기독교적 세계관이 인간과 지식, 그리고 사회를 보는 눈이 되어, 이 관점으로 가르치고 배울 수 있도록 해야 한다.

여섯째, 기독교학교는 통전적이어야 한다. 기독교학교에서는 앎과 삶, 이론과 실제가 분리되지 않고 통합되어야 한다. 지성과 영성이 분리되는 것이 아니라 모든 교과 수업이 하나님을 알아가는 과정이 되고, 학생들의 인격이 변화되는 과정이 될 수 있어야 한다. 또한 '기독교적' 인 것이 추상적이거나 이론적인 것으로 분리되어 존재하지 않고 삶 속에서 실천될 수 있도록 해야 한다.

마지막으로, 기독교학교는 공동체적이어야 한다. 기독교학교는 신앙공동체로서 그리스도를 머리로 한 몸과 같다. 그리하여 이사장, 교장, 교목, 교사, 학생, 학부모 등이 몸의 지체처럼 유기적인 관계를 맺고 더불어 함께 공동체를 이루어가야 한다. 그 공동체 속에서 학생들이 지식과 정보(information)를 배울 뿐 아니라, 신앙이 형성(formation)되고, 개혁(reformation)되며, 변형(transformation)될 수 있어야 한다.

3. 기독교대안학교의 정체성

기독교대안학교는 기독교학교일 뿐만 아니라 대안교육의 성격을 지닌다.[4] 물론 일반 대안학교와는 달리 '기독교적 특성' 을 지니지만, 일반 학교가 지니는 문제점과 한계성을 극복하는 교육의 추구라는 점에서 대안교육이라는 공통성을 지닌다. 현재 공교육의 문제가 심각하면 심각할수록 그만큼 대안교육의 필요성이 강하게 요청된다고 할 수 있다. 일반적으로 기독교대안학교를 '고유이념 추구형 대안학교' 로 분류하지만,[5] 기독교학교가 단지 기독교적 가치관만 추구하는 것이 아니라 일반 학교의 대안이 되어야 한다는 점에서 현재 공교육이 지니고 있는 문제점들을 극복하는 대안을 제시할 수 있어야 할 것이다. 우리가 기독교학교를 말하지만 '왜 이 시대에 기독교학교인가' 라는 질문에 응답해야 한다. 이는 기독교학교가 이 시대의 왜곡된 교육에 대한 대안이 되어야 하며, 특히 모더니즘의 한계 속에서 그 한계를 극복하는 학교교육이 될 것을 요청받고 있다. 여기에서는 우리나라의 학교교육이 지니는 한계들을 분석하고 이를 극복하는 대안교육으로서 기독교대안학교의 모습을 그려보고자 한다.

1) 획일주의와 다양성 추구

기존의 학교교육에서는 마치 공장에서 동일한 물건을 생산해내듯 획일적인 교육이 이루어지고 있다. 하나의 교과서, 하나의 정답, 하나의 수능시험, 하나의 교복 등 개인의 자율성과 다양성이 무시된 채 외부에서 주어지는 획일화된 기준에 맞추도록 강요되고 있다. 이는 근대 산업사회의 경제구조인 '소품종 대량생산 체제' 와 맞물려 거대한 기계의 한 톱니바퀴와 같은 존재로 인간을 인식하는 결과이다. 대안교육은 이러한 획일주의를 비판하며 자율성과 다양성을 실현하는 교육을 추구한다. 기독교대안학교는 대안학교로서 공교육에 팽배한 획일주의를 극복하는 교육을 실현할 수 있어야 하는데, 이는 기독교적 관점이기도 하다. 하나님은 인간 개개인을 독특하게 창조하셨고, 각자에게 다양한 은사를 주시고 그 다양성이 존중받기를 원하시고, 이를 통해 전체 하나님 나라가 풍요로워지기를 원하신다.

2) 경쟁주의와 협동교육

기존의 학교교육은 생존경쟁의 터전과 동일시되고 있다. 모든 학교교육은 입학시험의 경쟁을 준비하는 장이 되었고, 교육의 과정(process)은 '내신'이라는 이름으로 경쟁의 한 부분이 되고 말았다. 같은 교실에 있는 학생이 동료가 아닌 경쟁자 또는 적이 되고, 학교들은 치열한 적자생존과 약육강식의 관계로 전락하고 있다. 모든 학생은 일등에서부터 꼴등까지 일렬로 세워질 수 있다고 생각하며, 그것을 인생의 성공의 척도로 인식하고 있다. 대안교육은 이러한 경쟁주의를 비판하며 협동과 상호존중을 실현하는 교육을 추구한다. 기독교대안학교는 대안학교로서 경쟁보다는 협동과 팀워크를 강조하는 교육이 이루어지도록 해야 하며, 하나님 나라 안에서 우리 모두가 동역자임을 인식하도록 해야 한다. 이런 점에서 교육의 방법으로 '협동학습'은 경쟁주의를 극복하는 하나의 좋은 시도라고 할 수 있다.

3) 지식주의와 통전적 교육

기존의 학교교육은 지식이나 정보를 전달(transmission)하는 데에 초점을 두고 있다. 파울로 프레이리(Paulo Freire)가 지적하듯이 '은행저축식 교육'(banking education)으로서 마치 학생들의 머리에 지식을 집어넣는 것을 교육으로 생각하는 경향이 있다. 이는 계몽주의 이후 지나치게 이성과 논리, 합리성과 과학만을 강조해온 근대 교육의 특징이기도 하다. 대안교육은 이러한 지식주의를 비판하며 인간의 지성만이 아니라 감성을 중요한 교육적 요소로 간주한다. 기독교대안학교는 지·정·의 중 지적인 측면만을 교육으로 인식하는 편협성을 탈피하고 이 모두를 통합하는 통전적 교육(holistic education)을 회복하는 노력을 기울여야 한다.[6] 교육의 대상은 학생의 머리만이 아니라 마음도 포함하며, 지성만이 아니라 감성을 포함하며, 설득하는 것만이 아니라 감동을 불러일으키는 교육이 되도록 해야 할 것이다.

4) 개인주의와 공동체 교육

기존의 학교교육은 교육의 단위를 한 개인으로 여기고, 교육을 사적인(private) 영역으로 간주해왔다. 그런 점에서 학교는 학원과 구별되지 않았고, 개인이 이기적인 유익을 위해 학교교육에 투자(input)하여 개인의 출세라는 산출(output)을 획득하는 자본주의적 논리에 충실하였다. 이러한 개인주의는 데카르트(Rene Descarte)의 '모든 것을 의심해도 의심하는 자신을 의심할 수는 없다'는 '자아의 확실성'에 기초해 있다고 볼 수 있다. 그러나 대안교육은 이러한 개인주의(individualism)를 비판하고 공동체(community)를 강조한다. 공동체를 강조하는 것은 집단주의(collectivism)와는 구별되어야 하는데, 마리아 해리스(Maria Harris)가 주장하듯이 공동체는 개개인의 인격성을 강조하는 인격주의(personalism)를 기반으로 하고 있어서 개인의 자율성을 존중하면서도 상호 연결된 존재임을 인식하는 것이다.[7] 기독교대안학교는 특히 하나님의 백성이며 그리스도의 몸된 공동체임을 인식하고, 공동체를 위한, 공동체에 의한, 공동체의 교육이 되도록 해야 한다.

5) 기술공학주의와 창조교육

기존의 학교교육은 기술공학(technology)을 그 이데올로기로 하고 있다. 전통적인 교육과정이라고 할 수 있는 타일러(Ralph W. Tyler)의 '목표모형'은 교육목표의 설정, 학습경험의 선정, 학습경험의 조직, 평가라는 단선적(linear)·폐쇄적(closed) 체제이며, 효율성(efficiency)만을 중시하는 경향을 지니고 있다.[8] 이러한 기술공학주의(technicism)는 실재를 양적인 것, 계수될 수 있고, 측정될 수 있고, 잴 수 있는 것으로 간주하는 경향이 있다. 슬로언(Douglas Sloan)이 지적하고 있듯이 이러한 기술공학주의는 인간의 편리성과 효용성만을 추구한 나머지 자연환경에 대한 돌이킬 수 없는 손상을 입히게 되었다.[9] 대안교육은 이러한 기술공학주의를 비판하며 인간이 자연의 한 부분이며, 환경보전을 위한 교육을 강조하고 있다. 많은 대안학교들이 '녹색교육'을 강조하며 자연친화적 성격을 지닌 생태학교의 형태를 띠는 것은 이러한 경향성을 드러내고 있는 것이다. 기독교대안학교는 삼라만상이 하나님의 피조세계이며 이들에 대한 청지기직의 사명을 감당하게 되었음을 인식하고 창조질서 안에서 자연과의 관계를 새롭게 회복하는 교육을 추구하여야 한다.

6) 현세주의와 영성교육

기존의 학교교육은 인본주의와 현세주의를 전제하고 있다. 이것은 과학주의와 기술공학주의, 그리고 실증주의와도 맥을 같이 하는데, 초월의 존재를 인정하지 않고 관찰하고 볼 수 있는 현실만을 교육의 내용으로 삼으려는 경향이다. 그렇기 때문에 종교와 영성은 비과학적이고, 비과학적인 것은 당연히 비교육적이라고 인식한다. 소위 객관적인 탐구가 가능하다고 믿고 그것만을 중시하는 객관주의(objectivism)에 빠진 나머지 상상과 예술성, 초월과 종교성을 무시하는 경향이 있다. 대안교육은 이러한 현세주의와 물질주의를 비판하고 초월과 영성을 강조한다. 기독교대안학교는 일반교육에서도 객관주의적 교육에 대한 반성이 일어나고 교육에서 영성을 회복하려는 움직임이 있음을 인식하고, 보다 기독교적 영성으로 충만한 교육을 추구하기에 주저함이 없어야 할 것이다.[10] 더 이상 가치중립(value free)적인 지식은 없으며, 순수 객관적(purely objective)인 지식도 존재하지 않는다. 모든 지식과 교육은 어떤 형태로든지 영성적일 수밖에 없다면 무슨 영성이 되어야하는지는 자명하다. 모든 가르침이 기독교적 영성과 관련을 맺고,

모든 교육에서 초월적인 하나님의 임재하심을 경험할 수 있는 교육이 되어야 할 것이다.

7) 권위주의와 참여적 교육

기존의 학교교육은 교사주도적이며 일방적 커뮤니케이션의 형태를 띤 권위주의 체제이다. 위에서 아래로의 수직적인 관계만이 존재하며, 교사는 송신자이고 학생은 수신자로서, 지식을 소유하고 있는 교사가 그 지식을 아직 알지 못하는 학생들에게 권위주의적인 방식을 통해 지식을 전수하는 형태이다. 전통적인 학교교육의 상황에서는 교사의 권위만이 아니라 학교장이나 교육행정가의 권위, 그리고 더 거슬러 올라가 중앙집권적인 교육관련 기관들의 권위주의적 행태가 지배하고 있다. 대안교육은 이러한 교육의 권위주의에 항거하며 학생들의 권위와 학부모의 권위를 회복하려고 노력하며, 교사주도의 일방적인 커뮤니케이션의 형태가 아닌 쌍방적이며 수평적인 커뮤니케이션을 추구하고 있다. 기독교대안학교는 교사의 권위를 내세우기보다는 성령이 참된 교사임을 인정하고 학생들을 존중하며 그들이 주체적으로 참여할 수 있는 교육이 되도록 해야 할 것이다.

8) 형식주의와 잠재적 교육과정

기존의 학교교육은 교과를 가르치는 공식적인 수업시간만을 중요시한 나머지 학생들과 교사, 학생들 상호간의 관계적인 측면을 소홀히 하고, 학교생활 속에서 보이지 않게 이루어지지만 매우 중요한 영향력(influence)이 행사되는 교육의 과정이 있음을 깊이 인식하지 못하는 경향이 있다. 대안교육은 공식적인 교육과정(formal curriculum)만이 아니라 잠재적 교육과정(hidden curriculum)의 중요성을 강조하기에 비형식적 생활의 전 과정이 교육적 의미를 지니도록 하는 데에 관심을 갖고 있다. 기독교대안학교는 학교생활의 전 과정을 통해서 기독교교육이 이루어지고, 학생의 가정생활과 교회생활이 학교교육의 외연으로서 확장되고 깊이 있게 연계되도록 함으로써 삶의 전 과정을 통해서 교육이 이루어지도록 해야 할 것이다.

9) 문자주의와 상상 교육

기존의 학교교육은 교과서와 공책, 그리고 칠판과 백묵으로 상징되는 문자주의적 교육방법을 사용하여왔는데, 이는 '인쇄 활자 커뮤니케이션의' 형태라고 할 수 있다. 그러나 지금의 학생들은 이미 '멀티 미디어 커뮤니케이션'에 익숙한 세대로서 오늘날 학교교육은 일종의 문화지연(cultural lag) 현상을 경험하고 있다. 대안교육은 이러한 문자주의적 교육의 한계성을 인식하고, 단지 개념(concept)을 설명하는 방식에 머무르지 않고 이미지(image)를 갖게 하고, 상상(imagination)을 불러일으키는 교육을 강조한다. 기독교대안학교는 멀티미디어 커뮤니케이션 시대에 걸맞는 교육방법을 사용해야 하는데, 이것은 단지 시청각 자료를 많이 사용하는 것을 넘어서서 교육을 새로운 인식론의 관점에서 접근하는 것을 의미한다. 특히 학생이 직접 경험함으로 배울 수 있게 하고, 교사 자신이 가장 중요한 이미지를 형성함을 인식하고 교사의 앎만이 아니라 삶을 통한 이미지가 그들에게 교육적 상상력을 불러일으킬 수 있도록 해야 할 것이다.

10) 재생산주의와 디아코니아 교육

기존의 학교교육은 '실력주의'(meritocracy)를 표방하고 교육의 기회균등(equal opportunity)을 주장하면서도 부모가 속해 있는 계층을 결국은 재생산(reproduction)하게 된다는 비판을 받고 있다. 우리 사회를 달구고 있는 교육열은 교육에 대한 진정한 열성이라기보다는 계층이동을 위한 '상향성의 욕구'라고 보는 것이 더 정확한데, 학교는 계층 재생산을 위한 '합리화의 수단'으로 기능하고 있다는 것이다. 이반 일리치(Ivan Illich)의 『탈학교사회』(Deschooling society)는 이러한 학교주의로부터의 해방을 주장하는 것으로 대안교육의 중요한 이론적 근거를 제공하고 있다.[11] 대안교육은 이러한 재생산의 고리를 끊고 학력주의를 극복하고자 노력한다. 기독교대안학교는 학교의 졸업장을 취득하고 학력으로 기득권을 유지하거나 계층상승을 하기 위한 도구가 아니라 진정한 교육이 이루어지는 곳이 되어야 하며, 다른 사람을 돌보고 봉사하는 디아코니아 정신의 충만함으로 '섬김의 지도력'(servant leadership)을 가르칠 수 있어야 할 것이다.

4. 기독교대안학교의 독특성

기독교대안학교는 단지 대안학교로 머무르기를 용납하지 않는다. 기독교대안학교는 기존의 학교에 대하여 대안이 되어야 한다는 점에서 대안학교여야 하지만, 그 대안이 '기독교적'이어야 할 것을 요청받고 있다. 기독교대안학교는 대안적이어야 하고, 또한 기독교적이어야 함을 의미한다. 이 점에서 기독교대안학교는 양면청취(double listening)를 해야 한다. 하나는 '기독교적인가?'의 물음이고 다른 하나는 '대안적인가?'의 물음이다. 그러나 '대안적인가?'의 물음은 '기독교적인가?'의 물음에 의해서 통제되어야 한다.

오늘날 대안학교 운동에는 다양한 학교의 모델들이 제시되고 있다.

인간의 자유와 자율성을 강조하기도 하고, 생태나 환경을 강조하기도 하며, 공동체를 강조하기도 한다. 그런데 그러한 '대안성'이 어떤 기독교적인 근거를 가지고 있는가를 분명히 하지 않으면, 기독교학교와 대안학교의 설익은 통합으로 남아 있을 수 있으며, 이는 '기독교대안학교'라기 보다는 '기독교학교'이면서 동시에 '대안학교'일 뿐이다. 기독교대안학교는 그 대안성에 대한 기독교적인 확신이 있어야 하며, 이러한 기독교적 일관성은 대안성을 강화하며, 동시에 기독교적 기초 위에 있는 대안성이 다시 기독교성을 강화할 수 있는 것이다.

많은 경우, 대안학교는 열린교육의 사상에 근거해 있고, 인간의 자율성을 강조하는 진보주의 철학에 근거해 있다. 이는 전통적인 교육이 지나치게 교사중심의 권위주의 교육, 획일주의 교육의 특성을 지녔기 때문에 이에 저항하여 아동중심의 진보주의 교육을 다시금 회복하려는 경향이 있는 것이다. 그러나 과연 어떤 인간관이 기독교적인가에 대해서 분명히 말할 수 있어야 한다. 기독교는 인간이 자유의지를 지닌 존재이며 하나님의 형상을 닮은 인격적인 존재임을 인정한다. 그러나 인간의 죄성으로 말미암아 인간은 자율적으로 스스로를 변화시킬 수 있는 능력을 상실하였다. 그러기에 자율과 함께 훈육이 강조되고, 사랑과 함께 공의가 강조되어야 하는 것이다. 이 한 예에서 볼 수 있듯이 '대안성'이 '기독교성'에 의해 확인될 때 올바른 '기독교 대안성'으로 자리매김할 수 있는 것이다.

5. 학교로서 기독교대안학교

기독교대안학교의 정체성 가운데 '학교'여야 한다는 의미는 단지 가정이나 교회, 그리고 홈스쿨링이 아닌 학교에 대한 '정당성'을 확보하여야 한다. 무엇보다 기독교대안학교는 학교로서의 '전문성' 을 지녀야 한다. 학교라는 기관이 되기 위한 기본적인 요건을 갖추어야 한다는 것이다. 많은 대안학교들이 '대안성'을 강조한 나머지 '학교성'이 약화되는 경향이 있다. 빈약한 시설, 탁월하지 못한 교육과정, 숙련되지 못한 교사들, 그리고 체계적이고 조직적이지 못한 행정에 의해서 교육을 받는다면 이는 진정한 의미에서 대안이 되지 못한다. 물론 안락한 시설을 갖추기에는 여러 가지 현실적인 어려움이 있으며, 꼭 화려한 시설이 좋은 교육을 보장하는 것도 아닐 수 있다. 그러나 대안학교이기 때문에 열악한 환경이나 시설, 교육내용으로 인해 학생들의 교육권이 침해된다면 이는 그 학생을 진정으로 사랑하는 것도 아니며, 참된 의미에서 '기독교적'으로 교육하는 것도 아니다. 기독교대안학교는 '학교'로서의 기준에 대해 더 많은 생각을 해야 하고 부단히 개선하려는 노력을 기울여야 한다. 이는 재정적인 투자만을 의미하는 것이 아니라 제한된 여건 안에서 학생들의 교육을 위해서 쏟는 정성과 관심을 의미한다.

기독교대안학교의 '학교성'은 또한 어떤 학교의 형태가 가장 '기독교적'이며 '대안적' 인가에 대한 숙고를 포함한다. 대안학교는 학교이면서도 전통적인 학교가 지니는 한계성으로 인해 출현하였기 때문에, 새로운 학교 형태에 대해 꾸준히 모색할 필요가 있다. 학생들의 다양성을 존중하면서도 공동체성을 강조할 수 있고, 그러면서도 학습의 수월성이 보장될 수 있는 형태의 학교를 추구하여야 한다. 이러한 노력의 정도에 따라 '학교성'은 보다 기독교교육전문기관으로서의 독특성을 확보할 수 있을 것이다.

기독교대안학교의 '학교성'은 그 학교가 지니는 성향에 대해서도 분명한 입장을 지닐 것을 요청한다. 브라멜드의 유명한 구분법에 의하면 교육사조에는 항존주의, 본질주의, 진보주의, 재건주의가 있는데, 이러한 간단한 분류에 의존하더라도 학교를 진보주의적 입장에서 바라보며, 아동의 자율성을 강조하고 경험을 통한 교육을 강조하여 가능한한 열린교육을 하는 방향으로 가는지, 아니면 학교를 항존주의적 입장에서 바라보며 고전과 전통을 강조하는 방향으로 가는지를 숙고하여야 한다.[12]

6. 한국의 기독교대안학교

한국에서의 기독교대안학교의 정체성을 밝히기 위해 마지막으로 던져야 하는 질문은 '왜 한국인가'에 관한 것이다. 한국의 기독교학교는 미국이나 영국, 호주의 기독교학교와 같을 수 없다. 이는 한국의 역사적, 문화적 전통과 함께 한국이라는 사회가 지니는 상황적 독특성에 기인한다. 한국의 기독교대안학교는 한국에 뿌리가 박혀있고, 또한 뿌리를 더 깊이 내려야 한다. 이는 외국의 기독교학교와의 공통성을 무시하거나 약화시키려는 의도가 아니다. 기독교는 민족과 인종, 국가를 초월한 진리이며, 세계의 모든 기독교인은 한 가족과도 같다. 특히 지구촌 시대에는 더 많은 교류와 깊이 있는 사귐을 통해 기독교학교의 일체성을 곤고히 해야 할 것이다. 그러나 교육은 그 사회와 밀착되어 있고, 현실과 맥락을 떠나서 존재할 수 없는 실천적 행위이다. 한국의 교육은 한국의 사회 속에 사회화시키는 과정이며, 한국의 기독교학교교육은 한국 사회 속에서 기독교적 변혁을 일으킬 수 있는 것이어야 한다.

만약 한국의 기독교대안학교가 외국의 기독교학교 교육과정을 그대로 가져와서 그 학교의 교육과정으로 삼는다면 한국의 토양에 맞지 않을 가능성이 많다. 특히 역사교과나 사회교과는 한국 역사와 한국 상황에 대한 이해가 없이는, 비록 세계사나 다른 나라의 사회 현상을 파악한다 하더라도 한국인의 관점을 상실하기에 올바른 인식을 가질 수가 없을 것이다.

기독교대안학교가 늘 고려해야하는 기준 가운데 하나가 '호환성'이다. 언제 그 대안학교를 그만두고 일반 학교로 전학을 하더라도 어렵지 않게 적응할 수 있는 가능성을 의미한다. 대안학교는 일반 학교에 대한 대안성을 강조하고 그렇기 때문에 차별되는 학교임과 동시에 일반 학교와의 상관성을 항상 고려해야 한다는 것은 거의 역설에 가깝다. 그러나 학생의 삶을 존중하기에 한국의 일반 교육과의 관계를 항시 생각하면서 대안교육을 해나갈 필요가 있는 것이다. 이는 한국의 기존 교육과 교육과정에 대한 세심한 분석과 이에 대한 연관성과 차별성을 적절히 고려하는 노력이 필요함을 의미한다.

한국의 기독교대안학교의 중요한 한 뿌리는 초기 한국교회가 설립한 '기독교초등학교 설립운동'이라고 할 수 있다. 기독교대안학교가 서구의 기독교학교의 이식만이 아니라, 우리 선조들이 이 땅에서 시작했던 기독교학교가 그 원형이 될 수 있다는 말이다. 한국 선교 초창기에 중등학교는 주로 미국의 선교사들에 의해 시작되었지만, 초등학교는 한국교회와 한국교인들에 의해서 시작되었다. 1900년도를 전후해서 시작된 솔내초등학교를 비롯한 기독초등학교 설립은 기독교교육을 통한 민족교육이었고 항일운동의 시발점이었다. 소위 '일교회 일학교 운동'이 전개되었는데, 교회가 성전을 짓기 전에 먼저 학교를 세웠다는 기록은 당시 기독교학교에 대한 한국교회의 열성을 짐작케 한다. 이러한 역사적 뿌리를 다시 찾는 노력이 필요하며, 여기에 더해서 한국적인 상황 속에서 진정으로 기독교대안학교가 되는 것이 무엇인지를 지속적으로 탐구할 필요가 있다.

7. 기독교대안학교의 교사

기독교대안학교의 정체성은 기독교대안학교 교사의 정체성의 기준이 된다. 기독교대안학교 교사는 일반 공교육의 교사는 물론 기독교사와도 다르며, 미션스쿨의 기독교사와도 그 정체성을 달리한다. 기독교대안학교 교사는 다음 몇 가지 기준을 충족시킬 필요가 있고, 각각의 범주에 있어서 지속적으로 개발되고 성숙될 필요가 있다.

첫째, 기독교적 교사가 되어야 한다. 이것은 교사가 예수를 주로 고백하는 크리스천인 것을 의미하는 것만이 아니라 기독교신앙으로 자신의 삶과 사역을 바라볼 수 있는 것을 의미한다. 무엇보다 중요한 것이 소명이다. 하나님이 나를 기독교사로 부르셨다는 분명한 소명감이 있어야 한다. 그리고 교사를 단지 직업으로서가 아니라 부르심의 관점에서 볼 수 있어야 한다. 이 점에서 교사는 사역자이며 목회자이다. 그리고 교사의 모든 영역을 기독교적 관점으로 바라보고 실천할 수 있어야 한다. '기독'과 '교사'가 분리되는 것이 아니라 통합되어야 한다. 이 두 가지 요소가 어떻게 결합되느냐에 따라 네 가지 분류가 가능하다. '기독'교사, 기독'교사', '기독'교사', 그리고 '기독교사'이다. 그런데 이 마지막이 진정한 의미에서 '기독'이 교사의 모든 영역에 스며들어 있는 기독교적 교사이다. 이 측면에서 지속적으로 성숙하기 위해서는 부단히 하나님과 교제하며, 성화되며, 그리고 기독교적인 관점으로 교육을 바라보는 훈련이 필요하다. 사실 기독교대안학교 교사의 가장 근본이 되는 요소는 '기독교적 교사'이냐에 달려 있다고 할 수 있다.

둘째, 대안적 교사가 되어야 한다. 기존의 전통적인 교육에 대한 분명한 문제의식을 지녀야 한다. 일반 공교육이 문제가 없다면 대안교육이 필요없기 때문이다. 정확한 비판의식만이 그 대안 제시를 가능케 한다. 그리고 이 비판은 표피적인 비판이 아니라 근원적이며 심도 있는 비판이 될 때, 근원적이며 심도 있는 대안을 모색할 수 있다. 부단히 기존의 교육에 대한 대안을 모색하며, 그 대안이 최선의 대안인지를 성찰할 필요가 있다. 이것은 교사됨에도 적용된다. 기존의 교사상, 즉 안정적인 직업으로서, 그리고 교사의 이권을 추구하면서 자신의 신분을 유지하는 기득권층으로서의 교사에 대한 대안적 교사상을 정립할 필요가 있다. 기독교대안학교는 교사가 대안적 교사가 될 때 진정한 대안학교가 될 수 있는 것이다.

셋째, 기독교대안적 교사가 되어야 한다. 교사 스스로 자신이 찾은 대안이 기독교적인지를 성찰하며, 기독교적으로 확신하는 대안이 되도록 통합할 수 있어야 한다. 여기에서 일반 대안학교 교사와 구별되며, 동시에 일반 기독교학교 교사와도 구별된다. 이를 위해서는 '기독교적 반성'을 통해 스스로 돌아볼 수 있어야 하며, 자신의 대안성에 대해 신학적인 성찰을 할 수 있어야 한다. 대안적이지 않은 것을 홀연히 포기할 수 있을 뿐만 아니라 기독교적이지 않은 대안을 단호히 거부할 수 있는 용기도 필요하다. 그리고 기독교학교가 매몰되기 쉬운 자기중심성이나 엘리트주의를 극복할 수 있는 진정한 '기독교대안적' 교사가 되어야 한다.

넷째, 학교적 교사가 되어야 한다. 이는 보다 전문적인 교사, 실력 있는 교사가 되기 위한 노력을 의미한다. 기독교대안학교 교사는 부단히 자신의 분야에서 탁월한 교사가 되는 것을 중요한 목표로 설정하여야 한다. 이는 교과목의 내용에 대한 깊이 있는 이해는 물론 기독교적으로 그 교과목을 이해할 수 있는 능력을 의미한다. 또한 교육방법에 있어서의 탁월성을 위해 노력해야 한다. 교사는 사실 교수방법의 전문가이다. 기독교적 교수방법의 수월성은 기독교의 내용이 포함되었기 때문이 아니라, 그 방법이 학생에게 가장 효과적으로 교육적인 변화를 일으키기 때문이기도 하다. 그리고 학생상담이나 학급운영 등 교육의 제반 영역에서의 전문성을 신장시키는 노력이 포함되어야 한다.

마지막으로, 한국적 교사가 되어야 한다. 학생들에게 한국인의 얼을 심어주어야 한다. 한국을 사랑하고 조국을 위해 헌신하고 민족을 위해 희생할 수 있는 인물을 키워야 한다. 이를 위해서는 교사 자신이 먼저 한국적이 되어야 한다. 그리고 모든 교과목과 교육활동 속에서 '한국에서 이것이 의미하는 바가 무엇인가'를 물으며 답하여야 한다. 한국에서의 기독교대안학교가 한국인을 위한 것이고, 한국 사회를 위한 것이라면 한국의 얼이 모든 교육의 영역 속에 용해될 수 있도록 해야 한다. 기독교대안학교의 교사가 보다 한국적이 되기 위해서는 귀감이 될 수 있는 한국의 교육자, 특히 기독교교육자를 연구하며 그를 본받는 노력이 필요하다. 한국 교육사 속에 얼마나 훌륭한 교육자가 많은가? 거의 관심을 받지 못하는 이들의 역사를 재발굴하여 그 정신을 이어받는 노력이 필요하다.

8. 나가는 말

한국의 기독교대안학교는 어떤 정체성을 가져야 하고, 그 학교의 교사들은 어떤 특성을 지녀야 하는지를 살펴보았다. 최근 우리나라에 많은 기독교학교들이 세워지고, 기독교대안학교들이 세워지고 있다. 그러나 분명한 정체성을 지니지 못한 채 학교를 설립하고 학교를 운영하기 때문에 여러 가지 혼란을 가져오고 있고, 그 정도는 향후 심화될 가능성이 있다. 분명한 기독교대안학교의 기준을 제시하며, 이러한 학교들이 스스로를 성찰하며 자기발전을 꾀할 수 있도록 도와야 할 것이다. 또한 기독교대안학교의 교사들도 급증하고 있는데, 이들이 기독교대안학교의 교사로서의 정체성을 확립하지 못하면, 기독교대안학교의 공신력이 감소하는 것은 물론,

자신들도 기독교대안학교의 교사로서의 사명감과 확신을 갖지 못한 채 또 다른 대안교육이 요청되는 상황이 발생할 수도 있다. 기독교적이고 대안적이며, 기독교대안적이고 학교적인, 그리고 한국적인 기준을 확립함으로써 하나님이 기뻐하시며 오늘의 한국사회와 한국의 크리스천들이 필요로 하는 기독교대안학교를 세워나갈 수 있기를 기대한다.

토의문제

1. 넓은 의미의 기독교학교에는 기독교선교학교와 기독교대안학교가 다 포함된다. 기독교선교학교와 기독교대안학교의 차이는 무엇인가? 오늘날의 미션스쿨은 기독교선교학교로서 어떤 점에서 부족하다고 생각하는가?

2. 기독교학교는 '기독교적' 인 학교를 말하는데, '기독교적' 이라고 할 때 그것이 구체적으로 무엇을 의미한다고 생각하는지 이야기해 보자.

3. 기독교대안학교는 일반 기독교학교와 일반 대안학교와 각각 어떻게 구별되어야 한다고 생각하는가?

4. 이 장에서 제시된 대안적 교육의 10가지 특징 외에 추가할 수 있는 기독교대안학교의 대안적 특성을 한두 가지씩 말해 보자.

5. 한국의 기독교대안학교는 미국이나 유럽과 같은 서구의 기독교(대안)학교와 어떻게 달라야 한다고 생각하는가?

제3장 하나님 나라와 기독교학교교육

1. 기독교교육의 목적

교육에 있어서 가장 중요한 것이 교육의 목적이다. 교육은 목적적인 행위이다. 교육을 "인간행동의 계획적인 변화"라고 정의할 때, 의도성 (intentionality)이 가장 중요한데 이는 목적 지향성을 의미한다. 기독교교육에 있어서 가장 중요한 것도 목적이다. 목적이 올바르고 분명할 때 바람직한 기독교교육이 이루어질 수 있다. 전통적으로 기독교교육의 목적은 개인의 신앙성숙이나 교회성장에 그 초점이 맞추어진 경향이 있다. 개인주의와 교회주의라는 울타리로 제한되어 왔기에, 기독교교육은 종종 교회교육과 동일시되었고, 기독교교육의 관심은 개인의 신앙성숙에 집중한 나머지 역사와 사회에 대한 관심, 특히 일반 교육에 대한 관심이 부족하였다. 기독교교육의 목적을 '하나님의 나라'에 초점을 맞추어 재설정한다면 기독교교육의 정체성이 재확인되며, 그 영역이 보다 확장될 수 있고, 새로운 패러다임이 확립될 수 있다. 기독교교육은 다름 아닌 '하나님 나라를 향한 교육'이며, '하나님의 교육'임을 인정한다면, 기독교교육은 종전과 같이 교회교육이나 개인적 차원의 신앙성숙의 차원을 넘어서는 새로운 정체성을 찾을 수 있을 것이다.

2. 하나님 나라와 기독교교육

기독교교육이 하나님 나라를 추구해야 한다면 그 의미를 보다 깊이 이해하기 위해 하나님 나라가 무엇인지를 이해할 필요가 있고, 특히 하나님 나라와 교회의 관계를 선명하게 밝힐 필요가 있다. 기독교교육은 교회를 향한 것에 머무르는 것이 아니라 하나님 나라를 향한 것이 되어야 하기 때문이다.

1) 하나님 나라와 교회

하나님의 궁극적인 관심이 무엇이며, 성서가 증언하는 바 진정한 복음의 의미는 무엇인가? 이에 대한 대답은 '하나님 나라의 도래'이다. 예수 그리스도의 설교와 가르침의 중심은 '다가오는 하나님의 나라'라고 할 수 있다. 공관복음서에서 '하나님의 나라'(basileia tou Theou)라는 개념은 100회 정도 사용되고 있는데, 교회(ecclesia)라는 개념은 단 2회 정도 언급되고 있는 정도이다. 예수님은 장차 도래하는 '하나님의 나라'를 가르치신 것이지, 단지 교회를 세우신 것이 아니다. 이형기는 이 하나님 나라와 교회의 관계를 다음과 같이 설명하고 있다.

> 엄격한 의미에서 교회는, 십자가에 달리셨다가 부활하시고 하나님의 영광 가운데 살아계신 예수께서 영화롭게 되신 주 그리스도로서 그의 제자들에게 나타나시어, 하나님 나라를 계시하시고, 제자들과 초기 공동체가 성령의 역사로 이 하나님 나라의 복음을 믿었을 때 기원하였다. 하나님의 나라에 대한 복음이 교회를 낳고, 교회의 존재 이유와 목적은 이 하나님 나라의 복음이라는 것이다.[1]

이런 의미에서 우리가 추구해야 할 궁극적 가치는 '하나님의 나라'이며 '교회' 도 바로 하나님의 나라를 추구하는 '하나님의 교회' 인 것이다. 이것이 바로 칼 바르트(Karl Barth)가 교회를 하나님 나라와의 관계에서 '잠정적 공동체' 로 이해한 의미일 것이다. 스탠리 그렌츠(Stanley Grenz)가 그의 책 『하나님의 공동체를 위한 신학』(The Theology for the Community of God)에서 분명히 밝히고 있듯이 "올바른 교회론은 교회를 하나님 나라라는 맥락 속에서 이해"하는 것인데, 왜냐하면 "성경에서 하나님 나라라는 개념은 교회라는 개념보다 넓기 때문"이며, 동시에 "교회가 하나님 나라에 의존하기 때문"이다.[2] 예수에 의해서 선포되고 계시된 하나님의 통치권, 즉 하나님의 나라가 교회를 낳은 것이다. 이 점에서 "교회는 하나님의 통치의 선포에 대한 순종적 응답에 의해서 생겨난 하나님 나라의 산물(product)"이라고 할 수 있다.[3]

교회는 소위 종말론적 긴장 가운데 존재하는데, '이미 이루어졌음'(already fulfilled), '아직 완성되지 않음'(not completed yet) 사이에 존재한다. 교회는 이러한 종말론적 긴장 가운데서 이미 선취된 하나님의 나라와 도래할 하나님의 나라를 선포하고 실현해가야 하는 책임을 지닌다. 이미 정치, 경제, 사회, 문화, 예술, 교육 모든 분야에 있어서 하나님이 주인이심을 선포하고, 실제적으로 왜곡된 제 분야가 하나님의 통치와 다스리심 가운데에서 회복을 경험할 수 있도록 하여야 한다. "교회와 기독교가 곧 바로 하나님의 나라와 동일시 될 수는 없어도, 교회와 기독교가 이 하나님 나라의 징표요, 미리 맛봄이요, 이 하나님 나라를 이 땅 위에 실현해야 하는 도구인 것이다."[4]

그러나 안타깝게도 한국의 기독교는 이러한 '하나님의 나라' 를 추구하기보다는 '교회주의' 의 한계에 갇혀있는 것은 아닌가 하는 의구심을 갖게 한다. 이형기 교수가 지적하고 있듯이 한국교회는 '개교회주의' 와

'교파주의', '교회성장주의'의 성향을 띠고 있다.[5]

> 한국 개신교는 성경의 통일성에 대해서 아랑곳하지 않고, 성경의 명제적
> 진리들에 입각한 다양성만을 추구한 나머지 교파주의와 개교회주의와 교
> 회성장주의에 머물러 있다. 우리 한국 개신교는 말씀이 설교되고 있고, 세
> 례와 성만찬이 베풀어지고 있는 두세 사람이 모인 공동체를 교회로 보는
> 바, 말씀과 성례전이 하나님 나라를 지향하고 있다는 사실을 모르고, 나아
> 가서 이와 같은 종교개혁적인 교회의 '두 가지 표지'가 고대 교회가 고백
> 했던 '하나의 거룩하고 보편적이며 사도적인 교회'(una, sancta, catholica,
> apostolica)에 대해서는 모른다. 나아가 이 '하나의 거룩하고 보편적이며 사
> 도적인 교회'가 하나님의 나라를 지향하고 있다는 사실은 더욱 아는 바 없
> 다.[6]

이러한 한국 교회의 교회주의적 성향은 한국 기독교교육에 있어서
도 그대로 발견되어진다. 그동안의 기독교교육은 '하나님 나라' 모델이라
기보다는 '교회주의' 모델로서 개교회주의, 교파주의, 그리고 교회성장주
의의 성격을 드러내고 있음을 부인할 수 없다.

2) 기독교교육에 있어서 '교회주의' 모델과 '하나님 나라' 모델

종래의 기독교교육은 '교회교육'과 동일시되는 경향이 있어왔다. 교
회교육 중에서도 특히 아동들과 청소년들을 대상으로 하는 '주일학교' 또
는 '교회학교' 교육과 동일시되었다. 교회에서 목회와 교육이 분리되고, 교
육 가운데서도 성인교육과 아동과 청소년을 중심으로 한 교회학교교육이
분리되었다. 교회학교교육은 작게는 교회학교 성장을 위한 도구적 성격을
지니는 경향이 있고, 좀 더 크게는 목회적 성공을 의미하는 교회성장의 도

구적 성격을 지닌다. 기독교교육이 자라나는 세대만을 위한 교육이 아니라 성인교육을 포함하는 것을 모르며, 디다케만이 아니라 케리그마, 레이투르기아, 코이노니아, 디아코니아를 포함하는 것을 모르며, 교회교육만으로 제한되는 것이 아니라 보다 넓게 하나님 나라를 지향하고 있음을 모른다.

기독교교육은 '이미' 와 '아직' 의 종말론적 긴장 사이에 있다. 실현된 하나님의 나라와 아직 완성되지 못한 하나님의 나라 사이를 의미한다. 이를 다르게 표현하면, 교육의 영역에서 이미 하나님의 나라는 선포되었다. 예수 그리스도께서 십자가 상에서 "다 이루었다" 선포하실 때, 그 십자가의 구속의 죽음과 생명의 부활로 교육의 통치자는 하나님이시고, 교육의 주인이 그리스도이심이 선포되었다. 그러나 '이미' 와 '아직' 사이의 종말론적 긴장 가운데에는 여전히 왜곡된 교육의 현실, 그로인해 고통당하는 수많은 사람들의 신음소리가 들려온다. 기독교교육은 이런 왜곡과 고통 속에서 이미 선취된 하나님의 나라를 선포하며, 교육의 영역에서 그 하나님의 나라가 온전히 실현(realize)될 수 있도록 최선의 노력을 경주하여야 한다.

3) 하나님 나라를 강조하는 기독교교육이론

기독교교육학자들 가운데는 하나님 나라를 강조하는 많은 학자들이 있고, 그들의 기독교교육이론이 있다. 여기에서는 그 중 토마스 그룹의 이론과 마리아 해리스의 이론, 존 콜만의 이론을 살펴보려고 한다. 이들 이론들은 기독교교육이 어떻게 하나님 나라와 관련되는 지를 각각의 독특한 관점에서 파악하고, 하나님 나라를 위한 기독교교육의 실천적 방안을 제시하고 있다.

(1) 토마스 그룹의 이론: 하나님 나라를 위한 교육

토마스 그룹은 그의 책 『기독교적 종교교육』(*Christian Religious Education*)에서 기독교 종교교육의 최종적인 목적을 '하나님 나라'로 제시하고 있다. 그는 목적을 희랍어 텔로스(telos)로 이해하면서, "기독교적 종교교육을 수행하면서 지향하는 목표"로 정의하고 있다. 그런데 그는 목적 중의 목적을 궁극적 목적(metapurpose)으로 보았는데, 기독교적 종교교육의 궁극적 목적은 "예수 그리스도 안에서의 하나님 나라"라고 주장한다.[7]

그룹은 전통적인 기독교교육이 개인화되고 '저 세상화' 된 것을 비판하면서, "기독교적 종교교육가들로서의 우리의 궁극적 목적은 사람들을 예수 그리스도 안에 있는 하나님의 나라로 이끌어내는 것"이라고 제안하고 있다. 그룹은 기독교교육의 목적이 하나님 나라라는 것을 입증하기 위해서 세 가지 논증을 하고 있는데, 첫째는 히브리 성경에서 말씀하는 바 하나님의 의도가 바로 하나님 나라라는 것이요, 둘째는 예수님의 선포의 핵심이 하나님 나라이며, 셋째는 현대신학의 핵심이 하나님 나라라는 것이다.[8]

그룹은 교회의 본질과 사명도 예수 그리스도 안에 있는 하나님 나라에 근거해서 이해해야만 한다고 주장하는데, "교회는 예수의 가르침에 신실하게 그 나라를 위해 존재해야만 한다"고 보았다. 그룹은 교회가 하나님 나라에 대해 신실하고자 할 때, 삼중적인 사명을 갖게 된다고 보았는데, 바로 케리그마(Kerygma), 코이노니아(Koinonia), 디아코니아(Diakonia)이다. 케리그마는 예수 그리스도의 복음을 선포하는 것인데, 이는 바로 하나님 나라를 전하는 것을 의미한다. 코이노니아는 교회가 진정한 사귐의 공동체가 됨으로써 하나님 나라에 대한 표징(sign)이 될 수 있다고 보았다. 디아코니아는 교회가 섬김을 실천함으로 말미암아 하나님의 나라가 현재적으로 실현되도록 하는 사명을 의미한다. 그룹은 교회의 목적이 구티에레즈(Gutierrez)가 말하는 '구원 클럽'(salvation club)과 같이 "개인적이고 전적으로 저 세상적인 구원이라는 의미에서 '하늘을 보장해 주는' 그러한 것이 되어서는 안된다"고 주장한다.[9] 오히려 교회는 역사 한가운데서 하나님 나라에 대한 성례전적 표징이 되어야 한다고 보았다. 그룸은 "교회는 그 나라를 위하여 존재하며 결코 그 자체를 위하여 존재하지는 않는다"고 말한다.

그룸에 의하면 설교와 교육의 중심에 이 하나님 나라와 부활하신 그리스도의 주권이 핵심적으로 자리하고 있다. 예수가 그리스도라는 것과 동시에 하나님의 나라에 교육의 초점이 맞추어져야 한다고 주장한다. 그룸이 "주님이요 그리스도라는 주제와 예수에 의해 전파된 바 그 나라라는 주제는 양자 모두 우리의 선포와 교육에 있어서 지속적으로 그리고 의도적으로 존재되어야만 한다"고 언급한 것은 이를 의미한다.[10]

그룸은 그의 책 『신앙의 나눔』(Sharing Faith)에서 다시 한번 기독교적 종교교육의 목적이 '하나님 나라' 임을 강조하는데, 여기에서는 '하나님의 통치'(the reign of God)로 표현하고 있다. 그는 하나님의 통치야말로 모든 기독교 사역의 궁극적 목적이라고 하였다. 그룸이 후기에 와서 '하나님의 나라' 대신에 '하나님의 통치' 라는 개념을 사용하는 이유는 하나님의 '나라'(Kingdom)라는 개념이 가부장적 성격을 지닌다고 판단했기 때문이다. 또 하나의 이유는 특정한 영역이나 지역보다는 다스리는 행위를 의미하는 히브리어 *malkuth Yahweh*나 희랍어 *basileia tou theou*에 대한 보다 정확한 번역이 '통치'(reign)라고 생각했기 때문이다.[11]

(2) 마리아 해리스의 이론: 하나님의 백성 교육

마리아 해리스(Maria Harris)는 기독교교육의 목적을 '하나님의 나라' 로 지칭하지는 않았지만, '하나님의 백성' 으로 빚어나가는 것을 교육의 목적과 동일시하고 있다. 그녀는 『교육목회 커리큘럼』(Fashion Me A People)에서 기독교교육의 새로운 지평을 열어주고 있는데, 기독교교육을 하나님 나라의 백성으로 빚어나가는 예술적 과정으로 보았다.[12] 그녀는 종전의 전통적인 기독교교육이 개인적인 차원에 머무는 것을 비판하면서, 기독교교육을 세상과의 관계의 차원에서 이해하려고 하였다. 교회가 교회성장주의에 매여 있는 것이 아니라, 교회가 세상 속에서의 사명을 감당해야 한다고 보았다. 해리스는 교회를 하나님의 백성으로 보면서, 하나님의 백성은 세계 속으로 들어가서 하나님의 계시인 예수가 행했던 대로 세상 속에 존재해야 한다고 주장한다. 하나님의 백성들은 하나님을 세상에 계시하도록 세상 속으로 파송된 존재로 이해하고, 그 사역을 크게 다섯 가지로 이해하는데 바로 케리그마, 레이투르기아, 디아코니아, 코이노니아, 디다케 등이다.

그녀는 하나님의 백성으로서 교회의 소명을 크게 세 가지 구성요소로 이해하고 있는데, 제사장적인 백성으로, 예언자적인 백성으로, 정치적인 백성으로의 사명이 있다고 파악하고 있다. 제사장적인 백성으로서의 소명은 가르침과 기도, 그리고 전통들을 보존하는 사역에로 부름을 받았음을 의미하고, 예언자적인 백성으로서의 소명은 "정의의 말씀을 선포하고, 하나님의 애정(pathos)-하나님의 현현과 인간의 고통과 죄에 대한 끊임없는 탄식을 의미하는-을 몸으로 나타내기 위하여" 부름을 받았음을 의미한다. 왕적인 백성, 다르게 표현하면 정치적인 백성으로서의 소명은 이 땅의 모든 영역에서 하나님의 통치를 실현하는 사역에로의 부르심을 의미한다.[13]

해리스는 이러한 하나님의 백성으로서의 교회는 단지 개인주의적인 성향만을 지녀서는 안 되고 공동체적인 방향으로 나아가야 하며, 이 둘 사이의 긴장이 필요하다고 주장한다. 또한 지역적인 것과 세계적인 것 사이의 긴장이 요청되는데, 가장 지역적인 것이 가장 세계적이라는 관점으로 이 두 가지를 품을 것을 주장하고 있다. 그리고 목회자와 평신도 사이의 긴장이 있어야 함을 말하는데, 성직자(clergy)나 평신도(laity)라는 용어가 적합하지 않음을 주장하며, 자신 스스로 가톨릭 평신도 여성으로서 지나치게 목회자 중심의 사역, 전임사역자 중심의 활동에 대해서 평신도 사역의 중요성을 강조하고 있다. 해리스에 의하면, "목회적인 소명을 위한 가장 보편적인 무대는 모여 있는 교회 밖에 있는 일터"이다. "성직 위임을 받은 사람과 성직 위임을 받지 않은 사람 모두가 그들이 서로서로 '안'에(in)와 서로서로 '의'(of) 그리고 서로서로들 '때문에'(on account of) 사역자가 되지 않으면 안된다"고 주장한다.[14]

마리아 해리스는 하나님의 백성을 위한 교육은 단지 교회학교 교육으로 머물러서는 안된다고 주장한다. 첫째, 해리스는 전통적인 교회교육이 아동이나 청소년을 대상으로 하는 것이라고 생각하는 경향이 있는데, 자라나는 세대만을 위한 교육에서 '평생교육'으로 확장할 것을 요청한다. "평생교육으로서의 교회교육은 목회적 소명이 평생의 소명이기 때문에" 평생에 걸쳐서 이루어지는 것이다.[15] 둘째, 해리스는 교육을 학교교육과 동일시하는 한계를 지적하고 있다. 교육은 학교에서만 이루어지는 것이 아니고 삶의 모든 영역에서 이루어지며, 형식적인 과정만이 아니라 비형식적인 과정도 포함하고 있다. 그녀는 가브리엘 모란(Gabriel Moran)이 주장하는 바 학교만이 아닌 교육의 다른 장, 예컨대 가족, 직업, 그리고 여가와 같은 구체적인 삶의 현장에서 교육이 이루어진다고 보았다.[16] 셋째, 해리스는 초대교회가 그러했듯이 교회의 전생활인 코이노니아, 레이투르기아, 케리그마, 디아코니아, 디다케를 기독교교육의 범주로 이해하고 있다. 이러한 이해는 전통적으로 디다케만을 교육으로 생각한 것과는 관점을 달리하는데, 하나님의 백성을 위한 기독교교육의 영역을 확장한 것이라고 볼 수 있다.[17]

이러한 해리스의 기독교교육에 대한 새로운 이해는 '교육목회'라는 새로운 구조를 창출하며, 교회성장이나 교회주의의 한계에 갇히기보다는 하나님 나라를 지향하는 기독교교육의 새로운 가능성을 보여주고 있다. 해리스는 자신이 제시하는 교육의 구조와 전통적인 구조를 비교하여 도표로

나타내고 있다.[18]

영역＼교육구조	전통적인 구조	새로운 구조
기관	개인과 선임된 사람	전공동체
활동	수업과 교리주입	교육과 능력부여
참가자	어린이	전공동체
방향	전통을 배우고 법을 준수함	세상 속의 사역에 참여하도록 함

해리스는 특히 교육의 방향이 변해야 함을 강조하는데, 교회가 세상을 변화시키는 사명을 지님을 주장한다. "현재의 교육은 우리로 하여금 세상을 의식하는 사역에로 부르고 있다. 이러한 부름은 단지 교회 안의 삶으로만 만족하지 않는다. 이 부름은 교회가 자리하고 있는 세상 한가운데의 삶으로 부르는 것이다."[19] 이러한 해리스의 교육방향은 그녀의 교육목적 이해가 궁극적으로 하나님 나라를 지향하고 있음을 알 수 있다.

(3) 존 콜만의 이론: 제자직과 시민직 교육

하나님 나라의 관점에서 기독교교육을 접근하고 있는 기독교교육학자로는 존 콜만(John Coleman)을 들 수 있다. 메리 보이스가 편집한 책 『제자직과 시민직을 위한 교육』(Education for citizenship and Discipleship)에 실린 콜만의 글 "두 가지 교육: 제자직과 시민직"은 그 자체가 하나님 나라 신학을 논의하고 이를 근거하여 기독교교육 이론을 전개하고 있지는 않지만 '제자직'과 '시민직'의 관계를 심도 있게 논의하고 있다. 이 글은 '제자직'에 매여 있는 교회주의 교육의 한계를 극복하고 '하나님 나라'를 지향하는 교육의 지평을 열고 있다는 점에서 주목할만한 접근방식이다.[20] 콜만은 제자직과 시민직에 대해서, 각각이 어느 정도 자율적(semi-autonomous)이면서도 상호 관련된 삶의 영역이라고 이해한다. 그는 제자직의 교육을 수행하는 교회가, 마찬가지로 시민직의 교육에도 관심을 가져야 한다고 주장한다.[21] 교회구성원들이 사회·정치적인 책임을 지녀야 함을 의미한다. 그런데 교회구성원들의 이러한 관심과 책임은 단순한 시민직을 의미하는 것이 아니라 "제자로서 시민직을 수행해야 함"을 말하는 것이다. 콜만은 리차드 니버(Richard Niebuhr)의 『그리스도와 문화』(Christ and Culture)를 언급하면서 '문화를 대항하는 그리스도'와 '문화를 변혁하는 그리스도'를 묶을 수 있는 가능성을 모색하고 있다. 이것이 바로 제자직과 시민직의 통합이다.

콜만은 시민직은 제자직에도 도움이 된다는 사실을 논증하는데, 세 가지 측면에서 이로움을 준다고 주장한다. 첫째, 시민직은 "기독교적 결속의 범위를 넓힘으로써 그 영역 내에 있는 여타의 모든 시민들을 포함하고, 결과적으로 기독교인들에게 하나님의 은총이 교회의 경계를 넘어서서 영향력을 미치고 있다"고 보았다.[22] 둘째, 제자직과 시민직의 결속으로 일상의 정치현실 가운데서 보다 "겸허한 자세로 섬길 수 있도록" 도와준다. 셋째, 정치가 기독교적 잠재력의 현실시험의 장이 됨으로써 "기독교인들은 이미 성취된 것과 역사 속에서 그리스도의 변화시키는 힘을 기초로 하여 미래의 성취에 대한 희망"을 키워나갈 수 있도록 한다.[23] 이러한 콜만의 견해는 이미(already)와 그러나 아직(not yet) 사이의 종말론적 긴장 속에 살아가는 그리스도인들이 지녀야 하는 윤리적 속성으로서 '제자직과 시민직 사이의 긴장'을 의미하고 있다고 볼 수 있다.

콜만은 또한 제자직이 시민직에 도움이 된다는 사실을 예수회 신학자인 블라델(Louis van Bladel)을 인용하면서 논증하고 있는데, 블라델은 기독교신앙이 세 가지 사회적 의미를 지닌다고 보았다. 첫째는 약속으로서의 복음, 즉 유토피아적 기능이며, 둘째는 심판으로서의 복음, 즉 대항문화 (counterculture)적 기능이며, 셋째는 사명으로서 복음, 즉 새로운 질서의 건설의 기능이다.[24] 콜만은 이에 근거하여 "기독교적 시민의 의무는 국가가 이해하는 시민의 의무보다 더 막중한 것이며, 그 의무와 다른 것"이라고 주장한다. 콜만은 복음의 정치적 의미를 다음과 같이 기술하고 있다.

> 우리는 정치에 대한 유토피아적 비전이 매우 중요하다는 점을 인식하게 되었다. 이 비전은 일반적으로 널리 퍼져있는 패러다임을 저해하는 요소를 깨뜨리며, 대안들을 고려할 수 있도록 우리의 상상을 자유롭게 해주고, 모든 결정론을 휘파하여 우리로 하여금 정치가 인간적인 놀이로서, 궁극적으로 인간의 선택으로 인한 산물이요, 인간의 희망과 꿈에 대한 제한선이라는 것을 상기시켜 준다. … 기독교인들은 죽음과 부자유와 부정의 편에 서 있는 현 우리 사회의 모든 것에 대항하여 대항 문화적이 되도록 부름받은 것이다.[25]

특히 콜만은 복음의 세 번째 사회적 기능인 '사명으로서의 복음'을 강조하는데, 기독교인들은 "하나님의 새로운 공동체가 꿈꾸는 이웃사랑 속에서 왜곡되지 않은 교제를 이루라는 부르심"을 받았다고 보았다. 콜만은 이러한 복음적 사명을 이루기 위해서는 '이웃사랑'이 가장 중요하다고 말하는데, "이웃사랑은 모든 정치와 시민직의 궁극적 목적이 정치구조로 하여금 인간에게 영적, 물질적 필요들을 채워주도록 하는 임무라는 사실을 끊임없이 상기시켜 줌으로써, 제자직과 시민직 사이에 가로놓인 균열을 연결짓는 기능을 수행한다"고 보았다.[26]

콜만은 이러한 제자직과 시민직에 대한 이해에 기초하여, 이 두 가지 직무가 분리되지 않고 통합된 기독교교육을 추구하고 있다. 콜만은 전통적인 기독교교육이 "자신의 존재를 정해주는 교육인 제자직"으로서만 시작하고 끝나는 한계를 지녔음을 지적하면서, "주 안에서의 시민직"을 추구하는 교육으로서 성숙해야 할 것을 주장한다.[27] 종래의 기독교교육이 교회교육, 더 심각하게는 교회주의 교육이라는 한계에 갇혀서 좁은 의미의 '제자직' 교육에만 집중했다면, 이제는 '시민직' 교육을 포용하여 궁극적으로 '하나님 나라'를 추구하는 교육으로 그 지평이 확장되고 그 관심이 성숙되어야 함을 주장하는 것이다. 그래서 제자직에 뿌리를 둔 시민직 교육, 그리고 시민직 속에서 진정한 제자직을 추구하는 기독교교육이 되어야 함을 천명하고 있다. 이러한 콜만의 기독교교육 이해는 하나님 나라를 추구하는 교육의 새로운 패러다임을 제시하는 것으로 이해될 수 있다.

3. 교육의 영역에서 하나님 나라 운동: 공교육에 대한 교회의 책무성

하나님 나라의 관점에서 기독교교육을 조명할 때, 기독교교육의 관심 범주는 교회 내에 머무르지 않는다. 기독교교육은 교회교육만이 아니라 사회에서 이루어지는 모든 교육현상을 포함하며, 그 '교육'의 회복을 지향한다. 이런 점에서 그동안 기독교교육에서 소홀히 다루어진 '학교교육'이 기독교교육의 주된 관심으로 재조명될 필요가 있다.

1) 교육의 영역에서 하나님 나라 회복

하나님 나라의 관점에서 기독교교육을 접근할 때 기독교교육에 대한 새로운 정의가 가능하다. 그것은 '기독교교육은 교육의 영역에서 하나님 나라의 회복이다' 라는 정의이다. 이 때의 교육은 교회교육만을 의미하는 것이 아니고 더군다나 주일학교 교육만을 의미하는 것이 아니다. 모든 교육을 의미하며, 사회에서 이루어지는 공교육, 즉 학교교육을 포함한다. 창조질서로서 '교육,' 즉 하나님이 원하시는 '하나님의 교육'이 죄로 인해 왜곡되고 파괴되고 타락한 모습을 띠고 있는데, 이를 다시금 하나님의 통치 영역으로 회복하여 '하나님 나라'를 선포하는 모든 과정이 기독교교육의 관심이 되어야 한다. '이미'(already) 예수 그리스도께서 십자가 상에서 '다 이루었다' 선포하실 때에 온전히 회복되고 완성된 '하나님의 교육'을, '아직'(not yet) 실현되지 않은 '종말론적 긴장' 가운데서 계속해서 실현하고 구현해 가는 과정을 의미한다.

　이렇게 '하나님 나라'의 관점에서 새롭게 설정된 기독교교육의 정의는 전통적으로 교회교육을 기독교교육과 동일시해 온 '편협성'을 탈피하여, 교회 밖에서 이루어지는 모든 교육도 끌어안고 포용하는 패러다임의 전환을 요청하고 있다. 사실, 이렇듯 하나님 나라의 관점에서 볼 때는 일반적인 교육현상, 즉 공교육이라고 불리우는 학교교육이 기독교교육의 중심 관심으로 부상하게 된다. 학교에서 이루어지는 교육은 '세속교육'이며, 교회에서 이루어지는 교육만이 '기독교교육'이라는 이분법적인 사고와 분리주의적 견해는 더 이상 그 설 자리가 없다. 하나님 나라의 관점에서 볼 때에, 왜곡되고 불의한 정치 현실이 교회가 주목하며 하나님의 공의와 사랑을 선포해야할 대상인 것처럼, 죄로 인해 뒤틀린 교육 현실이 기독교교육이 치유해야 할 대상이며 회복해야 할 영역인 것이다.

　이런 맥락에서 볼 때, 기독교교육은 종래의 교회교육이 지니지 못했던 중요한 과제를 안게 된다. 그것은 다름 아닌 교육에서 일어나는 고통에 대한 관심이다. 하나님 나라의 관점에서 볼 때, 기독교교육은 교육의 영역에서 이루어지는 고통의 문제를 하나님의 샬롬으로 변화시킬 소명이 있는 것이다. 주기도문에 나타나는 "나라이 임하옵시며, 뜻이 하늘에서 이루어진 것 같이 땅에서도 이루어지이다"는 내용이 교육의 영역에서 성취되도록 추구하는 것이 기독교교육의 과제요 사명이다. 교육의 영역에서 이루어지는 하나님의 나라는 어떤 모습일까? 교육의 영역에서 성취되어지는 하나님의 뜻은 무엇일까? 질문하면서 단지 교회내적 관심, 그리고 개인의 신앙성숙만을 궁극적 관심으로 삼는 개인주의적 관심에서 벗어나, 기독교교육의 궁극적 목적(metapurpose)을 '하나님 나라' 와 동일시하며, '그 나라와 의' 를 추구하는 교육이 되어야 한다.

2) 고통의 교육을 치유하는 기독교교육

하나님 나라의 관점에서 기독교교육을 접근한다는 것은 교육의 영역 안에서, 또는 교육으로 인해 고통당하는 사람들을 치유하고, 원래 하나님이 의도하시는 샬롬의 교육으로 회복하는 것을 의미한다. 기독교교육이 교회 안의 교육으로 제한되고, 개인의 신앙성숙이라는 차원에 머물기 때문에 교회 밖 교육의 현장에서 들려오는 고통의 신음소리를 들을 수 없고, 이에 대해 응답할 수 없다면 하나님의 교육에 동참하는 것이 아니다. 하나님 나라를 향한 교육은 이러한 고통의 현실에 적극적으로 응답하여 고통받고 왜곡된 교육을 치유하고 회복해야 할 사명이 있다.

오늘날 우리 주위에는 수많은 고통받는 아동들과 청소년들이 있다. 이들의 고통은 단지 하나의 고통이 아니라 몇 가지 고통이 겹쳐져 있는 '중첩적 고통' 이다. 무엇보다 입시위주의 교육제도로 말미암아 '인간됨' 을 상실당한 채 '대학에 들어가기까지' 고통의 자리로 내몰리고 있다. 또한 학교라고 하는 '사회와 격리된' 울타리 안에서 발생하는 온갖 문제, 예컨대 학교폭력, 집단 따돌림 등으로 고통당하고 있다. 동시에 가정에 있어서 이혼율이 증가하고 가정의 형태가 변모되는 과정 속에서 아동과 청소년들이 고통당하고 있으며, 급속한 사이버 문화의 발달로 인해 아동과 청소년들은 사이버를 통한 퇴폐적인 문화와 범죄에 노출되어 있다. 그리고 경제구조의 왜곡으로 인해 부익부 빈익빈 현상이 심화됨으로 말미암아 빈곤계층의 자녀들과 소년소녀 가장들의 고통은 더욱 심화되고 있다.

(1) 학교에서의 고통

학교에서 당하는 고통 가운데 왜곡된 교육으로 인해 당하는 교육내적 고통이 있다. 입시위주의 교육, 경쟁위주의 교육, 그리고 민주적인지 못한 교권주의로 말미암는 고통 등이 있다. 그러나 이러한 교육의 본질적인 면과 관련된 고통 외에도 수많은 고통이 학교 안에 존재한다. 최근 학교 내에서 발생하는 심각한 문제로 학교폭력을 들 수 있다. 수 많은 학생들이 음으로 양으로 학교폭력에 시달리고 있다. 최근 전북 순창의 한 여고생이 선배와 동급생들로부터 집단 폭행을 당한 후 끝내 숨진 사건은 학교내 폭력이 어느 정도 심각한지를 보여주는 일례이다. 이미 사회적으로 큰 이슈가 되었던 '일진회' 라고 하는 학교폭력 조직이 존재한다는 사실도, 그동안 얼마나 많은 아동과 청소년들이 학교폭력에 의해 고통당해 왔고 지금도 고통당하고 있는지를 짐작케 한다.

학교에서 아동과 청소년이 당하는 고통 가운데 '집단따돌림' 과 '왕따' 현상은 이제 한국 사회 전반에 걸쳐서 일어나고 있는 사회병리적 현상이라고 할 수 있다. 한국교육개발원이 지난 2004년에 조사한 '초등학생의 생활 및 문화실태 분석' 에 의하면, 전국 초등학교 4-6학년 학생 3,507명 중 21.3%의 초등학생이 '가끔' 혹은 '자주' 친구를 따돌렸거나 괴롭힌 경험이 있다고 응답했으며, 13.4%의 학생이 집단따돌림의 경험이 있는 것으로 나타났다.[28] 이러한 집단따돌림과 왕따 현상은 어른들이 생각하는 것보다 훨씬 더 심각한데, 왜냐하면 아동과 청소년들에게는 견디기 어려운 고통을 주기 때문이다. 이러한 학교에서의 고통은 아동과 청소년의 자살로 귀결되기도 한다. 『2004 청소년 백서』에 의하면 청소년의 사망원인 중 자살이 차지하는 비중이 교통사고로 인한 사망에 이어 두 번째로 높은데, 이는 청소년에게 있어서 자살이 얼마나 심각한 문제인가를 말해준다.[29] 기독교교육은 이러한 왜곡된 교육현실과 학교에서의 고통의 문제를 직시하고 이를 해결하기 위한 노력의 과정이 되어야 한다.

(2) 가정에서의 고통

아동과 청소년들이 가정에서 받는 고통 가운데 가장 중요한 요인은 부모의 이혼이라고 할 수 있다. 최근 이혼율의 급증은 많은 자녀들이 고통 가운데 있게 됨을 보여준다. 우리나라의 이혼은 1970년에 1만 2,000건에서 매년 증가하여 2003년에는 16만 7,000건으로 크게 증가하였다. 평균이혼연령은 1985년에 남자 35.6세, 여자는 31.3세에서 2003년에는 남자 41.3세, 여자 37.9세로 꾸준히 높아지고 있다. 동거기간별 이혼구성비는 결혼 5년 이내 이혼하는 경우가 1998년에 31.6%에서 계속 감소하여 2003년 24.6%로 나타난 반면, 결혼생활 10년 후 이혼은 1993년 21.7%에서 2000년 18.7%로 감소하였다가 다시 증가 추세에 있다. 평균동거기간을 살펴보면 1993년 8.8년에서 계속 증가하여 2003년에 11.4년으로 나타났다. 이는 장기동거부부의 이혼이 증가하는데 기인하는 것으로 보인다. 이러한 현상은 이혼할 당시에 가족 구성원인 아동과 청소년의 고통의 문제로 이어지게 되는데, 최근에는 과거와는 비교할 수 없을 정도로 많은 아동과 청소년들이 가정의 결손 현상으로 인해 고통받고 있는 것이다.

가정에서 아동들이 당하는 고통 가운데 '아동학대'의 문제를 제외할 수 없다. '아동학대'라 함은 보호자를 포함한 성인에 의하여 아동의 건

강·복지를 해치거나 정상적 발달을 저해할 수 있는 신체적·정신적·성적 폭력 또는 가혹행위 및 아동의 보호자에 의하여 이루어지는 유기와 방임을 말한다. 한국보건사회연구원(1998)의 통계자료에 의하면 가구당 아동학대발생률은 2.6%이다. 즉, 우리나라 전체 만 18세 미만의 학대받는 아동은 44만 9,000명으로 추정할 수 있다. 2001년 전국 17개 아동학대예방센터에서 제공한 아동보호서비스(Child Protective Services)를 중심으로 아동학대 사례현황 자료에 따르면 우리나라 아동학대 사례유형은 아동학대사례 보고 건수인 총 2,105건 중 방임이 31.9%, 중복학대 29.6%, 신체학대 22.6%, 유기 6.4%, 정서학대 5.4%, 성 학대 4.1% 로 각각 나타났다. 그리고 아동학대 발생 장소는 가정 내가 81.1%로서 가장 많은 비중을 차지하고 있다. 이러한 아동학대를 당하는 아이들은 신체적, 정신적 상처를 입고, 깊은 불신감 속에서 고통스러운 삶을 살 수밖에 없다.

가정의 해체는 소년소녀 가장의 문제로 이어지게 된다. 청소년백서(2004)에 의하면 소년소녀가정의 발생원인으로는 부모사망이 가장 많고, 그 다음이 부모의 가출, 부모의 이혼, 재혼의 순으로 나타나고 있다. 2003년도 현재 우리나라의 소년소녀 가장 현황을 보면 전체 세대 3,994세대로서 6,184명이 이에 해당된다. 이 중 초등학생 이하의 소년소녀 가장이 1,418명이나 된다. 전체 소년소녀 가장의 수는 연차적으로 줄어들고 있지만 여전히 소년소녀 가장의 문제는 아동과 청소년을 위해 가장 먼저 해결해야 할 과제가 되고 있다. 기독교교육이 이러한 가정의 모든 고통을 직접적으로 해결할 수는 없다고 하더라도, 이러한 고통으로부터 회복시키는 과정이 되어야 할 것이다.

(3) 사회에서의 고통

앞에서 논의한 학교에서의 고통과 가정에서의 고통은 아동과 청소년을 가정과 학교 바깥으로 내몰고 있는데, 아동과 청소년의 가출의 문제는 이런 결과로 나타나는 현상이다. 아동과 청소년의 가출은 가출 자체의 문제의 심각성보다는 비행과 범죄의 시발점이 될 수 있다는 점에서 더욱 그 대책이 필요하며, 청소년 자신의 성장발달과정에 있어서 치명적인 해가 될 수 있다는 점에서 큰 문제가 있다. 가출 청소년의 인원은 경찰청 통계자료에 의하면 14,000~15,000명 정도로 추정하나 실제 가족해체나 방임으로 거리를 배회하고 있는 가출청소년의 수는 10만 명 정도로 추정하고 있다.

공교육의 황폐화는 학교 중도탈락자들을 양산하고 있다. 한 해 약 7만 명이 학교 중도탈락자가 되는데, 이들을 단지 일탈행위자로서 이해할 것이 아니라 중첩적인 고통의 현상을 이해하고 문제를 해결하려는 노력이 필요하다. 최근 대안학교 운동을 통해서 학교 중도탈락자들을 수용하려고 하지만, 이는 전체 중도탈락자들의 수에 비하면 극히 일부분에 불과한 실정이다.

한국사회에서 아동과 청소년들이 당하는 또 하나의 고통은 성매매로 인한 것이다. 향락 퇴폐적인 성풍조의 만연과 청소년을 성적대상으로 보고 이들의 성 탈선을 조장하는 사회적 환경 속에서 성매매와 성폭력범죄가 심각한 수준에 이르고 있다. 심지어 사회지도층 인사들까지 청소년들을 매수하여 성적인 쾌락을 추구하는 청소년 성매수 범죄가 급증하고 있다. 아동 및 청소년들이 특히 성매매범죄의 대상이 된 경우, 아동과 청소년 입장에서의 잘잘못의 여부를 떠나 이들을 성매매대상이 되게 한 사회적 구조와 성인들이 책임을 져야 한다는 인식을 지닐 필요가 있고, 교회는 이들 피해 아동과 청소년들의 고통에 대해 응답하고 이를 해결해야 할 과제를 안고 있다.

하나님 나라를 추구하는 기독교교육은 이러한 교육의 영역에 팽배한 고통의 문제에 주된 관심을 기울이며, 이미(already) 이러한 고통을 해결하신 '예수 그리스도의 복음'을 선포할 뿐만 아니라, 그러나 아직(but yet) 실현되지 않은 그 나라를 이 땅에서 실현해가는 도구적 역할을 감당해야 한다. 오늘날 많은 아동과 청소년들이 이런 고통 속에서 방황하고 있고, 많은 부모들이 고통스러운 자녀들의 모습을 보면서 또한 고통당하고 있다. 기독교교육은 이러한 고통을 치유하는 것이어야 하고, 기독교학교교육의 궁극적인 목적도 이러한 고통의 치유와 회복을 의미한다.

3) 기독교교육의 주된 관심으로서 학교교육

기독교교육은 교육의 영역에서 하나님 나라의 회복이며, 이는 고통 가운데 있는 교육을 원래의 교육으로 회복시키는 과정이기도 하다. 기독교학교교육은 왜곡된 교육현실과 학교 안팎에서 고통당하는 학생들의 고통과 그들의 부모들의 고통으로부터 그들을 구원하며, 교육의 영역에서 하나님의 다스림을 회복하는 과제를 안고 있다. 이런 의미에서 기독교교육은 '교회교육'과 동일시 될 수 없다. 기독교교육의 장은 교회만이 아니라 가정, 학교, 사회를 포함하며, 기독교교육은 가정, 학교, 사회의 고통에 대한 대안이 될 수 있어야 한다. 그러나, 지난 수십 년간의 기독교교육의 경향은 주로 교회교육에만 초점을 두어왔다고 해도 과언이 아니다. 기독교교육은 교회교육, 그 중에서도 자라나는 세대만을 대상으로 하는 주일학교, 또는 교회학교 교육으로 인식되어 왔다. 각 신학대학교 기독교교육학과의 커리큘럼이나 각 교단 총회 교육부의 활동은 교회교육에 초점이 맞추어져 있다. 이제는 제법 많은 숫자를 헤아리는 기독교교육 관련 연구소도 예외없이 그 관심이 교회교육으로 제한되어 있다. 그러는 동안에 학교는 '기독교교육'의 무관심 영역으로 전락하였고 급기야는 '학교붕괴' 현상까지 직면하게 된 것이다. 결국, 한국교회는 이러한 문제를 해결하거나 대안을 제시하는 역할을 하기보다는 그 문제에 휩싸이거나 오히려 일방적으로 무너져가는 학교교육으로부터 영향을 받는 위치에 놓이게 되었다. 예컨대 입시문제에 대한 기독교적인 관점을 제시하기보다는 그러한 왜곡된 교육현상의 영향을 받아 '입시합격을 위한 100일 기도회' 등의 행사를 통해 입시경쟁을 심화시키는 현상마저 나타나게 되었다. 좀 지나친 판단일 수도 있지만, 오늘날의 학교붕괴 현상은 학교를 기독교교육의 장으로서 진지하게 고려하지 못한 한국교회와 기독교교육계에 책임이 있다고 할 수 있다.

　　학교가 기독교교육의 장이고 교회가 학교교육에 대해 관심을 가져야 한다고 주장할 때, 그것이 소위 미션스쿨(Mission School)에 대한 관심만을 의미하는 것이 아니다. 미션스쿨은 물론, 기독교계 학교 및 기독교학교(Christian school)를 포함한 전체 공교육(public education)으로서의 '학교교육'에 대한 관심을 의미한다. 또한 학교가 단지 '전도'의 장일 뿐 아니라 '기독교교육'의 장임을 분명히 하여야 한다. 기독교교육이 단지 좁은 의미의 '신앙성장'만을 위한 것이 아니라 넓은 의미의 신앙성숙과 전인적인 성장을 위한 것이라면, 기독교교육적인 관심이 교회교육에만 제한되는 것이 아니고 학교교육으로까지 확대되어야 하는 것이 분명하다.

　　이렇듯 기독교교육이 단지 교회성장의 수단이 아니라 하나님 나라의 확장을 위한 것이라면 학교교육이 기독교교육의 중심에 자리잡아야 한다. 많은 기독교교육학자들이 기독교교육의 교회의 포로화 현상(domestication)의 문제를 지적하고 있다. 기독교교육이 지나치게 '교회의 포로'가 되어 '하나님 나라'를 실현하는 도구가 아닌 '교회성장'을 위한 수단으로 전락하고 있다는 것이다. 기독교 학교교육에 대한 강조는 기독교교육을 '교회 교육'이라는 좁은 울타리에서 벗어나 사회 속에서 하나님 나라를 구현하는 중요한 통로를 회복시키는 신학적, 역사적 의미를 지닌다. '공교육'을 포기한 채, 주일에 한 번 모이는 '주일 학교'만을 붙들고 학생과 사회가 변화되기를 기대하는 것은 얼마나 소극적인 일인가? 하나님의 역사를 교회 울타리 안으로 제한시켜서는 안된다. 주일 학교 교육만이 아니라 학교 교육도 하나님이 일하시는 장이 되도록 해야 한다.

　　로버트 레익스(Robert Raikes)가 1780년 영국에서 주일학교를 시작할 때에는 그것이 좁은 의미의 신앙교육의 관점이 아닌 사회를 새롭게 하고자 하는 '기독교교육 운동'이었으며, 성경만이 아닌 일반 과목을 가르치는 일종의 보상교육이자 사회교육이었다. 미국의 기독교교육의 역사를 보더라도 초창기 주일학교에서는 일반 과목을 가르치며 공교육을 대신해 왔다. 그러나 공립학교가 제도적으로 정착되면서 주일학교는 '교회 안 교육'으로 국한되기 시작하였고, 결국 '교회 성장의 시녀'로 전락했다는 비판을 받고 있다.

　　이제는 교회 교육으로부터 진정한 의미의 기독교교육으로 관심을 확장시켜야 한다. 물론 학교만이 기독교교육의 장은 아니다. 여전히 주일학교도 필요하고 교회 교육도 필요하다. 그러나 '하나님 나라'를 지향하려면 학교에서의 기독교교육의 중요성을 재인식하고 기독교사가 교육에서의 하나님 나라 운동의 전면에 나서야 하며, 학교교육이 기독교교육의 중요한 장이 되어야 한다. 이것은 기독교교육 패러다임의 전환이다. 우리의 초점이 '지역교회의 성장'을 넘어 '하나님 나라 확장'에 맞추어진다면 이러한 변화는 가능하며, 이는 교회의 본래 사명을 감당하는 길이기도 하다.

4. 나가는 말

　　하나님 나라의 관점에서 기독교교육을 접근할 때, 기독교교육은 교회교육과 동일시 될 수 없고, 기독교학교교육을 포함한다. 더 나아가 교육 전반에 대한 하나님의 주권을 인정한다는 점에서 학교교육에 대한 기독교적 접근은 기독교교육의 중심영역이 된다. 오늘도 교육으로 인해 고통당하는 사람들을 구원하며, 교육의 영역에서 하나님 나라를 선포해야 한다. 이런 점에서 기독교교육은 교육으로 고통당하는 학생들과 부모들의 신음소리에 응답하는 방식이다. 하나님께서 호렙산에서 모세를 부르실 때에 "이제 이스라엘 자손의 부르짖음이 내게 달하고 애굽 사람이 그들을 괴롭게 하는 학대도 내가 보았으니"(출 3:9)라고 말씀하시며 모세를 파송하신다. 한국교회는 그동안 여러 다른 신음소리에는 어느 정도 응답해왔다고 할 수 있다. 민주화 운동을 통해 정치적인 억압을 받는 사람들의 신음소리에 응답했으며, 여성이나 장애인, 노숙자, 경제적인 고통을 당하는 자 등 소외받는 사람들을 위해서도 부족하지만 약간의 공헌을 하고 있는 것이 사실이다. 최근에는 환경문제에 관심을 갖고 자연의 신음소리에도 응답하려고 노력하고 있다. 그러나 유독 교육의 문제만큼은 그 신음소리에 응답하지 못하고 있다. 하나님 나라를 향한 기독교교육, 특히 학교교육에 대한 기독교적 관심은 이러한 신음소리에 응답하는 방식이며, 그렇기 때문에 하나님의 뜻이요 부르심이라고 할 수 있다.

토의문제

1. 기독교교육과 하나님 나라는 어떤 관계가 있다고 생각하는가?

2. 교회와 하나님 나라가 어떻게 다른지를 이해하고, 하나님 나라의 관점에서 교회주의(Churchism)가 지니는 문제점을 이야기해 보자.

3. 하나님 나라를 강조하는 기독교교육 이론 중 자신에게 가장 공감이 되는 이론을 선택하고 그 이유를 말해 보자.

4. 교육의 영역에서의 하나님 나라 회복이 기독교학교교육과 어떤 관련이 있는지 토의해 보자.

5. 교회가 교회교육만이 아니라 공교육과 학교교육에 대한 책무성을 지니고 있음을 하나님 나라의 관점에서 이야기해 보자.

2부

기독교학교교육의 기초

제4장 기독교세계관과 기독교학교교육

1. 기독교세계관이란?

기독교교육은 기독교세계관으로 모든 교육을 바라보는 것을 의미하며, 기독교학교교육은 학교교육의 모든 영역과 활동을 기독교세계관으로 접근하는 것을 의미한다. 그렇기 때문에 기독교사를 비롯한 모든 기독교교육자는 기독교세계관을 이해하고 기독교세계관으로 체화될 필요가 있다. 비록 독실한 기독교 신앙인이라고 하더라도 기독교세계관에 의해서 신앙과 학문, 신앙과 교육이 통합되지 못하면 진정한 기독교교육을 담당할 수가 없다. 기독교세계관은 신앙과 교육을 연결하는 다리 역할을 하여, 단지 이원론주의자들처럼 신앙과 삶을 분리시키는 오류를 극복할 수 있도록 한다.

그런데 아더 홈즈에 따르면, 일반적으로 기독교세계관에 대한 몇 가지 오해가 있다. 첫째는 기독교세계관은 다른 세계관과 모든 면에서 다르다고 생각하는 것이다. 물론 기독교세계관은 독특하다. 그러나 다른 세계관과 공통적인 면을 많이 공유하고 있다. 기독교세계관에 입각한 수학과목과 인본주의에 입각한 수학과목이 모든 내용에 있어서 다른 것은 아니다. 그렇기 때문에 기독교세계관은 그 안경만 쓰면 모든 것이 전혀 달라질 것이라고 생각하는 것은 오해일 수가 있는 것이다. 또한 기독교세계관은 유일한 하나의 관점이라는 생각이다. 물론 하나님은 유일하신 분이고, 성경은 어떠한 경전과도 구별되는 '하나님의 말씀'으로서의 절대성을 갖는다. 그러나 그 하나님에 대한 신학적 관점은 결코 절대화할 수 없고, 성경에 대한 해석도 절대화할 수 없다. "성경적 신학의 전반적 기준은 상당한 변수의 여지를 남기며, 또한 우리는 기독교 사상에 영향을 미치는 역사적, 지적인 요인들이 얼마나 중요한지를 잘 알 수 있기 때문이다."[1]

기독교세계관은 말 그대로 '세계를 보는 기독교적인 관점'이다. 세상을 바라볼 때는 어떤 관점(point of view)을 취하게 마련이다. 모든 철학과 사상에는 어떤 관점이 있다. 모든 책이나 글, 그리고 주장은 그러한 논리를 전개할 수밖에 없는 어떤 전제(presupposition)를 지니고 있는 것이다.[2] 아무리 유명한 학자나 그들의 저서, 그리고 권위 있는 학술지라고 할지라도 그들이 어떤 전제를 갖고, 어떤 관점으로 그 글을 전개하고 있는지를 이해하는 것이 중요하다. 왜냐하면 전제와 관점이 옳지 않다면, 마치 집의 기초가 잘못되면 허물어질 수밖에 없는 것처럼, 그 글과 사상은 옳지 않기 때문이다. 우리는 다른 사람의 생각이나 주장, 그리고 나의 생각이나 주장이 과연 기독교적 전제 위에 기초해 있는지를 주의깊게 살펴보아야 한다. 그리고 그 전제와 가정, 그리고 관점이 기독교적이지 않을 때는 '기독교적 관점'에서 비판할 수 있어야 한다. 이것이 기독교적 비평(Christian critique)이다.

오늘날 서구 문화와 학교교육 속에 전제되어 있는 세계관 가운데 가장 강력한 영향을 끼치는 세계관은 과학적 세계관 또는 과학기술적 세계관이라고 할 수 있다. 과학이 좋은 것이지만 모든 것을 과학적으로만 보려고 하면 이는 '과학주의'(scientism)에 빠지게 되고, 원래의 하나님의 창조질서를 제대로 이해할 수 없게 된다. 사실 과학은 그 과학의 전제가 통하는 대상에 한정된다. 과학은 자연 현상을 그 대상으로 하는데, 만약 그 과학이 초월적인 세계까지를 그 대상으로 하여 '하나님은 존재하지 않는다'고 말한다면 이는 범주오류에 빠지게 되는 것이다. 일반적으로 과학은 다음의 10가지 기본 가정을 지니고, 그 전제 안에서 현상을 파악하는 것이다.[3] 첫째, 모든 현상의 원인은 자연 내에 있다. 둘째, 인간은 자연계의 일부이다. 셋째, 자연은 질서 있고 규칙적이다. 넷째, 자연은 제일성(일관된 성향)이 있다. 다섯째, 자연은 영구적으로 존속한다. 여섯째, 모든 객관적인 현상은 궁극적으로 규명될 수 있다. 일곱째, 자명한 것은 없다. 여덟째, 진리는 상대적이다.(가설일 뿐이다.) 아홉째, 관찰이 지식의 원천임과 동시에 궁극적인 판정관이다. 열째, 인간의 지각, 기억 및 추리를 진리를 획득하는 신뢰로운 매개체로 믿을 수 있다.

　　그러면 인간이 왜 세계관을 필요로 하는가? 세계관을 요청하는 인간 필요의 사중성이 존재한다. 첫째는 사유와 삶을 통일시키고 우주의 근본이 무엇인지를 이해하기 위해서이다. 둘째는 선한 생활을 정의하고 인생의 희망과 목적을 찾도록 하기 위하여, 즉 무엇이 가치 있는 것인가를 알기 위해서이다. 셋째는 사고를 인도하기 위하여, 즉 무엇이 옳은 것인가를 깨닫기 위해서이다. 그리고 마지막으로는 행동을 인도하기 위하여, 즉 무슨 근거로 행동할 것인가를 판단할 수 있기 위해서이다.[4] 기독교세계관은 크리스천의 사유와 삶을 통일시키며, 기독교적 가치를 깨닫고, 무엇이 옳은가를 판단할 수 있도록 도와주며, 기독교적인 행동을 할 수 있도록 돕는다. 기독교세계관은 성경을 통해 보여주시는 하나님의 관점으로서 웨스트민스터 소요리문답 1조에 잘 표현되어 있듯이 '인생의 제일된 목적은 하나님을 영화롭게 하며 그를 영원토록 즐거워하는 것'이다. 즉, 기독교세계관이란 살아계신 하나님이 우리의 최고 목적이요 최고선임을 고백하고, 우리의 모든 사고와 행동에 관해 이런 믿음으로 바라보고 행동하는 것이라고 할 수 있다. 이런 의미에서 기독교세계관은 하나님이 살아계심을 전제하며, 모든 피조물이 하나님께서 창조하신 것임을 인정하는 데서 출발한다.

2. 기독교세계관과 학교교육

기독교세계관으로 학교교육을 바라본다는 것은 무엇을 의미하는 가? 이를 이해하기 위해서는 기독교적 관점과 교육의 관계를 파악하는 것이 중요하다. 일반적으로 교육의 3요소로서 학생, 교사, 교재(교육내용)를 들 것이다. 이 중 학생을 바르게 이해할 수 있게 하는 것이 바로 인간관이고 교재에 대한 것이 지식관, 그리고 교사와 학교체제에 대해 올바로 보기 위해서는 사회관 또는 좁은 의미의 세계관이 정립되어야 할 것이다. 이를 그림으로 나타내면 다음과 같다.

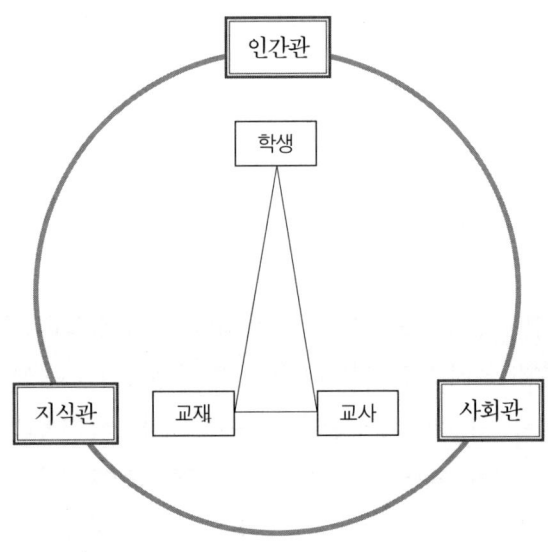

〈그림 1〉 기독교적 교육관

우리는 기독교의 신앙이 진리임을 믿는다. 만약 그것을 믿지 않고 있다면 그것은 이미 그리스도인이 아님을 의미한다. 그렇기 때문에 기독교 교육자는 기독교적 인간관, 기독교적 지식관, 기독교적 사회관을 가지고 교육에 임해야 한다. 이것이 잘 정리되어 있지 못할 때 산만한 교육을 할 수밖에 없는 것이다. 기독교적 관점과 교육의 관계를 그림으로 나타내면 다음과 같다.

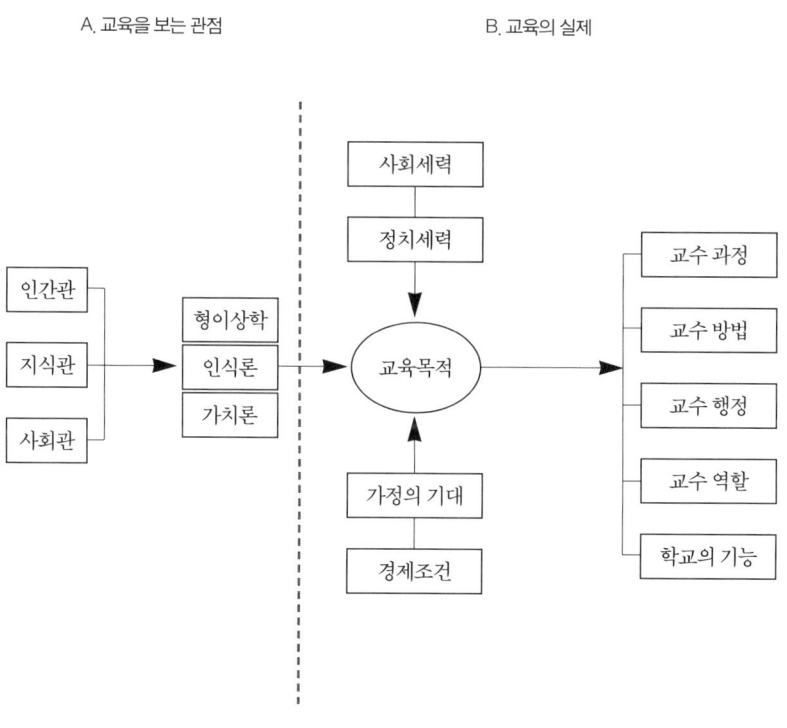

〈그림 2〉 교육을 보는 관점과 교육실제의 관계

교육은 인간을 변화시키는 데에 관심을 갖고 있다. 오늘날 그렇게 많은 교과목과 교육활동을 통해 달성하려고 하는 것은 정말 바람직한 인간을 기르는 일임에 틀림없다. 그러나 놀라운 것은 교육자들이 그렇게 분주하지만, 막상 어떤 인간으로 길러야 할지 모르고 있든지 아니면 막연한 채로 남아있다는 사실이다. 도대체 어떤 인간으로 키우는 것이 바람직한가에 대한 분명한 논의없이 무슨 교육을 어떻게 하겠다는 것인가?

위 그림에서도 볼 수 있듯이 A파트에 대한 논의없이 B파트를 실천한다고 하는 것은 자연적으로 그 시대의 이데올로기나 정치생활, 그 사회의 가치기준에 연합해버리는 어처구니없는 결과를 낳게 되는 것이다.

'교육목적'을 둘러싸고 어떤 인간으로 키우는 것이 바람직한 교육인가에 대한 논란이 없었던 것은 아니다. 주로 교육철학의 영역에서 이 문제가 많이 다루어져 왔다. 그 중 가장 중요한 것이 '교육가치문제'(예컨대 어떤 인간으로 키우는 것이 가치로운가 등)를 교육학 탐구에 포함시킬 것이냐 빼버릴 것이냐고 다른 한쪽은 그렇게 될 경우 결론날 수도 없는 형이상학적 논쟁으로 빠져들고 만다는 주장이었다.

우리나라의 경우 많이 쓰이는 교육의 정의인 '교육은 인간 행동의 계획적인 변화'라고 하는 것은 결국 가치 문제를 건드리지 않겠다는 입장인 것이다. 그러나 그 결과는 가치중립(Value Free)상태가 아니라 다른 가치 즉 현실을 지배하는 가치에 의해 지배당하기 마련인 것이다. 그것은 흐르는 강물 위에서 노를 젓지 않겠다는 것과 같다.

이와 반대의 입장을 취하고 있는 경우, 즉 무슨 가치든지 용납하고 교육에서 이를 구현하려는 경우도 문제는 심각하다. 왜냐하면 각자의 인간관이 다르면 그만큼 다양한 교육이 실천되어야 되기 때문에 혼란이 생기게 되기 때문이다. 특히 공교육(Public Education)과 관련지을 때는 자못 심각하다. 여러 가지 체계를 가진 사람이 공존하고 있기 때문이다.

그러나 이러한 현실적인 어려움 때문에 인간의 가치 문제를 도외시하는 것은 교육을 포기하는 것과 같다. 더군다나 분명히 올바른 인간관을 갖고 있는 기독교육자에게는 더욱 그러하다. 민주주의 교육이라고 하는 것은 다양한 가치체계가 그들 가치를 전수하는 교육을 하되 그 질서와 전체의 공존을 유지하는 것이라고 할 수 있다. 그런 점에서 기독교 학교(Christian School)의 가능성이 있는 것이다. 오늘날처럼 일방적인 국가주도의 획일적 교육은 이것을 가로막으며 획일적 가치체계를 주입하게 될 위험성까지 지니고 있다고 할 수 있다.

결국, 어떤 인간이 가치로운가의 문제는 신념과 신앙의 문제이다. 가치중립이나 무(無)의 상태란 있을 수 없다. 기독교적 인간관을 가지고 교육하는 것은 마치 편견을 가지고 교육하는 것인냥 생각할 필요가 없다. 다른 편견보다 얼마나 옳은 관점인가. 여기에 기독교사가 정열적이면 그럴수록, 헌신적이면 그럴수록 더욱 좋은 가능성이 있는 것이다.

3. 기독교적 인간관과 교육

기독교적으로 인간을 바라보는 가장 모범적인 모습은 요한복음 1장 42절에 나타나는 베드로를 바라보시는 예수님의 관점이다. "데리고 예수께로 오니 예수께서 보시고 가라사대 네가 요한의 아들 시몬이니 장차 게바라 하리라 하시니라(게바는 번역하면 베드로라)." 안드레가 자기의 형제 시몬을 데리고 예수님께로 왔을 때 그 시몬을 바라보는 예수님의 눈길은 우리 모든 교육자가 가져야 할 눈길이다. '예수께서 보시고'라고 간단히 표현되어 있지만 깊은 의미가 담겨 있는 눈길이다. 외모로 판단하지 아니하고 중심을 바라보시는 눈길이며, 현재만을 바라보고 포기하는 것이 아니라 장차를 바라보시는 눈길이며, 관조적으로 바라보시는 것이 아니라 관계적으로 바라보시며, 그를 위해 치룰 값을 아시면서도 희생을 결단하며 바라보시는 눈길이다. 그리고 예수님의 눈길은 단지 지적인 접근만이 아니라 민망히 여기시는 감성이 동반된 눈길이며 그를 위해 당신의 삶을 허비하시기로 확정하며 바라보시는 의지적인 눈길이다. 우리는 어떤 눈길로 우리의 학생들을 바라보며, 교사들을 바라보는가?

1) 기독교적 인간관의 독특성

여기에서는 기독교의 인간관을 자세히 설명하기보다는 그 핵심만 언급하여 다른 인간관과의 비교를 용이하게 하려고 한다. 많은 사람들, 심지어 크리스천들마저도 오해하고 있는 것 중의 하나가 인간을 동물적인 것으로만 설명한다든지 반대로 인간을 정신적인 것으로만 설명하려고 하는 양 극단의 입장을 취하는 경향이다. 그래서 모든 관념적인 것은 인간을 동물과 다른 것처럼 꾸미려는 위장에 불과하다고 주장하며 그래서 물질적인 것으로 모든 것을 이해하려고 한다든지, 반대로 행동주의적 입장은 모조리 틀린 것이고 인간은 동물적인 성격이 전혀 없는 신성한 존재로만 오해하는 두 종류의 오류를 범하는 것이다.

즉, 인간은 하나님과 같은 속성을 지니고 있으면서도 하나님이 아니고 인간은 동물과 같은 속성을 가지고 있으면서도 동물이 아닌 독특한 피조물이라는 사실이다. 이것은 우리가 창조사역을 통해 잘 발견할 수 있다. 하나님이 자기 형상을 따라 인간을 지으셨다는 사실에서 인간을 다른 동물과 동일시하는 모든 입장을 우리는 거부한다. 그러나 인간을 흙으로 지으셨다는 사실을 간과할 수 없다. 결국 흙으로 돌아가는 육체를 입게 되었다는 점에서 인간을 고상하게만 취급하고 영 내지 정신으로만 이해하는 모든 입장도 거부되어야 한다. 인간은 독특한 존재이다. 성경은 계속적으로 이러한 인간의 독특성에 대해서 언급하고 있다. 구약 전체가 증언하고 있는 인간과 하나님과의 교제가 그것이며, 인간이 죽어서 흙으로 돌아갈 수밖에 없지만 영혼은 죽지 않으며 하나님은 그런 인간을 사랑하고 계신다는 놀라운 사실, 그래서 모든 다른 동물을 인간 손에 맡기셨다는 사실을 들 수 있다. 뿐만 아니라 예수님은 계속 한 인간의 귀중성과 그 가치에 대해 말씀하시고 깨어진 하나님과의 관계를 회복시키기 위해 자신을 십자가에 내어놓으셨다.

2) 다른 인간관과 교육

앞에서도 언급한 바와 같이 어떤 교육도 그 나름의 인간관을 전제로 하고 있다. 오늘날 학교 교육이 이래야 된다고 주장할 때는 그 배면에 그에 상응하는 인간관이 자리잡고 있는 것이다. 이를 몇 가지로 정리하면 다음과 같다.

첫째, 주입(注入)으로서의 교육을 주장하는 교육이다. 즉 지식을 학생들에게 주입시키는 것이 교육이라고 믿는 입장이다. 이때의 인간관은 인간을 마치 텅빈 항아리나 혹은 아무것도 씌여 있지 않은 백지로 보는 관점인데 대표적인 사상가로 록크를 들 수 있을 것이다.

둘째, 주형으로서의 교육을 주장하는 경우인데 인간을 교육자가 생각하는 대로 마음껏 빚을 수 있다는 사고방식이다. 이때의 인간관은 인간을 진흙이나 또는 동물 길들이는 것과 하등 다를 바 없는 것으로 보는 것이다. 스키너, 왓슨 같은 행동주의 심리학자들이 대표적인 경우일 것이다. 한때 유행하였던 완전 학습프로그램은 이러한 입장에서 출발된 것이다.

셋째, 성장(成長)으로서의 교육이다. 이렇게 교육을 보는 입장에서는 학생을 식물로 보고 교사를 정원사로 보는 인간관을 가지고 있다. 즉 자라나는 능력과 특징은 이미 식물이 가지고 있는 것이고 그래서 가만히 두어도 잘 자란다는 주장이다. 단지 가끔의 격려와 수정만이 필요할 뿐이다. 이런 입장에 서 있는 사람은 루소를 비롯해 니일, 듀이, 프뢰벨 등을 들 수 있다.

넷째, 해방(解放)으로서의 교육이다. 즉 모든 구속으로부터의 해방이 바로 교육의 과정이어야 한다는 것이다. 이러한 주장의 배경에는 인간을 속박되어진 존재로 파악하는 인간관이 들어있고 또 그러한 속박을 풀어주면 자유로워질 수 있다는 소박한 생각이 전제되어 있는 것이다. 프레이리, 일리치 등 제3세계의 이론가들을 비롯해 마르크스 계열의 학자들이 이 범주에 속할 것이다.

매우 간단히 살펴보았지만 알게 모르게 이러한 관점들이 오늘날의 학교교육에 뒤섞여 있고, 교육이 그 영향권에서 벗어나지 못하는 경우가 많다. 그러나 이러한 인간관은 사실 인간의 한 측면을 지나치게 부각시켜 본 것일 뿐 인간의 전체를 조망하지 못하는 오류를 범하고 있다. 기독교의 인간관을 조금만 관심 있게 살펴보더라도 이러한 다른 인간관보다 얼마나 분명하고 정확한 인간 이해인지 깨달을 수 있을 것이다.

3) 학생을 보는 시각의 교정

기독교의 인간관은 교사들의 시각에의 변화를 요구한다. 외모로 판단하고, 현재로 정죄하며, 관조적으로 바라보던 눈길이 예수님의 눈길처럼 변화할 것을 촉구하고 있다. 구체적으로 학생을 보는 우리의 시각이 어떻게 달라져야 할 것인가?

첫째, 학생들이 어떠한 경우에 처해 있든지 그들이 하나님의 형상으로서의 절대적 가치가 있다는 점이다. 학습지진아, 지체장애아, 성격이상아, 비행청소년이라 하더라도 인격적인 관계를 가져야 하며 편애하지 않는 시각으로 바라보아야 할 것이다.

둘째, 학생 각각의 독특성을 인정하여야 할 것이다. 은사와 개성은 다른 사람과 비교하여 우열을 따질 대상이 아니라 개개인에게 하나님께서 주신 선물이고 독특한 것이다. 따라서 모든 학생에 대해 이런 독특성을 개발하는 것을 중요한 교육 목표 중의 하나로 삼아야 할 것이다.

셋째로, 가능성에 대한 신념을 가질 필요가 있다. 하나님께서 자기 형상을 따라 창조했다는 사실을 잊지 말아야 하며 여러 가지 좋지 않은 증상들을 회복 가능한 것으로 받아들이는 믿음이 있어야 한다. 그리고 무엇보다도 하나님께서 이러한 것들을 변화시킬 것이라는 믿음의 기도가 필요하다.

넷째로, 전인(全人, total Being)에 대한 관심이다. 성경적인 인간관은 인간의 한 부분만이 귀한 것이 아니라 지·정·의를 포함한 전인이 가치가 있다는 것이고 따라서 기독교사는 학생의 전 생활에 대한 관심을 가져야 할 것이다.

다섯째로, 관계적인 존재(relational being)로 바라보아야 한다. 학생은 인격적인 존재요 인격적인 관계를 필요로 하는 대상이다. 식물처럼 물이나 비료를 주기만 하거나, 동물처럼 먹이를 먹이는 것만으로는 불충분하며 관계 안에서 자라가야 하는 존재이다. 하나님께서 이 땅에 오셔서 인간과 관계를 맺고 변화시키신 것처럼, 기독교사는 학생과 인격적인 관계를 맺어야 한다.

끝으로, 무엇보다 영혼에 대한 사랑을 가져야 할 것이다. 그것이 기독교 인간관의 가장 중요한 특징일 것이다. 육신만 잘 살다가 죽으면 끝이라면 생각이 팽배한 현실속에서 그들 자신의 영혼의 문제를 일깨워주며

복음을 소개하는 일은 이런 인간관을 가진 교사만이 할 수 있는 사역일 것
이다.

4) 기독교적 인간관과 실천

기독교적 인간관(人間觀)을 명제주의로 이해하는 오류를 범해서는
안된다. 기독교적 인간이해는 이러 이러하다는 식의 교리나 명제를 인식하
는 것도 중요하지만, 그러한 지적 판단으로만 머무르면 생명력이 없다. 기
독교적 인간관은 '기독교적 인간관'이라는 어떤 하나의 안경을 쓰고서 그
렇게 바라보는 것만을 의미하지는 않는다. 우리의 인식이 바뀌는 것은 물
론 우리의 태도나 심리적인 성향, 그리고 우리의 실천이 바뀌는 것을 포함
한다. 기독교적 인간관은 단지 머리(brain)의 사고방식만이 아닌 마음(heart)
의 성향을 내포하며, 나아가 전인적인 실천으로서 입증되는 것이다. 마음
이 움직이지 않고 실천으로 나타나지 않는 기독교적 인간관이란 마치 바리
새인이나 서기관의 눈길과 다를 바가 없어서 아무런 생명적 변화도 일으킬
수 없다.

기독교적 인간관은 마음으로 바라보는 것이다. 온몸으로 바라보는
것이다. 삶의 실천으로 바라보는 것이다. 기독교적으로 인간을 바라보는
방식을 가장 잘 표현하는 단어는 '사랑'일 것이다. 기독교적 인간이해는 다
름아닌 상대편을 사랑하는 것이다. 우리는 사랑할 때 비로소 기독교적 인
간관이 무엇인지를 제대로 알 수 있다. 사랑하기 전까지는 기독교적 인간
관에 관해서 논할 수는 있어도 기독교적 인간관으로 학생을 바라보고 있다
고 말할 수 없다. 이 점에서 파커 팔머(Parker Palmer)가 "가르치는 것은 사랑
하는 것이다"라고 말한 의미를 이해할 수 있게 된다.[5] 기독교사는 다름 아
닌 학생을 사랑하는 교사이다. 사랑할 대상으로 인식할 뿐 아니라 사랑이

라는 성향으로, 사랑의 관계 속에서 사랑을 실천하는 교사이다.

5) 기독교적 인간관에 기초한 학교교육

교육의 목적부터 커리큘럼, 실제 수업에 이르기까지 기독교적 인간관, 기독교적 지식관, 기독교적 사회관에 터한 기독교 학교가 필요하다. 더이상 공교육 일변도로 나가서는 안 된다. 오늘날 학교 교육을 통해 크리스천의 자녀들마저도 얼마나 왜곡되게 자라는지 가만히 생각해 보면 그냥 덮어둘 문제가 아니다. 입시경쟁을 위한 교육, 인간상실의 교육, 무비판적인 정치교육, 무신론적인 또는 범신론적인 종교이해, 진화론을 기초로 한 과학교육 등등 이루 헤아릴 수 없는 모순을 갖고 있다.

우리나라처럼 사립학교를 통제하고 획일화된, 그래서 교사는 교육자가 아니라 거대한 기계의 부속품처럼 전락된 나라가 그리 흔치 않을 것이다. 우리나라에도 미션스쿨이 있지만 지금 이 상태로는 그곳에서 참다운 기독교교육을 기대할 수 없다. 기독교사가 진정한 기독교적 인간관으로 학생을 바라보며 '기독교적'으로 가르치려고 몸부림칠 때 우리의 교육현장은 변화되기 시작할 것이며, 보다 충실히 기독교적 인간관, 지식관, 사회관에 터한 교육을 하기 위해 기독교학교를 설립하는 것도 하나의 좋은 시도라고 생각한다.

기독교의 인간관은 기독교학교가 아니라 일반학교라 하더라도 그 안에서 기독교사가 학생을 어떻게 대하여야 하는지에 대해 중요한 시사를 준다. 공교육 안에 있는 일반학교에서의 기독교사의 역할을 크게 4가지 모델로 분류할 수 있다.[6] 첫째가 배타적 편파성(Exclusive Partiality)의 모델로 교사 자신의 신앙이나 가치관을 학생에게 강요 또는 주입시키는 경우를 말한다. 일반적으로 교화(indoctrination)로 불리우는 교육방식과 조건화

(conditioning)로 불리우는 교육방식은 기독교적 인간관에 터한 것이 아니다. 교화는 인간을 마치 지식을 집어넣을 수 있는 항아리로 보는 셈이고, 조건화는 인간을 마치 동물과 같이 대하는 것으로서 모두 비인격적인 성격을 지닌다. 학생을 인격적으로 존중하고 자율적인 존재로 이해한다면 배타적 편파성으로 대해서는 안될 것이다. 둘째 배타적 중립성(Exclusive Neutrality)의 모델로 교사가 신앙이나 가치관에 관련된 어떠한 논의도 회피하여 마치 중립을 지키는 것처럼 하는 경우이다. 아주 과학적인 입장을 준수하는 것처럼 보이지만 실은 무책임한 것이다. 이 세상에 진정한 의미의 가치중립은 없다. 셋째는 중립적 비편파성(Neutral Impartiality)모델로 교사 자신은 어떤 입장도 표방하지 않은 채 모든 신앙체계와 가치체계를 소개하는 경우이다. 그러나 과연 전혀 가치가 개입되지 않은 '순수객관적' 설명이 가능할까? 마이클 폴라니(Michael Polanyi)가 지적하듯이 모든 지식에는 인격적 요소가 있다. 앎의 주체와 앎의 객체는 분리되지 않는다. 이러한 세 가지 모델은 모두 문제점을 지니고 있는데 학생을 비인격적인 존재로 대하는 오류를 범하는 것도 잘못이요, 그렇다고 해서 우리의 삶이 가치판단의 연속선상에 놓여 있는데도 아무런 언급을 하지 않는 것은 중립을 지키는 것이 아니라 기존 사회의 가치관을 수용하는 셈이고 흘러가는 물에 노를 젓지 않는 것과 다를 바 없다. 또한 모든 가치와 신앙을 다 소개하는 데에만 그친다면 크리스천 교사의 역할로는 불충분한 것이다.

여기에 기독교적 인간관에 기초한 네 번째 모델의 가능성이 있다. 그것은 헌신된 비편파성(Committed Impartiality)의 모델로서 세 번째 입장을 취하되 교사 자신이 그 중 왜 기독교적 신앙을 갖게 되었는지를 솔직히 소개하는 방법이다. 학생들의 인격과 자율성을 존중하되 교사의 확신을 소개하고 사랑과 관심으로 대함으로 기독교를 소개하는 방법이다. 교화나 조건화의 오류에 빠지지 않으면서, 그러나 무책임하게 중립을 표방하며 책임을 회피하는 것이 아니라 다양한 종교와 신앙전통들을 알려주되 자신의 신앙 고백적 입장을 지니는 것이다. 이것은 단지 지적인 확신만이 아니라 삶의 태도나 가치, 그리고 실천의 모습을 통해서 학생들이 복음에 대한 관심을 갖고 기독교적 삶을 살 수 있도록 돕는 방법이다.

기독교적 인간이해는 학생을 새롭게 바라보도록 도와줄 뿐 아니라, 교사인 우리 자신이나 동료 교사, 그리고 학부모들이 누구인지를 바르게 이해하도록 도와준다. 모든 기독교인이 모두 기독교적 인간관을 갖고 있거나 기독교적 인간이해를 하고 있는 것은 아니다. 기독교사라고 하면서 비기독교적 인간관으로 교육하고 있다면 그것을 과연 기독교교육이라고 할 수 있을까? 우리가 기독교인인가를 묻는 것만큼 진지하게 우리가 기독교적 인간관으로 학생과 교사, 학부모를 바라보고 있는지를 물어야 할 것이다.

4. 기독교적 지식관과 교육

1) 교과에 대한 기독교적 이해

기독교사는 단지 신앙을 지닌 교사 또는 학생들에게 복음을 전하는 교사일 뿐만 아니라 교사가 가르치는 교과내용에 대해서도 기독교적인 이해와 실천을 도모하는 교사이다. 교사의 가장 중요한 사명이 '가르치는' 것이라면 그(녀)가 가르치는 내용이 과연 기독교적인가를 성찰하는 것은 매우 중요하다. 그렇다면 기독교사는 교과를 과연 어떻게 이해할 것인가? 교과란 무엇이며, 왜 교과가 이런 방식으로 분류되어 있으며, 이 과목을 가르치는 것이 어떤 의미를 지니는가? 이러한 물음은 매우 기본적인 질문이고 중요한 문제제기지만 대부분의 교사들은 사실상 깊이 생각하지 않는 질문들이다. 보통 '주어진' 교과를 어떻게 '잘' 가르칠 것인가에 대해서는 관심을 가지면서도 그보다 더 근원적인 교과 또는 지식 자체에 대한 이해는 부족할 수 있다. 그 이유는 이미 교사가 될 때 그 과목담당 교사가 되어서 들어왔고, 더 앞서 그 과목을 대학에서 전공했기 때문일 것이다. 예컨대 여러 교과목 중 나는 특별히 수학 과목을 가르쳐야 되겠다고 생각해서 그 과목을 담당하게 된 것이 아니라, 교과분류가 이미 되어 있고 전공도 미리 분류되어 있어서 내가 왜 이 교과목을 가르쳐야 하는지를 깊이 생각해 볼 기회를 갖지 못한 채 교사생활을 하기 쉽다. 그러나 '교과가 주어져 있으니까 또는 교과서에 나와 있으니까 가르친다'가 아니라 문제의식을 가지고 왜 교과가 이렇게 분류되어 있으며, 왜 이것이 교육내용이 되어야 하고, 더 나아가 그것을 가르치는 것이 학생들에게 어떤 의미를 지니는 지를 묻게 되면 스스로 대답하기가 용이하지 않다. 하지만 이러한 질문들에 대해 나름대로 응답하지 않으면 주어진 것을 기계적으로 전달하는 '기능'을 수행하는 것에 그치게 된다. 이를 극복하는 것이 교사가 기능직이 아니고 전문직이 되기 위한 관건일 것이다.

특히 기독교사일 경우에 교과에 대한 기독교적 이해는 '기독교사'의 정체성과 관련되는 존재론적 과제이다. 기독교사는 학생들에게 복음을 소개하고, 기독교 동아리를 지도하고, 성경공부반을 인도하는 것도 중요하지만, 가르치는 일 자체에서도 주님되심(Lordship)을 인정하여야 한다. 교사라는 직업 활동 가운데 가장 주된 것은 역시 교과를 가르치는 일이라고 할 수 있는데, 이 교과가 하나님과 어떤 관련을 맺고 있는지를 모르고 있다면 '기독교사에로의 부르심'에 대한 확신이 생기지 않을 뿐 아니라 주님께 대한 헌신이 피상적인 것이 되어버릴 것이다. 그러므로 교과에 대한 기독교적인 이해를 갖고 가르치는 것은 바로 교사의 '본래적 사명'을 통해서 하나님 나라 확장에 공헌할 수 있는 통로가 된다.

2) 지식의 통일성

기독교적으로 교과를 이해할 때 먼저 생각해야 할 것은 '지식의 통일성'이다. 오늘날 학교교육은 지식을 조그마한 영역의 교과목으로 세분하는 경향이 있다. 이렇게 조각 조각 나누어진 교과들을 통해서는 지식의 전체성을 보지 못하고 교과목들 사이의 관련성을 파악할 수도 없다. 그러나 지식은 본래 유기적인 단일성(organic unity)을 지니고 있고, 교과목 서로 간에 깊은 연계성을 지니고 있다.[5] 오늘날 교육에서 기독교사가 수행하여야 할 가장 중요한 과제 중의 하나는 학생들에게 이러한 지식의 통일성을 인식시키고, 이 통일된 지식이 하나님께로부터 왔음을 깨닫게 하는 일이다. 사도바울은 하나님이 모든 지식의 주인이심을 분명히 선포하고 있다. "만물이 그에게 창조되되 하늘과 땅에서 보이는 것들과 보이지 않는 것들과 혹은 보좌들이나 주관들이나 정사들이나 권세들이나 만물이 다 그로 말미암고 그를 위하여 창조되었고 또한 그가 만물보다 먼저 계시고 만물이 그 안에 함께 섰느니라 … 이는 친히 만물의 으뜸이 되려 하심이요"(골 1:16-18) 그리하여 모든 지식이나 교과목에 있어서도 그리스도의 주님되심을 인정하여야 한다. 사도바울의 "모든 이론을 파하며 하나님 아는 것을 대적하여 높아진 것을 다 파하고 모든 생각을 사로잡아 그리스도에게 복종케 하니"(고후 10:5)라는 고백은 바로 교과에서도 그리스도의 주님되심이 드러나야 함을 잘 보여준다.

기독교적으로 지식(교과)을 이해할 때, 지식이란 본래 분리되어지는 것이 아니고 하나이다. 마치 역사가 하나의 흐름인데 이를 인간이 시대구분하는 것처럼, 하나의 지식을 나누는 것은 인간의 구성 방식이다. 그렇다면 지식이 하나라는 것이 오늘날 교과이해에 대하여 어떤 통찰을 주는가? 무엇보다 지식의 전체성을 이해할 때 개별 교과의 의미가 가장 잘 드러남을 말해준다. 개별 교과만을 들여다봄으로써가 아니라 전체를 바라볼 수 있고, 또한 이를 하나님과 관련지을 수 있을 때 그 교과의 의미가 명료하게 드러날 수 있다. 또한 모든 교과는 분리된 하나의 '독립된 개체'가 아니라 서로 깊은 연관을 지니고 있음을 알 수 있다. 모든 지식은 종교적이면서도 역사적이고, 미학적이면서도 철학적이다. 그렇기 때문에 어떤 교과나 지식도 하나님의 전체 지식과 연결되지 않은 것이 없다. 지식은 바로 하나님의 창조세계이며, 모든 진리는 그의 진리이다(All truth is God's truth). 모든 지식이 그에게 속해 있고 그를 위해 존재하며 그로 말미암아 일어난다.

인간이 지식을 파편화시키고 전체성을 무시함으로 말미암아 나타나는 또 한 가지 현상은 마치 인간이 지식을 생산하고 이를 축적할 수 있다고 생각하는 경향이다. 지식을 더 많이 축적한 사람이 그렇지 못한 사람에게 전해주는 것을 교육이라고 생각한다. 그러나 이것은 은행저축식 교육(banking education)일 뿐이고 그렇기 때문에 교육을 받을수록 더 교만해질 뿐이다. 지식은 바벨탑처럼 축적할 수 있는 그 무엇이 아니다. 지식은 하나님의 소유이고 하나님께서 그의 백성에게 주신 선물이다. 우리는 단지 하나님의 그 선물을 감사함으로 받을 뿐이다. 성경은 "하나님은 말씀을 내시며 너를 향하여 입을 여시고 지혜의 오묘로 네게 보이시기를 원하노니 이는 그의 지식이 광대하심이라 … 네가 하나님의 오묘를 어찌 능히 측량하며 전능자를 어찌 능히 온전히 알겠느냐"(욥 11:5-7)고 말씀한다. 결국 인간은 지식을 생산하거나 발명하는 것이 아니라 깨닫고 발견하는 것일 뿐이다. 하나님은 진리의 근원이실 뿐만 아니라 진리 그 자체이시다.

3) 계시와 지식

기독교적 지식(교과) 이해는 계시 이해와 분리할 수 없다. 모든 교과나 학문은 하나님의 계시의 관점에서 이해되어야 한다. 계시(Revelation)는 문자 그대로 감추어져 있던 것을 드러내는 것이다. 불가해한 하나님의 존재를 인간이 알 도리가 없는데 계시를 통해 알리시는 것이다. 계시를 특별계시와 일반계시로 나누어 생각할 때, 교과는 일반계시의 영역에 속한다. 일반계시는 직접적인 하나님의 말씀의 전달형식으로 인간에게 오는 것이 아니고 자연현상, 인간의 역사와 경험, 사회적 현상 등을 통해서 나타나는 것이다. 하나님께서는 예수 그리스도를 통해서, 그리고 성경을 통해서 말씀하실 뿐만 아니라 전 창조 속에서, 자연 현상 속에서, 이성과 양심의 소리를 통해서, 그리고 세계와 개인생활의 섭리적 통치를 통해서 말씀하신다. 그래서 시편 기자는 "하늘이 하나님의 영광을 선포하고, 궁창이 그 손으로 하신 일을 나타내는도다"(시편 19:1)라고 노래한다. 그러나 문제는 인간의 타락 이후 이러한 삼라만상을 통해 하나님을 알고 찬양하는 눈을 상실하게 되었다는 점이다. 죄가 인간의 시야를 가려 하나님의 아름다운 창조세계를 보면서도 하나님을 알 수 없도록 방해하였다. 자연은 하나님을 말하고 있으나(로마서 8:18-22) 그것을 볼 수 있는 눈을 상실한 것이다. 여기에서 지식에 대한 오류와 왜곡이 생기게 되었고, 인간은 불의로써 진리를 반항하며 허위로써 진리를 바꾸게 되었다. 특별계시는 이러한 안개를 걷히게 한다. 예수 그리스도를 통한 복음은 하나님과 인간, 하나님과 자연, 인간과 자연의 관계를 올바르게 회복시켜 줌으로써 죄로 인해 얼마나 모든 관계가 파괴되었고 지식이 왜곡되었는지를 보여주고 다시금 지식의 전체성을 파악하게 해 준다. 따라서 특별계시를 통해 인간은 모든 현상의 궁극적인 실재를 볼 수 있다.

교과나 학문은 일반계시의 한 소산이라고 할 수 있다. 자연과학은 자연현상을, 사회과학은 사회현상을 각기 관찰하여 일련의 법칙을 도출하고 이를 체계화시킨 것이다. 그러나 이때까지의 교과나 학문, 즉 하나님 없는 교과나 학문은 진리의 전체성을 볼 수 있도록 하기보다는 국부적인 영역의 인과를 밝히고 그것으로 전체를 설명하려는 오류를 범하여 왔다. 그것은 마치 장님이 코끼리 만지는 식이라고 할 수 있다. 갈라디아서에 나오는 몽학선생의 구실밖에 하지 못하는 것이다. 특별계시로 인한 전체성의 파악, 바른 신앙적 전제의 기초 위에 각각의 지식은 올바른 위치에 자리잡게 되는 것이다. 여기서 바른 전제(presupposition)를 강조하는 것은 모든 교과나 학문은 어떤 전제를 갖게 되는데, 그 지식이 진리인가의 여부는 과연 올바른 전제에 기초한 것인가에 달려있기 때문이다. 어떤 전제를 갖느냐는 결국 선택의 문제이고, 어떤 신앙을 갖느냐의 문제인데, 기독교적 지식관은 하나님을 믿는 참된 신앙을 전제하고 있는 것이다. 그렇기 때문에 학문과 신앙 간의 갈등이 있다고 이해하기보다는 참신앙에 기초한 학문인가 아니면 거짓 신앙에 기초한 학문인가의 갈등이 존재한다고 할 수 있다.

학문이나 사상의 전제를 살펴볼 때, 계몽주의 이후 지식관은 '과학'이 모든 것을 해결할 수 있다고 믿는 소위 과학주의(scientism)의 전제를 지니게 되었다. 모든 인과관계는 자연 내에 있고, 객관적 관찰과 인간의 감각을 신뢰하며, 분석을 진리 탐구의 가장 중요한 수단으로 인정하며, 인식의 주체는 인식의 객체와 분리될 수 있다고 생각하여 가치중립적인 탐구가 가능하다고 생각하는 전제를 갖고 있다. 그리고 그러한 과학의 발달은 인류의 미래를 얼마든지 낙관적으로 보장하리라 믿는다. 그러나 오늘날 그러한 신념은 무너지고 있다. 과학만능의 근대주의가 지닌 편협성이 드러나고, 전근대(pre-modern)적인 것으로 간주되었던 중세와 중세 이전의 가치들이 오히려 일면 회복되고 있다. 근대적인 지식(교과) 이해의 또 하나의 전제는 인본주의(humanism)이다. 인간이 만물의 척도이고 인간의 행복을 위해서는 모든 것이 수단화될 수 있다고 생각한다. 그러나 이렇게 인간을 삼라만상의 정점으로 이해하는 관점도 그 정당성을 잃어가고 있다. 생태계에 대한 관심은 인간도 전체 생태계의 한 구성원임을 드러내고 있다. 기독교적 교과이해는 과학주의나 인본주의의 전제를 가지고 교과와 지식을 규정하는 것이 아니고 하나님의 살아계심과 그가 창조주요 구속주요 심판자임을 고백하는 믿음으로 교과를 바라보는 것이다. 보이는 세계에 관한 지식만이 아니라 보이지 않는 세계까지를 포함한 전체 지식을 바라볼 수 있고, 이 모든 것을 통치하시는 하나님을 인정하고 그를 영화롭게 하는 비전으로 지식을 바라보는 것이다. 이러한 신앙의 눈을 통해서 바라볼 때 교과는 원래의 모습으로 이해될 수 있다.

5. 나가는 말

크리스천 교사는 하나님 나라에로 부르심을 받은 사역자(Minister)로서, 본질상 목회자가 하는 일과 다르지 않다고 생각된다. 왜냐하면 목회자는 교회에서 '인간을 하나님의 형상으로 회복시키는 일'이라고 하면 기독교사는 학교에서 그 일을 추구하기 때문이다. 교육은 죄악으로 굴절된 인간의 영혼과 인격, 육체를 온전한 모습으로 회복해 가는 과정이며 왜곡된 지식, 하나님을 떠난 학문의 영역에 주님의 주권을 회복하는 과정으로 결국은 하나님의 나라를 회복하는 것이라고 할 수 있다.

하나님께서는 이 하나님의 나라를 건설하기 위해 여러 사역자를 필요로 하신다. 선교사와 목사, 그리고 교사로 부르신다. 이것은 부르심의 영역의 차이이지 부르심의 질(質)의 차이나 헌신의 질의 차이를 의미하는 것이 아니다. 크리스천 교사의 헌신이 아프리카 선교사의 헌신보다 낮아도 되고 낮을 수밖에 없는 것이 결코 아니다. 우리를 구원해 주신 주님의 보혈의 가치가 절대 열등한 것이 아니다. 그 주님의 구원의 은혜를 생각하며 생애를 통해 이 영광스러운 사역을 감당하기 위해 다시 우리의 학교현장으로 나가야 할 것이다. '진리를 가르치는' 이런 헌신된 크리스천 교육자들을 통해 하나님은 교육의 영역에서 하나님의 나라를 확장시키실 것이다.

토의문제

1. 기독교세계관이 무엇인지 자신의 말로 정의를 내리고 서로 나누어
   보자.

2. 기독교인 교사이면서 기독교세계관으로 교육하지 않는 교사는 어떤
   문제를 드러내게 되리라 생각하는가?

3. 기독교적 인간관으로 학생을 가르칠 때, 실제적으로 어떤 영향력을
   끼칠 수 있으리라고 생각하는가?

4. 성경에서 예수님이 어떻게 제자들 또는 다른 사람들을 대하셨는지를
   살펴보고, 그 중에서 기독교적인 인간관을 잘 보여주는 사례를 하나
   씩 나누어 보자.

5. 기독교사가 기독교적 지식관으로 교과를 대하고 가르칠 때, 그렇지
   않은 교사와 어떤 점에서 다르다고 생각하는가?

제5장 기독교사의 소명과 역할

1. 소중한 이름, 기독교사

기독교학교교육에서 가장 중요한 존재는 기독교사이다. 교육에 있어서 교육제도와 교육시설, 그리고 교육과정이 중요한 것은 사실이지만 교사는 그 어떤 요소보다 학생을 변화시키는 영향력이 있다. 특히 기독교교육에 있어서는 교사가 더욱 중요하다고 할 수 있다. 학생들이 어떤 교사를 만나느냐에 따라 그의 삶이 근본적으로 달라질 수 있기 때문이다. 그런데 기독교사는 과연 누구인가? 어떤 소명과 역할을 감당해야 하는가? 여기에서는 기독교사의 정체성과 소명, 그리고 비전과 역할을 다루기로 한다.

2. 기독 교사는 누구인가?

'기독 교사'는 누구인가? '그리스도인이면서 동시에 학교 선생님인 자'를 말하는가? 아니면 '학교, 선생님들 가운데 교회 나가는 자'를 일컫는가? '기독 교사'의 독특한 부르심을 이해하기 위해서는 '기독 교사'를 '기독' 교사와 기독 '교사' 그리고 '기독' '교사'와 구별하여 이해할 필요가 있다.

1) '기독' 교사

이는 교회에서는 열심히 봉사하는 장로다. 많은 교사가 학교 교사라는 이유로 주일학교 교사나 부장으로 일한다. 또는 성가대원이나 구역장으로 일하기도 한다. 이들은 주일은 물론 토요일도 바쁘다. 어떤 때는 학교에서도 교회일을 한다. 그래서 학교에서는 '예수쟁이'로 통한다.

그러나 정작 교사로서의 그의 삶은 부실하다. 아이들을 사랑하고픈 마음이 없는 것은 아니지만 늘 급한 일에 쫓긴다. 주중에도 주일학교 아이들이나 구역 식구들을 생각하며, 주일 프로그램을 준비해야 한다. 교과 준비는 최소한으로 할 수밖에 없고, 학교 업무나 다른 교사들과의 관계도 기본적인 수준으로 유지할 수밖에 없다. 학교에서는 기독교사라는 이름을 갖고 있지만 일반 교사와의 근본적인 차이는 찾아볼 수 없다. 물론 교회 봉사를 성실히 감당하는 측면을 부정적으로 볼 수는 없다. 그러나 이 교사는 좋은 교인임에는 틀림없지만, '기독 교사'로의 부르심에 충실한 것은 아니다.

2) 기독 '교사'

이는 모범적인 학교 선생님이다. 그는 누구보다 먼저 출근해서 교실을 둘러보고 하루 업무를 점검한다. 수업 계획안은 물론이고 학급 일지를 꼼꼼히 작성하며, 교수 방법을 좀더 효과적으로 발전시키기 위해 노력한다. 그에게 좌우명이 있다면 '인정받는 교사'이다. 그는 학생이나 학부모로부터 그리고 동료 교사나 교장, 교감으로부터 능력 있는 교사로 인정받기를 원하고, 기회가 되는 대로 좀더 높은 지위로 승진하기를 원한다. 책꽂이에 성경이 꽂혀 있는 것으로 보아 그리스도인임은 분명한데, 그것이 그의 교직 생활과 어떤 연관이 있는지는 알 수 없다.

이 교사는 좋은 교사라고는 할 수는 있지만, '기독 교사'로의 부르심에 응답하고 있다고 볼 수는 없다. 기독교사는 단지 '성실한 교사'로의 부르심 이상임을 기억할 필요가 있다.

3) '기독' '교사'

이는 손색없는 그리스도인이면서, 손색없는 교사지만 '기독 교사'로의 부르심을 충분히 이해하지 못하는 경우다. 이 교사의 모토는 '학교를 제2의 교회로!'이다. 그는 새 학교로 발령받은 지 얼마 안되어 신우회를 만든다. 그리고 매주 한 번 목요일 점심 시간에는 기독교사들이 함께 모여 예배를 드린다. 한 달에 한 번은 교회 목사님을 초청해 설교를 듣는다. 이렇게 하는 일이 쉬운 일인가? 쉽지 않다. 그는 동료의 따가운 눈총을 받아가며 신우회를 이끌고, 학교 안에 예배 공간을 마련한다. 그리고 그 지역의 직장 신우회를 이끌고, 학교 안에 예배 공간을 마련한다. 그리고 그 지역의 직장 신우회 연합 모임에도 가입하여 활동한다. 물론 가르치는 것도 교회에 나가지 않는 교사에게 뒤지지 않게끔 열심히 한다. 이 얼마나 훌륭한 교사이며, 설교 예화로 사용될 만큼 모범적인 직장 생활인가?

그러나 이런 유형의 교사를 '기독 교사'로 헌신한 교사라고 할 수 있을까? 사실, 오늘날 많은 미션스쿨도 이러한 유형으로 분류할 수 있다. 이는 '기독'과 '교사'가 분명히 공존하지만 두 가지가 서로에게 충분히 스며들지 못한 상태로 분리되어 있는 모습이다. '예배'는 있으나 그것이 '교과목 가르치기', '학생 지도 및 학급 경영', '학생 전도와 학원 복음화' 그리고 '학교 내 정의 실현'과 '교육 개혁' 등에 어떻게 연결되는지가 분명치 않다.

4) '기독교사'

'기독교사', 듣기만 해도 가슴 벅찬 단어이고, 부르기만 해도 온몸이 전율되는 단어다. '기독'이 교사 속에 한껏 스며들어 있으며, '교사'는 기독 속에서 그 놀라운 의미를 확인한다. 그는 교사직 수행, 그것이 교과목을 가르치는 것이든, 학생을 만나 상담하는 것이든, 학급을 경영하고 교무실에서 동료 교사를 만나는 것이든 그리고 학교 행정이나 교육 개혁에 관련된 이슈를 대할 때이든, 기독교적 관점으로 그것을 바라볼 뿐 아니라 기독교 정신(mind)과 마음(heart)으로 행동하는 사람이다. 신앙 고백과 예배 행위는 교사직과 분리되어 있는 것이 아니라, 교사직을 통해 나타나며, '교사로서의 삶' 자체가 하나님께 드리는 예배이며 헌신이다. '기독 교사'는 하나의 직업이 아니라 하나님의 부르심이며 [어원상 진정한 직업(vocation)은 부르심(vocare: calling)과 연결되어야 한다], 또한 삶의 수단이나 방편이 아니라, 삶을 송두리째 요구하는 중심적, 총체적 반응이며, 삶의 근원이 되는 '나를 향하신 하나님의 뜻'이다.

도대체 어디에서 이런 온전한 유형의 기독교사를 찾을 수 있다는 말인가? '기독 교사'로서의 비전과 열망을 갖고 신임 교사로 부임하지만 이내 교무실의 냉랭한 분위기, 냉소를 보내는 눈길에 주눅들고 이것 저것 시도해 보다가 기존의 가치관에 타협하거나 '차라리 신학이나 해서 목사나 하자'며 도피해 버리기 십상이다. 더군다나 관료적인 교직 세계의 피라미드 구조 속에서, 잘못된 교육 제도나 교육 정책과 맞서 싸우는 일은 다윗과 골리앗의 싸움을 연상케 한다. '가능할까? 이러다가 나만 손해 보는 것은 아닌가? 나도 실속을 차려야 하지 않을까?' 그러나 하나님이 하신다(다윗의 경우를 보라). 하나님이 교육 현장에서 하나님 나라를 건설하시기 위해 우리를 부르신다. 이미 골고다의 십자가에서 예수 그리스도께서 '다 이루었다.' 하나님은 이미 선포된 승리를 구체적으로 실현하시기 위해 우리를 부르시는 것이다.

3. 그 부르심

'기독 교사'로의 부르심과 '목사 또는 선교사'로의 부르심에는 어떤 차이가 있는가? 사실 많은 공통점이 있다. 첫째는 둘 다 사람을 대상으로 한다는 것이고, 둘째는 모두 그들을 '변화'시키는 데 관심이 있다는 것이다. 그 목표는 공히 '하나님의 형상으로의 회복'이다. 셋째는 모두 '사랑'을 사역의 제1원리로 삼고 있다는 점이다. 또한 모두 '회심'과 '양육'을 포함한 전인적인 변화를 지향하고 있다. 다른 점이 있다면, 목사는 지역 교회, 선교사는 해외의 선교 현장, 기독 교사는 학교 현장으로 부르심의 장(場)이 각각 다르고, 기독 교사는 사역의 주된 대상이 다음 세대를 이끌어갈 아동이나 청소년이라는 점이다. 그러나 모두 '하나님의 나라'라는 궁극적인 사역의 목표를 향해 역할을 분담하고 있다.

이런 점에서 '기독 교사'는 전임 사역자이다. 우리는 흔히 목사와 선교사는 전임 사역자이고 교사는 단지 '평신도'라고 생각한다. 평신도는 전임 사역자처럼 헌신할 필요가 없고, 특별히 사역에 관심이 있다면 부분적으로 전임 사역자를 도울 수 있다고 생각한다. 이런 생각은 '기독 교사'의 부르심을 '그저 그런' 부르심 또는 아예 소명과 관계 없이 생계 유지나 하나의 직업적 수단으로 간주하게 만든다. 그러나 '기독 교사'는 전임 사역자이다. 그리고 교회에서 봉사하는 일이 중심 사역이 아니라 학교에서의 교직 생활 자체가 중심 사역이다.

또한 '기독 교사'와 '목사와 선교사'로의 부르심을 비교해 볼 때,

그 부르심이 질적으로 전혀 다르지 않다. 흔히 목사와 선교사로의 부르심을 다른 직업과 구별하여 '특별한 부르심'(highest calling)으로 표현하기도 한다. 그렇다면 '기독 교사'는 그보다 열등한 부르심인가? 아니다. 우리를 위해 돌아가신 예수 그리스도의 보혈의 질(質)은 다르지 않다. 우리는 아프리카로 보냄 받은 선교사의 헌신과 조금도 다를 바 없는 감격과 고백으로 학교 현장으로 보냄 받은 '기독 교사'인 것이다.

개인적으로 제안하고 싶은 것이 있다. 선교사는 '선교사 파송식(예배)'으로, 목사는 '목사 안수식 또는 취임 예배'를 통해 보내심의 의미를 진지하게 확인한다. '기독 교사'에게도 파송과 부르심의 의미를 되새기며, 다시 한 번 헌신을 고백하는 '기독 교사 파송식'이 있으면 좋겠다. 누군가 그 자리에서, 예수님이 제자들을 세상에 보내시며 요한복음 17장의 기도를 하신 것처럼 세상 속으로 보냄받는 '기독 교사'를 위해 기도한다면, 우리는 그 부르심의 의미를 새롭게 확인할 수 있을 것이다.

1) 일반적인 부르심

'기독 교사'를 향한 하나님의 일반적인 부르심은 신비한 체험을 통해서 알게 되는 것이 아니라, 성경에 나타나는 하나님의 네 가지 명령에 비추어 이해할 수 있다. 모든 그리스도인은 이 네 가지 부르심에 응답해야 한다.

첫째는 성화(sanctification)의 명령이다(마 5:48, 살전 4:3, 벧전 1:16). 이것은 '교사의 영성'(spirituality)에 대한 부르심이다. 기독 교사는 계속 성화의 과정을 통해 그리스도의 인격으로 변해가야 한다. 우리는 '전달 매체가 전달 내용'이라는 유명한 커뮤니케이션 원리를 알고 있다. 학생은 교사의 인격을 닮고 모방하게 되어 있다. 이것이 바로 '기독 교사'가 생애를 통해 추구해야 할 중요한 하나님의 부르심이다. 우리는 지속적인 경건의 시간 (QT)과 부단한 영성 훈련을 통해 그리스도의 인격과 그의 거룩하심을 닮아 가야 한다.

둘째는 선교(mission)의 명령이다(마 28:18-20, 행 1:8). 이것은 일반적으로 지상 명령으로 이해되는데, '기독 교사'에게는 특히 '학원 복음화'로의 부르심이다. 우리를 학교 현장으로 보내신 것은 학생과 교사들에게 복음을 전하게 하기 위해서이다. 복음 전파를 위해 이보다 더 좋은 직장이 있을까? 이것은 교사만이 누릴 수 있는 특권이다. 우리는 그들을 교육 (education)하기를 원하지만 그들로부터 꺼낼 수 있는 것(educare)만으로는 그들을 진정 변화시킬 수 없다. 계시의 빛, 예수 그리스도의 복음을 통한 중심의 변화가 일어나야 한다. 공교육 안에서는 직접적인 복음 전파를 가로막는 여러 가지 장애가 있지만, 어떤 방법을 통해서든 복음으로 그들을 변화시켜야 한다. 이런 점에서 기독교사는 '학교로 보냄받은 선교사'이다.

셋째는 문화 명령(Cultural Mandate)이다(창 1:28, 골 1:16-18). '기독 교사'에게는 '교과목에 대한 기독교적 접근'(christian approach to education) 또는 '기독교적 교수 방법'으로의 부르심이 있다. 이것은 하나님의 주권과 그리스도의 주되심에서부터 출발한다. 하나님은 창조주시며, 만물이 하나님의 것이다. 모든 진리가 하나님의 진리다(All truth is God's truth). "모든 이론을 파하며 하나님 아는 것을 대적하여 높아진 것을 다 파하고 모든 생각을 사로 잡아 그리스도에게 복종케 하니"(고후 10:5)라는 말씀처럼 모든 지식이나 교과도 그리스도께 순종하도록 해야 한다. 최근에 활발해지고 있는 기독교 학교 운동이나 기독교 학문 연구도 이러한 부르심에 성실하려는 노력이다. 이를 위해서는 교과별, 전공별 모임이 필요하고, 더 나아가 이들을 전문적으로 지원하는 연구소나 학회도 필요하다.

넷째로 이웃 사랑의 명령 또는 사회적 책임(social responsibility)이다

(암 5:24, 마 22:39, 요 13:34). 이것은 좁게는 이웃에 대한 봉사(social service)로부터 넓게는 구조적 문제의 원인을 해결하는 사회적 개혁을 포함한다. '사랑의 하나님'은 동시에 '정의의 하나님'이시기 때문이다. 우선 '기독 교사'에게 가장 중요한 이웃은 학생이므로 이 명령은 학생에 대한 사랑으로 이해할 수 있다. 기독교사에게 학생 상담과 학생 지도는 예수 그리스도께서 우리에게 보여 주신 사랑을 실천하는 것을 의미한다. 동시에 이 명령은 왜곡되어 있는 교육 현실에 대한 개혁으로의 부르심이다. 우리의 학교와 교육 현장에 '정의가 하수같이' 흐르고 있는가? 이 부르심에 응답하고 싶지만 개인적으로는 한계에 부딪힐 때가 있다. 그러하기에 교육의 영역에서 하나님의 정의를 회복하기 위해서는 기독교사의 공동체적인 노력이 필요

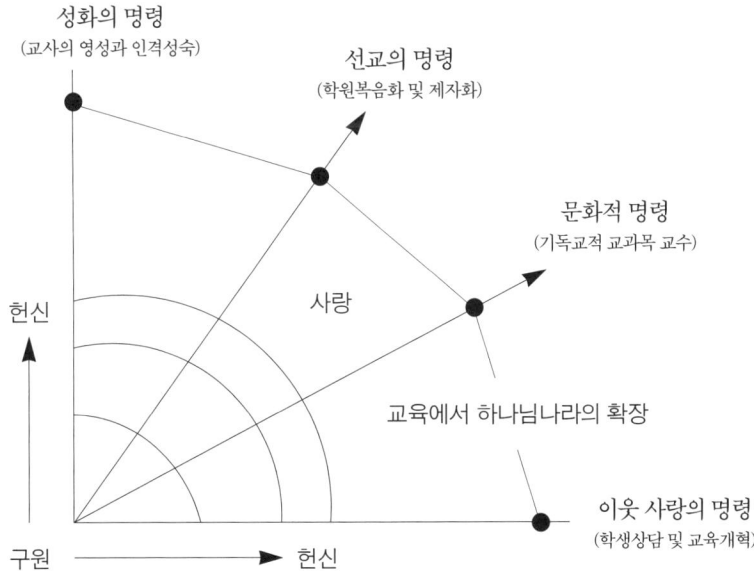

〈그림 1〉 기독교사로의 부르심

하다.

　이 네 가지는 하나님 한 분의 부르심이다. 하나만을 추구하거나 다른 하나를 무시해서는 안된다. 사실 성화 없는 전도는 불가능하고, 복음 전파 없이 교과목을 기독교적으로 가르치는 것은 아무런 의미도 없다. 또한 이웃 사랑과 정의 없는 전도나 성화는 불완전한 것이다. 네 가지 부르심은 서로 의존되어 있으며, 서로를 강화시킨다. '기독 교사'는 누구든지 네 가지 부르심에 응답해야 한다. 이 부르심에 대한 응답은 우리가 그리스도께로부터 받은 사랑에 대한 부담이기도 하다. 예수 그리스도께서 베드로에게 교육("내 양을 먹이라")의 사명을 맡기시며 확인하신 것은 바로 사랑("네가 나를 사랑하느냐?")이다. 네 가지 부르심은 사랑에 기초하며, 하나님 나라는 헌신된 '기독 교사'의 학생에 대한 사랑을 통해 확장된다.

2) 은사를 통한 특별한 부르심

　우리는 일반적인 부르심의 기초 위에 특별한 부르심이 있음을 인정해야 한다. '기독 교사'는 하나님의 네 가지 명령, 즉 교사의 영성, 학원복음화, 교과목에 대한 기독교적 접근, 그리고 학생 상담 및 교육 개혁을 위해 노력해야 하지만, 각자와 은사와 특별한 부르심에 따라 어느 한 영역에 좀더 집중할 수 있다.

　'교사의 영성'에 초점을 맞춘다면 학생을 대상으로 하는 사역에 앞서 교사 경건 모임을 인도한다든지, 영성(수도원)운동을 통해 교사의 '영성 훈련'이나 '인격 도야'를 위해 헌신할 수 있다. 사실 우리나라 개신교는 이 영역이 특히 취약하다. '기독 교사' 자신의 영적 각성과 성숙 그리고 인격의 변화를 위한 사역은 좀더 강조되어야 하며 이 영역의 헌신자 또한 요청된다.

다음으로 '학원 복음화' 특히 '학생 전도'에 초점을 맞추는 특별한 부르심이 있다. 많은 기독 교사 단체가 여기에 중점을 두고 있는데, 이들은 기독 학생반을 조직하고 학생 기도 모임을 이끌며, 불신 학생에게 복음을 소개하는 다양한 전략을 개발할 수 있다. 때로 이 특별한 부르심에 치중할 경우, 교사직이 오직 복음 전파를 위한 '수단적 가치'만을 지니는 것이 되어, 가르치는 전문직으로서의 '교사됨'의 의미가 축소되기도 하지만 복음 전파 없는 기독교적 문화는 있을 수 없기에 이 특별한 부르심에 헌신하는 더 많은 사역자가 필요할 것이다.

'교과목 또는 교수법에 대한 기독교적 접근'에 집중적으로 초점을 맞추는 것은 또 하나님의 특별한 부르심이다. 기독 교사는 가르치는 교과와 그것을 가르치는 방법을 통해 예수 그리스도의 주되심을 인정하고, 기독교적 세계관에 입각하여 지식을 가르쳐야 한다. 이 부분은 교사직에 대한 기독교적 이해와 접근을 강조하는 사역으로, 다른 일반적 부르심과 함께 교육에서의 하나님 나라를 실현하는 중요한 통로가 된다. 이 사역은 '기독교 학교' 설립 운동에 중요한 동기를 제공하는데, 미션스쿨과는 또 다른 관점에서 기독교 교육을 시도하는 것이다. 교과목에 대한 기독교적 접근은 기독교적 교육학과 깊은 관련이 있으며, 따라서 교수나 학자를 중심으로 이루어진 '기독교학문연구회'와 협력하는 것이 바람직하다. 그러나 '기독 교사'가 직접 시도하는 현장 연구 또는 실험 학교가 이 영역에서 가장 소중한 경험적 자료가 될 것이다.

문제를 지닌 학생을 위한 '학생 상담 사역'과 '교직 사회 속에서의 정의 실현' 또는 '왜곡된 교육 제도의 개혁' 등의 분야에서도 '기독 교사'의 헌신이 필요하다. 비인간화된 입시 제도 때문에 얼마나 많은 학생이 스스로 목숨을 끊고 있는가? 잘못된 교육 행정의 관행 때문에 얼마나 많은 교사가 부당한 대우를 받고 있으며, 의욕을 상실하고 있는가? 개인의 부정직뿐 아니라 구조적인 악의 문제에 대해 선지자적인 정의의 목소리와 기독교사로부터 시작되는 진정한 교육 개혁 운동이 절실히 필요하다.

기독교사는 네 가지 일반적 부르심에 응답하면서도, 하나님이 어느한 가지 사역을 위해 더 헌신하도록 하는 마음의 열망과 동기를 허락하시는 것을 인정해야 한다. 이것은 "우리에게 주신 은혜대로 받은 은사가 각각다르기"(롬 12:6) 때문이다. 각각의 사역은 지체와 같아서 결국 한 몸을 이룬다. 우리는 한 사역에 집중하면서도 다른 사역의 고귀함을 인정하여 서로협력하고 격려하는 것이 필요하다. 사실 이 네 가지는 서로 분리될 수 없고,어느 하나가 상실되면 다른 사역도 약화될 수밖에 없다. 마치 네 가지 색깔의 실이 함께 짜여져 아름다운 천을 만들 듯, 다양한 기독교사 단체가 그 다양성(diversity)안에서 하나됨(unity)을 추구할 때 교육에서의 하나님 나라를이루어갈 수 있을 것이다.

4. 부르심을 위한 공동의 노력

1) 교회 교육에서 기독교 교육으로

많은 기독교 교육학자가 '기독교 교육의 포로화(domestication)'의문제를 지적하고 있다. 기독교 교육이 지나치게 '교회의 포로'가 되어 '하나님 나라'를 실현하는 도구가 아닌 '교회 성장'을 위한 수단으로 전락하고 있다는 것이다. 이런 상황에서 '기독 교사 운동'은 기독교 교육을 '교회교육'이라는 좁은 울타리에서 벗어나 사회 속에서 하나님 나라를 구현하는가장 중요한 통로로 회복시키는 신학적 · 역사적 의미를 지닌다.

'공교육'을 포기한 채, 주일에 한 번 모이는 '주일 학교'만 붙들고 학생과 사회가 변화되기를 기대하는 것은 얼마나 소극적인 일인가? 우리는 오늘날에도 사회 속에서, 역사 속에서 이루어지는 하나님의 역사를 교회 울타리 안으로 제한시켜서는 안된다. 주일 학교 교육만이 아니라 학교 교육도 하나님이 일하시는 장이 되도록 해야 한다.

로버트 레익스(Robert Raikes)가 1780년 영국에서 주일 학교를 시작할 때에는 그것이 좁은 의미의 신앙 교육의 관점이 아닌 사회를 새롭게 하고자 하는 '기독교 교육 운동' 이었으며, 성경만이 아닌 일반 과목을 가르치는 일종의 보상 교육이자 사회 교육이었다. 미국의 기독교 교육 역사를 보더라도 초창기 주일 학교에서는 일반 교과목을 가르치며 공교육을 대신해 왔다. 그러나 공립 학교가 제도적으로 정착되면서 주일 학교는 '교회 안 교육' 으로 국한되기 시작하였고, 결국 '교회 성장의 시녀' 로 전락했다는 비판을 받고 있다.

이제는 교회 교육으로부터 진정한 의미의 기독교 교육으로 관심을 확장시켜야 한다(표1 참조). 물론 '기독 교사' 만이 교육의 주체는 아니다. 여전히 주일학교도 필요하고, 교회 교육도 필요하다. 그러나 '하나님 나라' 를 지향하려면 학교에서의 기독교 교육의 중요성을 재인식하고, 기독 교사가 교육에서의 하나님 나라 운동의 전면에 나서야 하며, 교회와 다른 기독교

기독교교육의 범주	교회교육	기독교(학교)교육
초점	교회	하나님 나라
중심기관	주일학교	학교
사회와의 관계	분리	연결
교육자	목사와 주일학교 교사	기독 교사, 학부모

〈표 1〉 교회 교육과 기독교(학교) 교육

단체는 이를 지원해야 한다. 이것은 기독교 교육 패러다임의 전환이다. 우리의 초점이 '지역 교회의 성장'을 넘어 '하나님 나라 확장'에 맞추어진다면 이러한 변화는 가능하며, 이는 교회의 본래 사명을 감당하는 길이기도 하다.

2) 부르심을 위한 공동의 노력

'하나님 나라'를 지향하는 기독교 교육 운동으로의 부르심은 공동의 부르심이며, 공동적인 노력을 요청한다. 따라서 '기독 교사'의 연대가 필요하며, 체계적인 연합 전략을 필요로 한다. 기독교 교육 운동은 전면전 (全面戰)이므로 공동체적으로 대응할 때 가장 효과적이다. 비록 한 영역에서 노력한다고 해도 전체적인 조망을 통한 계획과 전략이 없다면 근본적인 문제 해결이 불가능하다. 부르심을 위한 공동의 노력에는 두 가지 차원이 있는데, 하나는 기독 교사의 공동체적인 노력이며, 다른 하나는 전체 기독교 교육 공동체의 협력 사역이다.

(1) 기독 교사 공동체 : 기독 교사의 공동체적인 노력

기독 교사 공동체는 다양한 지체를 가진 하나의 유기체와 같다. 따라서 기독 교사 공동체가 생명을 지닌 유기체로서 움직이기 위해서는 그 속의 하위 공동체가 각각의 특성에 따라 공헌하며 협력해야 한다. 이 하위 공동체에는 세 가지 차원이 있다. 즉, 세포(cell) 공동체, 조직(tissue) 공동체, 기관(organ) 공동체로 분류할 수 있다. 예컨대 각 학교 내에서의 QT 모임이나 기독 학생반, 교과별 교사 모임 또는 교육 개혁을 위한 교사 모임 등은 세포 공동체라고 할 수 있다. 이러한 세포 공동체가 지역별, 단체별로 다시 조직 공동체를 형성할 수 있고, 그것들이 더 큰 기관 공동체로 발전할 수 있을 것이다.

영역 \ 차원	세포 공동체(1)	조직 공동체(2)	기관 공동체(3)
교사영성(A)	교사QT모임	지역별 교사 경건모임	교사영성 수도원운동
학원복음화(B)	기독학생반 학생기도모임	학생선교단체 기독학생반 연합	청소년 선교단체 연합
기독교적교육(C)	교과별교사 모임 세계관 공부모임	교과별 학회 실험학교	기독교적 교육학회 기독교 학교 운동
교육개혁(D)	교육정의를 위한 학교별모임	지역별 교사 개혁모임	교육개혁을 위한 기독 교사 연대

〈표 2〉 기독교사 공동체의 지체들

앞에서 분류한 네 가지 영역(부르심)과 공동체의 각 차원을 연결하면, 〈표 2〉와 같은 기독 교사 공동체의 다양한 차원으로 분류된다. 각각은 서로 연합하여 그 몸을 이루어 가는데(엡 3:16, 고전 12:12) 한 영역 안에서의 연합만이 아니라, 각 차원의 연합도 중요하다. 이러한 기독 교사 공동체 안의 상호 관계를 그림으로 나타내면 〈그림 2〉와 같다.

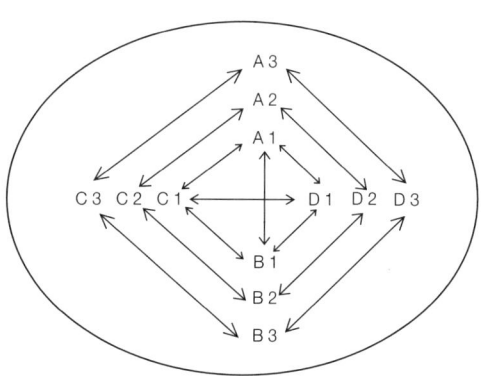

〈그림 2〉 기독교사 공동체의 관계 구조

(2) 기독교 교육 공동체: 기독교 교육 관련 단체의 공동체적 노력

교육에서의 하나님 나라 운동은 기독 교사 공동체의 형성뿐 아니라 기독교 교육과 관련된 다른 단체와의 협력도 필요하다(그림 3 참조).

우선, 교단과의 긴밀한 유대 관계가 필요하다. 현재 장로교의 경우, 교단 내의 교육부에서 교단 관련 기독교계 학교를 담당하고, 전도부에서 학원 선교를 지원하도록 되어 있지만 일반 학교 교육에서의 기독 교사 활동이나 교육 개혁에 대해서는 거의 관심을 갖지 못하는 형편이다. 교단적으로는 교회 교육뿐만이 아니라 학교 교육에 대해서도 관심을 가지고 지원하고, 지역 사회의 각 교회는 지역 학교의 기독 교사와 협력 및 상호 지원 관계를 가져야 한다.

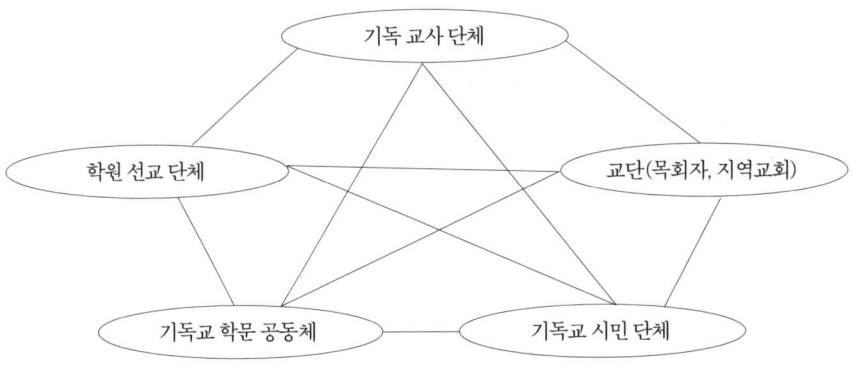

〈그림 3〉 기독교 교육 관련 단체의 공동체적인 관계

둘째, 학원 선교 단체와의 긴밀한 협조가 필요하다. 청소년을 대상으로 한 선교 단체는 물론 대학생 선교 단체도 기독 교사 공동체와 연대를 맺어야 한다. 특히 교대생, 사범대생, 교직 희망자에 대한 사역을 협력적으

로 추진하여, 대학 시절에 기독 교사 운동에 대한 비전을 갖고 기본적인 훈련을 받도록 해야 한다. 또한 각 선교 단체의 학사 사역이 '동창회 사역'을 넘어선 전문직 사역이 되도록 상호 협력하는 방안이 모색되어야 한다.

셋째, 기독교 학문 공동체와의 연대가 필요하다. 그리스도인 교육학자는 물론 각 분야의 학자가 기독교적 관점에서 그 분야를 연구하고 가르치는 것의 의미와 구체적인 방법을 개발하고 이를 실천할 수 있도록 협력해야 한다. 특히 신학교의 기독교 교육학자와의 교류도 필요하다. 특히 기독교 교육학자는 현재 교회 교육에 치중한 나머지 학교에서의 기독교 교육을 거의 다루지 못하는 현실을 개선할 수 있도록 새로운 관심을 촉구하고, 학교에서의 기독교 교육의 이론적 근거를 더 견고히 세워주는 데 도움을 줄 수 있을 것이다.

마지막으로 기독교 시민 단체와의 협력이 필요하다. 기독 교사 단체는 교육 개혁을 위해 다른 시민 단체와 연대하여 구조적인 문제를 해결하고 교육에 대한 의식을 새롭게 하도록 계몽하는 역할을 담당해야 한다. 특히 학부모 단체와의 협력이 절실하다. 우리는 교육의 주도권이 정치나 행정 관서에 있는 것이 아니라 교사와 학부모에게 있음을 분명히 하고, 실제적인 교육 개선에 참여, 실천할 수 있도록 해야 한다.

5. 나가는 말: 부르심에 대한 순종

부르심은 순종을 전제한다. 만약 부르심만 있고 순종이 없다면, 혹은 비전만 있고 헌신이 없다면 어떻게 될까? 성경의 인물들은 하나님의 부르심에 응답했을 때 비로소 삶의 정체성을 발견했다. 우리는 소명의 자리에서 바울이 던진 두 가지 질문을 기억한다. "주여 뉘시오니이까?" "주여 내가 무엇을 하리이까?"

　'기독' '교사'로 오랜 세월을 보냈더라도 이제 다시 '기독 교사'로 부르시는 하나님의 부르심에 순종할 때, 삶의 비전은 새로워지고 명료해진다. '비전의 명료화', '정체성 드러내기' 그래서 '다시 교육 현장으로'. 디베랴 바다에서 물고기를 잡던 베드로에게 재소명을 허락하셨던 주님이 우리를 부르실 때 그 부르심에 순종하여 새로운 모습으로 교육 현장에 서는 모든 기독 교사가 되기를 소망한다.

　"하나님이여 내 마음이 확정되었고 내 마음이 확정되었사오니 내가 노래하고 내가 찬송하리이다"(시 57:7).

토의문제

1. 기독교사를 '기독' 교사, 기독 '교사', '기독' '교사', '기독교사'로 분류할 수 있다고 하였는데, 각각의 예를 생각해 보자.

2. '기독교사의 소명이 목회자의 소명과 다르지 않다'는 말의 의미를 설명해 보자. 그리고 자신의 의견을 나누어 보자.

3. 기독교사에 대한 부르심에는 일반적인 부르심이 있고, 특별한 부르심이 있다. 이것이 기독교사 단체들에게는 어떻게 적용될 수 있는지를 생각해 보자.

4. 기독교사에 대한 성경적인 네 가지 명령 중에서 자신이 가장 중요하다고 생각하는 명령은 무엇인가? 그리고 왜 그렇게 생각하는지 나누어 보자.

5. 현재 우리나라의 기독교교육운동이 어떻게 공동체적으로 이루어지고 있는지를 파악해 보자. 그리고 보다 교육의 영역에서 하나님 나라를 이루기 위해 어떻게 협력해야 하는지 생각해 보자.

제6장 한국교회 역사 속에서의 기독교학교교육
- 한국교회 초기 기독교학교교육을 중심으로 -

1. 한국 근대 교육사와 기독교학교

한국 개신교 선교의 역사는 한국 근대 교육의 역사이기도 하다. 한국에 온 초기 개신교 선교사들은 선교의 방편으로 기독교학교를 설립하여 교육사업을 전개하였는데, 이것이 한국에서 근대식 학교의 시작이 되었다. 근대식 학교의 설립은 비단 선교사들에 의해서만 이루어진 것은 아니었다. 나라를 사랑하는 많은 애국지사들에 의하여 학교가 설립되었으며, 무엇보다도 한국의 교회들에 의해서 기독교학교들이 설립되었다.[1] 이 기독교학교들은 기독교적 복음에 입각한 교육은 물론 일제의 침략과 식민지 정책에 맞서서 구국운동의 차원에서 민족교육을 실천하였고 항일의식을 고취시켰다. 이 글에서는 개화기로부터 일제 식민지 시대 초기에 이르기까지 어떻게 기독교학교가 설립되었는지를 살펴보고, 기독교학교의 건학이념에 나타난 민족교육적인 특성을 파악하려고 한다.[2] 또한 이러한 기독교학교에 대한 일제의 탄압이 어떤 형태로 이루어졌는지를 살펴보고, 이에 항거하며 기독교학교가 민족교육을 통해 항일정신을 배양하고 구국운동을 전개한 양상을 탐구하려고 한다. 이러한 논의는 오늘날 한국의 기독교학교의 교육이념을 재정립할 수 있는 근거를 제시하고, 한국교회가 기독교학교 설립을 통해 민족을 새롭게 하는 데에 공헌할 수 있는 가능성을 탐색하며, 오늘의 상황 속에서 기독교학교가 담당해야 할 민족교육의 방향에 대한 통찰을 제공할 것이다.

2. 기독교학교의 설립

1) 선교사들에 의한 기독교학교의 설립

한국 개신교 선교의 역사는 1884년에 시작된다. 1884년 9월 22일에 미국 북장로교 의료선교사 알렌(H. N. Allen)이 한국에 도착하였으며, 계속해서 미국 북장로교 선교사인 언더우드(H. G. Underwood)와 미국 북감리교 선교사인 아펜젤러(H. G. Appenzeller), 그리고 스크랜튼(M. F. Scranton) 부인 등이 입국하게 된다. 이들 선교사들은 한국에 파송되어서 성경 마태복음 9장 35절에 기록된 대로 예수님의 사역을 따라 '여러 회당에서 가르치고 (teaching), 복음을 전파하며(preaching), 모든 병들고 허약한 사람들을 고쳐주는(healing)' 사역을 시작하였다.[3] 즉 선교에 있어서 교육과 의료를 매우 중요시했는데, 복음을 전파하는 것은 물론 기독교학교를 설립하여 교육을 통해 서구 근대문화를 소개하고 의식을 계몽하는 일에 주력하였다.

한국 최초의 근대적 기독교학교는 아펜젤러가 1885년에 설립한 배재학당이다. 당시에는 학교를 설립하기 위한 정해진 법적, 제도적 절차가 있는 것이 아니기에 선교사들이 학생들을 모아놓고 가르치면 그것이 바로 학교의 시작이었는데, 배재학당은 선교사에 의해 설립된 최초의 근대식 학교라는 점에서 큰 의의가 있다. 1887년 2월 21일에 고종(高宗)은 '인재를 배양한다'는 의미를 지닌 '배재학당'(培材學堂)이라는 학교 이름을 지어주고,

액자를 하사하였다.[4] 당시 개교의 사정을 아펜젤러는 아래와 같이 말하고 있다.[5]

> 우리의 선교학교는 1886년 6월 8일에 시작되어 7월 2일까지 수업이 계속되었는데 학생은 6명이었다. 오래지 않아 한 학생은 시골에 일이 있다고 떠나 버리고, 또 하나는 6월은 외국어를 배우기에는 부적당한 달이라는 이유로 떠나 버렸으며, 또 다른 한 학생은 가족에 상사(喪事)가 있다고 오지 않았다. 10월 6일인 지금 재학생이 20명이요, 실제 출석하고 있는 학생수는 18명이다.

미국 감리교선교회에 속해 있는 스크랜튼 여사도 1886년 5월에 단한 명의 학생을 데리고 가르치기 시작하였는데, 이것이 한국 최초의 여성교육기관인 이화학당(梨花學堂)의 시작이었다.[6] 설립 초기 이화학당의 학생들은 가난한 하층민의 여자아이들로서, 부모가 학생들을 학교에 보내는 것이 아니라 스크랜튼 여사가 학생을 모집하기 위해 찾아 나서야 하는 형편이었다. 스크랜튼이 쓴 다음의 서약서는 학생의 부모에게 써 준 서약서로서 당시 학생모집의 고충을 이해할 수 있게 한다.[7]

> 스크랜튼 부인이 박씨에게
> 미국인 야소교 선교사 스크랜튼은 한국인 박씨와 다음과 같이 계약하고 이 계약을 위반하는 때는 어떠한 요구든지 받기로 함.
> 나는 당신의 딸 복순이를 맡아 기르며 공부시키되 당신의 허락없이는 서방(西方)은 물론 조선(朝鮮) 안에서라도 단 십리라도 데리고 나가지 않기로 서약함.
>
> 1886년 월 일 스크랜튼

미국 북장로교에 속해 있는 언더우드 선교사는 1886년에 한국 최초의 고아원인 '언더우드 학당'을 설립하는데, 1902년 선교사 게일(J. S. Gale)의 발의에 의하여 서울 연지동 교회의 부속건물에 교사(校舍)를 정하고 교명을 예수교중학교라 하였으며, 다시 1905년 신학기에 교명을 경신학교(儆新學校)로 개칭하였다.[8] 그 밖에도 1894년에는 평양에 광성학교(光成學校), 숭덕학교(崇德學校), 정의여학교(正義女學校) 등의 기독교학교가 설립되었으며, 1897년 선교부의 지방학교 설치에 관한 정책이 결정되면서 선교부가 설치되어 있는 전국 주요도시마다 남녀 중학교가 설립되어 나갔다.[9] 결국 오늘날 한국 근대학교의 원조인 배재학당, 여학교의 시작이 된 이화학당 그리고 후에 경신학교와 연세대학교의 모체가 된 한국 최초의 고아학교(원)가 모두 선교사의 손에서 창립된 것이다. 그러므로 선교사와 근대 교육은 서로 밀접한 관계를 가졌고, 한국의 개신교 선교를 통해 한국 근대교육의 초석이 놓이게 되었다. 이러한 점에서 언더우드(H. H. Underwood)는 "선교사의 입국과 그 활동이 한국의 교육에 새로운 국면을 전개시켰다"[10]고 본 것이다.

2) 한국교회에 의한 기독교학교의 설립

선교사들에 의해 세워진 근대학교의 대부분이 중등학교였다면, 근대식 초등학교는 조선 교회에 의해서 '교회부설 학교'의 형태로 세워지게 되었다.[11] 즉, 근대 초등학교는 한국 교회 자력으로 설립 운영되었다고 할 수 있다.[12] 초등학교는 비교적 짧은 시간에 급속히 팽창하였는데, 이는 네비우스의 '10대 선교방침'에 힘입은 것이라고 할 수 있다. 당시 미국 장로교 선교사 언더우드는 중국에서 활약하던 네비우스(J. L. Nevius)를 1890년 6월 초빙하여 '자립(自立), 자조(自助), 자주치리(自主治理)'에 의한 토착교회

설립 방법에 대한 권고를 듣고 이를 조선에 적용하고자 하였다.[13] 10대 선교방침 가운데 교육과 관련된 방침은 다음의 6가지이다.[14]

① 전도의 목표를 상류층보다 근로계급의 귀도에 두는 것이 더 낫다.
② 모성은 후대의 양육에 중요한 영향력을 줌으로 부녀자의 귀도와 청소년의 교육을 특수 목적으로 한다.
③ 군소재에 초등학교를 설치함으로써 기독교 교육에 성과가 많을 것이니 선교부 소관학교에 재학한 남학생들을 교사로 양성하여 각 지방에 파송한다.
④ 교육받은 교역자를 배출하는 희망도 우리 교육기관에서 실현될 것이니 이점에 항상 관심을 기울여야 한다.
⑤ 모든 문서사업에는 한자의 구속을 벗어나 순 한글을 사용함이 우리의 목표가 되어야 한다.
⑥ 따라서 전도를 위해 우리 자신이 나서서 하는 것보다는 전도자의 교육에 전력해야 한다.[15]

이와 같은 선교방침에 따라 장로교회는 교육사업에 주력하게 되었는데, 사경회와 교회부설 주일학교, 그리고 주간학교인 교회부설 초등학교를 발전시키게 되었다. 당시에는 교회가 교회 내의 주일학교만이 아니라 교회 밖의 초등학교 설립에 관심을 가지고 이를 통해 구국운동을 펼쳤다는 점에서 오늘날 교회가 교회 내 교육에 매여 있는 모습과는 대조적이었다. 장로교 연회보고서를 보면, 1892년부터 주일학교 학생 수가 보고 되었으며, 주일학교와 별도로 주간학교 학생 수가 보고 되었다.[16] 전도 사업에 집중해야하는 선교사들은 "초등 정도의 학교"를 교회의 자비로 경영하도록 방침만 천명하였을 뿐 실무는 모두 조선인에게 맡겼다.[17] 교회 자체가 자립의 원칙에 따라 자력으로 조직 운영되었으므로 교회의 부설 초등학교도 자비로 설립 운영되었다. 1908년까지 세워진 "599개 초등학교 건물은 실지로 모두 조선인 부담"으로 운영되었다.[18] 선교사들이 교육사업을 조선인의 손에 맡길 수 밖에 없었던 상황에 대해 언더우드 선교사는 다음과 같이 쓰고 있다.

> 처음부터 복음 전도사업에 너무 벅찼던 것이어서 교육면에 충분한 주의를 돌릴 수는 없었다. 다시 말하면, 복음을 전도하는 기회가 실제 손을 댈 수 있는 것보다 크고 수적으로 많았던 것이므로 전도를 목적으로 하는 학교가 크게 도움이 된다 할지라도 당장에는 필요 없는 것으로 판단하였다.[19]

결국 초등학교는 한국 교회에 의해서 설립되었는데, 당시 교회지도자들의 교육에 대한 관심은 유별난 것이다. 최초의 교회 부설 초등학교로 알려지는 솔내교회 부설 초등학교에 대해서 언더우드는 다음과 같이 회고하고 있다.

> 처음부터 기독교학교가 필요하였다. 솔내 교회는 가장 먼저 이 같은 필요성을 깨달았다. 뿐만 아니라, 이를 실현하려는 조치를 취하였다. 이 교회는 초창기부터, 심지어 자체 교회 건물을 세우기도 전에, 교회부설 초등학교 건물을 세우고 또 기독교 교사를 모셨다.[20]

한국교회와 한국 교회의 지도자에 의해서 이루어진 교회부설 초등학교 설립운동은 급속도로 확산되었다. 백낙준(白樂濬)은 이러한 기독교계 초등학교 설립에 대해 "기독교 초등학교의 정확한 서술은 선교사(宣敎史)의 일부라기보다 한국 교육사(敎育史)의 일면이다"라고 쓰고 있다.[21] 교회가 세워지면 학교도 함께 세워졌으며, 소위 '일교회 일학교의 원칙'을 실천함으로써 단지 전도의 수단의 차원을 넘어서 민족교육의 사명을 교회가 수행한 것이다.[22] 더욱이 교회의 성도가 아닌 민간인들이 기금을 모아 교회에서 학교를 설립한 경우도 많았는데, 이는 당시 교회가 세운 기독교학교에 대해 국민들이 기대하고 신뢰하고 있었음을 보여준다.[23]

또한 1907년에 일어난 평양대부흥운동은 기독교 초등학교 설립운동의 확산에도 크게 공헌하였는데, 부흥운동이 전국적으로 확산되면서 기독교초등학교의 설립도 전국적으로 확산되었다. 부흥운동은 단지 복음전파만이 아니라 기독교학교의 설립을 통한 계몽운동과 민족교육으로 나아갔던 것이다.[24] 북감리교의 경우, 평양지역에만 1906년 13개 학교, 281명의 학생에서 1907년에는 17개학교 473명으로 성장했고, 감리교 선교사인 케이블(E. M. Cable)은 이러한 현상을 "우리는 교육 혁명의 한 가운데 있다"고 보고하고 있다.[25] 1909년 장로교 선교사인 아더 브라운(A. J. Brown)은 장로교 내 초등학교 현장을 둘러본 후 이렇게 보고하고 있다.

> 우리는 전국에 걸쳐 589개의 초등학교를 갖고 있다. … 실제적으로 모든 한국의 교회들이 초등학교를 운영하고 있다. 때때로 독립교사를 갖고 있기도 하고 때로는 교회 건물을 학교로 사용하고 있기도 하다. 이들 학교 가운데 588개 학교가 한국 교인들에 의해 운영되고 있다. 이것은 대단히 고무적인 사실이다. 1902년 고작 63개 학교에 남학생 845명, 여학생 148명에 불과했으나 지금은 589개 학교에 10,916명의 남학생과 2,511명의 여학생이 재학하고 있다는 사실이 이들 학교의 성장을 말해준다.[26]

이러한 통계는 부흥운동을 지나면서 불과 7년만에 기독교 초등학교가 무려 10배 가까이 증가한 것을 의미하는데, 백낙준(白樂濬)은 이러한 기독교학교의 확산을 일컬어 "교육문예부흥"(the educational renaissance)이라고 부르기까지 하였다.[27] 1887년부터 1910년까지 설립된 교회 부설 초등학교의 수는 장로교가 감리교보다 상대적으로 많았는데, 이를 통계로 파악하면 장로교의 경우, 1887년 1개교이던 것이 10년 후인 1897년에는 25개교로 증가하였고, 1907년에는 457개교, 1908년에는 무려 589개교로서 폭발적인 확산을 하였다고 할 수 있다. 교사 수도 장로교의 경우 1887년 25명에서 1909년에는 10,938명으로까지 증가하였다. 감리교의 경우는 1909년에 초등학교 수가 194개교였으며 학생수는 5,728명에 달하게 되었다.[28]

3. 기독교학교의 건학이념

초기 기독교학교의 설립이념은 기독교 복음전파와 인간가치의 증진, 여권신장, 신식 생활방식의 보급, 그리고 자주정신과 애국심을 고취시키는 데 두었다. 즉, 당시 열악한 국제정세 속에서 자주정신과 애국심을 가르침으로서, 열강의 이권쟁탈 및 침략에 넘어가지 않도록 자주성 고취와 계몽적인 지식을 주지시켰던 것이다.[29] 손인수는 기독교학교의 건학정신을 다음과 같이 요약하고 있다.

> 미션학교의 설립정신은 기독교정신을 널리 전함으로써 이웃 사회를 위하여, 서양의 문물과 사상을 소개 전달하여 낡은 유교적 구습(舊習)을 개혁하고, 나아가 민주적인 새로운 사회를 만드는 동시에 우리 민족에게 자주·자립하는 정신적 자세를 확립하는 데 두었다.
> 이 이념에 따라 선교사들은 미션학교를 통하여 우리에게 서구적 교육제도와 신학문을 소개하는 일에 개척자적 소임을 다했을 뿐 아니라, 또 민주주의를 가르치기도 했다. 그리하여 그들이 소개한 신학문과 민주주의의 영

향은 차차 민간인 사이에서 높아져 개화사상의 요소가 되었고, 이것이 마침내는 민족주의의 성장과 그 이념을 형성하기에 이르게 된 것이다. 그리하여 우리가 국권상실로 고민할 때, 이들 미션학교는 교육구국운동의 주역을 담당하게 되었다.[30]

물론 일차적으로 선교사들이 세운 기독교학교의 건학이념은 한국인으로 하여금 단시일 안에 기독교신자가 되도록 하는 것이었다. 그러나 당시 기독교학교의 교육방침은 "무비판적인 서구화나 서양인의 생활풍습을 강요한 것이 아니라, 어디까지나 한국인을 더 나은 한국인으로(Koreans better Koreans only) 만드는 것에 두었다."[31] 배재학당의 경우 그 건학이념은 설립자 아펜젤러가 제정한 학훈인 '욕위대자 당위인역'(欲爲大者 當爲人役)에서 볼 수 있는바 '크고자 하는 자는 남을 섬기는 자가 되어야 한다' 는 성경의 말씀에 기초되어 있다. 즉, 나라가 필요로 하는 지도자 양성에 초점을 두고 있다. 이화학당의 건학이념은 설립자 스크랜튼 여사에 의해 제시되었는데, "한국인 여성으로서의 위치를 바로 깨닫고 한국인, 나아가서는 여성으로서의 삶을 바르게 영위해 나갈 수 있는 인간으로 양성하는 것"으로 요약될 수 있다.[32] 경신학교는 "자기 동족들에게 진리를 간증하게 될 전도자와 교사를 양성하는 것이었으며, 학생들이 나아가서는 그들이 받은 교육이념을 적절히 활용"할 수 있는 능력을 기르는 것을 교육목적으로 삼았다.[33]

당시 기독교학교의 교육목적의 공통점을 열거한다면, 첫째, 기독교의 궁극적인 목적인 신앙심을 갖게 하여 구원을 받을 수 있는 기회 제공, 둘째, 기독교적 품성을 구비한 인격자로의 양성, 셋째, 한국 교회를 이끌어갈 수 있는 지도자 및 교역자 양성, 넷째, 자주적이며 독립정신이 투철한 한국인 양성, 다섯째, 당시 기울어져가는 나라를 다시 일으킬 수 있는 민족 지도자 양성 등을 들 수 있을 것이다.[34] 결국 한국의 근대 기독교학교는 1910년

이전은 물론 그 이후에도 기독교적 신앙에 입각해 일제의 압제에 항거하는 민족의 지도자들을 양성하는 터전이 될 수 있었다.

4. 기독교학교에 대한 일제의 탄압

일제의 기독교학교에 대한 탄압은 1905년 을사조약 이후에 본격화된다. 이는 조선에 대한 식민지화를 추진하면서 교육에 있어서 식민지적 학제 개편을 단행하기 시작한 것이다. 사립학교, 특히 기독교학교를 탄압하게 되는 학제 관련 법규들을 보면, 1906년 8월에 사범학교령, 고등학교령, 외국어학교령, 보통학교령이 공포되었으며, 1908년 4월에는 고등여학교령, 9월에는 사립학교령, 그리고 1909년 4월에는 실업학교령이 공포되었다. 이로 인해 과거 소학교, 중학교라는 명칭이 보통학교, 고등보통학교 등으로 바뀌었으며, 각급학교의 수업년한을 초등학교의 경우 종래의 6년에서 3년 내지 4년으로, 중등학교의 경우 종래의 5년에서 3년내지 4년으로 각각 축소 조정하였다.

이러한 학제 개편에는 몇 가지 음모가 숨겨져 있었다. 첫째, 학제를 하향조정한 것은 한국인에 대한 교육기회 제한을 통해 한국인의 우민화를 실현하기 위한 것이었다. 둘째, 민족적 정기와 민족사상을 봉쇄하려고 함이다. 특히 1908년 공포한 사립학교령은 당시 애국계몽활동을 통해 구국운동에 앞장섰던 기독교학교를 비롯한 사립학교를 정비하고, 사립학교 설립을 제한할 뿐 아니라 1908년에 공포한 '교과용 도서 검정 규정'에 따라 항일정신이 담긴 교과서에 대한 탄압을 가하려는 것이었다. 셋째는 친일교육의 강화로서, 본격적으로 교과서 편찬에 손을 대면서 일본에 대한 친일적 내용을 대폭 증가시키게 되었다. 그리고 일본어의 보급과 일본인 교사의

배치를 통해 식민지교육을 강화함으로 애국, 민족, 항일교육의 산실이었던
기독교학교를 비롯한 사립학교를 탄압하게 된 것이다.[35]

1) 종교와 교육의 분리를 통한 탄압

일제는 기독교학교를 탄압하기 위하여 '종교와 교육의 분리'를 주
장하게 되었다. 사실 초기 한국 개신교의 가장 중요한 특징은 종교와 민족
정신, 그리고 교육이 분리되지 않고 통합되어 있는 것이라고 할 수 있다.
한국의 초대교회들은 민족교회였으며, 종교는 교육구국운동의 중심에 위
치하였고, 교회는 교육을 통해 나라사랑을 실천하였던 것이다. 초창기 한
국교회가 교육구국운동에 앞장 섰던 것은 《대한 그리스도인》 회보의 기사
를 통해서도 잘 알 수 있다.

> 이 까닭에 개명한 나라에서는 이 폐단을 막기 위하여 사람들을 교육하는
> 기계가 세 가지, 교당과 학교와 신문이라. 그런즉 개화하는 데는 인재를
> 교육하는 것이 긴요한 일이요, 교육하는 데는 하나님 도를 흥왕케 하는 것
> 이 긴요한 일로 우리는 아노라.[36]

이러한 교회를 중심으로 한 민족교육은 기독교학교 설립운동으로
이어지게 되고, 1905년 을사조약 이후 본격화된 일제의 침략에 맞서서 교
육을 통한 항일운동으로 확산되게 된다.[37] 일제는 이러한 교회와 기독교 사
립학교의 민족교육과 항일운동을 막기 위해서 종교와 교육의 고리를 끊는
분리정책을 실시하게 된다. 관민(關民)은 1911년 8월, 보통학교 교감 강습회
에서 다음과 같이 말하였다.

종래 사립학교 교육 때문에 당국은 고심해 온 바이다. … 특히 사립학교 중 칠백 수십교(七百 數十校)는 기독교 학교에 속하여 직접 또는 간접으로 외국 선교사의 관리 하에 있어 그 유지가 비교적 곤란치 않다. … 그 중 혹자는 조선 인도를 살피지 않고 그 교육방법이 왕왕 조선에 적합지 않은 것이 있어 이는 유감되는 바이다. 차등(此等)은 서서히 이를 지도하여 당국 방침과 합치시킬 필요가 있다.[38]

또한 당시 학부차관(學部次官)이던 다와라(俵孫一)는 각도(各道) 헌병 대장(憲兵隊長)의 회의석상에서 "오히려 한국의 선교사의 사업은 학교를 주안으로 종교를 부(副)로 함과 여(如)한 관(觀)이 있음을 알 것이다"[39]라고 교회의 기독교학교 운동에 대하여 경고하였고, 부통감(副統監)은 관공립 보통 학교 교감회의 석상에서 "종교와 교육을 전연 별개(別個)로 하는 것은 어려운 일이다. 그러나 이 구별을 십분 잘하여 장래 곤란한 일이 일어나지 않도록 하지 않으면 아니 된다고 생각한다"고 지적하였다.[40] 일제는 초기에는 선교사들에 대한 회유정책을 통해서 종교와 교육, 종교와 정치를 분리하도록 강요하였고, 점차 강압적으로 종교와 교육의 분리정책을 추진하게 되었는데, 이것이 사립학교령을 비롯한 각종 법령의 형태로 발포된 것이다.[41]

2) 사립학교령(私立學校令) 발포(發布)

일제는 기독교학교를 비롯한 사립학교들이 민족의식과 항일의식을 고취하는 것을 보면서, 이러한 운동을 뿌리채 뽑기 위해 '사립학교령'을 1908년 8월 26일자 칙령 제62호로 발포하였다. 이것은 새롭게 설립되는 사립학교들을 제한하는 것만이 아니라 기존의 사립학교들도 이 법령에 의하여 다시 인가를 받도록 규정한 것이다. 즉, 당시 사립학교들의 조건이 열악한 것을 빌미로 삼아서 폐교 조치하기 위한 의도에서 계획적으로 사립학교령을 발포한 것이다.

사립학교령은 기본재산 및 유지 방법, 학교의 설비, 교원, 학교의 목적, 학교의 명칭, 학교의 위치, 학칙 등에 관하여 규정하고 있는데, 형식적으로는 조건이 미비한 사립학교에 대한 제재인 것처럼 보이지만 실제로는 민족교육과 항일운동의 산실인 사립학교들을 억압하려는 의도인 것이다. 사립학교령 제2조는 다음과 같이 규정하고 있다.[42]

제2조 사립학교를 설립코저 하는 자는 아래 사항을 구(具)하여 학부대신(學部大臣)의 인가를 수(受)함이 가(可)함.

1. 학교의 목적, 명칭 및 위치
2. 학칙
3. 교지 교사의 평면도
4. 일개년 수지예산
5. 유지방법
   단 기부금에 대하여는 증빙서류를 첨부함이 가(可)함
6. 설립자, 학교장 및 교원의 이력서
7. 교과용도서명
   전항 제4호를 제한 외 각호의 사항에 이동을 생(生)한 시(時)는 학부대신(學部大臣)에게 보고함이 가(可)함

여기에서 볼 수 있듯이 학부대신(學部大臣)이 사립학교 설립을 관장하되 그 설립 요건을 통제함으로 사립학교를 탄압하려고 하였다. 또한 기부금에 대한 증빙서류를 제출토록 하고, 사립학교 운영상의 변화가 있을 때에는 이를 학부대신에게 보고토록 함으로써 통제를 강화하였다.

일제는 사립학교령을 제정한 것으로 그치지 않고, 1911년 사립학교

규칙(私立學校規則)을 제정·공포하였는데, 이는 1908년의 사립학교령을 대폭 개정한 것으로 "사립학교 설립인가 사항을 강화시키고 교과용도서는 총독부 편찬 혹은 검인정 교과서로 한정하였으며, 교원(敎員)의 자격기준을 일본어에 통달한 자로서 제한"하는 내용을 담고 있다.[43] 이에 따라 일제는 기독교학교의 교육에 깊이 관여하고 통제하게 되었는데 한국의 역사, 지리 또는 민족정신에 자극을 줄만한 책들은 모두 금서(禁書)로 빼앗아 불살라 버리는가 하면, 학교에서 찬송가 부르는 것을 금지하였다. 그리고 교원의 자격기준에 따라 일본인 교원이 사립학교에 배치되어 일본어 보급을 시도하였고, 결국 사립학교를 관·공립학교로 전환하는 것을 추진하였다. 이로 인해 1910년 사립학교 수가 1,973개교이던 것이 1912년에는 1,317개교, 1914년에는 1,240개교, 그리고 1919년에는 690개교로 줄어들어 10년 사이에 3분의 1로 감소하게 된다. 종교계 사립학교도 1910년 746개교에서 1914년에는 473개교로 감소하게 된다.[44]

3) 교과용도서검정규정

일제는 1905년에 '제2차 한일협약'을 강제로 체결한 뒤에 통감부(統監府)를 설치하고 이또오 히로부미(伊藤博文)를 통감에, 다와라 마고이찌(俵孫一)를 학부(學部) 참여관(參與官)에 임명하였다. 또한 미쯔지 쥬우조오(三土忠造)에게 식민지 지배에 필요한 교과서 편찬 사무를 맡김으로써 본격적인 교과서 통제를 통한 식민지교육을 실시하기 시작하였다. 이것이 법령으로 선포된 것이 1908년 8월 28일에 발포된 교과용도서검정규정(敎科用圖書檢定規程)이다.

이 규정은 세 가지 조건으로 교과서 사용을 규제하고 있는데, 첫째, 학부(學部)에서 편찬한 교과서 사용, 둘째, 학부대신(學部大臣)의 검정 교과서 사용, 셋째, 위 두 항에 해당하는 도서가 없는 경우는 학교장이 학부대신 (學部大臣)의 인가를 받은 도서 사용 등이다. 이는 교육적으로 보다 나은 교과서 사용을 위한 법규가 아니고 학부에서 편찬한 식민지적 내용을 담은 교과서를 강제로 사용케 함으로, 기독교학교를 비롯한 사립학교에서 나타나는 민족정신과 항일정신을 억압하려는 의도라고 할 수 있다.

특히 학부에서는 교과용 도서의 검정 및 인가 방침을 정치적, 사회적, 교육적 방면으로 나누어 그 기준을 마련하고 이 중 한 가지라도 저촉되는 교과서를 불온 교과서로 규정하고 이를 인가해 주지 않았는데, 정치적 방면은 다음과 같은 조항으로 이루어져 있다.[45]

> 1. 한국과 일본과의 관계 및 두 나라의 친교를 저애(沮隘) 또는 비난하는 일은 없는가?
> 2. 한국의 국시(國是)에 위루(違淚)하여 질서와 안녕을 해하거나 국리민복(國利民福)을 무시하는 것과 같은 언설(言說)은 없는가?
> 3. 한국의 고유한 국정(國情)과 달리 하는 것과 같은 기사는 없는가?
> 4. 기교(奇矯)하고 오류(誤謬)에 빠진 애국심을 고취하는 일은 없는가?
> 5. 배일사상(排日思想)을 고취하고 또는 특히 한국인에게 일본인 및 기타 외국인에 대한 악감정(惡感情)을 품게 하는 것과 같은 기사 또는 어조(語調)는 없는가?

여기에서 볼 수 있듯이 일제에 항거하는 교육에 대한 견제와 감시, 억압을 주된 내용으로 하는 기준이라고 할 수 있다. 특히 직접적으로 '배일사상(排日思想) 고취에 관련된 내용을 엄격하게 금하므로 사립학교에서 일고 있는 항일정신을 원초적으로 제거하려는 속셈을 드러내 보이고 있다.[46]

이렇듯 일제가 교과용도서검정규정을 통하여 사립학교의 민족교육과 항일교육을 억압하려고 하였지만 사립학교, 특히 기독교학교에서는 사용금지 처분을 받은 교과서를 계속적으로 사용함으로서 일제에 항거하였다. 일제는 1910년 초에 서울의 기독교학교들을 시찰하고 '한성부내 기독교학교 상황 일반'(漢城府內 基督敎學校 狀況 一般)을 발표하였는데, 경신소학교(儆新小學校), 정신여학교(貞信女學校), 배화여학교(培花女學校) 등 많은 기독교학교들이 소위 일제가 불온교과서로 규정한 교과서를 사용하고 있었다.[47]

5. 기독교학교의 교과목을 통한 민족교육과 항일운동

일제의 침략과 식민지 정책에 맞서서 기독교학교는 정의와 애국심을 가르침으로서 민족교육의 보루가 되었고, 일제의 억압에 저항하는 항일정신을 고취함으로 일제 식민지 시대 항일운동의 진원지가 되었다. 이는 기독교 자체가 정의에 입각하여 불의에 저항하는 특성을 갖고 있고, 특히 한국의 개신교회가 민족교회의 성격을 지니고 있었기 때문에 가능하였다. 한국교회와 교인들이 기독교학교를 세울 때에 이러한 민족정신과 역사 의식을 갖고 시작하였으며, 1905년 을사조약 이후 일제의 침략이 노골화되면서 구국운동과 항일운동의 차원에서 기독교학교를 비롯한 사립학교 설립은 급속하게 확산되어 갔던 것이다. 손인수는 기독교학교에 근거가 되는 이러한 정신을 '기독교적 민족주의'라고 불렀는데, 당시 많은 민족 지도자들이 한국인 교사로 기독교학교에 모여들게 된 것도 이러한 교육이념에 호응했기 때문이라고 보았다.[48]

일제의 침략에 맞선 기독교학교의 민족교육과 항일교육은 기독교학교의 교육을 통해 구체적으로 실천되어졌는데, 다양한 교과목을 통해서 민족의식과 항일정신을 고양하였다. 특히 기독교학교에서 성경은 물론 국어, 한국역사, 한국지리를 비롯한 세계역사와 세계지리를 가르친 것은 그 당시의 상황 속에서 학생들에게 민족의식을 심어줌으로써 국권을 지키고자 한 것이다. 또한 수신(修身), 음악, 체육 등도 민족의식과 항일의식을 고양하는 것과 관련되어 있다.[49] 여기에서는 각 교과목을 통해 어떻게 민족교육을 실시하였고 이를 통해 항일운동이 확산되었는지를 살펴보기로 한다.

1) 성경교육

기독교학교에서 성경교과목은 신앙교육을 위한 필수적인 과목이면서 동시에 학생들에게 민족의식과 항일의식을 고취시키는 데 있어서 중요한 역할을 담당하는 과목이었다. 성경 자체가 이스라엘 민족의 해방의 역사이며, 고난 가운데서도 의인은 불의에 대항하여 싸워 마침내 정의가 이긴다는 민족교육과 항일운동의 교과서라고 할 수 있다. 특히 성경이 우리말로 번역되었는데, 1900년에 신약(新約)이, 그리고 1911년에 구약(舊約)이 완전히 번역되어 출간, 보급되어 널리 읽혀지게 되었다.[50] 성경보급은 1905년에 98,498권이 반포될 정도로 활발히 이루어졌는데, 이는 성경이 한국민족의 불행한 상황에 대해서 위로와 소망, 그리고 저항의식을 불러 일으켰기 때문이다.[51] 당시 기독교학교에서는 성경교육이 바로 민족교육을 의미하는 것이기도 하였는데, 연동소학교의 경우, 교과과정이 '마태복음, 마가복음, 문학, 초등소학(3권), 산학신편, 수학, 지리, 체조, 작문, 습자' 등으로 구성되어 있어서 성경을 구체적으로 교수하고 있음을 알 수 있다.[52]
성경 교과목은 선교사들이 직접 가르치거나 교장이 주로 담당하였는데, 민족정신을 고취하는 역할도 수행하였다. 예컨대 기독교학교인 선천 신성(信聖)학교 교장 맥큔(G. S. McCune)은 학생들에게 직접 성경을 가르쳤는데, 다윗과 골리앗의 이야기를 택하여 정의로 무장된 약자가 강대한 적보다 더 강하다는 것을 가르쳤다. 이는 곧 일제에 대항하는 한국인은 골리앗에 맞서는 다윗과 같은 사람이 되라는 뜻이었다.[53]

성경 가운데 특히 출애굽기는 자주 인용되었는데, 이스라엘 민족의 지도자 모세가 이집트에서 억압당하고 고통당하는 이스라엘 민족을 해방시키는 출애굽의 이야기를 통해 독립의식과 항일의식을 고취하였다. 또한 기독교학교에서는 베드로전서 3장 13-16절의 "너희가 열심히 선을 행하면 누가 너희를 해하리요"와 로마서 9장 3절의 "의를 위하여 고난을 받으면 복 있는 자니" 등을 낭독함으로써 절망과 낙심에 빠져있던 한국 민족에게 용기를 북돋아주기도 하였다.[54]

이렇듯 기독교학교에서 성경을 통해 민족에게 용기와 희망을 심어준 선교사들은 '명목상이 아니라 실질적인 한국의 독립을 위한 열렬한 챔피언' 들이었다. 학생들은 다른 어느 교과목보다도 성경과목을 통해 민족의 지도자로서 준비되고 나라의 독립을 준비하는 일꾼으로 양성되어 갔다.[55]

2) 국어교육

국어는 민족의식을 고취하는 데 있어서 가장 중요한 과목이다. 강대국이 약소국을 침범하여 식민지 지배를 할 때 가장 강하게 시행하는 식민지 정책이 국어를 말살하는 것이다.[56] 기독교학교 가운데 국어를 가장 먼저 가르친 학교는 이화학당(梨花學堂)으로서 1889년부터 읽기, 쓰기, 작문, 편지쓰기 등을 가르쳤다. 그 이후 경신학교(儆新學校), 한영서원(韓英書院), 배재학당(培栽學堂)등이 국어를 가르치기 시작하였다. 국어를 가르치기 위해서 가장 먼저 필요한 일은 교과서를 집필하는 것인데, 당시 의식이 있는 선교사나 한국인은 국어 교과서를 편찬하는 일에 특별한 관심을 가졌다. 선교사 존스(George H. Jones)는 1902년에 '국문독본'을 지었으며, 주시경(周時經)은 '국어문전음학'(國語文典音學), '국문초학'(國文初學) 등을 지었고, 현채(玄采)는 '유년필독'(幼年必讀), '신찬초등소학'(新纂初等小學) 등을 지었다. 이들 국어 교과서는 학생들에게 애국사상과 민족의식을 고양시키기 위해 씌여진 것으로, '유년필독'의 경우는 1909년 일제가 한국의 학부(學部)를 조종하여 학교에서 이 교과서를 사용하지 못하도록 '불인가 교과용도서' 처분을 내렸으며, 또 내부대신(內部大臣)의 명의로 '발매반포금지도서' 처분을 내려 학교에서 교과서를 사용하지 못하도록 하였다.[57] 현채의 유년필독에는 '아국아신'(我國我身)이라는 과가 들어있는데 다음과 같은 내용이 소개되어 있다.

> 아국(我國)이라 함은 타국(他國)이 있는 연고요, 아신(我身)이라 함은 타인(他人)이 있는 연고며, 아(我)의 자유하는 권은 사람마다 상천(上天)이 주신 바라 타인이 감히 빼앗지 못할 바요, 아국도 또한 그러한지라 타국의 간섭을 물리쳐 자주권을 잃지 아니하고 독립하는 실상 힘을 지킨 후에야 아국이라 하나이다. 그러지 아니하면 아국을 보전치 못하고 아국을 보전치 못하면 아신을 보전치 못하나이다.[58]

또한 '독립가'가 등장하는데, "이 강산 우리 강산 남의 강산 아닐세, 당당독립 우리 대한 세계 일등 되어 보세, 우리 청춘소년 어서 독립하세 우리 청춘소년 어서 독립하세 독립이로다 독립이로다 우리 대한을 독립이로다"라는 내용이 소개되고 있다.[59] 비록 국권을 상실한 비참한 지경에 처했지만 학생들에게 국어교육을 통해 민족정신을 일깨워주고 항일의식을 고취시키려고 노력하였다.

3) 음악교육

기독교학교의 음악교과는 그 기원을 찬송가에서 찾을 수 있다. "1885년 감리교 선교사 아펜젤러와 장로교 선교사 언더우드가 성경과 함께 찬송가를 가지고 들어와서 이 나라 백성에게 복음을 전파할 때에 그들이 가지고 온 찬송가도 함께 가르치면서부터"[60] 서양음악이 보급되기 시작했고 이것이 찬송가 형태의 창가로서 기독교학교 음악교과의 근간을 이루게 되었다.[61] 창가(唱歌)라는 말은 신문화가 들어올 때에 독일어의 Lied, 영어의 Song을 한자로 번역한데서 유래하는데, 실제로는 찬송가에서 시작된다.[62] 이러한 창가가 정식으로 교과과정에 채택되면서 찬송가도 더 빠른 속도로 보급되었다. 찬송가 가운데 "주의 군대여 앞으로 나가자", "다 깨어라 주의 군대여", "그리스도 군병가" 등은 기독 학생들로 하여금 일제 침략에 맞서서 싸우라는 항일의식과 민족의식을 고양시키는 수단이 되었다.

한규원(韓奎元)은 기독교학교에서 창가를 교과과정에 편성하여 가르칠 수 있게 된 요인을 다음과 같이 들고 있다.[63]

첫째, 선교사들이 서양음악의 하나인 찬송가를 가지고 온 점, 둘째, 찬송가를 가르칠 수 있는 선교사 등 인적 자원이 있었던 점, 셋째, 예배의 형식으로써 찬송가가 중요한 부분을 차지한 점, 넷째, 학생들의 신앙의 성장이나 정서의 함양을 위하여 음악이 차지하는 비중이 높다는 것을 선교사들이 인식하였던 점.

이러한 창가교육의 영향은 단순한 교과교육에 머무른 것이 아니라 창가운동이라는 교과 외 활동으로 확산되었다. 공주의 영명학교는 운동회 때 "독립가"나 "그리스도 군병가"를 부르며 가두행진을 하기도 하였고, 특히 교장 윌리엄즈(Frank E. C. Williams)는 "그리스도 군병가"를 가르침으로 민족독립의식을 강조하였다.[64]

> 우리 대장 예수님은 전능하시니
> 원수마귀 무서워 말고 접전해보세
> 큰 승전할 때까지 앞에 나가서
> 앞으로 앞으로 달려나가서
> 앞으로 앞으로 달려나가서
> 마귀 제세를 멸하세

이러한 창가는 기독교 신자가 군대가 되어 일제를 공격하라고 격려하는 것과 다를 바 없는 것이다. 미션학교에 있어서 교육의 성격도 종래에는 산수, 물리, 화학, 지리 등의 과목이 학생들의 호기심을 끌어왔지만, 1905년 이후에는 '국권회복'의 운동으로 창가가 중요한 학과목이 되었고, 이러한 영향으로 애국가, 국책보상가, 독립가가 전국적으로 울려퍼지게 되었다. 당시 찬송가는 애국운동과 민족저항주의의 상징이었고, 일제 통감부는 이러한 창가를 소위 '불온창가'(不穩唱歌)라 하여 금지하였다.[65] 찬송가는 순수한 예배 의식에서 떠나 자주독립을 표현하는 노래로 변모하였는데, 찬송가에서 시작된 이러한 창가는 "구한말의 풍운(風雲)과 망국(亡國)의 비통한 운명 속에서 싹튼 종교적 성향과 내셔널리즘의 표현이었으며, 찬송가와 함께 구한말 우리 민족 역사의 단편 바로 그것"이었다.[66]

4) 체조교육

개화기에는 오늘날 일반적으로 사용되는 체육(體育)이라는 용어보다는 체조(體操)라는 용어로 불리웠는데, 기독교학교는 체조를 통해 민족의식과 항일의식을 고양시켰다.[67] 선교사들이 한국에서 근대식 교육을 실시하면서, 전통적인 지식위주의 교육으로 인해 소홀히 여겨왔던 체육을 강조함으로 지(知), 덕(德), 체(體)가 균형잡힌 전인교육(全人敎育)을 추구하였다. 그러나 당시의 체조교육은 단순한 체력의 훈련으로 그 의미가 제한되는 것이 아니라 '국권을 회복해야 한다는 민족적인 의지와 감정을 강력히 표출하는 교과' 로서 구국운동으로서의 의미를 지닌다.[68] 기독교소학교(基督敎小學校)인 삼화항(三和港)의 경우는 교과과정에 하루 두 번씩 북을 치면서 체조를 하도록 되어 있었는데, 이는 학생들에게 활달한 기상을 길러주며 자주독립정신을 고취하기 위한 것으로 이에 대해 일제가 일제에 항거하는 시위로 간주하며 감시하였다는 내용이 대한매일신보(大韓每日申報)에 기록되어 있다.[69]

또 학교 체육은 병식(兵式) 교련(敎鍊)과 다를 바 없이 이루어졌는데, 당시 체육 및 교련 교사는 모두 무관(武官) 출신으로서 교육구국운동을 지도하던 인사들이었다. 많은 학교에서 군대 나팔과 북을 갖춘 악대(樂隊)가 조직되어 있었는데, 이들이 연주하는 음악에 맞추어 학생들은 목총을 메고 군대식 훈련을 받았다. 이러한 체조와 교련을 통해 학생들에게 사기를 북돋우고 애국심을 고취하였는데 한 선교사는 한 기독교학교의 경우를 묘사하고 있다.

어떤 학교들은 교련과 체조에 훌륭한 성과를 보였다. 강서(江西)에서 온 학교가 평양에서 열린 4월 운동회 때 도장관(道長官)이 주는 1등상을 탔다. 이 학생들은 말쑥한 복장에 십자(十字) 견장(肩章)을 양 어깨에 달고 성경책과 찬송가책을 군대 배낭같이 만들어 등에 지고 와서 매우 인상적이었다.[70]

기독교학교에서 "체육을 통한 육체적, 정신적인 힘의 발산을 항일운동에 쏟아 민족을 구하고자" 1905년 5월에는 '황성기독교청년회 운동회'가 조직되어 자주 운동회를 개최하였다. 이 운동회는 일제에 대한 항일정신을 고취하는 것은 물론 국가의 자주독립을 표방하는 민족운동의 역할을 담당하였다.[71]

이렇듯 기독교학교에서 체조시간에 군사훈련을 할 수 있었던 것은 제2차 한일협약(韓日協約) 이후 일제가 강제로 한국 군대를 해산했을 때, 해산당한 군인들이 각 지역으로 흩어져 학교의 교련 교사가 되었기 때문이다. 기독교학교들이 구국을 위해서는 군사훈련이 필요하다는 것을 알고 있었고, 일제에 의해 강제로 해산 당한 군인들은 그 민족적 울분을 학교에서의 교련 수업을 통해 발산하였다.[72]

6. 나가는 말

한국 근대화의 초기, 선교사들에 의해 세워지기 시작한 기독교학교는 복음이 전파되는 선교적 통로의 역할을 감당하였을 뿐 아니라 한국의 개화와 근대화에 큰 공헌을 하였다. 근대식 학교의 설립을 통하여 국민의 의식을 계몽하고 인간존중의 사상과 남녀평등, 합리적 사고, 과학기술을 일깨우는 데에 앞장섰다. 선교사들에 의해 시작된 기독교학교 설립은 비단 선교사들만이 아니라 한국 지역의 곳곳마다 세워진 교회들이 학교교육에 적극적인 관심을 갖고 기독교학교를 설립하게 되는 소위 '기독교학교운동'이 일어나게 되었다. 이러한 기독교학교들은 당시 한국을 침략하여 식민지 정책을 시행하려는 일제의 압제에 항거하는 구국운동과 항일운동의 중요한 거점이 되었고, 민족교육의 산실이 되었다. 일제 식민지 시대의 기독교학교는 다음 몇 가지 점에서 민족교육과 항일운동에 크게 공헌하였다.

첫째, 기독교학교의 건학정신이 복음전파를 통한 선교에 국한되는 것이 아니고 민족교육을 추구함으로써 구국항일운동의 기초를 이루게 되었다. 한국에 파송된 선교사들이 기독교학교를 세울 때, 선교만을 중시 여기거나 서양문물을 전파하는 데에만 초점을 맞춘 것이 아니라 민족을 위한 교육, 한국에 맞는 교육, 나라를 살리는 교육에 관심을 갖고, 그러한 이념으로 기독교학교를 설립하였다. 또한 한국교회와 한국인들에 의해 세워진 기독교 사립학교들은 신앙에 근거한 구국운동의 차원에서 기독교학교를 설립하였고, 기독교학교의 설립 자체가 항일운동을 의미할 정도로 일제의 압제에 항거하고 나라를 구하는 가장 좋은 방법으로 학교 설립을 선택하였다. 요컨대 일제의 침략이 본격적으로 그 정체를 드러내게 된 1905년을 전후해서 한국에 세워진 기독교학교는 그 설립 자체가 구국운동이요 항일운동이었다고 할 수 있다.

둘째, 일제 식민지 시대의 한국교회는 민족교회였으며, 민족을 사랑하고 나라를 구하는 방법으로 기독교학교를 설립하였다. 당시에는 한국교회가 교회 내 교육, 즉 주일학교를 비롯한 교회교육에만 관심을 갖는 것이 아니라 소위 교회병설학교라고 할 수 있는 기독교학교를 설립하여 그 관심을 교회 밖으로 향하도록 하였다. 이는 학교가 전도를 위한 최선의 수단이 된다는 사실을 알았을 뿐만 아니라 기독교 정신에 입각한 구국운동의 차원에서 학교교육을 실천하였던 것이다. 한국교회가 민족교회요 항일운동의 본산임과 동시에 기독교학교를 세워 그 정신을 사회에 확산하여 사회를 변화시키고 일제의 억압에 항거하여 민족을 구하려고 하였다. 당시의 교회는 여러 가지 여건에 있어서 열악하였음에도 불구하고 개 교회의 성장만을 추구하기보다는 나라와 민족을 사랑하였고 기독교학교의 설립은 바로 애국애족의 한 표현방식이었다. 교회-기독교학교-구국운동으로 이어지는 연결고리는 일제의 압제에 항거하는 항일운동의 에너지 원천이라고 할 수 있다.

셋째, 일제 식민지 시대의 기독교학교는 그 교육내용을 통해 민족의식과 항일의식을 고취하였다. 기독교학교는 성경을 비롯해 국어, 역사, 지리 등의 교과는 물론 음악과 체육 교과를 통해서도 민족정신을 고양하였고 일제에 항거하는 전투의식을 고취하였다. 특히 주목하게 되는 것은 기독교적 내용이 각 교과목에 스며들어감으로 기독교적 민족정신, 기독교적 항일의식을 갖도록 하였다는 점이다. 성경이 별도의 교과목으로 개설되어 있었지만, 성경의 내용이 많은 교과목에 포함되어 있고 인용됨으로써, 성경과 교과의 분리 또는 신앙과 지성의 분리가 극복되는 양상을 보이고 있다. 그렇기 때문에 성경에 나타나는 민족정신과 구국정신이 다른 교과목을 통해서도 분출될 수 있었다. 성경만이 아니라 찬송가도 음악은 물론 체조와 교련과 연결되어 지식적으로만이 아니라 감성과 의지까지도 나라와 민족을 사랑하고 일제에 항거하는 항일정신으로 충만하도록 교육하였다. 이런 점에서 이 시대의 기독교학교교육은 성경, 찬송을 근간으로 하되 지성과 감성, 이성과 신앙이 분리되는 것이 아니라 지, 정, 의, 그리고 지, 덕, 체가 통합되는 교육을 통해 민족교육과 항일교육을 실천하였다고 볼 수 있다.

이러한 일제 식민지 시대 기독교학교의 민족교육과 항일정신은 오늘날 한국교회와 기독교학교가 나아가야 할 방향에 대한 중요한 통찰을 주고 있다. 한국교회 초창기에는 교회가 다름 아닌 민족교회였으며, 기독교 신앙은 민족을 사랑하는 애국 신앙이었다. 이는 자연스럽게 구국운동의 차원에서 학교를 설립하는 운동으로 확산되었으며, 교회가 있는 곳에는 늘 학교가 있었다고 할 정도로 교회가 단지 교회성장을 위한 관심에 매여 있었던 것이 아니라 그 관심이 교회 밖을 향해 열려 있었다. 이는 오늘날의 한국교회가 개교회주의에 매몰되어 하나님 나라를 추구하는 것을 소홀히 하며, 종교 내에 안주함으로 정치, 경제, 사회, 문화, 교육의 제 영역과 분리되는 현상에 대해 경종을 울리고 있다. 특히 기독교교육이 교회교육과 동일시되며, 교회교육은 주일학교 교육과 동일시되어, 교회의 울타리를 벗어나지 못하는 '교회교육의 포로화' 경향마저 보이는 현실에 대해 의미있는 도전을 주고 있다고 볼 수 있다. 오늘날에도 여전히 교회는 민족의 희망이 되어야 하며, 종교와 정치, 종교와 교육의 분리가 아니라 민족을 살리는 생명의 터전이 되어야 한다.

이를 위해 한국교회가 선교 초기, 그리고 일제 식민지 시대 초기에 일어났던 교회의 기독교학교 설립을 통한 구국운동을 본받아 교육을 통한 복음전파와 하나님 나라 구현, 그리고 민족사랑과 민주주의 실천을 추구할 수 있어야 할 것이다. 기독교교육이 교회교육으로 제한되어 있는 동안 기존의 미션스쿨들은 원래의 기독교학교 정신을 잃어가고 있으며, 학교교육은 입시경쟁에 휘말린 채 민족의 희망이 되기보다는 더 깊은 왜곡과 혼돈의 늪에 빠지고 있다. 오늘날의 학교 설립은 한국교회 초기와는 상이(相異)할 수 밖에 없지만 '교육구국운동'이라는 그 정신은 재현(再現)되어, 교회가 기독교학교교육을 통한 인재양성과 '나라 살리기 운동'을 전개해 나가야 한다.

또한 '기독교학교'의 존재방식에 대해 한국교회 초기의 기독교학교로부터 통찰을 얻어야 한다. 세련된 기독교교육철학에 입각한 기독교학교교육은 아니었지만, 당시 기독교학교들은 '기독교'와 '학교'가 상호 깊은 연관을 가지며, 기독교가 교육이념은 물론 각 교과목에 스며들어 있고, 학교가 지향하는 바 민족교육을 '기독교적 민족주의'로 담아내고 있다. 이러한 교육은 예배와 설교, 그리고 신앙적 행위와 분리된 것이 아니라 신앙과 공부, 종교와 교육, 영성과 지성이 통합된 형태를 지니고 있다. 교과목의 교수(敎授)에 신앙적 의지가 담겨 있고 민족혼(民族魂)이 들어있으며, 그러기에 지, 정, 의가 통합된 기독교교육이 이루어질 수 있었고, 이는 단지 민족의 현실에 대한 이해(理解)에 머무르는 것이 아니라 공감(共感)하고 실천(實踐)하는 데까지 나아가 항일운동의 산실이 될 수 있었던 것이다. 한국교회와 한국의 기독교학교는 1세기 전에 이루어졌던 이러한 기독교학교의 민족교육과 항일운동을 다시금 상고(詳考)함으로 오늘에 필요한 지혜를 얻을 수 있어야 할 것이다.

토의문제

1. '한국 개신교의 역사는 한국 근대 교육의 역사' 라는 말에 동의하는 가? 어떤 점에서 그렇다고 생각하는가?

2. 한국교회 초기에 교회가 학교를 설립하는 '기독교학교 설립운동' 이 일어났고, 특히 '일교회 일학교의 원칙' 을 정하고 실천하였는데, 이것 을 오늘날 한국교회에 어떻게 적용할 수 있을지 생각을 나누어 보자.

3. 일제의 기독교학교에 대한 탄압에 대한 예를 현재까지 그 역사를 이 어오고 있는 기독교학교의 역사 속에서 구체적으로 찾아보자.

4. 한국교회 초기 기독교학교들이 기독교신앙과 교과목의 통합을 통해 민족교육과 항일운동을 전개하였는데, 이는 오늘날의 기독교학교에 어떤 통찰을 주고 있다고 생각하는가?

5. 기독교학교의 뿌리를 외국의 기독교학교 운동만이 아니라 우리 민족 과 한국 교회의 기독교설립 운동에서도 찾을 수 있다. 이러한 '뿌리 찾기 운동' 을 위한 다양한 방법들을 생각하고 나누어 보자.

3부

기독교학교교육의
과제

제7장 지성과 영성을 통합하는 기독교학교교육

1. 기독교학교의 정체성: 지성과 영성의 통합

기독교학교는 일반 학교와 어떻게 다른가? 그리고 어떻게 달라야 하는가? 기독교학교는 그 학교 명칭이나 건학이념에 '기독교' 또는 '기독교정신'이 표방된 학교인가, 아니면 교육과정 안에 예배나 성경과목이 포함된 학교를 의미하는가? 물론 그 학교가 기독교학교인지 아닌지는 그 학교의 정관에 그 학교를 어떻게 규정하고 있는지를 법적으로 규명할 수도 있을 것이다. 또는 세례받은 기독교인만을 교사로 청빙한다든지, 정기적으로 교직원 예배 및 학생예배를 드린다든지, 그리고 기독교적 정신을 표방한 교육이념이나 교육목적을 지니고 있는가의 기준으로 기독교학교인지 아닌지의 여부를 가늠해볼 수도 있을 것이다. 그러나 가장 중요한 기독교학교의 정체성은 학교교육의 모든 영역에 기독교적 정신과 가치관이 스며들어 있는가에 달려 있다. '기독교학교'에 있어서 '기독교'와 '학교'가 서로 분리된 채 존재하는 것이 아니고 '기독교'와 '학교'가 서로 통합되어 있을 때, 진정한 의미에서 '기독교학교'라고 할 수 있다. 이를 다르게 말하면 '학교'로 표현되는 '지성'(intellectuality)과 '기독교'로 표현되는 '영성' (spirituality)의 통합을 의미한다.

그러면 이러한 지성과 영성이 통합된 기독교학교가 과연 가능한가? 종래의 기독교학교에서 지성과 영성이 분리된 현상으로 나타나게 된 원인은 무엇인가? 어떻게 교실에서 교과나 학문을 가르치는 것과 하나님을 신앙하는 것이 통합될 수 있을 것인가? 이 글에서는 이러한 질문에 답하기 위해 먼저 기독교학교의 성격이 어떻게 역사적으로 변천되어 왔는지, 특히 지성과 영성의 통합의 관점에서 파악하려고 한다.

2. 기독교학교에 대한 역사적 고찰: 지성과 영성의 통합의 관점에서

지성과 영성의 통합의 관점에서 기독교학교의 역사를 고찰하기 위해서는 전근대 시기(pre-modern era), 근대 시기(modern era), 후기 근대 시기(post-modern era)로 역사를 시대 구분하는 것이 유용하다. 이러한 시대구분 방식은 연대기적으로 시대를 구분하는 방식이라기보다는 각 시대가 지니는 철학적, 사상적 성향의 특성을 따라 구분하는 방식이다. 중세 이후의 계몽주의나 경험주의, 과학의 발달로 인해 근대가 시작되기에 그 이전을 전근대로, 그 이후를 근대로 분류한다. 또한 지난 세기 건축이나 예술 분야로부터 시작된 포스트모더니즘적 경향이 전 분야로 확산되어 새로운 방식의 사고와 인식이 가능케 된 최근의 시대를 후기 근대로 명명한다. 그러나 교육에 있어서 전근대, 근대, 후기 근대의 구분은 이러한 시기구분과 동일시되기보다는 그러한 각 시대정신이 반영된 유형의 분류로 이해하는 것이 적절할 것이다.

최근 기독교교육의 분야에서만이 아니라 일반 교육에서 나타나는 흥미로운 현상은 '영성'에 대한 강조이다. 이는 근대시기가 지나치게 '지성'만을 강조한 것에 대한 비판이요, 그를 극복하고 지성과 영성을 통합하려는 시도라고 해석할 수 있다. 패트릭 슬래트리(Patrick Slattery)는 그의 책 『포스트모던 시대의 교육과정 개발』(*Curriculum Development in the Postmodern Era*)에서 포스트모던 교육과정 담론에 있어서 신학과 영성에 대한 관심이 고조되고 있음을 지적하고 있다.[1] 그의 분석에 의하면 계몽주의와 17세기 경험주의의 등장으로 근대에서는 공교육에서 신학과 종교, 영성에 대한 관심이 제거되고 오직 과학이 강조되는 경향이 있었는데, 1990년대에 들어오면서 학교교육에서 신학과 종교, 영성에 대한 관심이 회복되고 있다는 것이다.

근대 학교교육은 모더니즘의 특징이 그러하듯, 이성과 합리성, 과학의 중요성을 강조한 나머지 감성과 상징, 상상과 종교의 영역을 비이성적이요 비합리적이요 비과학적인 영역으로 규정하고 이를 학교교육에서 제외시키게 된다. 이로 인해 나타나는 가장 중요한 현상은 지성이 영성으로부터 분리되는 것이요, 영성을 공교육에서 제거하는 것이었다. 슬래트리는 근대 학교교육에서 나타난 가장 두드러진 특징 가운데 하나가 종교를 학교로부터 제거시킨 것으로 보았는데, 1960년대 미국의 대법원이 선고한 '공립학교에서 기도시간을 갖거나 성경을 읽는 것을 금지'하는 결정이야말로 이러한 학교교육의 근대적 특징을 상징적으로 보여주고 있다는 것이다.[2]

슬래트리는 다음과 같은 도표를 통해 전근대, 근대, 후기 근대의 학교교육을 일목요연하게 비교하고 있다.

전 근대 시기(Premodern)	근대 시기(Modern)	후기 근대 시기(Postmodern)
커리큘럼 텍스트로서 신학 (Theology as curriculum text)	기술공학적 텍스트로서 커리큘럼(Curriculum as technological text)	신학적 텍스트로서 커리큘럼 (Curriculum as theological text)

교파적(Denominational)	세속적(Secular)	에큐메니칼(Ecumenical)
초월적(Transcendent)	인본주의적(Anthropocentric)	인격화된(Anthropomorphic)
독재적(Autocratic)	개인주의적(Individualistic)	생태학적(Ecological)
종속적(Dependent)	독립적(Independent)	상호의존적(Interdependent)
과거전통(Past tradition)	현재사건(Present event)	미래적 희망(Future hope)
거대담론(Metanarrative)	데카르트적 이원론(Cartesian dualism)	통합된 전체(Integrated whole)
교리적(Dogmatic)	과학적(Scientific)	영적(Spiritual)
근본주의(Fundamentalism)	실증주의(Positivism)	과정철학(Process Philosophy)
위에 계신 하나님(God is over)	죽은 하나님(God is dead)	앞에 계신 하나님(God is ahead)
성서 안에 있는 신앙(Faith in the canon)	인간 안에 있는 신앙(Faith in humanity)	지혜를 추구하는 신앙(Faith seeking wisdom)
이해로서의 독서(Reading as comprehension)	해독으로서의 독서(Reading as decoding)	묵상으로서의 독서(Reading as ruminating)
문화적 교양(Cultural literacy)	기능적 교양(Functional literacy)	비평적 교양(Critical literacy)
자연법(Natural law)	행동적 목표(Behavioral goals)	쿠레레(Currere)

〈표 1〉 시대 구분에 따른 학교교육의 특성[3]

슬래트리는 전근대 시기의 학교교육을 '커리큘럼 텍스트로서 신학' (Theology as curriculum text), 근대 시기의 학교교육을 '기술공학적 텍스트로서 커리큘럼'(Curriculum as technological text), 그리고 후기 근대 시기의 학교교육을 '신학적 텍스트로서 커리큘럼'(Curriculum as theological text)으로 명명하고 있다. 이렇듯 전근대, 근대, 후기 근대적인 모델로서 학교교육의 유형을 세 종류로 분류한 슬래터리의 분류방식을 존중하면서, 그러나 지성과 영성의 통합이라는 관점에서 각 시대의 기독교학교 유형을 구분해 보면 전 근대 시기의 기독교학교 유형을 '지성과 영성의 미분화 모델' 이라고 부를 수 있고, 근대 시기의 기독교학교 유형을 '지성과 영성의 분리 모델' 이라고 부를 수 있으며, 그리고 후기 근대 시기에 우리가 추구해야 할 기독교학교 유형을 '지성과 영성의 통합 모델' 이라고 부를 수 있다.

1) 지성과 영성의 미분화 모델: 전근대 시기

전근대 시기의 학교교육, 특히 기독교학교교육의 형태는 '지성과 영성의 미분화' 유형에 해당된다. 중세시대 교회가 정치, 경제, 문화, 예술, 교육의 모든 영역을 지배했던 시대의 학교 유형으로서 '교회주의' 모델과 동일시할 수 있다. 종교적 교리가 주입되고 교단이나 교파의 전통이 강조되고, 성경 자체가 교육과정이 되고, 근본주의적 신앙의 입장에서 모든 교육이 이루어진다. 이런 점에서 슬래트리는 이 시대 학교의 교육과정을 신학으로 간주하고 있는 것이다. 이 시기의 학교는 지성과 영성이 분화되기 이전의 상태로서 영성이 지성을 지배하는 구조라고 할 수 있다.

이러한 근대 이전의 중세시대는 지난 400년 동안 근대주의적 가치관에 의해 '암울한 시기'(the Dark Age)로 비판되었고 과학적이지 못한 미개한 시기인 것처럼 치부되어 왔다고도 할 수 있다. 그러나 중세 또는 전 근대 시기에 대한 이러한 평가는 매우 근대적 정신에만 입각한 편향적 평가일 수도 있다는 점을 인식해야 한다. 오히려 포스트모더니즘적 시각에서 재평가되고 있듯이 이 시기에는 신화와 상징, 신비와 상상의 가치가 여전히 생명력을 지니는 시기였다는 것이다. 한마디로 말해 영성과 지성이 분화되지 않은 채 함께 공존할 수 있었던 시기였다.

전 근대 시기의 기독교학교는 사무엘 선지시대부터 있었던 것으로 알려지는 히브리적 전통의 '선지학교'(Schools of the Prophets), 그리고 바벨론 포로시대 이후에 생겨난 아카데미(Academy), 그리고 교부시대로부터 중세대학의 출현 사이에 생겨난 교리학교(Catechetical Schools)와 알렉산드리아 학교(School of Alexandria) 등이다. 특히 중세의 수도원학교(Monastery School)와 본당학교(Cathedral)는 '신앙과 배움'의 종합을 실현한 학교로서 지성과 영성이 융화되어 있는 학교들이다.[4]

그러나 이러한 전 근대 학교들은 지성과 영성이 분화되지 않은 채로 존재했지만 영성 지배적인 구조라는 특성을 지닌다. 더욱이 교권주의적이고 교조주의적인 구조 속에서 다양한 지성적인 논의가 이루어지기보다는 획일적이고 보수적이며 교리 전수에 초점을 둔 학교교육이 이루어졌다고 할 수 있다. 이러한 유형의 학교교육은 오늘날에도 근본주의적 성향을 지닌 종교나 종파에 의해서 여전히 시행되어지고 있다. 슬래터리는 '교회와 국가'의 법적인 분리로 인해 학교에서 일체 종교적인 행위가 금지된 것에 대한 반발로 이루어지고 있는 일부 근본주의 교단의 소위 '교회 병설학교'를 '전 근대적 유형'으로 분류하고 있다. 슬래터리는 근대주의적 학교의 편향성을 반대하고 이를 극복하는 시도는 바람직하지만, 다시금 전 근대로 돌아가는 방식이 되어서는 안된다고 주장한다.

2) 지성과 영성의 분리 모델: 근대 시기

근대시기는 계몽주의의 등장으로부터 시작되는데, 이전의 중세시기의 비과학적 인식론과 교회의 지배적 구조, 권위주의적 행태를 반대하고 인간 이성을 강조하는 경향이 철학과 사상을 비롯한 전 분야에서 나타나게 된다. 스탠리 그렌츠(Stanley J. Grenz)는 계몽주의는 "지식이 확실하고, 객관적이며, 유용하다"는 전제를 지니고 있음을 지적한다.[5] 이러한 근대 계몽주의 사상의 토대가 되는 대표적인 학자로는 프란시스 베이컨(Francis Bacon), 데카르트(Rene Descartes), 그리고 뉴턴(Isaac Newton)을 들 수 있다.

베이컨(1561-1626)은 '아는 것이 힘이다' 라는 유명한 말을 남겼는데 여기에서의 앎은 실험을 강조하는 과학적 지식을 의미한다. 이성을 통한 과학적 탐구는 자연의 신비를 벗길 수 있고 이를 통해 인간이 자연을 정복할 수 있다는 것이다. 근대주의에 결정적으로 영향을 미친 철학자는 근대 철학의 아버지로 불리는 데카르트(1596-1650)일 것이다. 데카르트는 진리의 확실성을 추구하였는데 모든 것을 다 의심할 수 있지만 의심하고 있는 자신을 의심할 수 없다고 주장하였다. 이것이 그의 유명한 명제인 '나는 생각한다. 고로 나는 존재한다' (Cogito ergo sum)의 의미이다.[6] 즉 그는 인간 정신(human mind)을 사고의 중심에 위치시켰으며, 인간 개인을 자율적인 존재(an autonomous being)로 보았다. 이는 서구 근대 민주주의의 한 기초를 형성하는 개인주의(individualism)의 토대가 되는 사상이기도 하다. 근대주의는 근대 철학의 등장만이 아니라 근대 과학혁명에도 기초하고 있다. 코페르니쿠스의 지동설은 중세의 천동설을 무너뜨리게 되며, 지구가 우주의 중심이라는 생각을 바꾸게 만든다. 특히 뉴톤(1642-1727)의 우주관은 근대주의의 초석이 되는데, 그의 우주관은 우주를 질서정연하게 움직이는 기계로 보는 것이다.[7] 뉴톤은 그러한 우주 운행의 원리를 파헤치려 하였고 바로 이를 가능케 하는 것이 과학적 탐구라고 생각하였다.

이성을 통한 과학적 탐구를 강조하는 근대정신은 근대 이전의 중세 시대에서 강조되었던 상징과 상상, 영성의 중요성은 무시하는 경향이 있다. 과학적인 앎(scientific way of knowing)만이 진리를 획득하는 수단으로 간주되었다. 이러한 접근은 앎의 주체(the knower)와 앎의 객체(the known)를 분리시키는 객관주의적 인식론과 더불어 지성과 영성을 철저히 분리시키는 현상으로 나타나게 되었다. 근대시대의 학교교육의 과제는 신화와 상징, 종교적 신념과 같은 '주관적'인 요소들을 교육을 통해 제거함으로써 순수 객관적인 진리(purely objective truth)를 추구할 수 있도록 하는 것이다. 객관적인 실재(objective reality)로 존재하는 사실(fact)을 객관적으로 탐구함으로써 과학의 발전을 가져오면, 그 과학이 인류의 복지를 보장할 것이라는 미래에 대한 낙관론이 지배하게 되었다. 근대는 이렇듯 가치중립적(value-free or value-neutral)인 객관적인 지식이 존재한다고 믿었고, 이는 예술을 비롯한 객관적이지 않은 영역을 약화시키고, 종교와 영성과 같은 주관적인 영역을 학교교육으로부터 제거시키는 역할을 담당하였다.[8]

지성과 영성의 분리는 '국가와 교회의 분리'와도 직결되는데, 정교가 분리되지 않은 채 교회가 국가권력을 행사하였던 중세로부터 탈피하여 종교의 자유는 보장되어야 하고, 정교는 분리되어야 한다는 주장이 강하게 제기되기 시작하였다. 미국의 경우, 1789년 9월 24일에 의회에서 채택된 기본 인권선언(Bill of Rights)은 엄격하게 국가와 종교가 분리될 것을 선포하고 있는데, 인권선언 제1조는 다음과 같다. "의회는 국가종교를 만드는 어떤 법도 만들지 말 것이며, 종교의 자유로운 행위를 저해하는 법도 만들지 말 것이며"[9] 미국에서의 정교분리는 학교교육에서의 종교교육의 금지조치와 깊은 관련이 있는데, 특히 1960년대의 대법원의 공립학교 내에서의 '기도'와 '성경교육'을 금지한 판례는 학교교육에서의 지성과 영성의 분리를 법적으로 선언한 실례에 해당된다.

3) 지성과 영성의 통합 모델: 후기 근대 시기

'포스트모더니즘'(Post-modernism)은 근대 이후의 시대 사상을 일컫는 말이기도 하면서 근대주의(Modernism)의 사상체계를 근본적으로 무너뜨리는 새로운 사상의 경향이라고 할 수 있다. 포스트모더니즘은 모더니즘 앞에 '이후'를 의미하는 '포스트'라는 라틴어를 삽입함으로써, 근대의 3대 혁명이라고 불리는 종교개혁, 산업혁명, 프랑스혁명을 통해 표출된 계몽주의 사상에 종식을 고하는 '이즘'인 것이다.[10] 포스트모던 사상의 경향은 철학을 비롯한 학문적인 영역에만이 아니라 건축, 음악, 미술, 문화 각 영역의 실제에서 이미 그 영향력을 발휘하고 있다. 지난 300-400년간 세계를 지배해 온 근대주의가 무너지고 새로운 사상과 가치관이 등장한 것이다. 이러한 포스트모더니즘의 경향 중 몇 가지 중요한 특징을 살펴보면, 근대주의에서 팽배했던 이원론, 과학주의, 객관주의, 실증주의 및 개인주의의 극복을 들 수 있다.

데카르트로부터 시작되어 근대시기에 만연했던 육체와 정신, 이성과 감정, 합리성과 상상에 대한 이원론(dualism)적 접근은 포스트모던 시대에는 부정되기 시작하였다. 상황(context)과 분리된 독립적이고 자율적인 자아(self)란 있을 수 없으며, 육체와 정신은 상호 연관되어 있음을 강조하기 시작하였다. 포스트모더니즘은 계몽주의 이후 인간이 지니고 있는 객관적인 세계에 대한 관점을 거부하고, 어떤 주어져 있는 고정된 진리(fixed truth)를 발견할 수 있는 것이 아니라 다양한 해석들(multiple interpretations)이 있음을 드러내고 있다. 소위 모더니즘에서 전제하는 '거대담론'(Metanarrative)은 존재하지 않으며 다양한 담론들(multiple narratives)이 존재한다는 것이다. 주관성을 철저히 배제한 순수 객관적인 진리는 존재하지 않으며, 주관성을 완전히 제거한 객관성이란 있을 수 없음을 밝히고 있다. 인식론에 있어서도 앎의 주체와 앎의 객체의 철저한 분리를 주장하는 근대 객관주의적 인식론을 비판하며, 앎의 주체는 앎의 객체와 분리될 수 없음을 드러내고 있다. 인간을 모든 피조물의 피라미드 가운데 정점에 위치한다고 생각하고 자연을 정복하려는 접근을 비판하고, 보다 다른 생물과 자연과의 조화를 강조하는 생태학적 접근이 강조되고 있고, 모든 피조물들과 갖게 되는 그물망의 관계를 통한 공동체성을 강조하고 있다.

포스트모던 시기의 교육은 근대 시기의 교육이 지녔던 '지성과 영성의 분리' 현상을 극복하고 이를 통합하려는 경향을 지니고 있다. 이는 모더니즘이 근대 이전의 중세를 암흑기로 간주하며, 이성과 합리적 사고를 통한 과학을 강조한 나머지 신화와 상징, 비유와 상상, 종교와 영성의 가치를 교육에서 제외시킨 경향에 대한 재극복이라고 여길 수 있을 것이다. 비유컨대 목욕물을 버리다가 아이까지 버리는 식으로, 근대에 있어서 비과학적 주관성을 제외시키려다가 예술과 종교, 영성마저도 제거하려는 오류를 범한 것에 대한 비판이라고 할 수 있다. 근대가 전제하고 추구했던 하나의 절대적인 기초로서의 거대담론(Metanarrative)이나 순수 객관적 진리(purely objectvie truth), 가치중립(value-free)이 가능하지 않다는 깨달음은 공립학교에서 종교적 가르침이나 종교적 행위와 같은 주관적인 요소를 제거하고 객관적이고 가치중립적이며 모두가 공통적으로 동의할 수 있는 것만을 가르쳐야 한다는 주장이 그 정당성을 잃게 된 것이다. 그동안 객관적이고 가치중립적이라고 여겨진 것들조차도 사실은 어떤 입장에 서 있고, 어떤 전제(presupposition)를 지닌 것임이 밝혀진 것이다.

이러한 포스트모던 시기의 '지성과 영성의 통합'은 과거 전 근대 시기의 '지성과 영성의 미분화'와 동일시되어서는 안된다. 포스트모더니즘이 근대 이전의 가치를 회복하는 것은 사실이지만 근대 이전으로 돌아가는 것을 의미하는 것은 아니기 때문이다. 포스트모던 시기의 학교교육이 추구해야 하는 것은 '지성과 영성의 분리'라는 근대적 모델의 한계를 극복하되 '지성과 영성의 미분화'로 회귀하는 것이 아니라, 진정한 의미에서 '지성과 영성의 통합'을 이루는 것이 되어야 한다.

3. '지성과 영성의 통합'을 위한 인식론적 근거

근대 학교교육의 '지성과 영성의 분리' 모델을 극복하고 '지성과 영성의 통합' 모델이 가능하기 위해서는 이를 뒷받침하는 인식론적 논의가 있어야 한다. 참다운 인식은 지성과 영성을 분리하는 소위 '객관주의적 인식'이 아니고 지성과 영성을 통합하는 인식인데, 최근 몇 가지 인식론은 기독교학교교육에 있어서 객관주의적, 분리주의적 오류를 극복하고 지성과 영성의 새로운 통합의 가능성을 보여주고 있다. 여기에서는 마이클 폴라니의 인격적 지식론과 더글러스 슬로언의 통찰-상상 이론, 그리고 파커 팔머의 영성교육론을 간략히 살펴보도록 하겠다.

1) 폴라니의 인격적 지식론

근대 인식론은 한마디로 '객관적 인식론'이라고 할 수 있다. 모든 지식은 그것에 해당되는 사실(fact)이 있다는 주장이며, 탐구하는 사람이 순수 객관적으로 관찰함으로써 그 지식을 파악할 수 있다고 주장하는 것이다. 여기에서 소위 가치중립적인 지식이 가능하다는 주장이 나오는 것이다. 이러한 인식론이 근대 과학의 기초를 이루고 있다. 그러나 새로운 인식론은 이러한 근대주의적 인식론을 반박한다. 그 선구자적 역할을 감당하는 학자가 마이클 폴라니(Michael Polanyi)이며 그의 『인격적 지식론』(*Personal Knowledge*)이라는 책은 이러한 그의 인식론을 담고 있다. 폴라니는 관찰을 통해 순수하게 객관적인 지식을 획득할 수 있다고 보는 서구 근대인식론을 비판한다.[11] 그는 앎에 있어서 주체와 객체를 완전히 분리하는 것은 불가능하며 지식에 대한 객관주의적 관점은 환상에 불과하다고 주장한다. 그는 객관적 확실성의 이상(ideal)을 '근대적 우상'(modern idolatry)으로 간주하며 전통적 서구 인식론의 대안으로서 앎의 주체와 객체, 자아와 세계, 정신과 육체, 이론과 경험이 분리될 수 없음을 주장하는 인격적 지식론을 제안한다.

폴라니는 모든 앎에는 아는 주체의 인격적 요소가 개입되어 있다고 주장한다. 무엇보다 그의 인격적 지식론은 그의 이론의 핵심 개념 중 하나인 '암묵적 요소'(tacit dimension)로 설명되어질 수 있다. 폴라니는 모든 앎은 암묵적 요소를 갖는다고 주장한다. "우리는 말할 수 있는 것보다 더 많이 알 수 있다(We can know more than we can tell)."는 그의 유명한 경구가 이를 설명해 준다.[12] 그는 망치와 못의 예를 통해서 '암묵적 요소'의 의미를 설명한다. 즉, 우리가 못을 박기 위해 망치를 사용할 때, 못에 초점을 두고 바라보지만 그 이면에 손바닥으로 못의 위치를 느끼며 조절하는 암묵적 요소가 개입되어 있다. 못을 망치로 때리는 것이 초점을 두는 인식(focal awareness)이라면 손바닥에서 이를 느끼며 방향을 조절하는 것 등은 보조적 인식(subsidiary awareness)이라고 할 수 있다.[13] 폴라니는 모든 앎에는 이런 초점적 인식만이 아닌 암묵적 인식이 있다고 주장한다. 객관주의적 과학자들은 앎의 이러한 암묵적, 인격적 요소를 무시하는 경향이 있다. 그러나 폴라니는 과학자들의 과학적 발견에 있어서도 과학자의 인격적, 암묵적 요소가 크게 영향을 미친다고 주장한다. 과학자가 연구의 대상을 선택할 때, 연구 결과를 해석할 때, 다른 사람을 설득할 때 과학자의 열정(passion)이 이미 그 과정 속에 관여되고 있음을 지적한다. 즉, 과학적 지식도 순수하게 객관적인 지식일 수 없음을 강조한다. 폴라니는 과학에 있어서 신념(belief)이 중요한 역할을 한다고 주장한다. 그에 의하면 과학은 일종의 신념체계(a system of beliefs)로서, 과학자의 신념이나 헌신(commitment)이 개입될 수밖에 없다. 폴라니는 신념을 지식이 발생하는 자리(context)로 보았고 모든 지식은 무언가 알려질 것이라는 신념을 전제한다고 주장한다. 어떤 과학자도 무엇인가 발견되어질 것이 있다는 신념과 그 앎에 대한 헌신없이 과학연구를 추구할 수 없다.

폴라니의 이론에 근거하여 교육을 파악해보면 교사가 객관적인 지식을 순수하게 전달할 수 있다고 주장하는 것은 환상이다. 교사의 인격적인 요소, 교사의 비전, 교사의 열정, 교사의 눈빛, 교사의 신앙, 교사의 도덕성 등이 어떤 형태로든 영향을 미칠 수 밖에 없다. 교과서의 내용 자체도 순수히 객관적이지 않다. 어떤 주관적 가치가 스며들어 있고, 그 지식은 필자의 인격적 요소나 역사적 맥락과 분리하여 생각할 수 없다. 교육내용이 객관적일 수 없을 뿐 아니라 또한 그것이 전달되는 과정 역시 객관적인 것이 아니다. 그 교재를 가르치는 교사와 그 교육내용이 분리될 수 없기에 학생들은 교육내용 못지않게 그 이상으로 교사의 영성과 삶, 인격, 그리고 학생과의 관계에 의해 영향을 받는다고 할 수 있다.

2) 슬로언의 통찰-상상 이론

더글러스 슬로언(Douglas Sloan)은 그의 책 『통찰-상상: 사상의 해방과 근대 세계』(Insight-Imagination: The Emancipation of Thought and the Modern World)에서 근대적 객관주의적 인식론이 '지식에 대한 수량적, 물질주의적, 기능주의적 관점'이라고 비판한다.[14] 슬로언은 400년 전의 과학 혁명 이래 사람들이 과학을 "오직 유일한 앎의 타당한 방식이요 참된 지식의 유일한 자원"[15]이라고 생각하는 경향이 있어왔다고 주장한다. 그는 19세기 실증주의를 과학주의의 대표적인 사례로 간주하며 다음 세 가지 과학에 대한 전제를 지니고 있음을 지적한다. (a) 과학은 우리의 유일한 앎의 방법과 세계에 대한 진정한 지식의 유일한 원천을 제공한다. (b) 과학은 세계에서의 인간의 위치를 이해할 유일한 방법을 제공한다. (c) 과학은 세계의 전체 모습

에 대해서, 유일하게 신뢰할 만한 데이터를 제공한다.[16]

이러한 과학주의는 상상과 통찰, 느낌과 가치를 지식으로부터 배제시키는 경향이 있고, 이러한 요소들을 비합리적이거나 의미없는 것으로 간주하는 경향이 있다. 슬로언은 과학주의나 실증주의로 동일시 될 수 있는 "근대 서구 정신체계"(the modern Western mind set)[17]의 다섯 가지 특징을 열거하고 있는데, 그것은 수량화, 편협한 이성관, 기술공학의 지배, 공동체의 와해, 그리고 인간의 소외 등이다. 슬로언은 이와같은 근대 서구 정신을 '조망적 의식'(onlooker consciousness)으로 묘사할 수 있다고 주장한다. 이런 정신 속에서는 아는 자가 대상과 세계로부터 분리되어 있다. 이러한 서구 근대 정신에서 앎이란 객관주의적이고, 측정적이고, 수량적이고, 감환적이고, 실증주의적이고, 실험적이고, 비인격적이고, 개인적이고, 그리고 관객주의적 특성을 지닌다.

슬로언의 인식론의 중심 주제는 모든 앎의 기초로서 '상상'의 중요성을 확인하는 것이다. 그에게 있어서 상상이란 인식의 행위에 전인이 참여하는 것이다. 즉, 그는 상상의 전체성을 강조한다. 슬로언에게 있어서 상상은 사고, 감정, 의지, 그리고 가치를 포함하며, 그 각각은 다른 것들과 분리될 수 없다. 무엇보다 감정은 사고와 분리될 수 없다. 이것은 우리의 앎이 감정에 의해 영향받을 뿐 아니라 감정이 앎의 방식이 될 수 있음을 의미한다. 그러므로 슬로언은 "중요한 것은 이성과 감정을 분리하는 것이 아니고, 지식에 이르게 하는 감정과 지식을 왜곡하거나 방해하는 편파적이고 잘못 방향지워진 열정 -미움, 분노, 질투, 야망 등- 을 구분하는 법을 배우는 것"[18]이라고 주장한다. 슬로언은 사랑, 동정, 그리고 신뢰를 포함하는 감정은 지식으로 인도하기 때문에 이러한 감정들은 "인식의 기관"이라고 불리워질 수 있다고 생각한다. 또한 슬로언에게 있어서 의지는 상상의 근본적인 측면이다.[19] 그는 상상에 있어서 의지의 중요성을 '의도성'이라는 개념을 사용하여 설명하였다. 의도성은 앎에 기꺼이 참여하는 것을 의미하는데 모든 앎에 필수적이라고 할 수 있다. 슬로언은 이러한 의도성 안에서 사고는 의지와 결합될 수 있다고 지적한다. 슬로언은 전체성의 회복은 오직 상상을 제대로 이해하는 것을 통해 가능하다고 주장하는데, 상상은 앎에 사고, 감정, 의지, 가치를 포함하는 전인이 개입되는 것을 의미한다.

슬로언은 그의 상상에 대한 이해를 교육과 연결시킨다. 근대교육이 인식의 범위를 협소화시키고 '언어적, 논리 수학적 기술'에만 초점을 맞추는 경향이 있음을 지적하면서, 슬로언은 '상상의 교육'을 교육의 적절한 개념으로 이해한다. 슬로언의 상상의 교육은 의지, 감정, 가치, 사고를 지닌 전인의 참여로부터 우러나오는 앎의 방식을 강조하는데, 이러한 앎의 방식이 인간의 삶을 가치있도록 만드는 삶의 지혜로 인도한다는 것이다.[20] 슬로언은 교육의 과제는 이성과 결별(repudiation)하는 것이 아니고 이성을 구속(redemption)하는 것이라고 말한다. 그는 참여적 앎을 통한 교육의 전체성을 추구하고 있는 것이다.

3) 팔머의 영성교육이론

최근 교육에 있어서 영성을 강조한 기독교교육학자로서 파커 팔머(Parker Palmer)를 들 수 있다. 그의 책 『가르침과 배움의 영성』(To Know As We Are Known)이나 『가르치는 자의 용기』(The Courage To Teach) 등은 교육에 있어서 영성의 중요성을 새롭게 일깨우고 있다. 팔머는 그동안 교육이 한 쪽 눈에 해당하는 지성(mind)의 눈만을 강조하는 경향이 있었는데 마음(heart)의 눈을 함께 떠서 온전한 시각(wholesight)을 가질 것을 주장한다.[21] 팔머는 그동안의 교육이 마음(heart)으로부터 머리(head)를 분리시켰으며, 느낌(feelings)으로부터 사실(facts)을 분리시켰고, 실천(practice)으로부터 이론(theory)을, 배움(leanring)으로부터 가르침(teaching)을 분리시켰다고 지적하며, 서로 상반된 것들을 통합하고 세상을 통전적으로 바라볼 수 있는 관점을 지녀야 할 것을 주장한다.[22]

그는 지식의 기원을 탐구하면서 전통적인 지식이 두가지 기원을 지니고 있음을 밝힌다. 하나는 호기심이요 다른 하나는 지배욕인데, 전자는 추상적이고 관념적인 지식으로 나타나고, 후자는 응용과학과 같은 실용적인 목적을 위한 수단이 되는 지식으로 나타난다.[23] 그러나 전혀 다른 기원을 지닌 지식이 있는데 그것은 사랑을 기원으로 하는 지식이라는 것이다. 팔머는 이러한 사랑을 기원으로 하는 지식이야말로 깨진 자아와 세계를 회복하는 지식으로 보았다.

팔머는 교육을 '영적 형성'(spiritual formation)으로 보았는데, 이런 교육의 가능성을 영적 공동체인 수도원에서 찾고 있다. 그는 오늘날의 교육이 수도원 전통에서부터 세가지 영적 훈련을 배울 것을 강조하고 있는데, 신성한 문헌들에 대한 연구, 기도와 관상훈련 그리고 공동체의 공동생활을 들고 있다.[24] 이러한 그의 교육에 대한 영성적인 접근은 그의 가르침에 대한 이해에서 분명히 드러나고 있다. 팔머는 가르침을 "진리에 대한 순종이 실천되어지는 공간을 창조하는 것"(To teach is to create a space in which obedience to truth is practiced.)으로 정의내리고 있다.[25] 근대교육은 가르치는 것을 '채우는 것'으로 이해하는 경향이 있어 왔다. 머리에 지식을 넣어주고 주입하는 것이라고 생각하는 경향마저 있었다. 그러나 팔머는 공간을 만드는 것이고 오히려 비우는 것이야말로 진정한 가르침이라는 것이다. 그래서 그는 교육의 가장 중요한 요소로 '침묵'을 들고 있다. 또 공간을 만드는 요소로서 '환대'를 들고 있다. 무엇보다 '기도'야말로 가르침에 있어서 진리에 대한 순종이 실천되어지는 공간 창조의 방법으로 보았다. 그리고 이런 영성교육이 이루어지기 위해서는 교사의 영성이 중요한데 교사의 겸손이야말로 단지 도덕적 덕목이 아니라 인식론적 덕목이라고 말하였다. 이런 교사가 되기 위해서는 그는 침묵과 고독과 기도를 통한 영성훈련이 필요함을 강조한다.

위에서 살펴본 새로운 인식론적인 논의를 근거할 때, 지식이 가치중립적이라든지 순수객관적이라는 주장은 더 이상 존립할 수 없다. 학교는 객관적, 과학적 지식을 가르치는 곳이기에 종교성을 배제해야 한다는 논리는 그 근거를 상실한다. 모든 지식은 인격적 요소, 상상적 요소, 가치적 요소를 지닌다. 본질상 학교는 어떤 가치를 전수하는 곳일 수 밖에 없고 어떤 신앙에 근거할 수 밖에 없다. 국어, 영어, 수학, 과학, 사회, 도덕, 예술, 기술 등 모든 교과목은 신앙이나 영성과 무관한 객관적인 지식더미가 아닌, 어떤 전제(presupposition)와 가치(value)를 지닌 '종교적' 또는 '영적' 인 성격을 지니고 있다. 학교교육이 순수하게 객관적인 지식의 전수체제라는 신화는 더 이상 받아들여지지 않는다. 학교교육은 가치지향적이고 종교성을 지니고 있음을 인정한다면, 이는 지성과 영성을 통합시키는 기독교학교교육의 가능성과 필연성을 다시 한번 분명히 보여주는 근거가 된다.

4. 기독교학교에서 지성과 영성의 통합 방안

포스트모던 시대의 기독교학교교육이 '지성과 영성의 통합'을 추구하여야 한다면 어떤 형태의 통합이어야 하는가? 근대 시기의 학교교육이 지니는 가장 큰 문제점이라고 할 수 있는 지성과 영성의 분리의 문제를 구체적으로 어떻게 극복할 수 있겠는가? 이러한 통합 모델은 진보적인 과정신학적인 접근이거나 근본주의적인 접근이 되어서는 안된다. 초월적인 하나님의 존재가 부정되고 범신론적으로 만물에 내재하는 영성으로 지성을 통합하는 것은 진정한 의미에서 통합이 아니고 '지성 환원주의'일 뿐이다. 또한 특정 교파의 신학에 입각한 근본주의적 관점으로 지성을 제한시키는 것도 명제주의의 위험에 빠질 수 있다. 그렇다면 복음적 개혁신학의 입장에서 지성과 영성을 통합하는 방안은 무엇인가?

여기에서는 종래의 기독교학교들이 추구했던 지성과 영성의 통합 모델로 '학원선교 모델' '탁월성 모델' '도덕성 모델' 등을 열거하고 이를 비판적으로 성찰하며, 개혁신학적 관점에 서서 진정한 의미에서 지성과 영성을 통합하는 기독교학교교육이 어떤 모습일지를 드러내고자 한다.

1) 학원선교 모델

학원선교 또는 학원복음화는 지성과 영성을 통합하는 학교교육의 한 형태이다. 학교를 선교와 전도, 복음화의 대상으로 보고, 학교의 예배, 성경시간, 기독학생회(CA) 활동, 학급내 전도 활동, 기타 전도집회 등을 통해 학원선교를 추구하는 모델이다.[26] 전통적인 미션스쿨이나 기독교계 학교 등이 이러한 유형에 속하는데, 학교설립의 목적 자체를 학원선교로 설정하고 학교를 '황금어장'으로 여긴다. 즉, 이 유형에서 지성과 영성의 통합 방식은 학생을 대상으로 한 '전도'와 '세례'를 통해 기독교인화하는 것에 초점을 두고 있다. 교목실을 중심으로 학원선교를 추진하되 예배시간을 통해 전도하고, 담임교사는 물론 각 교과 담당 교사들이 수업 시간 속에서도 교과목을 가르치는 시간 '외에' 복음을 소개하는 시간을 갖기도 한다. 이 경우, 여전히 예배실과 교실 사이의 분리, 교목실과 교무실 사이의 분리, 교과 가르치기와 전도 사이의 분리가 있을 수 밖에 없다. '학원선교'의 개념도 매우 좁은 개념으로서 기독교적 복음이나 기독교적 가치관이 모든 교과목이나 교수방법, 학교교육의 제 영역 속으로 스며들어 있지 못하다. 지성과 영성을 통합하려는 한 시도로 이해할 수 있지만, 여전히 영성은 예배나 교목실 활동, 기독동아리 활동, 전도 활동 등으로 제한되고, 지성의 영역은 여전히 영성적이기보다는 일반적이고 세속적인 가치관에 의해서 지배당하는 구조라고 할 수 있다. 이러한 모델은 미션스쿨이나 기독교계 학교 등에 의해서 시도되고 있을 뿐 아니라 다양한 학원선교단체들에 의해서 추구되고 있다. 대학생 선교단체는 물론 중고등학교를 대상으로 하는 선교단체들은 학교 안에 이루어지고 있는 교육의 과정에 대한 기독교적 접근보다는 그 학교 안에 모여있는 학생들에 대한 전도에 관심이 있다. 대부분의 교회들이 학원선교에 관심을 갖고 학교와의 연계와 협력을 모색하는 것도 이러한 관심에 기초하고 있다고 볼 수 있다.

2) 탁월성 모델

기독교학교교육의 가치는 '전도화'나 '교회화'에 있는 것이 아니라 교육의 '탁월성'(Academic excellence)에 있다고 보는 유형이다. 소위 학교붕괴, 교육붕괴로 불리우는 기존의 학교교육의 파행에 대한 대안으로, 그리고 기독교 지성인 및 기독교 지도자 양성이라는 목적을 달성하기 위한 수단으로서 학문과 교육의 수월성을 주장하는 모델이다. 기독교학교야말로 기독교 정신으로 무장하여 이러한 탁월성을 확보함으로 타 일반학교와의 경쟁에서 우위를 점할 수 있다고 확신하는 접근이다.[27] 기존의 '입시위주'의 교육풍토를 주어진 것으로 받아들이면서 기독교학교를 통해 더 많은 학생들이 일류대학에 진학할 수 있고, 마침내 사회 각 분야에서 지도자로서의 역할을 감당할 수 있도록 하는 데에 관심이 있다. 이러한 유형은 지성과 영성의 통합을 시도하고 있으나 영성은 지성을 위한 수단적 가치를 지니는 것으로 인식되며, 학교교육의 제 영역이 기독교적 가치관으로 변형되기를 추구하기보다는 오로지 탁월한 교육을 통한 인재양성에 초점을 두고 있다. 학원선교의 가치를 무시하지는 않으나 일차적인 관심이 '교육의 탁월성'에 주어진다는 점에서 '학원선교 모델'과는 구별된다. 최근 몇몇 교회나 단체들이 공교육 체계 안팎에서 설립하여 운영하는 학교들 가운데서도 이런 유형으로 분류할 수 있는 학교도 있을 것이다. 그러나 자칫 학교교육이 경쟁구조 속에 매몰될 위험이 있고, 기존의 팽배한 입시위주, 학벌주의, 개인주의, 획일주의 등 왜곡된 교육의 세속적 가치관을 극복하지 못하는 한계를 지니고 있다는 지적을 받을 수 있다.

3) 도덕성 모델

기독교학교교육의 도덕성 모델은 '학원선교'나 '교육의 탁월성'에 대한 강조보다 교육의 방향이나 가치를 강조하는 모델로서, 교육받은 자의 도덕적 책임성을 다른 일반 학교교육과는 구별짓는 근거로 삼는 유형이다.[28] 이 유형의 학교교육에서는 '봉사하는 인간' '나라를 사랑하는 일꾼' '부모에게 효도하는 자녀' 등 기독교적 덕목을 실천하고 하나님 나라의 일꾼이 되도록 교육하는 데에 초점이 있다. 이를 위해서는 물론 '학원선교'나 '교육의 탁월성'이 모두 요청되지만, 전도 자체보다는 기독교 윤리적 실천을 강조하고 있고, 교육의 탁월성을 통한 인재 양성이나 엘리트 교육보다는 모든 학생들이 지녀야 할 도덕성을 강조하고 있다. 기독교학교 안에 공존하고 있는 '비기독교인'들도 함께 공감할 수 있는 도덕적 가치라는 점에서 소위 '평준화 체제' 안에서의 기독교학교들이 취할 수 있는 모델이기도 하다. 기독교학교에서 교과내용(contents)을 기독교적 관점으로 바꾸지 않아도 교육의 방향(direction)을 기독교적으로 가치있게 설정하여 사회 속에서 기독교적 영향력을 끼칠 수 있다는 점에서 중요한 의미를 지니는 유형이다. 그러나 전도를 통한 학원선교에 대한 관심이 부족하고, 교과내용에 대한 기독교적 접근이 약하기 때문에 실제에 있어서 '기독교인'으로서 책임있는 존재가 되도록 하는 교육이 되지 못할 가능성이 있다.

4) 기독교적 통합 모델

지성과 영성의 통합은 기독교 학교교육의 어느 한 영역이나 한 측면에서만 이루어져서는 안된다. 기독교학교교육이란 학교교육의 전 영역을 기독교적으로 접근하는 것을 의미한다. 학원선교 모델, 탁월성 모델, 그리고 도덕성 모델은 각각 중요한 의의를 지니는 모델이지만 학교교육 전 영역에 기독교적 접근을 추구하는 모델이라고는 할 수 없다. 기독교학교교육은 학교교육의 모든 영역에서 예수 그리스도의 주님되심(Lordship)을 인정하는 것이다. 학생들의 영혼의 구원을 위한 복음화는 물론, 교과목의 내용과 가르침의 방법에 대한 기독교적 접근, 학생상담이나 학교행정, 그리고 교육정책 등 모든 교육의 영역에서 기독교적 실천을 추구하는 것이다.

리차드 니버의 '그리스도와 문화'에 나타나는 다섯 가지의 모델은 기독교학교교육이 추구해야할 통합모델이 어떤 것인지에 대한 의미있는 통찰을 제공한다. 그는 문화와 그리스도의 관계를 '문화에 대립하는 그리스도' '문화의 그리스도' '문화 위에 있는 그리스도' '역설적인 관계를 가진 그리스도와 문화' '문화의 변혁자 그리스도' 등으로 분류하였다.[29] '문화의 그리스도' 모델이 자유주의 신학이나 과정신학의 입장이라면, '문화에 대립하는 그리스도'나 '문화 위에 있는 그리스도' 모델은 근본주의적인 성향을 지닌다. 마지막 두 가지 모델이 종교개혁자들의 모델이라고 할 수 있는데, '역설적인 관계를 가진 그리스도와 문화'는 루터의 모델로서 여전히 이원론적 성향을 지니고 있는 한계를 갖고 있다. '문화의 변혁자 그리스도'는 어거스틴으로부터 종교개혁자 칼뱅에 이르는 관점으로 니버는 이를 개변주의자(conversionist)로 부르고 있는데, 기독교적 관점으로 학교교육을 변혁시켜 나가는 바람직한 통합모델을 시사해 주고 있다.

니버는 '문화의 변혁자 그리스도' 모델, 즉 개변주의적 접근은 다른 이원론적 접근보다 문화에 대해서 더 적극적이요 희망적이라고 주장한다. 이들은 세 가지 신학적 신념을 지니고 있는데, 창조, 타락, 구속으로 요약할 수 있다.

창조에 대한 강조는 단지 구속만을 강조하는 이원론적 접근과는 구별된다. 모든 피조세계가 창조주 하나님으로부터 나왔으며, 하나님의 다스림 가운데 있음을 강조한다. 삼라만상과 모든 학문, 피조세계의 모든 활동은 창조주 하나님과 관련을 맺고 있다. '성과 속'을 구분하는 것이 아니라 만물이 하나님께 속해 있음을 인정하고, 아더 홈스가 주장하듯이 '모든 진리는 하나님의 진리'임을 인정하는 것이다.[30] 모든 교육활동과 교과내용, 교수방법 등이 모두 하나님과 관련을 맺고 있고 또 바른 관계 속에 있도록 해야 한다.

두 번째 강조는 타락이다. 죄가 전 영역에 미쳐 있음을 인정하는 것이다. 죄는 인간의 본성 뿐만 아니라 삼라만상에, 모든 교육의 영역과 지식의 영역에 이르기까지 악한 영향력(evil influence)을 행사하고 있다. 바로 이 죄로 말미암아 왜곡된 교육이 이루어지게 되는 것이다. 하나님과 인간, 인간과 인간, 인간과 자연 간의 관계에 있어서 단절과 분리, 미움과 부조화가 있게 되었다.

세 번째 강조는 구속이다. 개변주의자는 마지막 날의 구속만이 아니라 역사적 구속을 강조한다. 역사 안에서 하나님이 어떤 일이든지 하실 수 있다는 역사관을 갖고, 기독교인은 그 구속의 역사에 동참하도록 부르심을 입은 자로 인식한다. 요한복음 17장에 나타나는 예수님의 대제사장적 기도에서 "아버지께서 나를 세상에 보내신 것 같이 나도 저희를 세상에 보내었고"(요 17:18)는 바로 이것을 의미한다. 즉, 기독교인은 세상에 있지만(in the world), 세상에 속한 자가 아니요(not of the world), 그렇다고 세상 밖으로 도피하는 것이 아니라(not out of the world), 세상 속으로 보내어지는(into the world) 존재인 것이다.

종교개혁자 칼뱅은 특히 하나님의 주권을 강조하면서 모든 직업의 영역에서 하나님의 영광을 드러낼 것을 주장한다. 교직을 포함한 모든 직업은 하나님의 창조세계와 관련되어 있으며, 죄로 인해 오염되고 타락되어 있지만, 그리스도인들은 그 직업의 영역에서 청지기적 사명을 감당함으로 문화를 변혁하여 하나님 나라를 회복할 수 있다고 믿는다. 이러한 견해는 리차드 미들톤과 브라이안 왈쉬의 『그리스도인의 비전』(The Transforming Vision)에 잘 나타나 있다. 이들은 세계관을 신학이나 철학과 같은 사고체계가 아닌 인식의 틀(perceptual frameworks)로 보면서, 기독교적 세계관을 창조, 타락, 구속의 관점으로 설명하고 있다.[31] 미들톤과 왈쉬의 세계관의 관점에서 보면 기독교학교교육이란 학교교육에 대한 기독교 세계관적 접근을 의미한다. 이는 하나님이 삼라만상을 창조하셨는데 이 피조된 모든 만물이 죄, 즉 하나님을 향한 불순종과 우상숭배로 인해 타락되었고, 그러나 예수 그리스도로 말미암아 구속되는 과정에 있음을 인식하고, 그 구속의 역사에 동참하는 것을 의미한다. 학교교육은 가치중립적으로 이루어지는 것이 아니라 다른 세계관, 예컨대 과학주의, 인본주의, 세속주의 세계관 등이 전제되어 있는데, 이러한 학교교육의 제 영역을 기독교적 세계관으로 변혁시켜 나가는 과정이 되어야 한다는 것이다. 이런 관점에서 기독교학교교육에서의 '기독교사'는 다음과 같이 묘사될 수 있다.

'기독'이 교사 속에 한껏 스며들어 있으며, '교사'는 기독 속에서 그 놀라운 의미를 확인한다. 그는 교사직 수행, 그것이 교과목을 가르치는 것이든, 학생을 만나 상담하는 것이든, 학급을 경영하고 교무실에서 동료교사를 만나는 것이든, 그리고 학교 행정이나 교육개혁에 관련된 이슈를 대할 때이든, 기독교적 관점으로 그것을 바라볼 뿐 아니라 기독교 정신(mind)과 마음(heart)으로 행동하고 실천하는 사람이다. 신앙고백과 예배 행위는 교사직과 분리되어 있는 것이 아니라, 교사직을 통해 나타나며, '교사로서의 삶' 자체가 하나님께 드리는 예배이며 헌신이다. '기독교사'는 하나의 직업이 아니라 하나님의 부르심이며, 또한 삶의 수단이나 방편이 아니라, 삶을 송두리째 요구하는 중심적, 총체적 반응이며, 삶의 근원이 되는 하나님의 뜻이다.[32]

특히, 지성과 영성을 통합시키는 기독교학교교육이 되기 위해서는 교육내용을 신앙과는 전혀 관계없는 '순수 객관적 진리'로 보아서는 안되며, 그 교육내용이 이미 전제하고 있는 세계관을 비평적으로 성찰하며, 그것이 지닌 가치 편향성을 드러낼 수 있어야 한다. 그리고 창조주 하나님과의 관계 속에서 새롭게 그 지식을 바라볼 수 있어야 한다. "모든 이론을 파하며 하나님 아는 것을 대적하여 높아진 것을 다 파하고 모든 생각을 사로잡아 그리스도에게 복종케 하니"(고후 10:5)라는 말씀처럼 모든 지식이나 교과에서도 예수 그리스도의 주되심을 인정될 수 있도록 해야 할 것이다. 기독교 세계관에 근거한 교육은 또 다른 편향성을 지닌 교육이 아니라 참 지식, 통전적인 지혜, 전체 진리의 빛으로 교육내용을 다루는 것이다. 이 지혜는 사도바울이 말하였듯이 "온전한 자들 중에서의 지혜"이며 "이 세상의 지혜가 아니요 또 이 세상의 없어질 관원의 지혜"도 아니다.(고전 2:6)[33]

교과목을 통전적으로 이해하게 되면 보다 지성과 영성을 통합할 수 있게 된다. 오늘날 학교교육은 지식을 지나치게 세분하는 경향이 있다. 국어, 수학, 사회, 과학, 역사, 음악, 미술 등으로 세분되어 있어서, 학생들과 교사들은 지식의 전체성을 보지 못하고 교과목들 사이의 관련성도 찾기가 어렵다. 그러나 지식은 유기적 단일성(Organic unity)을 갖고 있는데, 각 교과목으로 분열됨으로 말미암아 통일성을 제대로 파악하지 못한다. 그러나 지식이 서로 연계되어 있는 통일된 지식임을 알게 되면, 이 지식이 하나님께로부터 왔음을 깨달을 수 있다. "만물이 그에게 창조되되 하늘과 땅에서 보이는 것들과 보이지 않는 것들과 … 만물이 다 그로 말미암고 그를 위하여 창조되었고… 이는 친히 만물의 으뜸이 되려 하심이요"(골 1:16-18).

진리는 하나님의 진리이며 지식은 서로 간에 유기적 연결성이 있음을 깨닫게 되며 모든 지식이 예술적이며 종교적인 성격을 지님을 인정할 수 있다. 그리고 모든 지식이 하나님께로부터 말미암음을 알게 되면, 지식이 자신이 소유하고 축적하여 교만해지는 수단이 아니라 하나님이 주신 선물임을 깨닫게 된다.[34]

지식은 지식 상호간에 유기적인 연결이 이루어져 있을 뿐만 아니라 인간과도 분리될 수 없는 관계성을 지닌다. 교사의 태도나 신앙, 영성은 교과의 내용 속에, 그리고 수업의 방법 속에 스며들게 되어 있다. 교사의 열정적인 모습과 헌신된 태도는 교육내용을 대하는 학생들에게 영향을 끼치게 되며, 교사의 신앙적 삶과 영성은 직접 성경을 가르치거나 복음의 내용을 전달하지 않아도 교과 속에 스며들어 궁극적으로 학생들의 삶에 영향을 미치게 된다. 기독교적 인간이해는 학생들을 바라보는 시선의 변화로 이어지며, 그 교사의 시선과 학생의 시선의 마주침은 단지 머리의 교육이 아니라 마음의 교육을 가능케 한다.

5. 나가는 말

스텐리 그렌츠(Stanley J. Grenz)는 그의 책 *A Primer on Postmodernism*에서 포스트모더니즘의 주관적이고 상대적인 경향성을 비판하면서, 동시에 포스트모던 시대를 근대주의로 인해 왜곡된 복음을 회복할 수 있는 기회의 시대로 이해하고 있다. 그렌츠는 포스트모던 경향들로 인하여 회복된 복음의 모습을 '포스트모던 복음'(a Postmodern Gospel)으로 소개하고 있다.[35] 포스트모던 복음은 네 가지 특징을 지니는데, 탈-개인주의적 복음(a post-individualistic Gospel)이고, 탈-합리주의적 복음(a post-rationalistic Gospel)이며, 탈-이원론적 복음(a post-dualistic Gospel)이고, 탈-지적인 복음(a post-noeticentric Gospel)이라는 것이다. 포스트모던 복음은 근대 시대가 지나치게 이성, 합리성, 지성만을 편향적으로 강조한 나머지 감성과 영성을 약화시키고 분리시킨 오류를 극복하는 통전적인 복음(holistic Gospel)이 되어야 한다는 것이다.

포스트모던 시대는 기독교학교교육도 본래적인 모습인 '지성과 영성이 통합'된 학교교육으로 회복되기를 요청하고 있다. 근대 시기를 거치면서 지나치게 이원론적이고 객관주의적, 개인주의적, 실증주의적, 관객주의적 학교교육으로 치우쳐 왜곡된 형태를 지니게 되었고, 기독교학교마저 이러한 과학주의로 인해 지성과 영성이 분리되었다면, 이제는 모든 교육이 하나님께 속한 '하나님의 교육'임을 인정하고, 교육의 모든 영역 속에서 하나님의 통치와 예수 그리스도의 주님되심(Lordship)을 고백함으로 '지성과 영성이 통합'된 통전적 기독교교육(holistic Christian education)을 실현하여야 할 것이다.

토의문제

1. '지성' 과 '영성' 이 통합될 수 있다고 생각하는가? 그렇다면 기독교 학교에서 '지성' 과 '영성' 을 통합하는 구체적인 방안은 무엇인가?

2. 인류의 역사를 '전근대시기' , '근대시기' 그리고 '후기 근대시기' 로 분류할 때, 학교교육에서 지성과 영성이 어떤 형태로 관련을 맺어 왔는지를 말해 보자.

3. 지성과 영성을 통합시킬 수 있는 인식론적 기초는 무엇인지 폴라니, 슬로언, 그리고 팔머 중 한 사람의 이론을 근거로 설명해 보자.

4. 기독교학교들이 지성과 영성을 통합하려는 다양한 모델로는 학원선교 모델, 탁월성 모델, 도덕성 모델, 그리고 기독교적 통합 모델 등을 들 수 있는데, 각각의 특징과 장단점을 말해 보자.

5. 우리나라의 기독교학교들 중에서 한 학교를 택하여, 교육의 실제에 있어서 어떻게 지성과 영성이 통합되고 있는지 살펴보자.

제8장 기독교학교교육과 경건

1. 경건과 교육

경건(piety)이란 단어는 매우 폭넓게 사용되고 있다. 때로는 신앙(faith)이라는 말과 동의어로 사용될 때도 있고, 거룩(holiness)이라는 뜻으로 쓰이면서 보다 보수적인 경향성을 일컫기도 한다. 심지어는 경건이 '경건주의' 라는 용어로 쓰일 때는 부정적인 의미를 갖는 경우도 있다. '경건한 척' 하거나 '경건한 체' 하는 외식주의자나 형식주의자를 지칭할 때 '경건파' 또는 '경건주의자' 로 호칭하기도 한다. 그러나 '경건' 은 국어사전의 풀이 그대로 '공경하는 마음으로 삼가며 조심성이 있음' 을 의미한다.[1] 이러한 경건의 개념은 기독교교육에 있어서 필수적이며, 특히 학교 교육에 있어서도 추구되어야 할 가치요, 특히 도덕교육, 윤리교육의 근본이 될 수 있는 개념이다.

'경건' 을 교육적으로 성찰해 볼 때 세 가지 차원을 지님을 알 수 있다. 첫째는 '초월성' 이요, 둘째는 '윤리성' 이요, 셋째는 '실천성' 이다. 이 세 가지 차원으로 인해 경건은 도덕과 다르며, 형식적인 종교와도 다르며, 경건주의와도 다르다.

1) 초월성

먼저 '경건'은 초월성을 지닌다. 이는 '경건'이 자기 극복이 가능한 상태임을 의미한다. 경건은 자기만족이 아니라, 늘 자기를 초월하려는 경향이며, 자기 극복의 과정이다. 누가 경건할 수 있는가? 자기를 초월할 수 있는 사람이다. 아무리 도덕적인 삶을 산다고 하더라도 '초월'의 차원이 없으면 경건할 수는 없다. 자기중심주의를 넘어설 수 없는 '자기 의'에 함몰되어서, 다른 사람에게 선한 영향력을 끼칠 수 없게 된다. 기독교는 초월자이신 하나님 앞에서 계속적으로 자기 초월을 추구하기 때문에 경건에 이를 수 있다. 그렇기 때문에 경건은 '신비적 요소'를 지니고 있으며 '경외'의 요소가 있다. 칼뱅이 경건을 '하나님에 대한 두려움'이나 '하나님 경외'와 연결시키는 것이 바로 이것을 의미한다.[2] 칼뱅은 그의 기독교강요에서 "참된 경건, 다시 말하면 그 하나님의 이름에 대한 두려움"이라고 표현하고 있다.(I. xiv. 4) 여기에서의 '두려움'은 단순한 무서움이 아닌 '경외'를 의미한다. 하나님을 경외하는 인간이 지니게 되는 태도가 다름 아닌 '경건'인 것이다. '하나님의 형상'으로 지음받은 인간은 본래 '하나님을 그리워하는' 존재로서, 초월성을 추구할 수밖에 없는 존재이고, 초월성을 추구할 때 경건의 태도를 지님으로 '존엄성'이 구현되는 존재이다. 그러나 이런 초월성을 상실하고 하나님에 대한 두려움과 경외가 상실되어 경건하지 못한 존재로 전락할 때, 인간의 존엄성은 파괴되는 것이다. 그렇기 때문에 참된 교육은 '초월성'이 살아있는 교육이며, '경건'이 추구되는 교육이고, 이런 교육이야말로 하나님께서 원래 의도하신 교육이라고 할 수 있다.

2) 윤리성

경건이 수직적인 관계 속에서 '초월'을 추구한다면, 수평적인 관계 속에서 '윤리'와 '도덕'으로 나타난다. 경건은 일종의 삶의 양식으로서 도덕적인 행위를 포함한다.[3] 경건한 사람은 인간 사회 안에서 윤리적이고 도덕적인 사람으로 드러나게 된다. 자기욕망의 노예가 되어 살아가는 사람이 아니라, 자기를 초월해 있는 절대자 앞에서 경건하게 살고자 하는 사람은 윤리적으로 살게 되어 있다. 칼뱅도 참된 경건은 반드시 인간을 향한 의와 사랑의 봉사로 나아가게 되어 있음을 주장한다.[4] "왜냐하면 우리가 친절과 정직의 실천으로 하나님을 두려워하고 있음을 입증하기 위해서는 우리의 경건이 사람들을 향해 나타나야 하기 때문이다."(행 10:2 주석) 물론 경건이 이웃 사랑으로 치환되어서는 안 되지만, 이웃사랑이라는 윤리적 차원은 경건의 외적인 표시라고 칼뱅은 주장한다.[5] '경건'이 원인이면 '윤리'는 그 결과이다. 그렇기 때문에 참된 윤리는 참된 경건으로부터 나온다. 윤리를 고양하기 위해서는 윤리 자체를 강조하거나 덕목을 부과하기보다는 경건을 추구할 수 있도록 하는 것이 보다 본질적이다. 오늘날의 비윤리성과 비도덕성은 다름 아닌 불경건으로부터 말미암는 것이다. 또한 반대로 생각해 볼 때, 경건하다고 하면서 윤리적이지 않은 것은 그 경건이 참된 경건이 아님을 의미한다. 부정적 의미의 '경건주의'는 바로 이런 현상을 일컫는 것이다. 디모데후서 3장 5절의 "경건의 모양은 있으나 경건의 능력을 부인하는 자니, 이같은 자들에게서 네가 돌아서라"는 말씀도 진정한 경건은 모양이 아닌 능력임을 가르친다. 그리고 야고보서 1장 27절은 참된 경건이 "고아와 과부를 그 환난 중에 돌아보고 또 자기를 지켜 세속에 물들지 아니하는 것"이라고 말씀하는데, 이는 경건은 윤리와 분리될 수 없음을 의미한다. 경건을 상실한 교육은 윤리적으로 피폐해지고 타락한다. 윤리와 도덕을 유지할 수 있는 기준을 잃어버리기 때문이다. 참된 교육은 경건으로 말미암는 윤리와 도덕의 열매가 풍성한 교육이다.

3) 실천성

참된 경건이 거짓 경건과 구별되는 또 하나의 기준은 '실천성'이다. 경건은 하나님께 대한 인간의 내적인 태도만을 의미하는 것이 아니라 구체적인 삶을 의미한다. 배경식은 다음과 같이 그릇된 경건 이해를 지적하고 있다. "우리는 흔히 신앙적으로 경건하다고 하면 찬송, 성경을 옆에 끼고 교회에 가는 것만을 생각하곤 한다. 그리고 그 다음 일은 무슨 일을 하든 아무런 책임을 느끼지 않는 신앙적인 태도는 기독교 신앙생활의 핵심용어인 경건을 매우 잘못 이해한 것에 연유한다."[6] 사실 경건주의 운동은 17세기 후반부터 시작되어 18세기에 그 전성기를 이루었던 개신교 종교갱신 운동이었으며, 이는 루터의 종교개혁 이후 개혁교회가 다시 신학적인 교리논쟁과 교권다툼에 휩싸였을 때, 신앙의 실천성을 회복한 운동이라고 할 수 있다. "경건주의는 교리의 개혁인 루터의 종교개혁에다 삶의 개혁을 보충시킨 개신교 역사에 있어서 두 번째의 종교개혁"이며, 이는 이들이 공통적으로 외쳤던 "기독교는 아는 것이 아니라 행하는 것이다"는 말 속에서 선명하게 드러난다.[7] 경건은 외식과 구별되며, 부정적인 의미의 '경건주의'는 바로 경건의 실천성이 상실된 모습을 의미한다. 바리새인들과 서기관들은 경건의 외형을 갖추고 있었지만, 이의 실천이 없었기 때문에 거짓된 경건주의자들로 머무를 수밖에 없었다. 예수님이 가장 안타까워하시며 책망하신 것도 바로 이러한 실천성의 상실이라고 할 수 있다. "서기관들과 바리새인들이 모세의 자리에 앉았으니, 그러므로 무엇이든지 그들이 말하는 바는 행하고 지키되 그들이 하는 행위는 본받지 말라. 그들은 말만 하고 행하지 아니하며"(마 23:2-3) 사도바울도 경건의 실천성에 관심하고 있음을 고린도전서 4장 19-20절은 분명히 보여주고 있다. "주께서 허락하시면 내가 너희에게 속히 나아가서 교만한 자들의 말이 아니라 오직 그 능력을 알아보겠으니, 하나님의 나라는 말에 있지 아니하고 오직 능력에 있음이라." 경건하지 않은 교육은 실천을 상실하게 되고, 실천을 잃어버린 교육은 무의미하다. 참된 교육은 실천의 능력을 부여할 수 있는 교육이고, 이런 교육은 경건이 그 중심에서 살아있는 교육이다.

2. 학교교육과 경건

오늘날 학교교육은 온갖 문제들로 뒤범벅이 되어 있고, 그 왜곡이 심하여 어디에서부터 해결해야 할지 몰라 교육정책담당자는 물론 온 국민이 방황하고 있다. 평준화 문제를 비롯한 입시관련 정책들을 변화시킴으로 해결하려고 하고, 학교의 통폐합 등 교육구조를 갱신함으로 그 해결책을 찾아보려고 한다. 그러나 학교교육의 본질을 새롭게 하는 것은 학교교육에서 경건을 회복하는 일이요, 이는 교육에서 초월성과 윤리성, 그리고 실천성을 회복하는 일이다.

1) 초월성의 상실: '왜'(why)를 잃어버린 교육

닐 포스트만(Neil Postman)은 그의 책 『교육의 종말』(The End of Education: Redefining the Value of School)에서 목적을 상실한 교육의 문제를 논하고 있다. 원제목의 영어부제가 보여주듯이 여전히 학교가 가치있는 교육기관임을 인정하고 있으나, 학교가 그 가치를 구현하기 위해서는 교육의 목적이 회복되어야 한다고 주장한다.[8] 그에 의하면 "사실 냉혹한 것은 학교 자체가 아니라 우리의 교육"이다. 그는 교육의 목적이 바로 설정되지 않으면 교육의 종말이 오고, 반대로 교육의 목적을 새롭게 할 때 학교교육의 가능성이 있다고 보았다. 근대 학교교육의 가장 중요한 특징은 소위 '교육의 중립성 신화'이다. 지식은 가치중립적(value free)이며, 과학적 지식은 객관적 탐구를 통해서만 가능하다고 하는 객관주의(objectivism)는 모든 종교나 도덕, 신화나 설화를 주관적인 것으로 간주하고 교육에서 배제하거나 그 중요성을 약화시키는 기능을 수행하였다. 수많은 지식더미를 배우고 익히지만 왜 교육하고 학습하는지를 상실하고, 열심히 달려가지만 어디를 향해 나아가는 지 그 방향을 상실한 모습이다. '무목적적 교육,' 이는 경건을 상실하고, 초월성을 상실한 근대교육의 슬픈 자화상이다. 그 경건과 초월성이 상실된 부분에 대신 메꾸어지는 것은 인간의 탐욕과 이기적인 성향일 뿐이라는 것은 자명하다. 교육은 이루어지지만 참된 인간이 길러지는 것이 아니고, 오히려 교육받은 자들에 의해서 사회가 더 짙은 어두움 속으로 들어가는 것은 바로 교육이 경건과 초월성을 상실했기 때문이다.

우리가 일반적으로 교육의 정의로 이해하고 있는 것은 "교육은 인간행동의 계획적인 변화이다"라고 하는 정범모 교수의 정의이다. 교육이 지니는 세 가지 측면의 중요성, 즉, 인간행동에 관한 것, 의도성, 그리고 변화 가능성을 잘 포함하는 정의이다. 그러나 이 정의는 교육이 어떤 방향으로의 변화를 추구해야 하는지에 대해서는 언급하고 있지 않다. 물론 교육현상을 보다 과학적으로 규명하기 위해서는 가치 개입적인 정의보다는 가치 중립적인 정의가 필요할 것이다. 교육의 논의를 가치논쟁에서 벗어나려는 노력이라고 이해한다. 어떤 인간행동이 바람직한 지에 대해서는 사회 구성원들의 합의를 이끌어내야 한다는 말도 설득력이 있다. 그러나 이로 인해 교육의 가장 핵심이라고 할 수 있는 교육의 방향과 가치가 배제되게 되었고, 인간 삶이 어디로부터 와서 어디를 향해 가야 하는 존재인지에 대한 형이상학적 관심이 사라지게 되었고, 목적 없는 과정의 논리인 경쟁의 논리에 의해서만 지배받게 되었다. 입시 과열 경쟁도 '왜'를 잃어버린 교육의 한 증상일 뿐이다. 왜곡되고 뒤틀린 교육의 현장을 원래 하나님이 의도하신 교육으로 회복시키기 위해서는 교육에 있어서 초월성을 회복함으로서만 가능하다.

2) 윤리성의 상실: '덕'(virtue)을 잃어버린 교육

목적을 상실한 교육, 경건과 초월성을 상실한 교육은 덕을 상실하게 된다. 앞에서 경건의 의미를 성찰할 때 살펴보았지만, 진정한 경건, 초월성이 살아있는 경건은 윤리적인 삶으로 나타나게 된다. 그러나 경건을 잃어버린 교육의 가장 심각한 현상적인 문제는 덕의 상실이다. 교육받은 인간(educated human)의 가장 중요한 징표는 윤리적인 존재라는 점인데, 오늘날 교육은 받았으나 윤리적이지 않은 존재가 양산되고 있다. 사회의 비윤리적 현상은 교육의 비윤리성에 그 뿌리를 두고 있고, 교육현장의 온갖 비윤리적 현상도 교육이 덕을 잃어버렸기 때문에 나타나는 현상이라고 할 수 있다.

근대교육은 전통적인 가치관이나 관습, 예의범절 등을 깨트리고 이를 교육으로부터 제거하는 역할을 수행해 왔다. 이성과 합리성에 충실한 교육은 외부로부터 인간에게 주어지는 모든 권위를 '무장해제' 시키는 기능을 담당해왔다. 비합리적인 형식과 제도를 제거하는 데에는 크게 공헌하였지만, 마치 '목욕물을 버리느라 어린아이까지 버리는' 격으로 그 제도와 형식 속에 담겨져 있는 덕까지 버리는 오류를 범해왔다. '똑똑한 아이'로 키우는 것이 '덕스러운 아이'로 키우는 것보다 훨씬 중요한 교육이 되었다.

정직, 성실, 근면 등의 가치가 사라져가고, 부모공경과 같은 기본적인 인간 덕목이 사라져가고 있다. 모든 수직적인 권위를 제거하고 수평적인 관계만을 추구한 나머지 인간사회를 지탱해갈 기본적인 가치와 덕이 상실된 것이다. 오늘날의 교육은 더 이상 경건한 인간, 도덕적이고 윤리적인 인간을 기르는 데에 실패하고 있다. 과연 정직한 인간이 똑똑한 인간보다 열등한 것인가? 온갖 부정직한 방법으로 치부하는 자가 성공한 자인가? 건조해질대로 건조해진 오늘날의 무의미하고 몰가치적인 교육은 이제 '덕'이 회복될 것을 요청하고 있다. 교육에 있어서 경건의 의미를 다시금 깨닫고 윤리적으로 회복되는 것이 시대적 과제라고 할 수 있다.

3) 실천성의 상실: '행함'(doing)을 잃어버린 교육

실천이 없는 경건이 거짓 경건이듯이 실천이 없는 교육, 행함이 없는 교육은 죽은 교육이다. 이는 행함이 없는 믿음이 죽음 믿음인 것과 마찬가지이다. 야고보 사도는 이를 분명히 선포한다. "내 형제들아 만일 사람이 믿음이 있노라 하고 행함이 없으면 무슨 유익이 있으리요 그 믿음이 능히 자기를 구원하겠느냐 … 이와 같이 행함이 없는 믿음은 그 자체가 죽은 것이라"(약 2:14-17) 근대교육은 '앎'(knowing)을 강조해왔고, 지식의 전달을 교육과 동일시해 왔다. 아는 것은 바로 지식에 대한 이해를 의미했고, 이를 평가하기 위한 시험(test)은 '필기시험'의 형태로서 자신이 머리 속에 기억하고 있는 것을 표현하는 방식이었다. 즉, 기억하고 있고 이해하고 있으면, 이는 아는 것을 의미하고, 그것이 바로 교육받은 것과 동일시되었다. 그러면서 약화된 두 가지가 있는데 하나는 감성과 느낌(feeling)이요, 다른 하나는 실천과 행함(doing)이다.

근대교육은 교육의 자리(locus)를 '머리'로 생각하는 경향이 있다.

머리 속에 무언가를 주입하는 소위 은행저축식 교육(banking education)을 추구하였다. 그리고 객관적인 교육에 대한 강조는 감성이나 상상을 객관적 탐구를 방해하는 것으로 인식하였다. 모든 감정과 상상력을 억제하고, 오직 이성적이고 합리적으로 사고하는 것을 중요시하였다. 그러나 교육의 자리는 '머리'가 아닌 '마음'이며, 온 '몸'이다. 단지 머리가 아니라 전인 (whole being)이 교육의 자리이다. 여기에는 정신만이 아니라 육체가 포함되며, 머리(brain)만이 아니라 마음(heart)이 포함된다. 사실 지식과 감성은 분리될 수 없다. 모든 지식에는 감성이 수반되며, 모든 감정에는 인지적인 요소가 있다. 참된 교육은 머리로만 아는 교육이 아니라 마음으로 느끼는 교육이다. 특히 근대적 교육은 '앎'과 '삶'을 분리시킨 채 '앎'만을 강조하는 경향이 있었음을 부인할 수 없다. 많은 것을 이해하고 암기하고 이를 답안지에 적을 수 있는 교육을 시행했지만, 이를 실천하는 행함이 부족함으로 인해 교육은 '말의 잔치'로 제한되어 왔다. 참된 교육은 행함이 있는 교육이며, 행함으로서 그 교육의 진정성이 증명되는 교육이다.

3. 경건을 상실한 학교교육의 증상들

경건을 잃어버린 학교교육은 초월성, 윤리성, 그리고 실천성을 상실하기 때문에 온갖 증상들이 나타나게 된다. 교육을 구성하는 요소들을 교사, 학생, 교재, 환경 등으로 볼 때, 각 요소 안에서 이러한 증상들은 발견된다. 교육의 요소들과 상실된 경건의 차원들로 인한 증상들을 도표로 요약하면 〈표-1〉과 같다.

첫째, 교사가 경건을 상실하면 초월의 차원을 잃어버리게 되는데,

	초월성	윤리성	실천성
교사	소명의 상실/ 노동으로서의 교직	촌지, 비정직	앎과 삶의 분리
학생	자아상의 상실/ 이기적 경쟁주의	소명의 상실/ 노동으로서의 교직	지식주의
교재	진리의 상실/ 가치중립성	입시위주	주지주의
환경(미디어)	영원의 상실/ 현세주의	소명의 상실/ 노동으로서의 교직	간판주의

〈표 1〉 경건을 상실한 교육의 증상들

이는 교직이 초월자의 부르심이라는 것을 망각하는 것을 의미한다. 단지 직업으로서 노동의 대가로 급료를 받는 그 행위 자체가 아니라, 그것을 초월하여 자신이 하는 일의 의미를 확인할 수 있는 차원을 지니는 것이 얼마나 중요한가? 교사를 단지 노동자와 동일시한다든지, 교사단체를 노동조합과 동일시하는 것은 이런 초월의 차원이 상실되었음을 보여주는 단적인 증거이다. 교사는 다시 '소명'의 차원에서 교사의 직을 이해하고, 초월 앞에서 '바른 교사' '좋은 교사'가 되기위해 늘 성찰할 수 있어야 한다. 이것이 교육을 살리는 길이다. 교사가 경건을 상실하면 윤리적으로 타락하게 되는데 우리 교직사회의 오랜 관습인 촌지 문제는 대표적인 증상이라고 할 수 있다. 기독교사연합이 발간하는 《좋은교사》에 의하면, 최근까지 학교에서 교사의 촌지는 근절되지 않은 채 이루어지고 있음을 보도하고 있다.[9] 자기를 통제할 수 있는 초월의 기준과 도덕적 제어력이 없으면 자연스럽게 비정직이라는 타락의 본성을 드러낼 수 밖에 없다. 그리고 교사가 경건을 상실하면 앎과 삶이 분리된다. 많이 알고 많이 가르치지만 자신의 삶에서는 실천되지 않는다. 교사의 삶을 훤히 들여다보고 있는 학생들에게 삶과 분리된 앎은 그 생명력을 상실한다. 결국 학생들이 배우는 것은 '앎'이 아니라 '앎과 삶의 분리'이며 언행의 불일치를 배울 뿐이다.

둘째, 학생이 경건을 상실하면 진정으로 나아갈 방향을 상실하고 집단주의에 매몰되어 표류하게 된다. 학생 개개인이 고귀한 존재이며, 남과의 비교에서 자신의 의미를 찾는 것이 아니라 초월의 기준 앞에서 독특한 존재인데, 이러한 참된 자아상을 상실한다. 그리하여 추구해야 할 참된 목적을 상실한 채 남과의 경쟁에 몰입하게 된다. 이러한 초월성의 상실은 자연스럽게 윤리성의 상실로 이어진다. 윤리적이어야 할 이유를 잃어버리게 되는 것이다. 결국 컨닝과 대리출석을 비롯한 부정행위, 힘의 논리로 경쟁에서 이기려고 할 때 발생할 수 밖에 없는 폭력, 그리고 그러한 경쟁의 대열에서 누군가를 낙오시키는 왕따시키기의 현상이 일어나게 된다. 얼마전에 크게 화제가 되었던 '일진회'의 출현은 경건이 사라진 학교현장의 일그러진 모습을 상징적으로 보여주고 있다. 그리고 교육은 그들의 삶의 방향과 의미와 가치를 담보해주는 것이 아니라 석고처럼 굳어버린 지식더미만 그들의 뇌 속에 존재하는 지식주의의 형태를 띠게 된다. 학교가 사회와 분리되어 존재하듯이, 그들의 지식은 실천과 분리되어 존재한다.

셋째, 교육내용이 경건을 상실하면 더 이상 '진리'(truth)가 아니다. 진리는 다름아닌 지식에 경건이 덧붙여진 것이다. 초월이 있고, 윤리가 있고, 실천이 있는 것이 진리이다. 파커 팔머(Parker Palmer)가 강조하듯이 참된 교육은 지식의 전달이 아닌 "진리에 대한 순종이 이루어지는 공간을 창조하는 것"이다.[10] 가치중립적인 객관적인 지식더미는 삶을 변화시키는 생명력이 없다. 그것은 인간성을 피폐하게 하고, 공동체를 파괴하며, 누가 더 소유할 것인가의 싸움만을 야기한다. 경건을 상실한 교육내용은 윤리성을 상실한 채 오로지 입시위주의 성격만을 띠게 된다. 오늘날 교과서가 학생들에게 인생의 신비를 가르치는가? 교육내용이 이웃을 위해 살겠노라 다짐하며 눈물 흘리게 하는가? 수업시간이 진리 앞에서 경외감을 느끼며 옷깃을 여미게 하는가? 교과서에서 경건이 회복될 때 교육내용은 삶을 끌어가는 힘을 지니게 된다. 그렇지 않으면, 교육내용은 스콜라주의나 주지주의에 빠져서 학생들의 실천과는 관계없는 지식더미로 전락하게 된다.

넷째, 경건을 상실한 환경과 미디어는 영원의 가치를 잃어버린 채 현세주의를 강요한다. 지향해야 할 초월이 없고 경외해야 할 대상도 없다면 오직 남는 것은 현세 뿐이다. 현세주의는 쾌락주의로 연결될 수 밖에 없고, 쾌락은 더 자극적인 것을 추구하게 된다. 오늘날의 교육환경과 온갖 미디어의 프로그램은 '선정성'과 '폭력성'이라는 쾌락주의의 논리에 사로잡혀 있고, 이는 더 강한 자극을 끊임없이 추구함으로 인간의 욕망을 극대화한다. 경건을 상실한 학교는 경건을 상실한 환경에 의해 쉽게 지배당하고, 경건을 상실한 교사와 학생은 이러한 영향력에 의하여 함몰되게 된다. 경건을 상실한 환경에 남아있는 '교육'의 의미는 단지 '간판' 뿐이다. 사람의 가치는 레떼르에 의해서 평가되고 인식되며, 사람들은 상대편의 내면을 보려고 하지 않고 간판과 장식만으로 그 사람을 규정한다. 이러한 간판주의는 최근 외모지상주의와 함께 '껍데기 문화'를 이루고 있고, 학생들로 하여금 내면과 진실로 승부하게 하는 것이 아니라, 오히려 내면은 숨긴 채 자신을 꾸미는 데에 인생을 걸게 하고 있다.

4. 교육현장을 변화시키는 경건교육

오늘날 교육현장에 일어나는 대부분의 고통은 경건의 상실로 인한 것이다. 초월의 가치를 상실하고, 윤리의 기준을 상실하며, 실천의 능력을 상실하게 될 때 고통이 일어나게 된다. 교육내적인 고통으로는 입시위주의 교육, 경쟁위주의 교육, 그리고 민주적이지 못한 교권주의로 말미암는 고통이 있다. 교육외적인 고통으로는 학교폭력, 집단따돌림과 왕따, 자살 등이 끝없이 이어지고 있다. 교육의 이러한 고통을 해결하는 지름길은 교육현장에서 경건을 회복하는 것이다. 죄로 인해 고통이 왔다면, 경건은 그 죄 너머를 볼 수 있는 눈을 열어준다.

그런데 진정한 경건은 하나님 앞에서의 경건이다. 물론 종교적 경건이 아닌 일반적인 경건개념이 있을 수 있다. 기독교윤리학자 구스타프슨(James Gustafson)은 경건을 '자연적 경건'과 '유일신론적 경건'으로 구분한다. 자연적 경건은 사랑스러운 풍경에 대한 경험이나 미학적인 감상으로 인한 경건을 의미한다. 칼뱅도 비기독교인이 자연적 경건을 가질 수 있음을 인정하였고, 자연이 이끌어내는 경건을 통해 인간의 한계를 넘어서 있는 삶의 힘에 대한 감각을 가질 수 있다고 보았다.[11] 그러나 진정한 경건은 자연적 경건으로 머무는 것이 아니라 하나님의 실존 앞에서 하나님을 경외하게 될 때 발생한다. 이것이 유일신론적 경건이며 참된 경건이다. 그 초월적인 하나님 앞에서 내가 상대화되고, 그 하나님의 기준에서 자신을 반추하며, 절제하며, 돌이킬 때 경건은 거룩함으로, 겸손함으로, 선행으로 드러나게 된다.

그렇기 때문에 경건교육은 경건에 관해서 가르치거나, 경건의 행실이나 덕목을 가르치는 것이 아니라 하나님을 진정으로 앎(knowing God)으로서 가능한 것이다. 경건은 하나님에 관해서 아는 것(knowing about God)

을 통해서 가능한 것이 아니다. 이 점에서 칼뱅은 하나님을 아는 신지식은 단지 객관적인 지식과는 다른 '경건한 지식'이라고 보았고, "경건이 없는 곳에서 하나님이 알려지신다고 말해져서는 안된다"고 하였다.[12] 그리고 그는 진정으로 하나님을 아는 것은 두뇌(brain)의 것이라기보다는 마음(heart)의 것이며, 이해(understanding)의 것이라기보다는 성향(disposition)의 것이라고 하였으며, 정확하게는 "경건한 경향(pious inclination) 안에 존재한다"고 하였다.[13]

　　이러한 '하나님을 알아가는' 진정한 경건교육은 지식교육으로는 가능하지 않다. 경건운동이 주지주의를 극복하려는 운동이었던 것처럼, 경건교육은 지식만이 아닌 감각과 정서, 그리고 태도와 의지를 포함한 전인격적인 교육이다. 경건교육은 인격적이신 하나님을 만남을 통해서만 가능한데, 이는 교사와 학생, 부모와 자녀의 인격적인 관계를 통해서 가장 잘 교육될 수 있다. 인격적인 관계의 형성이 경건교육에 있어서 가장 중요한 요소이다. 또한 경건교육은 개인의 사적인 영역이 아닌 '경건한 공동체' 안에서 형성되어진다. 그러므로 공동체적가 경건을 추구하는 것이 필요하다. 경건한 교육환경, 경건을 격려하는 교제의 형성, 경건과 관련된 이슈에 대한 공동체적인 대처, 그리고 모임에서 느끼는 경건의 분위기 등은 경건교육을 담는 그릇이 된다. 경건교육은 또한 상징과 비유, 상상을 통해 강하게 일어날 수 있다. 십자가를 비롯한 상징물이나, 정교하게 그려진 그림(picture)이 아니라 과감하게 생략된 이미지(image)를 통해 초월을 지향토록 함으로써 경건의 경험을 도울 수 있다. 마지막으로 경건교육은 참여를 통해서 고양된다. 실천하고 행동함으로써 '경건의 모양'이 아닌 '경건의 능력'을 추구할 수 있다. 경건에 관한 교육에 머무르지 않고 경건에 참여함으로 경건을 경험하는 교육이 되어야 할 것이다.

5. 나가는 말

경건, 이는 오늘날 학교교육이 깊이 묵상해야 할 주제이며, 교육의 문제를 해결하는 열쇠가 된다. 교육의 온갖 왜곡과 그로 인한 고통이 바로 경건이 상실되었기 때문이다. 많은 교육학자들과 교육정책 입안자들, 그리고 교육실천가들이 교육의 문제를 해결하려고 애쓰고 있다. 그러나 오늘의 교육문제는 교육이론이나 교육정책, 그리고 교육전략을 바꾼다고 해결될 수 있는 것이 아니다. 잃어버린 경건을 회복하여, 교육에서 초월성과 윤리성, 그리고 실천성을 되찾음으로써만이 해결될 수 있다. 교회학교 교육은 물론, 기독교학교와 나아가 일반 공교육 안에서도 경건교육의 새로운 운동을 통해 하나님이 기뻐하시는 교육으로 회복될 수 있기를 기도한다.

토의문제

1. 기독교학교에서 '경건'을 가르치는 것이 왜 중요한지 이야기해 보자.
   그리고 이것이 '경건주의'와는 어떻게 다른지 자신의 의견을 나누어
   보자.

2. 이 장에서는 경건을 초월성, 윤리성, 그리고 실천성의 세 가지 차원으
   로 이해하였는데, 이 외에도 경건과 관련될 수 있는 다른 차원은 어떤
   것이 있을 지를 생각해 보자.

3. 오늘날 학교들이 '목적'과 '가치'를 잃어버렸다는 비판을 받을 수 있
   는데, 이것과 경건의 관계를 생각해 보자.

4. 경건을 상실했기 때문에 나타나는 증상들을 일반학교와 기독교학교
   로 나누어 생각해 보자.

5. 우리나라 기독교학교들 중, 초등학교 또는 중, 고등학교에서 실천할
   수 있는 경건교육의 실제적인 방안을 제시해 보자.

제9장 기독교학교와 종교교육의 자유

1. 종교교육의 자유를 위하여

최근 서울시 교육청의 종교교육 관련 지침을 비롯하여 종교교육의 자유를 제한하는 일련의 조치들은 매우 강도 있고 지속적인 성격을 띠고 있다.[1] 종교교육의 자유를 제한하려는 움직임은 비단 정부의 교육관련 부서의 입장만이 아니고, '학교에서의 종교자유를 위한 시민연대'와 '종교자유정책연구원'과 같은 시민단체나 기관에 의해서 체계적으로 지원되며 강화되고 있다. 그리고 이러한 '종교의 자유'를 향유하기 위해서 '종교교육의 자유'를 심각히 제한하려는 경향은 일시적인 현상이 아니라 앞으로 계속해서 발생할 것임을 예측할 수 있다. 그렇기 때문에 '종교교육의 자유'를 지키고 더 나아가 확산하기 위해서는 기독교학교와 한국교회가 보다 근본적, 대안적, 공동체적 전략을 수립해야 할 필요가 있다.

2. 근본적

오늘날 종교교육과 관련하여 계속 제기되는 이슈는 '종교의 자유'

와 '종교교육의 자유'의 충돌, 그리고 종교계 학교의 '공공성'과 '자율성'의 충돌과 관련된다. 주지하는대로 최근 서울시 교육청의 '종교교육 제한 조치', 대광고등학교 강의석 군 사건, 그리고 제7차 교육과정과 관련된 논란도 모두 이러한 두 가지 가치의 충돌로 말미암는 것이라고 할 수 있다. 어떻게 하면 종교의 자유를 보장하면서 종교교육의 자유를 충분히 구현할 수 있을 것인가? 그리고 어떻게 하면 공공성의 가치와 자율성의 가치를 모두 존중할 수 있을 것인가? 이러한 질문은 학교에서의 종교교육과 관련하여 지속적으로 제기되는 물음이다. 그런데 이러한 질문에 답하기 위해서는 종교교육 제도 전반에 대한 근본적인 성찰이 요구되어진다. 현재의 제7차 교육과정 및 평준화 제도 안에 갇혀 있는 상태에서 '종교의 자유'와 '종교교육의 자유', 그리고 '공공성'과 '자율성'의 갈등을 해결하기 위해 노력하는 것도 필요하지만, 그러한 제도가 지니는 편향성에 대한 논의를 통해 보다 근본적인 해법을 찾을 필요가 있다. 전제 자체가 잘못되어 있을 때에, 그 전제가 지니는 문제와 한계를 지적하지 않고 논의하는 것은 그러한 논의 자체가 매우 한계를 지니기 때문이다.

다시 한 번 확인하게 되는 것은 평준화 제도가 일면 평등과 공의의 가치를 강조하며, 입시지옥을 경험하고 있는 우리나라의 교육상황에서 파행적인 교육을 막아보려는 시도임은 인정할 수 있을지 모르나 '종교교육의 자유'라는 관점에서 볼 때 '원죄'와 같은 근본적이며 구조적인 한계를 노정시키고 있다. 평준화 제도는 무엇보다 독특한 건학이념에 의해 설립된 사립학교의 정체성을 심각하게 훼손하며, 사립학교의 자율성을 부정하는 제도임에 틀림없다. 사립학교도 물론 학교이며 교육기관이기에 공공성을 지녀야 함은 당연하나, 사립학교의 존재기반은 건학이념의 실현이다. 만약 사립학교가 공공성만 지닌다면 국·공립학교가 아닌 '사립학교'를 굳이 설립할 필요가 있겠는가? 특히 종교계 사립학교는 종교적인 건학이념을 갖고 종교교육을 실시하여 종교적인 덕목을 지닌 인재를 양성하여 국가 사회에 이바지하기 위해 설립된 학교이다. 기독교계 사립학교는 지난 120여년 동안 이러한 역할을 수행해 온 것이다. 그러나 평준화 제도는 사립학교의 독특성을 상실하게 만들었으며, 거의 공립학교와 다를 바 없는 형태로 전락시키고 말았다. 사립학교의 정체성을 떠받들고 있는 가장 중요한 기초는 건학이념의 독특성이고, 이는 이러한 독특성을 인식하고 이 학교를 선택할 수 있는 '학생의 학교 선택권'과 이러한 건학이념을 지속적으로 추구할 수 있도록 학교가 교육과정을 편성하고 학생을 선발할 수 있는 '교육과정 편성권'과 '학생 선발권'을 전제하는 것이다. 그런데 이러한 '학생의 학교 선택권' '학교의 교육과정 편성권 및 학생 선발권'이 근본적으로 침해당할 수밖에 없는 평준화 정책은 사립학교, 특히 종교계 사립학교의 존립 기반을 파괴하고 있다고 할 수 있다.

한국의 중등교육 현실에서 과연 사립학교가 존재하는가? 평준화 정책으로 인해 이 질문에 대해서 '진정한 의미에서의' 사립학교는 존재할 수 없게 되었다고 답할 수밖에 없다. 해외에 있어서 사회주의 국가가 아닌 어느 나라에서도 찾기 어려운 현실이라고 할 수 있다. 사실 교육의 주체는 정부도 교육인적자원부도 시, 도 교육청도 아니다. 학생 자신이며, 그 학생의 학부모들이다. 학생은 학교를 선택할 권리가 있고, 학부모는 자기의 자녀를 자신이 확신하고 있는 가치대로 교육받을 수 있는 학교를 선택하여 보낼 수 있는 권리가 있다. 우리나라 민법에서는 친권자가 그 자녀를 보호하고 양육할 권리, 의무가 있다고 규정[2]하고 있다. 친권자인 부모의 자녀에 대한 보호양육권은 자연법상의 권리일 뿐만 아니라 실정법으로도 인정되어 있기에, 부모는 자신의 도덕적, 종교적인 신념에 따라 자식을 교육시킬 수 있어야 한다. 국가는 아동, 학생들에 대한 교육자가 될 수 없고, 교육의 보조자에 지나지 않는 셈이다.[3] 성경을 보면 부모에게 자녀 교육의 1차적 사명을 맡긴 것을 볼 수 있다. 구약 신명기 6장 4-9절과 신약 에베소서 6장 4절은 부모에게 자녀 양육의 사명이 있음을 보여주고 있다. 학교는 이렇듯 부모가 자녀교육의 책임이 있지만, 보다 효과적이고 전문적인 교육을 위해 학생들을 위탁함으로서 그 존재가 가능하고 그 기능이 수행될 수 있는 것으로 보아야 한다.[4] 이런 점에서 사립학교는 분명한 건학이념을 가져야 하며, 가치중립적이 아니라 어떤 가치를 지향하고 있음을 밝혀야 한다. 그리고 그러한 학교를 학생이 선택할 수 있는 권리와 학교가 학생을 선발하고 그 이념에 맞게 교육과정을 편성할 수 있는 권리가 보장되어야 한다. 그러나 평준화제도는 학교선택권과 학생선발권 및 교육과정 편성권을, 그리고 제7차교육과정은 교육과정 편성권을 상실하도록 만들었다.

우리나라의 헌법은 기본적으로 '종교의 자유'를 보장하고 있다. 헌법 제20조 1항에는 "모든 국민은 종교의 자유를 가진다"고 천명하고 있다. 이 때 종교의 자유는 종교를 갖거나 갖지 않을 자유, 종교를 선택하거나 바꿀 자유, 종교를 전파할 자유, 그리고 종교교육을 하거나 받을 자유를 포괄적으로 포함하는 것이다.[5] 종교교육의 자유는 이런 의미에서 헌법적인 자유이며, 종교계 사립학교는 이런 헌법 정신에 기초해 있다. 물론 국·공립학교는 정교 분리의 원칙에 따라 특정 종교에 관련된 종교교육을 실시할 수는 없다. 교육기본법 제6조 2항은 "국가 및 지방자치단체가 설립한 학교에서는 특정 종교를 위한 종교교육을 하여서는 안된다"고 명시되어 있다. 이는 주지하는대로 국·공립학교가 아닌 사립학교는 종교교육을 할 수 있음을 확인하는 것으로, 종교계 사립학교는 특정 종교를 위한 종교교육을 할 수 있다는 것이 헌법 정신이며 동시에 교육기본법의 정신이다. 교육기본법 제25조는 이런 의미에서 사학의 육성을 보장하고 있는데, "국가 및 지방자치단체는 사립학교를 지원, 육성하여야 하며, 사립학교의 다양하고 특성있는 설립목적이 존중되도록 하여야 한다"고 명시하고 있다. 이 법규에서 나타나듯이 사립학교는 '다양하고 특성있는 설립목적'인 건학이념이 있고, 이를 정부는 존중하며, 그러한 사립학교를 지원하고 육성하여야 할 책임이 있는 것이다. 이와 같은 법 정신에 비추어 볼 때, 종교교육의 자유를 심각하게 훼손하고 있는 평준화 정책은 위헌적 성격을 지니고 있고, 교육기본법과도 충돌하고 있다.[6] 오늘날 평준화 제도와 제7차 교육과정을 전제하고 그 안에서 '종교의 자유'와 '종교교육의 자유'를 논하는 것은 그 전제 자체가 지니는 편향성을 묵과하는 한계를 지니는 것이다. 보다 근본적인 '종교교육의 자유'에 대한 보장은 종교교육의 자유를 가로막는 '족쇄'와도 같은 이 두 가지 교육정책에 대한 논의와 이에 대한 대안 제시를 강력하게 요청하고 있다.

3. 대안적

오늘날 한국에서 종교교육의 자유에 관한 논의는 단지 선언적이거나 비판적인 수준에 머무르는 것이 되어서는 안 된다. 종교교육의 자유가 보장되어야 한다는 원칙을 천명하는 것도 필요하고, 종교교육의 자유를 억압하는 세력에 대해 비판하는 것도 중요하지만, 실제적으로 이 땅에서 종교교육의 자유를 신장시킬 수 있는 대안을 제시하는 것이 무엇보다 중요하다. 이러한 대안은 장기적인 대안과 단기적인 대안으로 나누어 생각할 수 있다.

1) 장기적 대안

종교교육의 자유를 확립하기 위한 장기적인 대안은 앞에서 논의한

대로 평준화 제도에 대한 변화를 추구하는 방식이어야 한다. 즉, 학생들의 학교선택권이 보장되고, 학교의 교육과정 편성권과 학생 선발권을 회복할 수 있도록 교육정책 변화를 촉구하는 것이다. 학생이 선택하지 않은 상태, 즉 강제적으로 학생을 학교에 배정한 상태에서는 학생의 '종교의 자유'에 대한 요구가 학교의 '종교교육의 자유'에 대한 요구보다 더 강하게 부각될 수밖에 없다. 현재 우리나라에서 대학의 경우는 학생이 학교를 선택하기 때문에 종교계 대학에서의 채플 참여에 대한 '종교의 자유 침해'에 대한 사법적인 판단에 있어서 위헌적이지 않다는 판례가 '학생의 학교선택권'이 있는지의 여부가 중요함을 명확히 보여준다. 1998년 11월의 대법원 판례를 보면 "사립학교는 국·공립학교와는 달리 종교의 자유의 내용으로서 종교교육 내지는 종교선전을 할 수" 있기 때문에 "사립대학은 학생들로 하여금 일정한 내용의 종교교육을 받을 것을 졸업요건으로 하는 학칙을 제정"할 수 있고, "기독교 재단이 설립한 사립대학에서 일정 학기동안 대학예배에 참석할 것을 졸업요건으로 하는 학칙을 정한 경우, 헌법상 종교의 자유에 반하는 위헌 무효의 학칙이 아니라"고 판결한 예가 있다.[7] 결국 중등교육에서도 학생의 학교선택권을 회복하게 되면 서울시 교육청에서 적시하고 있는 다양한 종교교육 금지에 관한 조항들이 거의 대부분 그 근거를 잃어버리게 된다.

이런 면에서 '종교교육의 자유'의 확립을 위한 가장 선명한 대안은 평준화 제도의 폐지이다. 전면적인 평준화 제도의 폐지가 어렵다면 국·공립학교에서는 평준화를 유지하되, 사립학교에게는 자율성을 주는 제도를 고려할 수 있다. 물론 이 때에는 정부보조금에 대한 논의도 포함시켜야 할 것이다. 분명한 건학이념이 존재하지 않거나 국·공립학교로 전환하기를 원하는 사립학교는 국가가 인수하여 공립화하는 방안이 필요하고, 현재처럼 사립학교 법인이 운영하지만 공립학교와 그 성격이 다를 바 없는 '준공립' 학교를 둘 수도 있다.[8] 그러나 건학이념이 분명하고, 특히 특정 종교의 이념을 바탕으로 하여 종교교육을 실천하고자 하는 학교는 평준화의 틀에서 예외로 하여 자율성을 주어 학생이 학교를 선택할 수 있고, 학교가 학생을 선발하며 그 종교적 이념에 근거한 교육철학으로 교육과정을 편성할 수 있도록 하는 것이다. 이 경우에는 재정에 있어서 현재처럼 정부보조금에 전적으로 의존하는 구조를 지니기에는 어려움이 있다. 미국의 바우처제도와 같이 여전히 납세의 의무를 이행하는 국민으로서 일정부분 국가의 재정지원을 요구할 수는 있을 것이다. 그러나 사립학교의 자율성을 보다 견고하게 확보하기 위해서는 재정의 정부 의존도의 비중을 줄이고 대신 그 건학이념을 공감하는 교회와 개인, 단체, 학생 및 학부모의 지원과 재정적 부담을 요청해야 할 것이다.

평준화의 전면적인 폐지나 부분적인 폐지가 아니고 현재처럼 평준화 제도의 골격이 유지되는 경우에는 어떤 대안이 가능할 것인가? 그 한 대안이 종교계 학교의 '자립형 사립학교'로의 전환이다. 물론 현재와 같은 설립요건으로서는 실현 가능성이 희박하다. 그러나 설립요건의 조건을 완화하고 종교계 학교가 종교교육에 뜻이 있는 교회, 단체, 개인과 보다 긴밀히 협력하여 지원을 받을 수 있다면 전혀 불가능한 안은 아니다. '종교교육의 자유'를 온전히 확립하기 위해서는 어느 정도의 대가를 지불해야 한다. 종교계 사립학교가 진정으로 '종교적 건학이념'의 실현이 중요하다고 하는 확신에 보다 깊이 뿌리 내려야 하며, 건학이념에 근거한 종교교육의 실천을 위해서는 자율성을 확보하는 대신, 정부의 재정적 지원은 물론 학생들의 배정으로 말미암는 학생 충원의 간편함을 포기할 수 있어야 할 것이다. 또한 종교계 학교로서 특정 종교를 갖고 있는 학생이나 학부모에게는 물론, 그렇지 않은 학생이나 학부모에게도 '좋은 학교'로서의 모범을 보이는 노력이 필요하다.

학교가 폐교되는 경우가 있어도 종교적 건학이념이 중요하기 때문에 이에 근거한 종교교육을 실천해야 한다고 생각한다면 자립형 사립학교보다 더 나아가 '대안학교'로의 전환도 생각해 볼 수 있다. 제도권 내에서 더 이상 '종교교육의 자유'를 허용하지 않는다면, 제도권 밖으로 나가서라도 종교교육을 해야 하는 것이 종교계 학교의 사명일 것이다. 지난 2005년 3월 2일에 통과된 '대안학교법'에 의하면 초·중등교육에 있어서 기존의 교육과정이나 교과용 도서 등을 사용하지 않는 것이 가능하게 되었다. 대안학교법은 초중등교육법 제60조의 '각종학교에 관한 규정'에 대안학교 조항을 추가한 것으로 다음과 같다.

제60조의 3(대안학교)

1. 학업을 중단하거나 개인적 특성에 맞는 교육을 받고자 하는 학생을 대상으로 현장실습 등 체험위주의 교육, 인성위주의 교육 또는 개인의 소질 적성 개발위주의 교육 등 다양한 교육을 실시하는 학교로서 제60조 제1항에 해당하는 학교(이하 '대안학교'라 한다)에 대해서는 제21조 제1항(교원의 자격), 제23조 제2항 제3항(교육과정), 제24조(수업), 제26조(학년제), 제29조(교과용 도서의 사용) 및 제31조(학교운영위원회의 설치) 내지 제34조(학교운영위원회의 구성, 운영)의 규정을 적용하지 아니한다.

2. 대안학교는 초등학교, 중학교, 고등학교의 과정을 통합하여 운영할 수 있다.

3. 대안학교의 설립기준, 교육과정, 수업연한, 학력인정 그 밖에 설립, 운영에 관하여 필요한 사항은 대통령령으로 정한다.

그러나 '종교교육의 자유'를 위한 기존의 종교계 학교의 대안학교로의 전환은 '종교교육의 자유'를 극대화하여 종교교육다운 교육을 실시하며, 공교육의 대안을 제시한다는 점에서 선언적인 의미가 있으나, 이는 극단적인 예임에는 틀림없고, 당연히 누려야 하고 누릴 수 있는 권리인 제도권 내에서의 종교교육의 자유를 논리적으로 주장하고 확보하기 위한 최선의 노력을 기울여야 할 것이다.

2) 단기적인 대안

평준화 제도 안에서 '종교교육의 자유'를 보장할 수 있는 방법은 없는가? 평준화 제도가 지닌 '종교교육의 자유'의 한계성을 지적하고 이를 개선하기 위한 노력을 계속 기울이면서도, 현재 실천 가능한 '종교교육의 자유'의 방식을 찾아야 한다. 이는 결코 쉬운 일이 아니며, 끊임없는 법적인 공방과 함께 '종교의 자유'를 침해하지 않으면서 '종교교육의 자유'를 구현하는 노력을 경주해야 한다. 왜냐하면 앞에서 논의한대로 이 자체가 애시당초 평준화 정책으로 인해 학교에서의 '종교교육의 자유'가 근본적으로 침해당한 '불공정한 게임'이기 때문이다. 그렇기 때문에 이 '불공정한 게임'의 책임이 누구에게 있느냐를 분명히 할 필요가 있다. 일선 학교에게 책임이 있는 것이 아니라 정부에게 책임이 있다면, 정부는 그 책임을 인식하고 현재의 상황에서 종교계 학교가 기본적인 '종교교육의 자유'를 확보할 수 있도록 보장해 주어야 한다. 법원의 사법적인 판단도 이러한 책임의 소재에 따라 일방적으로 학교의 '종교교육의 자유'를 제한하는 것이 아니라 그 판단에 융통성을 둘 수 있어야 할 것이다.

평준화 제도를 유지하면서 '학생의 학교 선택권'을 보장하는 방식으로는 '선지원 후추첨'을 확대하는 방안을 들 수 있다. 종교계 사립학교를 비롯한 건학이념이 분명하고 독특한 학교들에 대해서는 학생들이 먼저 지원할 수 있도록 하고, 재학 도중에도 종교적인 신념의 차이로 인하여 학교를 옮기기를 원하는 학생들에 대해서 전학할 수 있도록 하는 방안을 제도화할 필요가 있다. 강의석 군 사건에서 보듯이 한 학생의 '종교의 자유'에 대한 주장이 오랜 전통을 지닌 종교계 사학의 건학이념과 모든 종교교육을 제거하거나 축소하도록 방치하는 것이 아니라, 교육기본법 제25조가 보장하는바 사학을 지원, 육성할 수 있는 장치를 마련하여야 한다.

종교계 학교도 평준화 제도라는 한계 안에서 그 상황에 맞는 종교교육의 방식을 부단히 개발해야 한다. 만약 종교계 학교에서 평준화 이전의 종교교육의 방식과 평준화 이후의 종교교육의 방식이 전혀 다르지 않다면 이는 법적인 것은 차치하고라도 종교교육의 효과성에 있어서도 부정적일 수밖에 없다. 종교계 학교를 학생들이 선택하지 않고 입학한 학생들, 그리고 대부분 그 종교의 신자가 아닌 학생들에 대한 예배의 방식은, 스스로 선택하거나 이미 그 종교를 믿고 있는 학생들에 대한 예배의 방식과는 분명히 달라야 한다. 그리고 중요한 것은 학생들에 대한 복음적 영향력(influence)이기 때문에, 종교교육이나 종교의식의 전통적인 형식을 강조하기보다는 그들과의 접촉점(point of contact)을 강조하여, 스스로 종교에 대한 호감을 갖고 그 종교에 대해 마음을 열 수 있도록 해야 할 것이다.

제7차 교육과정의 교육과정 지침 준수에 대해서도 대응 전략이 필요하다. 기본적으로 제7차 교육과정은 국, 공립학교의 교육과정의 성격을 지닌다. 사립학교도 공공성을 지니는 것이 분명하지만, 이는 자율적으로 교육과정을 편성하되 그것이 공공의 유익을 위한 것이어야 한다는 의미이지 국가가 정한 교육과정을 그대로 따라야할 의무는 없는 것이다. 그렇기 때문에 제7차 교육과정에 대한 논란은 평준화 이슈와 분리하여 생각할 수 없다. 평준화 제도가 시행되었기에, 사립학교의 자율성이 극도로 제한되고 공립화되었으며, 이로 인해 제7차 교육과정대로 준수해야할 의무가 부과되었기 때문이다. 주지하는대로 제7차 교육과정에서 말하는 '종교과목'은

'종교에 관하여' 가르치는 것이지 '종교를' 가르치는 것이 아니다. 진정한 종교적 깨달음은 종교에 관한 종교학적 지식을 갖거나 종교에 관한 다양한 정보를 획득하는 것이 아니라 종교를 경험(experience)하는 것이다. 종교를 경험하기 위해서는 신앙 공동체 안에 참여하고 더불어 종교의식을 행하고 체험하는 일은 필수적이다. 그런데 이러한 종교적 경험을 통한 진정한 종교이해가 아닌 종교학적인 종교이해는 특정 종교를 가르칠 수 없는 국·공립학교의 교육과정으로는 타당할지 모르나, 특정 종교의 이념에 근거하여 설립된 종교계 학교에서 개설하기에는 너무나 '가치중립화'된 과목에 불과하다.

공교육이 '가치중립적'이어야 한다는 주장도 논란의 여지가 많다. 모든 교육은 '진공 상태 속'에서 이루어지는 것이 아니고 어떤 가치를 전제할 수밖에 없기에 가치중립적이 아니라 가치가 개입된 교육임이 분명하다. 문제는 어떤 가치이냐의 질문이다. 지식에 있어서도 '순수 객관적인' (purely objective) 지식이 존재할 수 없는 것처럼, 교육이 순수 객관적이거나 가치중립적일 수 없는 것이다.[9] 그리고 종교적 중립성을 주장하기 때문에 모든 종교를 교육과정에서 배제하거나, 기껏해야 종교학적인 내용만을 용인하는 것이 과연 교육적으로 바람직한가에 대한 논의가 필요하다. 종교는 우리의 삶에 있어서 너무나 중요한 부분을 차지하고, 실제적으로 사회 속에서 중요한 영향을 미치는 실체이다. 그리고 궁극적인 질문, 예컨대 삶과 죽음, 가치와 덕에 대한 물음을 통해 학생들의 삶의 방향을 결정하는 데에 어떤 학문이나 교과보다 더 큰 영향을 끼칠 수 있다.[10] 공교육은 이러한 종교의 중요성을 인식하고 종교적 경험을 할 수 있는 교육의 방안을 모색하는 것이 필요하다. 모든 종교적 요소를 제거함으로 과학적이고 객관적인 교육만을 하려는 시도가 매우 근대적인 발상이며 과학주의적인 한계를 지닌, 그 자체가 가치편향적인 시각임을 인식해야 할 것이다.

이미 제7차 교육과정을 따라야 한다면 종교교육은 상당히 침해되는 것이며, 형식적으로는 제7차 교육과정을 수용하되 내용상으로 이를 실천하지 않는다면 또 다시 다양한 문제제기에 직면할 수밖에 없게 된다. 종교 과목을 개설할 경우 복수 과목을 개설하라는 지침도 학생의 학교 선택권이 제한되었기 때문에 '학생의 선택권'을 추가로 보장하는 방식이다. 이것 역시 평준화 이슈와 맞물려 있는 것이다. 현재 복수 과목 개설에 관해서는 종교계 학교들이 대응하는 방식이 동일하지 않다. 이미 제7차 교육과정의 지침대로 '철학'을 비롯한 다른 과목을 추가하여 복수로 개설하고 있는 학교가 있는가 하면, 여전히 종교과목 하나만을 개설하고 있는 학교들도 있다. 전자는 현실적인 한계 내에서 종교교육을 실천하려는 방식이고 후자는 현실적인 한계에도 불구하고 평준화 이전의 '종교교육의 자유'를 지속적으로 실천하려는 방식이다. 전자의 경우에 있어서 '철학'을 선택과목으로 제시하더라도 종교적인 입장에서 철학을 접근하도록 하고, 종교에 대한 변증의 방식으로 그 과목을 활용할 수 있는 가능성은 있다. 후자의 경우는 보다 장기적인 전략과 함께 근본적으로 종교계 학교의 '종교교육의 자유'를 확보하려는 노력을 지속적으로 추구할 때에만 그 의미가 있을 것이다.

4. 공동체적

최근 학교에서의 '종교의 자유'를 강조하며, 종교계 학교들의 종교교육이 학생들의 인권을 침해한다는 비판이 급증하며, 이로 인해 종교계 학교의 '종교교육의 자유'를 심각하게 침해당하며 종교교육이 위축되는 여러 가지 사례들이 발생하고 있다. 강의석 군 사건을 계기로 종교계 학교들의 종교교육을 감시하고 비판하는 시민단체들이 결성되어 조직적이고 전문적으로 종교교육의 문제점을 파헤치며, 법원에 소송을 제기하기까지 하고 있다. 대표적인 시민단체로는 '학교종교자유를 위한 시민연합' '종교 비판자유실현시민연대' '종교자유정책연구원' 등이 있다. 특히 '종교자유 정책연구원'은 불교시민단체인 참여불교재가연대가 주체가 되어 발족되었 는데, 다수의 법조인과 각 계 전문가들로 구성되어 '종교의 자유'가 어떻게 침해당하는지를 분석하고 이에 대응하고 있다. 여기에서는 종교자유가 가 장 많이 침해당하는 곳으로 종교계 학교를 지목하며, 이에 대한 집중적인 감시활동 및 대응전략을 세우고 있다. 이 연구원의 공식 사이트에 게재되 어 있는 '종교자유침해시 대응지침'에서 '종교자유 침해가 자주 발생하는 곳은 어디인가?'에 다음과 같이 답하고 있다.[11] "대표적인 곳이 학교이며, 그 가운데서 종교재단 사립학교에서 빈발하고 있다. 대광고 강의석 군의 사례가 보여지듯이 종교재단의 사립학교들은 건학이념을 이유로 예배강 요, 차별 등을 관행적으로 해오고 있다." 이러한 '종교의 자유'를 강조하는 시민단체들은 조직적으로 시민사회와 연대활동을 하고, 연구, 조사, 분석 은 물론 종교자유가 침해당하는 사례를 접수하여 기관 또는 개인에 대한 시정권고와 소송(집단소송 포함), 제도개선을 위한 대 정부 활동을 수행하고 있다.

그러나 '종교교육의 자유'를 보호하기 위한 노력은 상대적으로 매 우 미약한 것으로 보여진다. 강의석 군 사건으로 인해 대광고등학교가 제 소되어 있지만, 개별학교의 사안으로 여겨지며 기독교계나 종교계의 공동 체적인 지원을 받고 있지 못한 실정이다. 종교교육의 자유를 보호하고 확 산하기 위해서는 보다 공동체적인 대응이 필요하다.

1) 종교교육의 자유를 위한 연대기구

종교계 학교의 종교교육의 자유를 보다 근원적으로 확보하기 위한 연대 기구가 필요하다. 오늘날 종교교육의 자유를 제한하려는 여러 가지 시도들은 일시적이거나 단편적이라기보다는 사회 전반에 걸쳐서 일어나고 있고, 지속적이고 체계적으로 이루어지고 있다. 이는 앞으로도 선교의 자유를 상당히 제약할 수 있고, 더욱이 종교계 학교들의 정체성을 와해시킬 위험을 내포하고 있다. 이러한 종교교육에 대한 도전과 위협에 대응하여 '종교교육의 자유'를 보호하기 위해 다양한 전문가들의 협조와 공조가 필요하다. 법률적인 대처방안이 가장 중요하기에 '종교교육의 자유'에 대해 적극적으로 법률해석을 하고 강력하게 사법적으로 대응할 수 있는 종교인 법조인들과의 네트워킹이 필요하다. 또한 교육학 분야에서 종교교육의 정당성과 학교 내에서의 종교교육의 자유를 확보할 수 있는 이론적인 성찰, 그리고 외국의 교육제도와의 비교연구를 통해 종교교육의 자유를 주장하기 위해서 교육학자들과의 협조가 필요하다. 그리고 종교교육의 자유는 종교의 자유와 직결되며 선교에 직접적인 영향을 미치는 종교계 최대의 과제이기에 종교계 인사들의 적극적인 참여도 필요하다. 그리고 이러한 종교교육의 자유에 대한 인식이 시민들의 의식의 변화로 이어지고 확산되는 것이 중요하기에 시민단체들의 참여와 범시민적인 운동으로 전개될 필요가 있다.

이러한 종교교육의 자유를 위한 연대는 두 가지 접근이 있을 수 있다. 하나는 기구적인 연대이고 다른 하나는 개인들의 참여를 중심으로 하는 시민단체의 성격을 띠는 것이다. 전자는 종교교육과 관련된 기존의 공식적인 기구들이 참여하고 연대한다는 점에서 인적, 물적 자원의 확보가 용이하고 보다 실제적인 영향력을 끼칠 수 있다는 장점이 있다. 그러나 각

기구가 지니는 단체적 성격으로 운동이 제한될 수 있고, 의사결정 과정에 있어서 개별 기관의 의견 수렴 절차를 거쳐야 하는 어려움도 지니고 있다. 후자는 개인적인 자격으로 참여하기에 자율성과 융통성이 강화될 수 있는 장점이 있지만 반대로 기구적 연대와 비교할 때 그 영향력의 약화와 저변을 확대하여 명실상부한 시민연합으로서의 역할을 수행하기까지는 상당한 시간이 소요될 수 있다는 한계점을 지니고 있다. 이러한 장단점에 대한 충분한 논의를 하되 어떤 형태로든 가칭 '종교교육의 자유를 위한 시민연대'가 발족되어 한국에서의 종교교육의 자유가 억압당하지 않는 길을 지속적으로 모색할 수 있어야 할 것이다.

2) 한국교회의 공동체적인 지원

학원선교와 학교에서의 기독교교육을 감당하는 사명은 한국교회의 주된 사명 중의 하나이다. 어느 한 개인이나 개별 학교만이 그 책임을 감당하는 것이 아니라 한국교회가 감당해야할 사명을 그들이 함께 나누어 감당하고 있다고 생각하며 관심을 갖고 지원할 필요가 있다. 종교교육의 자유를 신장시키기 위해서는 기존의 기독교학교들을 지원하는 것은 물론 한국교회가 새로운 기독교학교들을 설립하는 데에도 관심을 가질 필요가 있다. 교육은 교육의지를 지닌 자의 몫이다. 교육의지는 가치중립적인 것이 아니고 분명한 가치를 지닌 자들로부터 나오는 것이다. 이 점에서 확고하게 복음적 가치를 지닌 기독교인들과 교회들이 이 땅에서 교육의 사명을 감당하며 '하나님의 교육'이 이루어지도록 한국교회는 지원할 필요가 있다. 한국교회의 선교 초기에 선교사들과 한국의 교회들에 의해서 이루어진 기독교학교 설립운동은, 오늘날에도 분명한 기독교적 건학이념에 기초한 기독교학교들의 설립운동으로 이어져야 한다. 이것이 종교교육의 자유를 실현하는 가장 강력한 방법 중의 하나이며, 이를 통해 한국교회가 소극적으로 종교교육의 자유를 방어하는 것이 아니라, 적극적으로 종교교육의 자유를 실천하며, 기존의 기독교학교들과 연대하여 이 땅의 교육에 진정한 대안을 제시할 수 있어야 한다.

한국교회가 교단적인 차원에서 학교에서의 기독교교육을 지원하기 위해서는 현재의 위원회 차원의 구조가 아닌 상설 기구가 필요하며, 기독교교육을 책임지고 있는 교목들에 대한 보다 체계적인 지원체제를 구축할 필요가 있다. 장로교 통합교단의 경우, 현재도 교육자원부 산하에 기독교학교연합회가 조직되어 있으며, 또한 특별위원회로서 기독교학교위원회가 구성되어 있어서 기독교학교들을 지원하는 다양한 프로그램들을 실천하고 있다. 그러나 위원회와 같은 임시적인 구조로서는 계속적으로 발생하는 다양한 이슈들에 대처하기가 어렵고, 상시적으로 기독교학교의 프로그램을 개발하고 지원하기가 쉽지 않다. 교단이 교회교육을 위해 투자하는 것과 같은 관심으로 기독교 학교교육의 활성화에 관심을 갖는다면 상설기구를 만들어 지원하는 것이 불가능한 방안은 아닐 것이다.

교목은 학교에서 기독교교육을 실질적으로 책임지는 직책으로서, 교단은 교목이 마음껏 그 역할을 수행할 수 있도록 격려하고 지원해야할 사명이 있다. 오늘날의 교육적 상황 안에서도 교목이 각 기독교학교 안에서 실천할 수 있는 기독교교육의 방안들과 프로그램들을 개발할 수 있도록 지원한다면 상당한 부분 '종교교육의 자유'를 확보할 수도 있을 것이다. 교목 역할의 중요성에 대한 교단적인 인식은 물론, 교목의 현장 연구를 통한 기독교교육의 개선이 가능하도록 교단적인 지원이 이루어져야 할 것이다.

3) 학문공동체의 지원

종교교육의 자유를 보호하고 확산하기 위한 중요한 과제 중의 하나가 이 분야의 연구를 활성화시키는 것이다. 종교계 학교들이 한국교회 초창기부터 존재해 왔고, 특히 기독교학교들이 학교 현장에서 기독교교육을 실천하기 위해 많은 노력을 기울여오고 있지만, 이러한 노력이 학문적으로 지원받지 못하는 경향이 있다. 학교에서 기독교교육을 실천할 때에 발생할 수 있는 다양한 문제들에 대해 근본적인 해결책을 제시하며 탐구하는 학문적 영역이 제대로 발전하지 못한 것이다. 학교에서의 종교교육에 대한 연구를 담당하는 분야는 종교교육학, 특히 기독교학교교육에 있어서는 기독교교육학이라고 할 수 있는데, 종래까지는 그 분야가 거의 '교회교육학' 과 동일시되어서 학교에서의 기독교교육이 가능하기 위해서 다루어야할 갖가지 이슈들이 학문적으로 심도있게 논의되지 못하였다. 이제는 학교에서의 기독교교육의 문제를 다루는 '기독교학교교육학' 이 학문의 중요한 영역으로 정착되어, 오늘날 우리가 직면하는 갖가지 이슈들을 연구하되, '학교에서의 종교교육의 자유' 의 문제를 심도있게 다루어, 종교교육의 자유가 억압당하는 사례가 발생하기 전에 미리 예방할 수 있어야 할 것이다. 이러한 학문적 분야는 신학교의 기독교교육학 교수들만이 아니라 종교교육 분야에 관심있는 교육학 분야의 교수들이 공동체적으로 연대하여 탐구해야 할 것이다.

4) 기독 교사들과의 연대

학교 차원에서 '종교교육의 자유' 를 실천해야 할 것이 있는 동시에 학급 차원, 특히 교사 차원에서 '종교교육의 자유' 를 실천할 수 있는 다양한 전략과 프로그램의 수립이 가능하다. 공립학교 교사들 가운데 종교를 지니고 있는 교사들, 예컨대 기독교사들은 법의 한도 안에서, 그리고 학생들의 종교의 자유가 침해되지 않는 범위 안에서 종교교육을 할 수 있는 방안을 모색할 수 있다. 더욱이 종교계 사립학교의 경우, 교사들은 종교적인 교육의지를 갖고 건학이념을 교실에서, 그리고 학생들과의 만남을 통해서 구현할 수 있는 방안을 모색할 수 있다. 종교계 학교의 교사들을 위한 연수에서 '종교교육의 자유'를 위한 방법들을 부단히 개발하고 이를 훈련함으로 실제적인 종교교육이 가능하도록 도와야 할 것이다. 기독교사들과의 협력은 개별 학교 안에서 '종교교육 자유'의 실천을 위해서만이 아니라 대 정부적, 대 국민적으로 '종교교육의 자유'를 확산하는 운동에 있어서도 연대할 수 있다.

5) 기독 학부모와의 연대

한국교회 성도들의 대부분이 학부모들인데 이들에게 자녀들에 대한 신앙교육과 전인적인 기독교교육이 얼마나 중요한지를 가르치며, 그들의 의식을 변화시켜 기독교학교의 중요한 파트너로 삼을 필요가 있다. 부모들은 자신의 신앙에 근거해서 자녀들을 가르칠 권리가 있고, 이것이 '종교교육의 자유'에 있어서 중요한 근거가 된다. 한국교회의 여전도회가 선교와 봉사의 기능을 수행하는 것에 더해서 '학부모'로서의 사명을 감당하며, 한국의 교육현실을 기독교적으로 갱신시킬 수 있는 주체로 세워질 수 있다면, '종교교육의 자유'와 같은 문제를 비롯해 다양한 교육적 과제를 해결할 수 있을 것이다. 교단적으로(또는 초교파적으로) '기독교 학부모 학교' (가칭)를 개설하여 지속적으로 기독교적 교육관을 지닌 학부모들을 교육하고, 기독교학교들은 이들과 함께 기독교교육의 사명을 감당할 수 있도록 해야 할 것이다.

6) 종교(기독교)교육과 학생들과의 연대

신학교에 개설된 기독교교육과는 종교계 학교의 교목을 양성하고 종교교사들을 양성하는 과정으로서, 최근 논의되고 있는 '종교교육의 자유'를 확보하는 문제는 이들의 진로와 직접적으로 연계되어 있다. 이들이 학부시절부터 '종교교육의 자유'의 중요성을 인식하고, 종교계 학교에서의 종교교육에 관한 비전을 갖도록 도울 뿐 아니라 '종교교육의 자유'를 확보하는 일에 적극적으로 참여하도록 격려하는 것이 필요하다. 대학생 차원에서 '종교교육의 자유'에 대한 공청회와 다양한 의견 개진, 그리고 '종교교육의 자유'를 실현할 수 있는 다양한 아이디어를 개발할 수 있는 기회를 제공해 주어야 한다. 현재 전국기독교교육과연합회(약칭 전기련)라고 하는 15개교 이상의 신학교 또는 대학교의 종교교육과 또는 기독교교육(학)과 학생들의 연합체가 있는데, 이들과도 연대하여 '종교교육의 자유'를 위한 노력을 기울여야 할 것이다.

7) 해외 종교계와의 연대

'종교교육의 자유'를 보호하고 이를 확산하기 위해서는 해외의 종교계와도 협력할 필요가 있다. 외국에서도 '종교교육의 자유'를 확보하기 위한 오랜 법정 투쟁이 있어왔고, 종교계 사립학교의 자율성 확보를 위한 노력들이 있어왔다. 종교계는 이러한 종교교육의 자유를 위해 재정적으로 지원하며 대규모 변호사단을 형성하여 이에 대처하며 이로 인한 '종교교육의 자유'와 관련된 다양한 판례들을 지니고 있다. 전체 종교의 포교 및 종교교육과 연관된 이슈이기에 세계교회들과의 협력이 필요하며, 이는 넓은 의미의 '종교의 자유'를 추구하는 노력이기도 하다.

5. 나가는 말

최근 사립학교법 개정 문제와 서울시 교육청의 종교교육 관련 지침 등의 이슈는 기독교계 사립학교들에게는 고통을 안겨다 주었지만, 동시에 한국교회로 하여금 그동안 크게 관심을 기울이지 못해왔던 기독교학교에 대해 비상한 관심을 갖게 만들었다는 점에서 기독교학교교육의 발전을 위한 새로운 기회를 제공하고 있음에 틀림없다. 위기(危機)라는 말 그대로 위험하지만 동시에 기회이고, 이는 기독교학교를 사랑하시고 이 땅에서 기독교학교를 통해 교육의 영역에서 하나님 나라를 확장하기를 원하시는 하나님의 섭리이기도 하다. 중요한 것은 이 기회를 그동안 '학교에서의 기독교교육'에 최선을 다하지 못한 것에 대해 반성하는 계기로 삼으며, '기독교학교'에 대한 새로운 비전을 품고 다시금 기독교교육이 부흥할 수 있도록 기도하며 함께 공동체적인 노력을 기울이는 것이다.

토의문제

1. '종교의 자유' 와 '종교교육의 자유' 의 관계를 말해보고, 오늘날 '종교의 자유' 와 '종교교육의 자유' 가 침해당하는 사례들을 각각 찾아 나누어 보자.

2. '종교교육의 자유' 를 보장하는 법률에는 어떤 것들이 있는 지 찾아보고, 이 법률에 대한 해석에 어떤 논쟁이 있는지 살펴보자.

3. 우리나라의 평준화 정책이 '종교교육의 자유' 를 어떻게 제한하고 있는지 토의해 보자.

4. 평준화 제도를 그대로 유지하는 상태에서 '종교교육의 자유' 를 누릴 수 있는 방안에는 어떤 것들이 있는지 의논해 보자.

5. '종교교육의 자유' 를 보장하기 위해서 한국교회가 공동체적으로 실천할 수 있는 다양한 노력들을 검토해 보고, 그 중에서 중요한 것부터 우선 순위를 정해 보자.

4부

한국 기독교학교교육의 이슈

제10장 입시경쟁과 기독교교육

1. 교육문제의 뿌리, 입시경쟁

우리나라 교육의 온갖 위기적 현상은 과열된 입시경쟁으로부터 연유한다고 해도 과언이 아니다. 여러 가지 파행적 교육의 증상들이 나타나고 있는데 그 증상의 근본적인 치유는 입시문제를 해결하지 않고서는 불가능하다. 이런 점에서 입시문제는 교육에 있어서 원죄와도 같은 존재이다. 최근 조기유학과 교육이민 현상, 어느 나라와도 비교할 수 없으리만치 높은 사교육비 지출, OECD국가 중 자살률 2위가 되기까지 계속되는 청소년들의 자살 현상, '학교붕괴,' '교실붕괴,' '교육붕괴'로 불리우는 왜곡된 교육현상의 근저에는 입시문제가 도사리고 있는 것이다. 이 땅의 수많은 청소년들이 오늘도 이러한 입시문제로 인해 파생되는 왜곡된 교육현실로 인해 고통당하며 신음하고 있다.

한국교회는 오늘의 교육현실을 어떻게 인식하고 반응하고 있는가? 대부분의 교인들이 깊이 연루되어 있는 교육현실에 대해 무엇을 말하고 있으며 어떻게 대처하고 있는가? 많은 교회들은 수능시험이 다가오면 수능 100일 기도회를 갖기도 하고, 입시생을 격려하는 엿파티를 열어주기도 하고, 수능 당일에는 온종일 교회에 모여 시험시간표를 따라 기도하기도 한다. 시험을 앞두고 있는 학생들을 위해 기도하는 것이 잘못일 수는 없다. 그러나 한국교회는 부모들과 자녀들에게 입시 자체에 대한 기독교적 시각을 갖도록 격려하기보다는 입시문제에 대해 매우 수동적이며 수세적이다. 그리고 일방적으로 입시의 영향을 받는 경향이 있다. 대부분의 교회의 중고등부는 입시열풍으로 인해 학생수가 격감하고 있다. 최근 한 교단(장로교통합)의 교세 통계에 의하면 한 해동안 1만 5,651명이 감소하여 약 10% 가까이 격감하고 있음을 보여준다.[1] 이러한 현상은 일반학교의 '교육붕괴'에 이어 이제는 교회학교의 붕괴가 일어나고 있음을 의미한다.

2. 입시의 교육적 기능과 사회적 기능

입시는 일종의 시험이다. 시험은 일반적으로 교육적 기능과 사회적 기능을 갖는다. 시험의 교육적 기능은 '교육평가'로서의 기능을 의미한다. 교육평가는 진단평가, 형성평가, 총괄평가로 분류될 수 있는데, 시험은 이러한 평가적 기능을 수행한다는 것이다. 입시는 대학의 입장에서 보면 일종의 진단평가요, 고등학교 교육과정 전반에 대한 교육결과를 평가한다는 점에서는 총괄평가라고 할 수 있다. 시험의 교육적 기능은 과연 학생(들)이 교육목표를 잘 달성했는지를 평가하여, 다음 단계의 교육이 보다 충실하게 이루어지도록 하는 데에 그 의미를 둔다.[2]

그러나 시험으로서 입시가 갖는 보다 중요한 의미는 그것의 사회적 기능에 있다. 과열된 입시경쟁과 입시지옥으로 불리우는 왜곡된 교육현상은 입시가 갖는 사회적 선발(social selection) 기능을 파악하지 않고서는 이해될 수 없다. 입시는 어느 대학에 들어가느냐를 결정하고 어느 대학을 졸업하느냐가 그 사회에서의 신분상승의 기회를 결정한다고 생각하기 때문에 모든 학부모들은 자식들의 입시에 생명을 걸다시피 매달리고 있는 것이다.

과거 봉건시대의 신분주의 사회에서는 입시경쟁이 심각할 이유가 없다. 이미 사회의 계급이 정해져 있고 부모의 신분에 의해, 그리고 족벌에 의해 지위가 정해져 있기 때문이다. 이렇게 사회적 지위가 신분에 의해 결정되는 사회를 귀속주의 사회라고 부른다. 귀족의 자식은 그 능력에 관계없이 귀족이 될 수 있었고, 천민의 자식은 아무리 능력이 있어도 그 신분을 벗어날 수가 없었다. 물론 중국과 우리나라에 있었던 과거제도가 계층상승의 기회를 제공해주기도 했으나 그것은 매우 제한적인 것이었고 어느 수준의 신분 안에서의 선발을 위한 제도였다고 볼 수 있다.[3]

그러나 신분제 사회가 붕괴되고 시민사회가 시작되면서 신분에 의해서 사회적 지위가 결정되는 귀속주의는 더 이상 지속될 수가 없었고, 소위 능력에 따라 얼마든지 출세할 수 있다는 능력주의 또는 업적주의 사회(meritocracy society)가 되었다. 그리고 학교교육의 발달과 함께 학교교육에서의 성취정도, 즉 학력이 능력의 척도로 사용되기 시작하였다. 다시 말해 학교교육이 신분이 상승되고 상층계층으로 이동할 수 있는 유일한 '사다리'의 역할을 하게 된 것이다. 이는 학교교육의 팽창현상으로 나타나게 되는데, 과거에는 초등학교만 나와서 차지할 수 있었던 지위가 이제는 중학교, 고등학교, 심지어 대학교를 졸업하여야 차지할 수 있으리만치 교육 인플레이션(educational inflation) 현상이 나타나게 된다. 이러한 사회적 지위 상승을 위한 경쟁은 높은 수준의 학력을 위한 입시경쟁을 유발할 뿐만 아니라 더 좋은 지위를 점유할 수 있는 기회가 보장되는 학교에 들어가려는 경쟁으로 발전하게 된다. 과거의 신분증명서의 기능을 이제는 졸업증명서로 대신하게 된 것이다. 이러한 더 높은 학력을 위한 경쟁, 더 좋은 학교의 졸업장을 취득하기 위한 끝없는 경쟁을 도어(Dore)는 "졸업장병"(diploma disease)이라고 명명하기도 하였다.[4]

오늘날 한국사회의 지나친 교육열은 단순한 교육에 대한 관심이나 열정 때문이 아닌 이러한 지위상승과 상층계층으로의 이동, 또는 기득권의 유지에 대한 열망임을 간파하게 된다. 물론 한국을 비롯한 유교주의 전통이 강한 나라에서는 서구와는 달리 이러한 지위에 대한 욕구가 출세하여 이름을 떨치는 '입신양명'의 유교적 가치와 결합되어 더 강렬한 교육열을 내뿜게 하고 있다. 손봉호 교수는 이러한 왜곡된 교육열을 다음과 같이 지적하고 있다.

> 한국인의 대학관은 서양인의 것과 같지 않다. 우리의 대학 진학률이 52%나 되어 미국 다음으로 세계에서 두 번째로 높은데도 입시경쟁은 세계에서 가장 치열한 이유를 따져 보아야 한다. 우리에게 대학은 사회에서 쓸 수 있는 지식과 기술을 얻는 교육장만이 아니다. 내세나 초월세계를 거의 인정하지 않는, 철저히 차세 중심의 유교문화에서는 출세하여 이름을 떨치는 것이 효도의 극치요 일종의 구원이며, 그 입신양명의 기본조건이 바로 대학, 그것도 좋은 대학에 들어가는 것이다. 그러므로 대학입학 그 자체가 삶의 목적이 되고 있으며, 거의 모든 것을 다 희생하더라도 꼭 이루어야할 최고의 가치가 되고 말았다.[5]

입시의 문제는 이렇듯 단순한 교육적 문제가 아니라 사회적 문제이며, 경제구조, 사회구조에 맞물려 있고 문화적 풍토 및 국민의 의식구조와도 깊이 연계되어 있기 때문에 입시제도 자체의 개혁만이 아닌 사회의식구조의 변화와 다각도의 사회구조적인 변화와 갱신이 필요하다.

3. 입시에 대한 기독교적 패러다임

입시에 대한 기독교적 패러다임이 무엇일까? 성경은 입시경쟁에 대해서 어떻게 말씀하고 있는가? 만약 주님이 오늘 한국사회의 입시문제를 대하신다면 어떻게 느끼시며 치료하실까? 하나님 나라의 관점에서 입시는 어떻게 해석되어야 할 것인가? 이런 질문들은 우리 기독교인들과 한국교회에 제기되고 있는 심각하고 진지한 질문들이다. 입시로 인한 고통이 심하면 심할수록 한국교회는 이 질문들에 대해 보다 성실히 응답해야할 책임이 있다.

기독교적 관점으로 입시를 조망할 때, 무엇보다 과열된 입시경쟁 속에 인간의 욕망이 자리잡고 있음을 직시하게 된다. 한국사회를 뜨겁게 달구는 교육열 현상 속에는 내 자식만큼은 일류대학에 보내야 한다는 가족이기주의가 깔려 있음을 부인할 수 없다. 겉으로는 능력대로 교육을 받겠다는 것이고, 더 좋은 교육을 받기 위한 선의의 경쟁인 것처럼 장식되어 있지만 그 속에는 '적자생존' 의 법칙에 따른 다툼의 현장이며, 탐욕을 추구하는 인간의 죄된 본성이 개입되어 있는 것이다. 입시문제가 지니고 있는 몇 가지 특징적인 가치관을 지적하고 성경적인 관점에서 비평해보자.

1) 입시와 경쟁주의

입시의 가장 큰 문제점 중의 하나는 그것이 상대평가로서의 성격을 지니며, 학생들 상호간의 경쟁을 불러일으킨다는 점이다. 대학의 정원은 제한되어 있고 더군다나 소위 일류대학의 정원은 극히 제한되어 있다. 그 정원 안에 포함되기 위해서는 '성적' 자체보다는 '석차' 가 중요하며, 그러한 석차를 얻기 위해서는 만인을 향한 무한한 경쟁을 해야 하는 것이다.

'행복은 성적순이 아니잖아요'라는 신음소리는 바로 이러한 왜곡된 경쟁의 산물이라고 할 수 있다. 모든 학생을 일등에서 꼴등까지로 줄지워 세울 수 있다고 생각하고, 보다 높은 지위가 보장되는 일류학교에 들어가기 위해서는 '절대치'의 성적을 얻는 것이 중요한 것이 아니라 다른 학생들보다 앞서는 것이 가장 중요한 가치가 되고 마는 것이다.

이러한 현상의 밑바탕에 깔려있는 것은 헨리 나우웬의 표현에 의하면 '상향성의 욕구'이다. 끝없이 올라가려는 욕망, 마치 바벨탑을 쌓던 인간들처럼 상향성을 추구하는 교만한 마음이다. 여기에서는 성경이 말하고 예수 그리스도께서 그 본을 보이셨던 '하향성'을 추구하는 섬김의 모습을 찾기가 어렵다. "너희 중에 누구든지 크고자 하는 자는 섬기는 자가 되고 너희 중에 누구든지 으뜸이 되고자 하는 자는 모든 사람의 종이 되어야 하리라"(막 10:43-44)는 주님이 가르쳐주신 종의 도와는 거리가 있다. 입시의 경쟁주의는 협동의 가치를 경홀히 여긴다. 교육이 협동을 통해 공동체를 이루는 삶을 가르쳐야 하는데, 입시는 지나친 개인주의를 조장함으로 이기주의를 부추긴다.

2) 입시와 획일주의

입시의 또 다른 심각한 문제점은 입시가 지니는 획일주의적 가치관이다. 사람을 평가할 때 '입시'라고 하는 한 가지 기준으로 평가한다. 입시에서 좋은 성적을 거둔 자는 능력있는 자로, 그렇지 못한 자는 열등한 자로 규정된다. 물론 입시에는 여러 과목이 포함되어 있다. 그러나 그 과목들이 시험이라는 방식으로 제한되며 대부분 인쇄된 시험지, 그리고 사지선다형의 문제들에 의해서 평가된다. 소위 객관식 시험이라는 것은 인간의 주관적인 반응을 제한한다. 사실 평가 장면에서 다양한 해결책이 가능하며 더욱이 학생들의 창의적 사고를 통한 문제해결이 가능함에도 오직 출제자에 의해서 규정된 한 가지 정답을 찾도록 강요받는다. 인간의 다양한 능력 가운데 지능에 초점이 있으며, 지능 가운데도 언어적 지능과 수리적 지능으로 제한되는 경향이 있다.

하워드 가드너의 다중지능론(Multiple Intelligences Theory)에 의하면 인간의 지능은 실로 다양하다. 언어적 지능, 논리-수리 지능 외에도 공간지능, 음악지능, 운동기능지능, 대인관계지능, 내면성찰지능, 자연지능, 실존지능 등이 있다고 한다.[6] 대인관계가 탁월한 학생이 입시를 통해 그 능력을 인정받기는 어렵다. 오직 한 가지 능력만을 강요하는 입시제도 속에서는 다양한 인간의 개성과 가치가 발현될 수 없다. 성경은 인간 개개인이 독특한 존재임을 말씀하고 있고, 각자에게는 각양 다른 은사가 있음을 강조하고 있다.(고전 12:4-11) 획일주의적 입시제도는 성경적이라고 할 수 없다.

3) 입시와 체면주의

우리 사회에서 간과하지 말아야 할 입시의 경향 중 하나는 부모가 자식에게 지나친 기대를 걸고 있다는 점이다. 좀 과장해서 표현한다면 실제적인 입시생은 자식이 아니라 그 부모라고 할 수 있을 정도이다. 부모가 자식을 통해 자신의 욕구를 성취하려고 함으로 자녀들에게 더욱 입시에 대한 부담을 가중시키는 경향이 있다. 이는 유교주의의 한 특징이라고 할 수 있는 체면문화에 의해 더욱 심화되고 있는데, 다른 사람들의 시선을 지나치게 의식함으로 자녀의 적성이나 실력과는 다른 요구를 하게 되는 것이다. 전공 '과'를 위주로 대학을 선택하기보다는 그래도 '수준이 있는 대학'에 자식을 들여보내야 한다는 생각을 갖는 것도 이런 성향을 나타내보이는 것이다.

이러한 경향성이 학생들로 하여금 '일반화된 타자'(generalized others)가 되게 하고 있다. 진정한 교육은 '진실'을 기초로 한다. 그러나 다른 사람의 눈을 의식하면서부터 교육은 융이 말하는 개성화(Individuation)에서부터는 멀어지고 프레이리가 말하는 비인간화(dehumanization)를 초래하는 '은행저축식 교육'이 되고 마는 것이다. 성경은 계속해서 '외식'의 어리석음을 강조하고 있다. 특별히 예수님의 외식하는 바리새인과 서기관들에 대한 질책은 오늘 우리 사회의 부모들이 귀를 열고 들어야할 말씀이다. "화 있을진저 외식하는 서기관들과 바리새인들이여 잔과 대접의 겉은 깨끗이 하되 그 안에는 탐욕과 방탕으로 가득하게 하는도다"(마 23:25) 사도바울은 다른 사람의 판단은 자신에게 매우 작은 것으로 여기며 하나님의 진실한 판단만을 구하였다.(고전 4:3-4) 입시에 대해서도 진실성을 회복하는 것이 중요하다.

4) 입시 지상주의

우리 사회에서 입시는 마치 신데렐라의 신발같이 여겨진다. 입시에만 성공하면 인생에 성공하는 것처럼 생각하고, 반대로 입시에서 실패하면 인생에서 실패하는 것처럼 생각한다. 앞에서 언급한 것처럼 입시를 마치 인생의 목적으로 인식하고 있다. 이는 목적과 수단이 전도된 것이며, 진정한 목적을 상실한 채 수단만을 강구하고 있는 것이다. 입시 지상주의는 개인에게만 국한된 현상이 아니다. 학교교육은 입시에 의해서 철저히 지배당한다. 입시의 교과목과 범위는 하급교육기관의 교육내용을 결정짓고, 입시의 객관식 출제는 교사들의 교육방법을 주입식, 암기식을 위주로 하는 비창의적 방법으로 전락하게 한다. 중고등학교는 물론 초등학교까지 그 영향을 미쳐 인간교육을 방해한다. 이러한 입시 지상주의는 오늘날 한국 기독교인의 신앙교육에 중요한 악영향을 미친다. 가정에서의 신앙교육이 거의 사라지게 되었으며, 교회에서의 신앙교육, 특히 중고등부 교회학교의 붕괴 현상으로 나타나고 있다. 또한 미션스쿨에서의 신앙교육은 이제 그 명맥을 이어가기가 어려울 정도로 파행적으로 운영되고 있다.

그러나 입시는 입시로서 이해되어야 한다. 인생에 있어서 무엇이 중요한지를 성경적으로 깨달을 수 있도록 도와야 한다. 입시에 의해서 신앙이 지배당하는 구조가 아니라 신앙에 의해서 입시를 바라보며 통제할 수 있도록 하여야 한다. 성경은 우리가 죄인임을 깨닫고 그리스도 예수를 믿음으로 구원받아 하나님의 자녀로, 하나님 나라의 일꾼으로 살아가는 것의 가치를 말한다. 한국교회가 이러한 신앙교육의 우선순위를 바로 세워야 한다. 입시라는 가면 속에 숨어있는 악의 세력과 죄의 정체를 직시하여야 하고, 원래의 하나님의 의도를 회복함으로 '거듭난' 입시가 되도록 해야 한다.

어떻게 교육의 토양을 갈아서 '거듭난' 입시로 일구어갈 수 있겠는가? 그리스도인들은 어떻게 교육의 영역에서 하나님의 나라를 추구해야 하는가? 실력을 갖추도록 하되 경쟁주의적이 되기보다는 더불어 하나님의 나라를 이루어가는 동역자 의식을 심어주는 교육으로 회복하여야 할 것이다. 협동과 섬김의 가치를 깨닫고 자신의 재능과 학문을 통해 이웃을 사랑하는 가치관을 지니도록 해야 할 것이다. 획일주의를 탈피해 다양한 은사와 개성을 발굴하고 격려하는 교육이 되어야 할 것이다. 대학의 이름이나 소위 인기있는 학과만을 선호하는 것이 아니라 '소명'의 관점에서 자신의 미래를 볼 수 있는 진로지도가 필요할 것이다. 체면주의가 아닌 진실한 교육, 나의 나됨을 사랑하는 교육이 되고, 입시지상주의로부터 벗어나 어떤 학벌보다 신앙과 인격이 존중되는 교육풍토를 이루어야 할 것이다.

4. 나가는 말: 입시문제에 대한 한국교회의 책임

1960년 대 이후의 한국교회의 면모를 살펴보면 한국 사회의 많은 문제들에 대해서 책임적으로 응답하였음을 알 수 있다. 민족복음화를 위해 노력했을 뿐만 아니라 시민운동을 통해 정치적인 민주화를 위해 노력했고, 노동운동을 통해 고통당하는 소외계층을 위해서도 도움의 손길이 되어왔다. 그런데 유독 교육의 문제, 특히 입시의 문제에 대해서는 침묵으로 일관하고 있다. 수 많은 학생들이 목숨을 끊고, 7만여 명의 학교중도탈락자들이 있으며, 학교에 남아 있지만 입시경쟁으로 인해 가장 아름다워야 할 청소년 시절을 고통 가운데 지내는 많은 학생들의 신음 소리에 한국교회는 응답하지 않고 있다.

먼저 오늘의 교육의 황폐화와 학생들의 고통에 대해 한국교회는 회개하여야 한다. 단지 침묵하였을 뿐 아니라 오히려 그러한 왜곡된 입시경쟁을 강화하며 교육현실을 보다 왜곡시키는 가해자의 반열에 서 있었음을 고백하며 돌이켜야 한다. 그리고 다시 한번 교육에 대한 기독교적 가치관을 확립하여야 한다. 예수 그리스도가 교육의 주님이심을 선포하여야 한다. 둘째, 오늘날 대부분의 한국교회의 교인들은 학부모들이다. 그런데 여전도회원으로, 남선교회원으로 활동했지만 기독학부모로서의 역할은 소홀히 했음을 인정해야 할 것이다. 자녀들의 신앙교육과 학교교육에 대한 성경적인 관점을 익히고 실천해야 한다. 입시문제를 포함한 교육의 개혁에 있어서 학부모운동의 중요성은 매우 크다. 교회마다 학부모들이 기독교적 가치관으로 새롭게 무장되어 기독학부모운동을 일으킬 수 있다면 학벌주의를 극복하는 등 학부모들의 의식을 바꾸고 교육부와 교사집단에 대한 건전한 비판 기능도 수행하게 될 것이다. 셋째, 교회가 학생들에 대한 전인적인 관심을 가져야 한다. 단지 교회학교 성장을 위한 도구가 아니라 그 학생들의 고민과 갈등을 이해하고 그 문제를 교회의 문제로 인식하여 함께 해결책을 모색하는 자세가 필요하다. 넷째, 기독교교육을 교회교육과 동일시하지 말고 학교교육까지를 끌어 안는 자세와 전략이 필요하다. 교회가 대안학교를 세우는 것도 한 방법이 될 수 있고, 교회가 지역 학교와 연계하여 그들을 전도할 뿐 아니라 학업에 있어서도 주님되심을 인정하고 신앙의 생활화가 이루어지도록 해야 할 것이다. 마지막으로 한국교회는 '좋은교사운동'과 같은 건전한 기독교사운동을 지원하고 기독시민단체들과 연대하여 공동체적으로 '교육살리기 운동'을 실천해야 할 것이다. 한국교회의 관심이 좁은 의미의 '기독교계 학교'로 국한되는 것이 아니라 공교육 전반을 기독교적 가치관으로 변혁시켜 교육의 영역에서 하나님 나라가 이루어질 수 있도록 공동체적 노력을 기울여야 할 것이다.

토의문제

1. 입시의 기능에는 교육적 기능과 사회적 기능이 있다. 이 두 기능의 관계와 둘 중 어느 기능이 현실적인 영향력을 미치고 있는지에 대해 토의해 보자.

2. '입시지옥' 이라고 불리울만큼 입시경쟁이 치열한데, 그 밑바탕에 깔려있는 인간의 '상향성의 욕구' 에 대하여 이야기해 보자.

3. 우리나라의 입시경쟁은 우리 사회의 유교문화와도 연관이 있다는 주장이 있다. 유교문화 가운데 특히 '체면문화' 와 입시경쟁이 어떤 관련이 있는지 토의해 보자.

4. 당신이 교회의 목사라고 가정할 때, 입시 직전 주일날 입시생들과 그들의 부모들을 향해 어떤 설교를 하는 것이 가장 좋다고 생각하는가? 그 설교의 핵심 내용을 한 문장으로 적어보고 이를 나누어 보자.

5. 입시문제를 해결하기 위해 한국교회가 할 수 있는 일이 무엇인지 생각해 보자.

제11장 조기유학과 기독교교육적 대응

1. 조기유학의 현실

최근 한국 교육이 무너지고 있다는 염려가 팽배해지면서 조기유학이 대폭 증가되고 있다. 서울시 교육청이 조사한 바에 의하면 2005학년도 한 해에 서울에서 조기유학을 떠난 초중고생은 7,001명으로서 2004학년도에 배해 15%가 증가한 수치이다. 이는 하루 평균 19명이 조기유학을 위해 출국하고 있음을 보여준다.[1] 종래에도 조기유학 현상이 있어왔고 조기유학의 장단점에 대한 교육적 논의가 있어왔지만 이는 소수의 관심이었기에 사회적인 이슈로 대두되지는 않았다. 그러나 불과 몇 년 사이에 교육붕괴, 학교붕괴, 교실붕괴라는 용어들이 거침없이 사용되면서 조기유학은 많은 학부모들의 관심으로 떠오르게 되었다. 아예 아이들의 교육을 위해 가족이 이민을 가는 '교육이민' 현상이 생기게 되었고, 남편은 한국에서 직장생활을 계속하지만 아내가 자식의 교육을 위해서 함께 외국에 가서 거주하게 되는 '가족해체' 현상마저 발생하게 되었다. 이로인해 '한총련'(한시적인 총각들의 모임), '외기러기 아빠', '맹모아빠'라는 신조어가 생기기까지 하였다. 1980년대까지만 해도 유학은 '외국에서 대학 이상의 과정을 공부하는 것'으로 인식해왔는데 이제는 '외국에서 중고등학교 이하의 과정을 공부하는 것'이 더 일반적인 현상으로 이해되는 경향마저 생기게 된 것이다.

이러한 최근의 조기유학 경향을 과연 '맹모삼천지교'(孟母三遷之敎)로 이해해야 할 것인가? 세계시민으로 양성하기 위한 '세계화 교육'의 첩경으로 이해해야 할 것인가? 물론 지구촌 시대에 좀 더 이른 나이에 외국어에 익숙해지고 선진국의 문화를 배우는 것이 '우물 안 개구리'가 아니라 세계를 가슴에 품고 미래의 주역이 될 수 있는 효과적인 선택일 수도 있을 것이다.[2] 그러나 '세계화'는 동시에 '지역화'임을 이해한다면 '한국적인 것'을 상실한 세계화는 위험할 수 있음을 인식하여야 할 것이다. 최근 신문보도에 의하면 조기유학으로 해외에서 공부하여 대학까지 나오고도 다시 국내에서 '한국화(韓國化)' 교육을 받고있는 '역(逆)유학'이 늘고 있다고 한다. 연대 글로벌 MBA과정을 이수 중인 35명 중 25명이 외국에서 대학을 다닌 사람들이라는 사실이 그 한 예이다.[3] 만약 조기유학을 선택한 경우에 있어서도 세계화와 한국화, 이 두가지를 모두 고려하면서 추진하여야 할 것이다. 어린 나이에 미국에 유학하여 후에 아이비리그의 대학에 입학하였다 하더라도 한국인이라는 자기정체성을 상실하게 된다면 '미국화(美國化)'는 될 지 모르지만 세계화가 되었다고는 볼 수 없을 것이다.

2. 조기유학 현상의 근본원인 : 학교붕괴

문제의 심각성은 조기유학 자체에 있는 것이 아니다. 학부모들이 조기유학을 결정할 수 밖에 없는 오늘날 한국 공교육의 위기상황이 문제이다. 최근에 급증하는 조기유학의 경향은 근본적으로 '학교붕괴' 현상에 대한 학부모들의 반응으로 이해하는 것이 정확할 것이다. 지난 몇 년 동안 우리나라의 교육계와 온 사회 전체를 떠들썩하게 한 교육적 이슈가 바로 '학교붕괴'다. 1999년 여름부터 각종 언론에서 학교교육이 무너지고 있다는 사실을 특집으로 보도하기 시작하였고 이는 더 이상 우리나라에서 자녀들을 교육시킬 수 없어서 자녀들을 외국에서 공부시키는 조기유학 또는 교육이민 현상으로 나타나게 된 것이다. 한 연구 조사에 의하면 현직 교사의 87%, 학생의 71%가 자기학교에 학교붕괴현상이 일어나고 있다고 반응했으며, 교사의 90%, 학생의 72%가 학교붕괴 현상이 향후 더 심각해지리라는 전망을 하였다.[4] 다음의 한 신문 보도는 학교 붕괴현상을 선명하게 보여주고 있다.

교사의 강의에 귀를 기울이는 학생은 앞자리의 몇 명뿐. 10여명의 학생들은 잠을 자거나 만화책을 보고 있다. 일부 학생은 2-3교시가 지나자 슬그머니 가방을 꾸려 교실을 나갔다. 교사들은 못 본 체 했다. 낮 12시 30분쯤, 5교시가 끝나는 종소리와 함께 학생들은 활기를 되찾았다. 저마다 책가방을 싸 학원으로 발길을 옮겼다. '보충수업이 아무 도움도 안되는데 뭐하러 하는지 모르겠어요.'[5]

김호권은 이러한 학교붕괴의 징후군을 크게 5가지 현상으로 요약하고 있다.[6] ① 신뢰와 존경과 교권을 잃은 교사, ② 학습의욕을 잃어버린 학생, ③ 통제불능의 무질서한 교실, ④ 불신과 갈등으로 살벌해진 학교 분위기, ⑤ 허탈과 분노를 안은 교사의 좌절과 이직. 그런데 이러한 학교붕괴의 현상은 학생과 교사, 또는 그들 사이의 상호작용의 문제만이 아니다. 그 근저에는 학생들에게 그릇된 태도를 심어준 무너진 가정교육이 존재하며, 또한 새로운 문화와 정보사회에 도저히 따라가지 못하는 소위 '학교지체현상'이 깔려 있다.[7] 그러나 무엇보다도 학교붕괴 현상의 뿌리에는 잘못 시행된 교육정책이 있다. 필자는 학교붕괴 현상의 가장 근본적이고 뿌리깊은 요인으로서 1974년부터 시행하고 있는 '고교 평준화 정책'을 들 수 있다고 본다. 조기유학의 문제는 학교붕괴에 기인하고, 학교붕괴는 평준화정책에 상당부분 기인하고 있다는 판단이다. 이는 동시에 조기유학 문제의 해결은 한국 공교육의 정상화에 달려있고, 이는 평준화 교육정책의 수정을 통해서 가능하다는 주장이기도 하다.

3. 평준화 정책과 조기유학

입시과열을 막고 전인교육을 실시할 목적으로 시행된 교육 평준화 정책은 그동안 많은 교육적인 문제들을 야기했고 작금에는 학교붕괴, 조기유학, 교육이민 현상으로 나타나고 있다. 교육 평준화 정책은 다음 몇 가지 점에서 조기유학 현상과 깊이 연루되어 있다.

1) 초점을 맞추지 못하는 교육

교육에서 가장 중요한 것은 가르치는 교사가 학생들과 접촉점(contact point)을 갖는 것이다. 이를 교육학에서는 준비도(readiness)라는 개념으로 설명한다. 학습은 학생들이 이미 알고 있는 것을 근거할 때에만 일어난다는 원리이다. 그런데 평준화 정책은 교육대상의 상태를 구분하지 않고 일반화시킴으로써 가르치는 교사와 학생들 사이의 접촉점이 상실되거나 약화되고 있다는 지적을 면키 어렵다. 그래서 '학습이 일어나지 않는 교육'이 이루어지고, 이는 자연히 접촉점을 갖고 학습할 수 있는 과외나 학원으로 교육의 주무대가 바뀌게 되는 결과를 초래하게 되는 것이다. 조기유학의 풍조는 이런 문제의식의 연속선상에 놓여 있다. 자녀의 조기유학을 생각하는 부모들은 외국(선진국)의 학교교사들은 자기 자녀들에 대한 개별적인 관심을 주리라 기대하는 것이다.[8]

2) 사교육비 증가

과열과외를 방지함으로 과도한 사교육비 지출을 막으려던 평준화 정책으로 인해 오히려 사교육비가 증가하게 되었다는 것은 매우 역설적이다. 앞에서 지적한 대로 접촉점 상실로 인해 학교에서 충실한 교육을 기대할 수 없는 학부모들은 자녀들의 교육을 학원이나 과외에 의존할 수 밖에 없게 되었고 이는 사교육비 증가로 나타나게 된 것이다. 한국개발연구원(KDI)에 의하면 우리나라의 학부모들은 학교수업료의 3-4배를 사교육비로 쓴다는 것이다. 우리나라 학부모들이 한 해에 지출하는 사교육비는 무려 17조원으로서 교육부 1년 예산보다도 더 많은 돈이다. 국민들은 이렇게 엄청난 돈을 자녀 과외와 입시준비를 위해 쏟아붓고 있다는 것이다.[9] 이러한 사교육비를 공교육에 투자하여 한국의 공교육을 혁신할 수 있다면 이것이 극단적인 과외의 한 예로서 이해될 수도 있는 조기유학 문제에 대한 최선의 대안이 될 것이다.

3) 영재교육, 학습지진아 교육의 부재

평준화 교육정책은 영재들을 발굴하여 그들의 사고력과 창의력을 개발하는 영재교육이 설 자리를 허용하지 않는다. 또한 특별한 관심과 투자를 통해 교육하여야 하는 학습지진아 교육도 그 설 자리가 없다. 영재아와 학습지진아, 이 모두에게 매우 중요한 시기가 중등교육과정인데 이 시기에 이들을 방치하고 있는 셈이다. 정부가 빈번히 '21세기 인재양성,' '정보화 세계화 시대를 주도할 인재양성'을 부르짖지만 영재들을 사장시키고 학습지진아들에 대해 무관심한 정책인 것이다. 교육부가 몇 가지 영재교육과 학습지진아 교육을 위한 제도적 보완을 시도하고 있지만 평준화 정책이 근본적으로 시정되지 않는한 이 한계를 극복하기가 어렵고, 이로 인한 조기유학의 경향을 막을 수 없을 것이다. 공교육이 영재교육에 소극적인 상황 속에서 현재 대부분의 영재교육은 사교육 시장에 의해서 점령당한 상태이며 조기유학 중 일부는 영재교육의 한 방편으로서 이루어지고 있는 것이다. 더욱이 보상교육이 되어야하고 사회복지의 차원에서도 중요한 학습지진아 교육은 모두의 관심에서 멀어져가고 있다. 현재는 일부 대안학교들이 열악한 환경 속에서 일년에 6-7만에 이르는 이들 학교부적응아들을 위한 교육을 위해 노력하고 있는 실정이다.

4) 교육자들의 교육의욕 감퇴

평준화 교육정책이 야기한 가장 심각한 문제 중의 하나는 사립학교 설립자나 사학재단, 그리고 교사들의 교육의욕을 감퇴시키고 있다는 점이다. 미션스쿨을 비롯한 사립학교는 건학정신이 있고, 건학이념이 있으며 이를 학교교육을 통해 구현시키기 위해 학교를 설립한 것이다. 그러나 평준화 정책 하에서는 이를 실현할 방도가 없으며, 교육 자체에 대한 열정이 식어질 수 밖에 없는 현실이다. 또한 교사들은 수준이나 능력의 구분이 없이 혼합된 학습집단으로 인해 가르치는 흥미와 보람이 감소되고 결국 교육의지가 감퇴되는 안타까운 현상으로 나타나게 되는 것이다. 이것은 학생들로 하여금 수업에 흥미를 잃게 하는 원인이 되고 이는 수업이 과외로, 그리고 조기유학의 경향으로 이어지는 '문제의 악순환' 양태를 보이게 된다.

이상의 논의에 대해 조금 각도를 달리 생각하면, 1974년 이후 시행된 '고교 평준화 정책'이 사실상 와해되고 있음을 알 수 있다. 공식적인 정책으로는 '평준화'이지만, 사실적으로는 학생들의 교육기회가 평준화되지 않았을 뿐만 아니라 오히려 더 불평등이 심화되고 있다는 지적이 가능하다. 경제적으로 여유가 있는 가정의 자녀들은 학원이나 과외, 조기유학을 통해 학습을 받게 되지만, 경제적으로 어려운 가정의 자녀들은 그러한 기회가 상실됨으로써 부익부 빈익빈의 현상이 심화되고 있는 것이다. 또한 정부의 교육정책에 있어서도 과학고교나 외국어고교 등 특목고의 설립, 자립형 사립고등학교의 신설, 영재학교 신설 및 영재학급 설치 방안, 대학부속학교의 자율학교화와 조기유학의 전면개방 등은 이미 교육 평준화 정책이 와해되고 있음을 드러내 주고 있는 증거들이다.

4. 조기유학 문제의 해결을 위한 노력

조기유학 문제를 해결하는 방안은 '조기유학 열풍'을 몰고 온 원인을 제거하는 것으로서 우리의 자녀들이 국내에서 얼마든지 양질의 교육을 받을 수 있고 세계적인 수준의 인재로 양성될 수 있는 길을 여는 것이다. 이를 위해서는 다음 몇 가지 변화가 필요하다.

1) 교육권에 앞서는 학습권: 교육 평준화 정책의 해제

최근 교육학에서 두드러지게 강조되고 있는 개념은 '학습권'이다. 종래까지는 교육하는 자의 입장에서 교육을 생각하는 '교육권'이 강조되어 왔고 교육부(교육인적자원부)와 교육청이 교육의 주체인 것처럼 인식되어

왔지만 이제는 학생들과 학부모들의 교육받을 권리를 강조하는 '학습권'이 '교육권'보다 앞선다는 것이다. 즉, "국민은 학습의 주체로서, 자신들의 학습에 심대한 영향을 끼칠 수 있는 모든 교육활동과 그에 관련된 제도에 대하여 관여할 권리를 일종의 자연권으로 지니고 있다"는 것이다.[10] 전세계적으로 확산되고 있는 부모의 학교선택권(parental choice) 운동은 이런 맥락에서 이해될 수 있다. 학생은 자기에게 가장 적합한 교육을 받을 권리가 있고, 세금과 수업료 등 학교의 교육비를 담당하고 있는 학부모가 학교가 제 책임을 수행하도록 요청할 수 있는 권리가 있다는 것이다. 과거에는 학교 또는 교육청이 학생을 선택하는 제도에 학부모들이 순응해왔지만 이제는 학부모와 학생이 학교를 선택하는 제도로 바뀌어야 한다는 것이다.[11] 이러한 학부모와 학생의 '학습권'과 '학교선택권'에 대한 강조는 당연히 교육 평준화 정책의 해제로 귀결되는 것이다.

2) 사교육비를 공교육비로 흡수하기

엄청난 규모로 확대되고 있는 사교육비를 공교육비로 흡수하여 공교육을 살리는 것이 현재의 학원중심의 교육현상과 과열과외, 조기유학의 문제를 해결하는 방안이다. 너무나도 당연한 말이지만 교육이 다른 곳에서가 아니라 학교에서 이루어질 수 있도록 해야 한다. 요즈음처럼 사교육시장의 규모가 확장된 예가 일찍이 없었을 것이다.[12] 미국을 비롯한 선진국가들의 경우를 보면 학교에서 값싸고 질 좋은 교육을 제공함으로써 별도의 사교육비를 과외비나 특별활동비로 지출할 필요가 없다. 만약 현재의 막대한 사교육비용을 공교육 활성화를 위해 흡수할 수만 있다면 양질의 교육을 받을 수 있는 여건을 조성할 수 있을 것이다. 학부모는 교육소비자로서 교육을 위해 투자한 만큼 또한 최선의 교육을 받을 권리가 있는 것이다.

3) 획일성에서 다양성으로: 사립학교의 자율성 보장 및 교육시장의 개방

한국 교육의 세계화를 위해서는 조기유학의 방식이 아니라 한국 학교들의 교육경쟁력을 제고시키는 방안이 강구되어야 한다. 그래서 외국유학을 가지 않고도 국내에서 양질의 교육을 받을 수 있고, 원하면 국내에서도 외국교육을 경험할 수 있도록 해야 한다. 인재양성에 뜻을 둔 사람들이 얼마든지 학교를 설립할 수 있도록 하고 건학정신에 따라 헌신적으로 교육할 수 있도록 사립학교의 자율성을 보장하여야 한다. 학생들의 학습의지가 감퇴되는 것도 심각한 문제이지만 교육자들의 교육의지가 감퇴되는 것은 교육에 있어서 치명적인 손실이다. 정부가 획일적으로 교육을 통제하던 전제주의적 방식에서 탈피하여 다양하게 특성화된 학교들이 발전하며 개방된 상황에서 자연스럽게 경쟁력을 확보할 수 있도록 돕게 될 때 왜곡된 교육현상으로서의 조기유학 풍조는 사라질 것이다.

5. 조기유학 현상과 한국교회

'조기유학,' '학교붕괴' 현상으로 대표되는 한국교육의 문제상황은 겉으로 보기에는 한국교회와 직접적인 관련이 없는 것처럼 보일 수도 있다. 그것은 '교육문제'이지 '종교문제'가 아니고, 교육부나 교육자가 책임질 문제이지, 교회나 목회자가 책임질 문제가 아니라고 생각할 가능성도 있다. 그러나 다음 몇 가지 점에서 조기유학을 비롯한 학교교육의 문제는 한국교회와 깊이 연루되어 있다.

첫째, '교육'은 특히 '자녀교육'은 교인들의 삶의 가장 중요한 영역

중의 하나이다. 사실 교인들은 다름아닌 학부모이며, 이들이 안고 있는 심각한 고민 중에 대표적인 것은 자녀들의 학교교육에 관한 것이다. 유치원에서부터 대학원에 이르기까지 학교에 다니는 자녀를 둔 부모는 늘 이 '교육의 문제'로부터 자유로울 수 없다. 한국교회는 이러한 교인(학부모)들의 주관심인 교육의 문제들을 늘 수세적, 방어적, 소극적으로 대처해 왔다. 예컨대 입학시험이 다가오면 '입시생을 위한 철야기도회'나 또는 '수험생을 위한 100일 기도회' 등의 행사를 통해 '교육'을 '신앙'과 연계시키려 했는데 이는 문제의 근본적인 해결과는 거리가 먼 것이다.

둘째, 바른 신앙은 교육(자녀교육)에 대한 바른 관점을 요구한다. 한국교회가 교인들에게 '신앙과 삶'이 분리되지 않고 일치되어야 함을 가르쳐야 한다면 교인들의 '자녀교육관'의 문제를 다룰 수 밖에 없고, 이는 학교교육에 대한 기독교적 관점을 표방해야 함을 의미한다. 현재까지는 교회 안에서는 신앙이 성숙되었다고 인정되는 사람들도 자녀교육에 대해서는 세속적인 관점으로 일관하는 경우를 많이 보게 되는데, 진정한 신앙성숙이 기독교세계관에 의해 모든 영역을 바라보고 이를 실천하는 것을 포함한다면 진정한 목회는 학교교육의 주제를 진지하게 다루어야만 할 것이다.

셋째, 교회가 단지 '교회성장'을 위해 존재하는 것이 아니라 '하나님 나라'를 위한 것이라면 한국교회는 '학교교육'에 대해 보다 진지한 관심을 가져야 한다. 교회는 하나님이 만유의 주이심을 선포해야 하며 모든 영역에서 주님되심(Lordship)을 인정하되, 특히 교육의 영역에서 하나님 나라를 확장해야 할 것이다. 수많은 아이들과 청소년들이 고통받고 있는 오늘 교육의 현실은 '하나님 나라'에로의 회복을 갈구하고 있다. 하나님의 말씀에 근거한 교육의 개혁은 문화명령(창 1:28)과 직결되며, 선교명령(마 28:19-20)과 이웃사랑의 명령(요 13:34)과 분리될 수 없다. 왜곡된 교육현실을 개혁하며 보다 하나님의 공의와 사랑이 실현되는 교육현장을 만드는 노력은 정부의 몫만이 아니라 한국교회가 추구해야할 과제인 것이다.

6. 학교, 기독교교육의 장(場)

      최근 조기유학의 경향을 학교붕괴 현상과 관련지어 논의하면서 한국교회, 특히 기독교교육계가 이 문제로부터 결코 자유로울 수 없음을 확인하게 된다. 또한 일그러지고 뒤틀린 교육의 문제는 하나님의 통치를 고대하고 있고 기독교교육이 새로워질 것을 요청하고 있다. 조기유학 문제의 근본적인 해결은 무엇보다 학교를 기독교교육의 장(場)으로서 분명히 인식하는 데서 출발한다. 기독교교육은 '교회교육'과 동일시 될 수 없다. 기독교교육의 장은 교회만이 아니라 가정, 학교, 사회를 포함한다. 그러나, 지난 수십 년간의 기독교교육의 경향은 주로 교회교육에만 초점을 두어왔다고 해도 과언이 아니다. 기독교교육은 교회교육, 그 중에서도 자라나는 세대만을 대상으로 하는 주일학교, 또는 교회학교 교육으로 인식되어 왔다. 각 신학대학교 기독교교육학과의 커리큘럼이나 각 교단 총회 교육부의 활동은 교회교육에 초점이 맞추어져 있다. 이제는 제법 많은 숫자를 헤아리는 기독교교육 관련 연구소도 예외 없이 그 관심이 교회교육으로 제한되어 있다. 그러는 동안에 학교는 '기독교교육'의 무관심 영역으로 전락하였고 급기야는 '학교붕괴' 현상까지 직면하게 된 것이다.[13] 결국, 한국교회는 이러한 문제를 해결하거나 대안을 제시하는 역할을 하기보다는 그 문제에 휩싸이거나 오히려 일방적으로 무너져가는 학교교육으로부터 영향을 받는 위치에 놓이게 되었다. 기독교교육이 넓은 의미의 신앙성숙과 전인적인 성장을 위한 것이라면, 기독교교육적인 관심이 조기유학 문제를 포함한 학교교육의 영역으로까지 확대되어야 하는 것이 분명하다.

7. 나가는 말

'조기유학,' '교실붕괴,' '학교붕괴,' 그리고 '교육이민' 이라는 용어는 여전히 세인들의 화두가 되고 있다. 무너져 내리는 교육현실 속에서 들리는 교사들과 아이들, 학부모들의 신음소리와 아우성은 한국 교회의 응답을 요구하고 있다. 이제는 한국교회가 기독교적 관점에서 학교교육 개혁의 비전을 갖고 '공교육 살리기 운동' 에 적극적으로 참여해야 할 때이다. 물론 이 일은 공동체적이어야 한다. 기독교교육학자들, 크리스천 교육학자들, 기독교학교와 기독교사들, 대안학교 운동가와 기독학부모, 기독교 시민단체와 교회가 서로 연대하여 공(公)교육에서도 하나님 나라가 이루어지도록 최선을 다해야 할 것이다.

토의문제

1. 주위에 조기유학을 떠난 학생들이나 소위 '기러기 아빠'가 있는 가정
   이 있는가? 그들이 왜 조기유학을 선택하게 되었는지 그 이유를 함께
   나누어 보자.

2. 조기유학 현상이 경제적 계층별(상, 중, 하), 학교급별(초, 중, 고), 지역
   별(대도시, 중소도시, 농어촌)로 어떤 차이를 보이는지 분석하고 토의
   해 보자.

3. 조기유학이 지니는 장점과 단점을 그 학생 개인이나 가정의 입장에서
   만이 아니라 국가적 차원까지 고려해서 토의해 보자.

4. 조기유학이 급증할 수밖에 없는 한국 교육의 구조적 모순은 무엇이
   며, 그 중 가장 심각한 문제는 무엇이라고 생각하는가?

5. 조기유학 현상을 기독교교육적으로 어떻게 이해해야 하며, 이에 대한
   한국교회의 대책이 어떠해야 한다고 생각하는지 이야기해 보자.

제12장 평준화를 바라보는 기독교교육적 시각

1. 평준화냐 비평준화냐

2004년은 이 땅에 고교 평준화 제도가 시작된 지 30주년이 되는 해이다. 1974년부터 서울과 부산에서부터 시작된 고교 평준화 제도는 30년이 지난 지금까지 교육의 가장 핵심적인 이슈이며 동시에 가장 민감한 이슈로 인식되고 있다. 일부 언론에서는 한국의 '교육붕괴 현상'은 평준화 정책 때문이라고 비판하면서 비평준화를 교육정책의 제일 우선순위로 삼고 있다. 반면에 전교조 등 일부 교사단체를 비롯한 이념적으로 보다 진보적인 성향을 띠고 있는 진영에서는 평준화를 유지하고 확대해야할 정책으로 확정하고 이를 추진하고 있기도 하다. 이 평준화 문제만큼은 교사들도, 학부모들도 일치된 견해를 갖고 있지 못하다. 강남을 비롯한 상대적으로 부유한 지역, 그리고 자녀들의 학력수준이 상대적으로 높은 학부모들은 비평준화를 선호하는 경향이 있고, 반대의 경우는 평준화를 선호한다는 분석도 있다. 그렇다면 기독교적인 시각에서는 고교 평준화 제도를 어떻게 접근하고 인식하고 평가해야 하는가?

2. 평준화, 비평준화에 대한 성경적 기초

성경에서 직접적으로 평준화 정책이나 비평준화 정책에 대한 근거를 찾기는 쉽지 않다. 그러나 평준화 정책에 내재된 '평준화' 이념이나 비평준화 정책에 내재된 '비평준화' 이념에 대한 성경적인 견해는 발견할 수 있다. 즉 평준화와 비평준화 모두 성경적 근거를 지니고 있다고 보아야 할 것이다. 평준화는 정의, 평등, 공평, 공의라는 가치를 구현하고 있다고 볼 수 있다. 고교 평준화 정책이 시작될 당시의 사회적 상황은 빈부격차가 심하였을 뿐만 아니라 일류 고등학교와 삼류 고등학교, 소위 '따라지' 고등학교 사이에는 심한 격차가 있었고 이로 인한 우월감과 열등감은 자라나는 청소년들에게는 엄청난 왜곡된 자아상을 심어주고 있었다. 필자는 고교 평준화 정책이 시행되기 전에 고등학교 입학시험을 치른 세대인데 당시 참고서 표지마다 고등학교 뺏지들로 가득차 있었고, 모든 고등학교가 철저히 서열화되어 있어서 그 학교에 따라 자신의 자존감이 결정되는 경향이 있었다. 그런데 성경에 보면 고린도후서 8장 13-14절에 이런 말씀이 있다. "이는 다른 사람들은 평안하게 하고 너희는 곤고하게 하려는 것이 아니요 평균케 하려 함이니, 이제 너희의 유여한 것으로 저희 부족한 것을 보충함은 후에 저희 유여한 것으로 너희 부족한 것을 보충하여 평균하게 하려 함이라" 이 구절에 나타나는 '평균'의 개념은 고교 평준화 정책에 하나의 성경적 근거라고 말할 수 있다. 하나님이 가장 원하시는 것 중의 하나가 이 땅이 공평하고 평등한 것이다. 이런 의미에서 평준화는 기독교적 가치를 지닌다고 할 수 있다.

그러나 우리가 간과하지 말아야 할 것은 평준화를 반대하고 비평준화를 주장하는 사람들의 논리에도 귀를 기울일 필요가 있다. 이들은 자유, 자율, 경쟁력, 그리고 다양성과 은사를 강조하는 경향이 있다. 우리 몸의 각 지체가 다른 것처럼 학생들도 다양하며, 그 능력도 다르기 때문에 획일적으로 교육해서는 안된다는 논리가 깔려있다. 성경에 나오는 인간의 자유의지와 달란트 비유, 은사에 관한 교훈 등을 비평준화 논리의 근거로 제시할 수도 있다. 이런 점에서 어느 하나는 성경적이고 다른 하나는 비성경적이라는 주장은 설득력을 얻을 수 없다. 오히려 필요한 것은 '온전한 지혜'(고전 2:6)를 얻는 것이요, 서로의 주장에 겸손히 귀기울여 가장 지혜로운 대안을 모색하는 일일 것이다.

3. 평준화 이슈보다 더 중요한 것

평준화냐 비평준화냐보다 더 중요한 것은 어떤 제도 하에서이건 각각의 입장에서 주장하는 '가치'와 '덕목'들이 실현되는 방안을 모색하는 것이다. 사실 현재의 고교 입학제도를 평준화 체제라고 말하지만 얼마나 많은 비평준화적 요소들이 존재하는지 모른다. 특목고의 존재가 그렇고 강남과 강북의 차이, 도시와 농촌의 차이가 그러하며, 사교육비의 불평등성이 그러하다. 교육의 기회균등과 관련된 논의에 따르면 법적, 제도적, 선언적 평등으로는 불충분하다. 출발점(starting point)의 평등이 이루어져야 한다. 뿐만 아니라 출발점이 평등하더라도 과정의 투입여건의 불평등성으로 말미암아 엄청난 결과(output)의 불평등 상황이 일어난다. 그렇기 때문에 보상적 평등의 개념이 중요하게 다루어지는 것이다. 기독교적 관점은 보다 소외된 사람들이 교육에서마저도 소외되지 않도록 관심을 기울이고, 나아가 그들을 더 사랑하고 지원함으로 보상적 평등이 이루어지도록 해야 할 것이다. 평준화를 주장하면서도 성경이 말하는 자유와 자율을 어떻게 극대화시킬 수 있는지를 고민해야 할 것이다.

최근에 대광고 강의석 군의 '종교의 자유' 주장과 관련한 이슈 중에서도 가장 중요한 부분이 바로 평준화 정책과 관련이 있다. 평준화의 여러 가치들이 실현되는 가운데, 평준화를 함으로 말미암아 '학교의 학생 선택권'과 '학생의 학교 선택권'이 무시되어 왔다. 우리는 평준화 못지않게 종교를 자유롭게 가르칠 수 있는 자유와 종교학교를 선택하거나 하지 않을 수 있는 자유를 소홀히 다루어 온 것이다. 우리나라에 진정한 의미의 사립학교가 있느냐는 질문을 하기도 하지만, 그래도 한국의 기독교학교들은 분명한 건학이념을 갖고 학교를 설립했는데, 이제는 그 교육의 의지가 크게 감퇴하고 있다. 사립학교의 자율성의 문제는 평준화냐 비평준화냐의 선택과 관계없이 여전히 중요하게 고려되어야할 요소요 기독교적 가치인 것이다.

　　사실 꼭 평준화냐 비평준화냐의 양자택일만 있는 것은 아니다. 현재도 명백한 양자택일이 아니라 절충적인 입장이지만, 선의의 절충은 적극적으로 시도할 필요가 있다. 그 기준은 성경적, 기독교적 가치를 가장 잘 성취할 수 있는 제도를 찾아가는 것이다. 헌법 31조에 제시된 "모든 국민은 능력에 따라 균등하게 교육받을 권리를 가진다"는 법조문 속에는 '능력에 따라'라고 하는 비평준화적 요소와 '균등하게'라는 평준화적 요소가 함께 공존하고 있다. 이것은 이 헌법 자체가 평준화이면서도 비평준화인 교육을 추구할 것을 암시하고 있는 것이다. 평준화냐 비평준화냐 하는 제도의 명목이 중요한 것이 아니라 실제적으로 어떤 가치를 추구할 것이냐가 중요하다.

4. 평준화와 비평준화를 아우르는 가치, 사랑

　　평준화 개념을 '공평이나 정의'로 보고 비평준화 개념을 '자유나 자율'로 볼 때 두 가지를 동시에 이룰 수 있는 개념은 '사랑'일 것이다. 필자는 평준화, 비평준화 이슈보다 더 중요한 것은 어떤 체제에서건 사랑으로 학생들을 대하는 교사를 가장 필요로 하고 있다는 사실이다. 사랑을 바탕으로 열정과 헌신을 지닌 교사는 어떤 제도에서도 변화를 일으킬 수 있다. 그리고 그런 교사는 평준화 속에서도 비평준화의 숨은 가치를 실현할 수 있으며, 비평준화 속에서도 평준화의 숨은 가치를 실현할 수 있다. 예컨대 평준화 제도 속에서 어떻게 다양성을 존중하여 획일적인 교육을 지양할 수 있을 것인가? '사랑'으로 개개인의 학생을 돌보며, 가정방문을 통해 학생들을 이해하고, 고통당하는 학생 한 명을 향하여 주님이 품으셨던 민망히 여기는 마음을 갖고 일대일 결연을 하며 사랑할 때 이것을 가능케 한다. 시편 78장 70-72절에 나타나는 다윗의 모습처럼, '그 마음의 성실함으로 기르고 그 손의 공교함으로 지도'할 수만 있다면 제도를 뛰어넘는 능력이 가능할 것이다.

이런 의미에서 표현에 좀 어패가 있을지 모르지만, '교사가 누구인가'가 평준화, 비평준화 이슈보다 훨씬 중요하다. 진정으로 좋은 교사가 되는 것을 추구한다면 이는 제도의 한계를 뛰어넘는 능력이 있다. 오늘 한국 교육이 가장 필요로 하고 있는 것은 평준화냐 비평준화냐의 선택보다 평준화에 내재된 기독교적 가치와 비평준화에 내재된 기독교적 가치를 어떤 제도 하에서라도 실현할 수 있는 교사됨을 회복하는 것이다. 필자의 주장이 평준화, 비평준화의 이슈가 중요하지 않다거나 정책적 논의가 필요없다는 것이 아니다. 평준화, 비평준화에 관련된 논의를 하는 이유가 무엇인지를 깊이 성찰한다면 형식적으로 어떤 제도를 선택하는 것보다 훨씬 더 깊은 내면적 가치를 추구할 수 있어야 한다는 것이다.

토의문제

1. 평준화는 1969부터 시행된 중학교 평준화와 1974년부터 시행된 고등학교 평준화를 포함한다. 현재 평준화 제도가 실시되고 있는 지역이 어느 정도인지를 분석해 보자.

2. '평준화냐 비평준화냐'에 대해 두 그룹으로 나누어 찬반에 관한 토론을 해 보자.

3. 평준화와 비평준화 각각에 대한 성경적인 근거를 말해 보자.

4. 평준화가 종교교육의 자유를 상당부분 제한하는 면이 있고, 사립학교의 자율성을 침해하는 면이 있다는 주장에 대해서 어떻게 생각하는가? 그럼에도 불구하고 평준화 정책을 지지한다면 그 이유는 무엇인가?

5. 현 평준화 제도에 대한 기독교적 대안은 무엇이라고 생각하는지 토의해 보자.

제13장 기독교사운동의 방향

1. 비전으로서의 기독교사운동

'기독교사'로의 부르심이 소명이라면 '기독교사운동'은 또 다른 소명이요 하나님이 기독교사들에게 맡기신 사명이다. 왜냐하면 기독교사로서의 삶과 기독교사운동은 공히 교육의 영역에서 '하나님 나라'를 이루어가는 과정이기 때문이다. 그러기에 기독교사는 하나님이 기대하시는 교육, 하나님이 원하시는 학교의 모습을 그리며, 왜곡되고 뒤틀린 오늘의 교육현실 속에서 하나님께서 '보내신 자'로서의 사명을 감당하여야 하는 것이다. '기독교사운동'을 비전으로 삼는 기독교사들의 몇 가지 특징이 있다.

첫째는 '하나님 나라'에 대한 사모함이다. 오늘날의 교육 현실에 안주하지 않고, 십자가상에서 이미 선언된 '교육의 영역에서 하나님 나라'를 추구한다. 하나님의 통치가 이루어지는 학교, 하나님의 주권이 인정되는 교육이 되는 것을 소망하며, 그런 하나님 나라를 사모하게 된다. 둘째는 이로 인한 흥분감과 기대감을 갖는다. 새로운 교육, 구속적인 교육에 대한 사모함은 단지 지적인 판단에 그치는 것이 아니라 정서적이고 정의적인 영역에까지 미친다. 오늘날의 왜곡된 교육현실이 뒤바뀌어 '원래의 교육' '하나님이 기뻐하시는 교육'으로 변화될 것을 믿고 기대할 때, 마음속으로부터 열정이 생기고 이러한 사역으로 헌신하도록 하는 결단을 가능케 한다. 셋째는 장애 너머를 바라보는 눈이다. 이러한 비전을 실현하기 위해서는 값을 치루어야 하고, 현실적인 장애가 많을지라도 좌절하는 것이 아니라 그 장애물 넘어서 있는 약속을 바라보는 것이다. 그리고 마지막으로 기독교사는 현실을 직시하고 미래의 소망을 바라보되, 이 둘을 연결시킬 수 있는 전략을 수립할 줄 아는 사람이다. 그리고 현실과 미래를 연결하는 가교가 되기 위해 자신을 내어줄 수 있는 사람이다.

2. 기독교사운동의 방향

기독교사운동의 방향은 기독교사운동이 지닌 세 가지 독특성을 살릴 때 바르게 설정될 수 있다.

(1) 기독

'기독'은 기독교사운동의 원천이다. 기독교사운동이 일반 교사운동이나 다른 시민 운동과 다른 점은 '기독'에 있다. 이는 몇 가지 방향을 암시하고 있다. 첫째는 복음에 기초할 뿐 아니라 모든 과정에서 계속적으로 복음이 확인되어야 한다. 둘째는 교사들의 신앙생활의 성숙의 깊이와 기독교사운동의 깊이가 정비례함을 기억해야 할 것이다. 셋째는 기독교적 관점의 중요성이다. 성경적이고 기독교세계관적인 훈련이 필요하다. 넷째는 교회와의 연계이다. 기독교사운동은 교회와 함께 그리스도인의 변혁운동으로서 자리매김을 해야 할 것이다. 그리고 교회 안에 잠자는 교사들을 불러 일으켜 모든 기독교사들이 함께 이 운동에 참여할 수 있도록 해야 할 것이다.

(2) 교사

'교사'는 기독교사운동이 무엇을 추구해야 할지를 보여준다. 올바른 '교사됨'이 기독교사운동의 질을 가늠하기 때문이다. 교사됨은 교사 자신과 교사와 학생의 관계, 교사와 교육내용의 관계, 학생과 교육내용을 연결시키는 관계로 구분하여 생각할 수 있다. 첫째는 교사 자신의 인격의 변화이다. 교사다운 교사가 되지 않으면 '기독교사'라는 것이 오히려 장애가 될 수도 있음을 우리는 알고 있다. 둘째는 학생과 맺는 인간관계의 방식에서의 변화이다. 일만 스승이 아닌 아비로서의 관계로의 변화가 필요하다. 셋째는 교사의 전문분야에서의 실력이다. 이 부분에서 기독교사가 탁월성을 추구할 수 있도록 도와야 한다. 넷째는 교수방법과 가르치는 기술에 있어서의 진보를 의미한다. '기독교사'가 다른 교사와 달리 이러한 부분들에서 보다 '온전한' 가르침을 가능케 할 때 기독교사운동의 전문성은 확보된다.

(3) 운동

'운동'은 실천과 참여를 강조한다. 첫째, 현장의 실제적인 변화를 담보할 수 있어야 한다. 운동은 현장의 현재적 상황에서부터 출발해야 한다. 현장을 떠나고 실천과 괴리된 운동은 생명력이 없는 추상적 구호로 전락해 버린다. 둘째, 모든 기독교사들이 참여할 수 있도록 운동이 확산되어야 한다. 운동은 역동성이 있고 전염성이 있어야 한다. 운동에 참여하는 기독교사들이 점점 증가되어 명실상부한 기독교사들을 대표하는 운동이 되어야 한다. 셋째, 공동체적이어야 한다. 운동은 한 개인이 하는 것이 아니라 공동체로서 하는 것이다. 운동에는 내연과 외연이 있는 내부적인 연합과 외부적인 협력관계가 모두 필요하다. 단체들과의 연합이 중요하며 타 운동과의 연대를 통해 교육의 영역에서 변화를 극대화하여야 한다.

3. 기독교사운동의 정체성

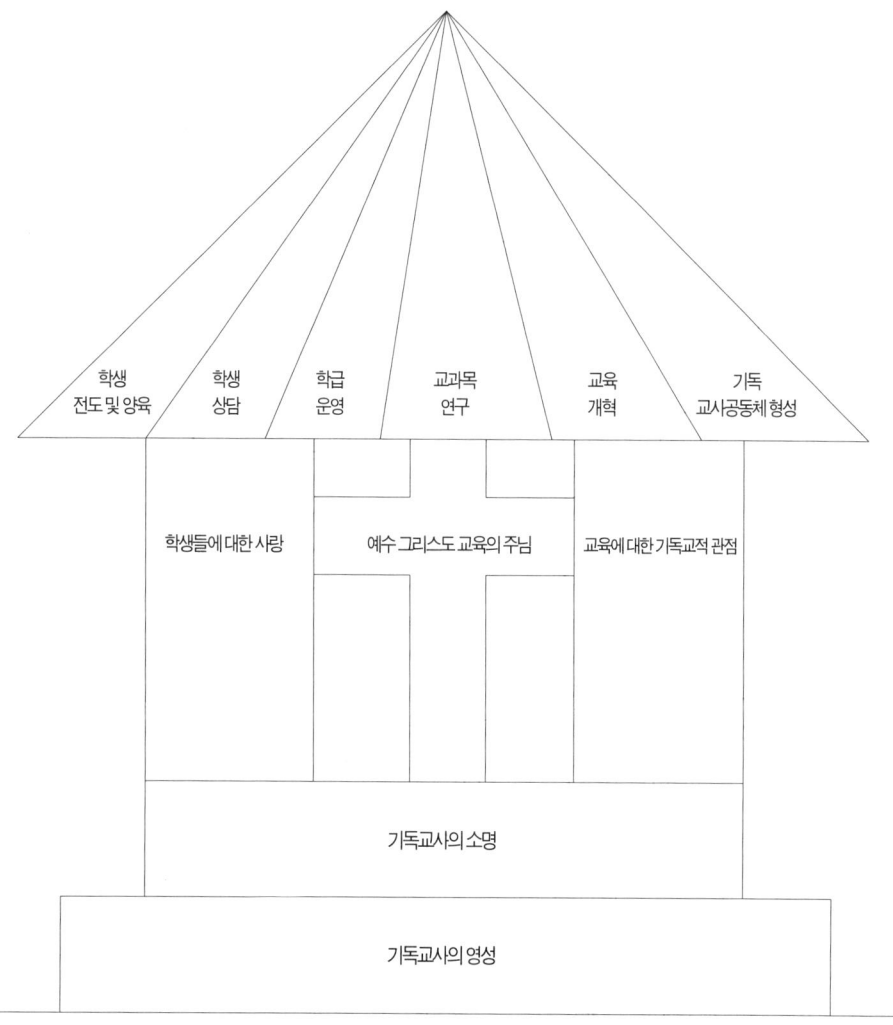

〈그림 1〉 교육의 영역에서의 하나님나라 확장

첫째, 기독교사운동은 기독교사의 영성에 기초하고 있다. 이는 기독교사의 기본적인 삶(Basic Life)으로서의 경건생활이 중요함을 의미한다. 이를 위해 교사 개인이 갖는 경건의 시간(Quiet Time)은 물론 개인성경공부 및 그룹성경공부, 그리고 함께 드리는 예배를 통해 교사의 신앙이 지속적으로 성숙해져야 할 것이다.

둘째, 기독교사운동은 기독교사의 소명에 터하고 있다. 우리를 기독교사로 부르신 분은 하나님이시고 그 분의 부르심(calling)이야말로 기독교사 사역의 출발점이다. 우리 각자의 계획이나 뜻에 앞서서 하나님의 계획과 뜻, 그 분의 비전에 우리의 초점을 맞추는 것이 중요하다.

셋째, 기독교사운동의 두 가지 기둥이 있다면 그 하나가 '학생들에 대한 사랑'이다. 이는 학생전도 및 양육, 학생상담, 학급운영의 기초가 된다. 다른 하나는 '교육에 대한 기독교적 관점'이다. 기독교적 세계관을 갖고 우리가 가르치는 교과목에 대해 기독교적 관점을 지니며, 이 관점에서 교육개혁에 임해야 할 것이다.

넷째, 기독교사운동은 균형잡힌 시각을 제공한다. 각각의 은사와 관심에 따라 강조점을 달리 할 수는 있지만 '기독교사'는 교육의 전 영역에서 주님의 주님되심(Lordship)을 인정해야 한다. 이를 통해 교육의 영역에서 하나님나라가 확장되어갈 것이다.

다섯째, 기독교사운동은 '기독교사공동체 형성' 자체를 중요한 사역의 내용으로 포함한다. 각각의 기독교사를 세우는 일도 중요하지만 '기독교사 운동'을 통해 이 땅의 학교현장과 교육현실, 그리고 사회와 역사를 변화시키는 일을 비전으로 품는다. 이를 위해서는 계속해서 기독교사 운동에 헌신하는 일꾼들을 세우는 일이 중요하다.

이 모든 기독교사운동의 중심에는 항상 '교육의 주인되신' 예수 그리스도께서 계심을 고백한다. 예수 그리스도는 기독교사의 주인이며, 기독교사 운동의 주인이며, 모든 변화의 힘은 그분계로부터 나온다.

4. 향후 기독교사운동의 방향을 위한 제언

(1) 평생사역(life-long ministry) 체제의 확립

기독교사운동은 모든 연령의 교사들에 대한 관심을 갖고, 신임교사에서부터 교직에서 은퇴하는 시기까지의 전 생애를 통해 '기독교사'로서 사역할 수 있도록 도와야 한다. 이를 위해서는 다양한 연령대의 교사 모두를 포용할 수 있고 격려할 수 있는 커리큘럼이 필요하며, 이를 뒷받침할 수 있는 구조(조직이나 행사)가 필요하다.

장기적으로는 기독교사가 되기 이전의 과정, 즉 아동기와 초, 중, 고등학교 과정에서부터 기독교사가 되고 싶다는 소망을 갖도록 하는 교육과 이에 대해 헌신할 수 있도록 돕는 '기독교사 충원 과정'에 대한 관심도 필요하다. 또한 정년 이후의 기독교사들의 삶과 사역에 대한 관심을 갖고, 이들이 기독교사운동에 공헌할 수 있는 방안도 모색되어야 할 것이다.

(2) 조직 정비 및 본부 기능의 활성화

보다 적극적이고 활성화된 기독교사운동을 위해서는 조직의 정비가 필요하다. 다양한 지역에서 활동하는 기독교사단체들을 하나의 정신(Spirit)으로 통일하며, 적극적인 지부 개척을 위해서도 견고한 조직이 필요하다. 기독교사운동 사역자들을 보다 확실하게 지원하며, 사역을 위한 재원확보, 중장기 사역의 추진을 위해서도 필수적이다. 또한 본부 기능의 활성화가 필요한데 기독교사운동의 센터로서 연구, 행정, 연수기능을 수행하는 본부 사역이 보다 활성화되어야 하며 이를 위해서는 본부건물도 필요할 것이다.

(3) 기독교사운동의 중장기 계획

기독교사운동의 20년, 30년 후를 내다보며 장기적인 계획을 세워야
하며, 이를 구체화하는 10개년 계획이 세워질 필요가 있다. 기독교사들에
게 비전을 품고 이를 위해 구체적으로 헌신할 수 있도록 청사진을 제시하
여야 한다. 예컨대 1단계로 기독교사운동을 위한 전담사역자를 두며, 2단
계로 전국을 광역권으로 나눠 기독교사운동 지부를 개척하고 본부 건물을
구입하고, 3단계로 각 지부에 전담 사역자들을 세우며, 기독교사 연수원을
세우고, 4단계로 기독교원대학원을 설립하는 등 중장기 계획이 필요하다.

(4) 전국적인 네트워크 형성

기독교사운동은 전국의 모든 시, 도에 어떤 형태로든, 그리고 어느
단체가 주도하든 기독교사모임이 시작될 수 있도록 도와야 할 책임과 의무
가 있다. 달리 말해, 모든 전국에 있는 기독교사가 기독교사운동에 용이하
게 접근할 수 있는 체제를 갖추어야 한다는 것이다. 기독교사연합이 전담
사역자를 두게 된다면 이 분이 여러 지역을 순회하며 각 지부의 설립과 활
성화를 도울 수 있을 것이다. 또 이를 위해서는 기독교사 사역 개척을 위한
일종의 매뉴얼이 필요한데 어느 지역이든 그 지침대로 사역을 할 수 있도
록 돕는 것이다. 그리고 계속해서 각 지부들을 연결시켜 후원하는 전국적
인 네트워크를 형성해야 할 것이다.

(5) 교대, 사대(예비교사) 개척 사역

기독교사 양성과 기독교사운동가의 충원을 위해서는 필수적이다.
사실 기독교사에로의 소명은 이 예비교사 시절에 이루어져야 할 발달과업

이다. 또한 균형잡히고 폭넓은 기독교교육의 관점을 기독교사가 되기 전부터 형성한다는 장점도 있을 것이다. 그리고 대학시절부터 갖게 되는 순수한 동지애와 이를 통해 갖게 되는 비젼의 공유는 평생사역에로의 헌신을 도울 것이다.

(6) 교회와의 연대

지속적인 기독교사운동의 확산을 위해서는 기독교사연합이 한국교회와 연대해야할 필요성이 있다. 각 교회에 출석하면서도 기독교사운동에 참여하고 있지 않은 교사들을 발굴해낼 뿐만 아니라 교회가 기독교사 운동의 후원그룹이 될 필요가 있다. 한국 교회의 교인들이 대부분 다름 아닌 학부모라는 점에서도 교회와의 연대를 통해 학부모와 연대한 교육운동으로 확산시킬 수도 있을 것이다. 교회에서 일년에 한번이라도 '학교교육주일'을 갖고 이 때에 기독교사단체들의 교사들이 방문하여 유대를 갖는 것도 한가지 방법이 될 것이다. 또한 기독교사 운동을 위한 후원 교회의 목회자들이 하나의 모임을 갖는 것도 좋을 것이다.

(7) 사역의 전문화

기독교사운동의 사역이 보다 전문화될 필요가 있다. 예컨대 제자훈련사역, 기독교학교교육 관련연구, 출판기획사역, 신임교사연수, 교회협력사역, 해외협력사역, 홍보사역 등이 필요하다. 전체 교사들의 신앙적인 양육을 위한 것만이 아니라 이러한 각 전문분야의 리더 교사들을 양성하는 것도 중요한 과제라고 할 수 있다.

(8) 기독교사를 위한 커리큘럼 개발

기독교사의 전 생애를 위한 커리큘럼 및 이에 따른 교재개발이 필요하다. 예컨대 예비교사를 위한 커리큘럼 및 교재, 신임교사 양성을 위한 커리큘럼 및 교재, 기독교사 1, 2, 3단계 커리큘럼 및 교재, 리더교사 양성 커리큘럼 및 교재개발 등을 들 수 있다. 이러한 교재들은 비단 기독교사단체들만이 아니라 개인이나 교회의 교사모임을 위해서도 제공할 수 있을 것이다.

(9) 공동체적 노력

기독교사운동은 교육현장을 변화시키기 위해 연관된 타 단체나 운동들과 공동체적으로 연대할 필요가 있다. 교회와 각 교단과의 협력은 물론이고 교대, 사대 교수그룹, 기독교교육학자들, 기독교교육행정가들, 기독교학부모회, 기독교학교설립자들, 다양한 기독 시민단체들과 선교단체들과의 공동적 노력이 필요하다.

(10) 전임 사역자의 필요

현재의 기독교사운동은 그 어느 때보다도 전임 사역자를 필요로 한다. 기독교사운동의 확산을 위해서도 전임 사역자가 필요하지만, 전임사역자를 두게 될 때 각 기독교사단체들을 적극적으로 도우며 연대를 강화할 수 있을 것이다. 4-5년의 임기를 두고 전임사역자를 세우고, 그 후에는 국내나 해외에서 사역의 발전을 위해 공부하거나 경험하고 후에 더 큰 지도력을 지닌 사역자로 헌신할 수 있는 구조가 필요하다. 사역의 발전은 지도력의 재생산을 통해 이루어지는 것이다. 때로 교사직을 그만두게 될 경우의 현실감 상실을 우려하기도 하지만 이제는 '기독교사운동' 자체가 또 하나의 현실임을 기억해야 할 것이다. 기독교사운동은 이제 아마츄어에서 프로로의 전환이 필요하다. 하나님의 약속에 근거한 '신나는 모험'을 하기 원하는 헌신된 사역자가 필요한 것이다.

기독 교사운동의 방향[1]

"내 가슴속에 있는 교육에 대한 안타까움이 하나님이 주신 소명이
라고 믿습니다."

_박상진 장신대 교수

"함께 바라보아야 할 꿈은 운동에 있어 가장 중요한 힘입니다. 저
는 이 운동을 알기 전에도 교육에 대한 안타까움을 갖고 있었습니
다. 교육의 현장에서 들려오는 아이들의 신음소리를 들으면서 교
육 현장에 하나님의 나라가 이루어지는 소망을 갖고 있습니다."

1998년 처음으로 기독교사대회가 열렸을 때 '기독교사'의 정체성
을 논리적으로 정리하여 참석자들의 큰 반향을 불러일으킨 특강의
주인공을 만나 보았다. 박상진 목사님은 기독교사연합운동의 모티
브를 제공해 준 분으로 알려져 있다. 1995년 지금의 기독교사연합
상임총무인 송인수, 정병오 선생님을 만난 자리에서 기독교사운동
이 좀 더 강한 연합을 통해 시대적 사명을 감당할 것을 주문하였는
데 그 때 얻은 영감이 기독교사연합운동의 단초가 된 것으로 평가
되고 있다. 질문은 당시의 상황으로부터 시작하였다.

(좌담의 사회자는 당시 '좋은교사'의 편집장이었던 김진우 선생님이다.)

사회자: 당시 기독교사운동에 대하여 통합을 추구해야 한다고 말
씀하신 것으로 아는데 왜 그러한 생각을 하시게 된 것입니
까?

박상진: 제가 1983년에 TCF의 간사를 맡은 적이 있습니다. 당시
IVF의 송인규 총무님으로부터 영향을 받아 저의 쌍둥이
형(박상은 현 샘안양병원 원장)이 기독의사쪽 사역을 맡고 저는
기독교사쪽 사역을 맡은 것이죠.

　　제가 교육학과 출신인데다 대학원에서 교육사회학을
전공했었거든요. 그런데 기독교사운동을 하다 보니 하나
의 단체로 교육계에서 하나님 나라 운동을 힘 있게 하는
데 한계가 있다는 것을 느꼈습니다. 당시 교육의 많은 문
제를 보면서 기독교사들이 하나로 합쳐서 구조적인 문제
에 대응한다면 좀 더 영향력 있는 운동을 할 수 있지 않을
까 하는 생각을 했습니다.

　　그런데 생각만큼 일이 잘 이루어지지 않았습니다. 그런
와중에 민중교육지 사건이 나고 전교조 운동이 일어나면
서 제 개인적으로는 기독교사운동에 대한 아쉬움을 많이
느꼈습니다. 그런 것들이 계기가 되어 제가 좀 더 공부하
고 준비가 되어 다시 이 운동으로 돌아와야겠다는 생각을
하게 되었습니다. 그러던 중 1995년에 송인수, 정병오 선
생님을 만나게 되어 기독교사 단체들의 통합을 이야기하
게 되었던 것입니다. 지금도 기본적인 생각은 변함이 없습
니다.

사회자: 통합을 말씀 하셨는데 현재 기독교사운동은 연합의 형태

를 취하고 있는데요. 이 부분은 교사단체들 안에서 많은 토의를 거쳤는데 통합보다는 연합이 바람직하다는 결론을 낸 것으로 알고 있습니다. 단체마다 고유한 목적과 정신이 있거든요. 단체별로 갖고 있는 정신과 실천들의 차이점들이 극복될 수 있다고 보시는 것입니까?

박상진: 저는 모든 단체들이 똑같을 수는 없다고 생각을 합니다. 그러나 함께 할 수 있는 영역이 분명히 있다고 보거든요. 거기서 출발하면 되는 것입니다. 현재 단체들 사이의 차이는 그리 심각한 것이 아니라고 보입니다. 정말 근본적인 부분에서 정신이 다르다면 어쩔 수 없이 분리해야 할 부분이 있을지도 모르지만 저는 같이 할 수 있는 부분이 더 많다고 생각합니다. 그것 때문에 지금의 연합이 가능해졌다고 생각하구요.

그래서 공유할 수 있는 부분을 중심으로 커리큘럼을 만들고 지역모임이 개척이 되고 그 이후에 필요하면 관심과 이슈를 따라 모임을 분화하는 것은 바람직하다고 생각합니다. 그러나 처음 기독교사운동에 입문하는 기독교사들에게는 단체의 정체성을 뛰어 넘어 하나된 기독교사운동의 정체성을 갖는 것이 바람직하다고 생각합니다. 그래야 기독교사운동이 추구하는 종합적이고 균형잡힌 정신에 입각한 기독교사가 길러질 수 있다고 봅니다.

운동의 비전에 대하여

사회자: 아무튼 현재의 상황에서 기독교사들이 연합에 대한 소속

감보다는 단체에 대한 소속감이 더 강하고, 결국 연합도 단체의 성장에 기여할 수 있는 지원의 역할에 그쳐야 한다는 의견도 있습니다. 결국 연합이나 통합을 이야기하는 것은 모든 기독교사가 함께 바라보아야 할 동일한 비전이 있다는 것에서 출발해야 하는데요. 목사님께서는 그것을 어떻게 정의하시겠습니까?

박상진: 함께 바라보아야 할 꿈은 운동에 있어 가장 중요한 힘입니다. 저는 이 운동을 알기 전에도 교육에 대한 안타까움을 갖고 있었습니다. 교육의 현장에서 들려오는 아이들의 신음소리를 들으면서 교육 현장에 하나님의 나라가 이루어지는 소망을 갖고 있습니다. 하나님 나라 운동은 전면적인 것이거든요. 그런 맥락에서 기독교사단체들은 당연히 연합할 필요가 있다고 보는 것입니다. 교육에 있어서 예수 그리스도의 통치가 이루어지는 새 날을 향한 소망이 우리가 함께 품어야 할 비전입니다. 그것을 위해 우리의 일생을 드릴만한 가치가 있다고 생각합니다.

좋은교사운동에 대하여

사회자: 현재 기독교사운동은 2000년 대회를 기점으로 '좋은교사운동'의 깃발을 내세우고 있습니다. 좋은 교사운동의 명칭은 기독교사가 일반교사들이 보기에도 좋은 교사가 되자 하는 뜻을 담고 있는데요. 좋은교사운동에 대해서는 어떻게 생각을 하십니까?

박상진: 저는 기독교사운동의 원동력은 '기독'이라고 하는 정체성

에서 찾아야 하지 않을까 생각합니다. 기독교사운동은 하나님의 은혜로부터 공급을 받아야 합니다. 좋은교사와 기독교사는 뉘앙스의 차이가 있거든요. 물론 '좋은교사운동'이라는 이름을 통해 안 믿는 교사들에게도 영향을 주어야 한다는 취지를 이해합니다.

그러나 지금은 기독교사들을 좀 더 결집해야 할 때가 아닌가 하는 판단을 합니다. 기독교사가 교회는 나가지만 기독교사운동에는 다 참여하지 않는 현실에서 개교회에 속한 기독교사를 이끌어내고 이들이 교육을 위해 헌신하게 함으로써 더 많은 영향력을 발휘할 수 있도록 하는 것이 필요한데 너무 일찍 '기독'이라는 명칭을 접지 않나 하는 생각이 듭니다. 기독교사운동이 참 선한 운동이라는 것이 알려지면 결국 믿지 않는 교사들에게도 좋은 영향을 끼칠 수 있다고 봅니다.

교회와의 연대는 반드시 필요하다

사회자: 목사님께서는 기독교사운동이 교회와의 연합을 강화해야 한다고 주장을 하시는 것으로 알고 있습니다. 그러나 한편에서는 기독교사운동이 교회와의 연합을 추구하기보다는 자체적인 운동에 충실하면서 간접적으로 교회에 알려지는 방식을 취해야 한다는 의견도 있는 것으로 압니다. 이에 대해서는 어떻게 생각하십니까?

박상진: 교회는 하나님 나라 운동을 위한 센터가 되어야 하고 기독교사운동은 교회와 함께 이 땅에 특히 교육계에 하나님의

나라를 이루려는 연합전선을 형성해야 한다고 봅니다. 교회와의 연대를 다소 부정적으로 보는 시각의 이면에는 재정적인 지원을 요청하는 것으로 오해하는 면이 있는 것 같아요. 사실 재정적인 것은 뜻이 있을 때 따라오는 것이지 그것을 목적으로 교회에 구애하는 것은 아니거든요.

기독교 교육은 교회교육, 학교교육, 가정교육, 사회교육의 측면이 있는데 학교교육과 관련하여 교회는 기독교사들과 연대해야 하거든요. 학교교육의 문제로 인해 고통받는 것은 바로 교회에 있는 학부모들의 아이들이란 말입니다. 학교교육의 황폐화에는 교회도 일정 부분의 책임이 있습니다. 학벌주의로 대표되는 우리 사회의 문제에 교회가 반대하기보다는 거기에 부응하고 조장한 측면이 있습니다. 입시 앞에서 신앙을 내려놓아도 대학만 들어가면 하나님께 영광이 된다고 하는 지극히 세속적인 가치관을 은연중에 묵인하고 있었거든요.

이런 부분에 대해 교회는 회개하고 학부모들의 의식 전환을 위해 노력해야 합니다. 저는 이런 뜻에 동조하는 목회자들이 상당수 있다고 봅니다. 이런 분들을 중심으로 교회와 기독교사운동이 연대할 필요가 있다고 보는 것입니다.

기독교사의 현실참여에 대하여

사회자: 교회가 학교교육에 관심을 기울여야 한다는 주장은 여러모로 필요한 것 같습니다. 한편 기독교사운동이 교회의 사명에 관심을 기울여야 한다고도 볼 수 있지 않겠습니까?

교회의 사명에는 사회적 사명도 포함이 될텐데, 지금까지는 주로 선교적 사명에 집중했거든요. 하지만 오늘날 빈곤, 환경, 평화 등 많은 문제가 있지 않습니까? 이에 대해서 기독교사운동이 어떤 역할을 감당해야 한다고 보십니까?

박상진: 과거에는 이에 대해서 신학적 폐쇄성의 문제가 있었습니다. 그러나 어바나 대회 이후에 복음주의권에서도 사회적인 문제에 대해 열린 관점으로 참여해야 한다는 인식이 확산되고 있습니다. 그러나 우리나라에는 아직 이런 관점이 널리 정착되지는 못한 것 같아요. 앞으로 기독교 운동은 이런 문제의식을 더 끌어안아야 할 것입니다. 그런데 무엇보다 중요한 것은 사회문제를 철저히 기독교적 관점에서 해석해야 한다는 것입니다. 하나님 앞에서 불의에 대해 통회하는 심령으로 사회적인 문제에 접근해야 합니다. 그렇지 않으면 사회운동이 율법적인 운동이 되기 쉽습니다. 아무튼 사회적인 문제에 대한 관심은 기독교사교육과정에 포함되어야 하고 다양한 분과활동을 통해 그 외연을 확장해야 할 것입니다.

기독교적 교육을 한다는 것에 대하여

사회자: 사회참여에 있어 기독교적 관점을 유지하는 문제는 교사로서의 실천의 차원에서는 어떻게 수업을 기독교적으로 해석하는가의 문제와 상통한다고 봅니다. 기독교사로서 자신의 정체성과 교육실천을 연결하는 문제는 매우 중요할 텐데 이에 대해서 크게 두 가지의 입장이 있는 것 같습

니다. 복음을 선명하게 제시하자는 쪽과 복음을 드러내기
보다는 훌륭한 수업을 통해 간접적으로 기독교적 정체성
을 드러내고자 하는 입장이라고 할 수 있는데 목사님께서
는 어떻게 생각하십니까?

박상진: 직접적 표현만이 복음의 전부는 아니라고 봅니다. 저는
iconic leadership, 즉 성상적 리더십을 중요하게 생각하는
데요. 교사의 삶이 하나님을 볼 수 있는 하나의 아이콘이
되어야 한다고 보거든요. 그의 진실한 삶을 통해 하나님이
어떤 분인지 느껴지게끔 하는 것이죠. 사실 삶과 앎과 가
르침은 분리할 수 없거든요. 예수님께서 내가 곧 진리라고
했듯이 교육은 곧 선생님의 삶과 분리될 수 없는 것이지
요. 그러한 통합을 통해 자연스럽게 복음도 전달될 수 있
다고 봅니다.

교육을 향한 마음

사회자: 마지막으로 목사님의 개인적인 관심사의 발전과정을 알
고 싶은데요, 어떻게해서 교육에 깊은 관심을 가지게 되셨
나요?

박상진: 저는 기독교가정에 태어났지만 대학원 1학년 때에 당시
대길교회 청년부를 통해 성경을 깊이 공부하면서 복음에
헌신하게 되었습니다. 그래서 신학교에 들어갔죠. 교육학
공부와 신학 공부를 병행했었는데 송인규 총무님의 영향
을 받고 지성사회의 복음화에 관심을 가지던 중 기독교사
회(TCF)의 간사로 일하게 되었습니다. 교육은 이전부터 내

마음 속에 깊은 애정의 대상이었습니다. 제가 교육학과에 들어간 이후 아버님은 7남매 중의 막내인 제게 항상 교육 문제에 대해 상의하곤 했습니다. 그래서 그런지 저는 교육에 대해 누구보다 많은 책임감과 함께 안타까움을 느끼게 되었던 것입니다. 대학원에서 교육사회학을 전공한 이후 신학적 훈련이 더 필요하다는 생각을 하고 신학을 전공하고 유학을 하면서 기독교교육과정에 천착했는데 기독교교육 중에서도 학교교육과 관련된 부분이 취약했기 때문에 이 부분에 더욱 많은 노력을 기울이게 되었습니다.

저는 박사논문을 쓸 때 어떤 분이 한 말을 인상 깊게 기억하고 있습니다. 논문을 쓸 수 있는 힘이 어디서 나오는가 물었을 때에 그 분은 '너의 인생을 걸만한 절실한 질문이 있는가'를 물었습니다. 논문을 쓰기 위한 질문이 아닌, 내 가슴속에서 우러나오는 질문을 갖고 있을 때 끝까지 갈 수 있다는 것입니다. 그런 점에서 저는 내 가슴속에 있는 교육에 대한 안타까움이 하나님께서 주신 소명이라고 보는 것입니다.

하나님은 사람마다 다른 소명을 주시지만 각각의 소명이 연결됨으로써 완전한 하나님 나라의 그림을 만들어 가신다. 이 그림 가운데 박상진 목사님은 교육과 교회의 연결점을 단단히 붙잡고 계시는 것 같았다. 이를 통해 신앙과 교육은 다른 것이 아니라 한 사람의 기독교사 안에서 온전한 통합을 이룰 수 있다는 것을 다른 차원에서 증명하고 있는 듯하다. 교회의 입장에서 학교를 끌어안고자 하듯이 학교교사의 입장에서 교회적 관심을 끌어안아야 하는 것이다. 그 둘은 결국 참된 기독교교육이라는 명제로 요약이 될 것이다. 그러한 기독교교육운동의 맥락에서 기독교사운동의 정체성에 대한 기초를 놓았던 박상진 목사님은 앞으로도 그의 가슴속에 있는 절실한 질문에 대한 해답을 찾아나가는 과정을 통해 기독교사운동에 늘 새로운 영감과 비전을 제시할 것임을 예감할 수 있었다.

토의문제

1. 우리나라에는 어떤 기독교사단체들이 있는지 조사해보자. 그리고 그 성격을 서로 비교해 보자.

2. 기독교사운동으로서 좋은교사운동의 역사를 살펴보고, 이 운동이 한국의 교육에 미친 영향에 대해 토의해 보자.

3. 기독교사운동은 '교육의 영역에서 하나님 나라'를 확장하기 위한 중요한 '하나님 나라 운동'이라고 할 수 있다. 기독교사운동에 꼭 필요한 요소들은 무엇인지를 말해 보자.

4. 기독교사운동이 보다 더 활성화되기 위해서는 어떤 전략이 필요한가? 특히 한국교회와의 연계성에 대해 토의해 보자.

5. 우리나라에 있어서 향후 10년 후의 기독교사운동의 모습을 그려보자. 이를 이루기 위해서 오늘날 가장 시급히 요청되는 것은 무엇이라고 생각하는가?

5부

포스트모던 시대의
기독교학교교육

제14장　포스트모던 시대의 기독교교육

1. 근대 이후의 시대

　　21세기를 맞이한 오늘날의 사회는 거센 파도와 같은 새로운 사상의 도전을 만나게 된다. 그것은 이 때까지 우리 사회가 경험하지 못했던 사조이다. 이는 단지 그전 사고방식을 수정 보완하는 것이 아니라 근본적인 패러다임의 변화라고 할 수 있다. 중세 이후 수백 년을 지배했던 근대시대가 지나가고 이제는 후기근대, 또는 탈근대라고 불리우는 포스트모던(Post-modern) 시대가 된 것이다. 이러한 포스트모던 시대 속에서, 그리고 우리에게 도전해오는 여러 가지 21세기의 도전들 앞에서 기독교교육은 어떻게 방향을 잡아야 할 것인가? 이는 기독교교육이 해결해야할 가장 중요한 주제들 중의 하나일 것이다. 이러한 주제에 대한 탐구는 단지 미래를 대비하는 것일 뿐만 아니라 지금 바로 우리의 교육 현장이 이러한 도전들에 둘러싸여 있기 때문에 오늘의 문제를 해결하는 노력이기도 하다.

　　이 글에서는 먼저 포스트모던 시대가 기독교교육 분야에 주고 있는 다양한 도전들을 몇 가지로 요약하여 살피고, 이러한 포스트모던 시대의 도전들에 대하여 기독교교육이 어떻게 응전하여 보다 통전적인 기독교교육으로의 모습을 갖추어갈 수 있을지 그 가능성을 탐색해 보려고 한다.

2. 포스트모던 시대의 도전들

1) 포스트모더니즘이란?

21세기를 생각할 때 가장 먼저 떠오르는 단어 중의 하나가 '포스트 모더니즘'일 것이다. '포스트모더니즘'(Post-modernism)은 근대 이후의 시대 사상을 일컫는 말이기도 하면서 근대주의(Modernism)의 사상체계를 근본적으로 무너뜨리는 새로운 사상의 경향이라고 할 수 있다. 포스트모더니즘은 모더니즘 앞에 '이후'를 의미하는 '포스트'라는 라틴어를 삽입함으로써, 근대의 3대 혁명이라고 불리는 종교개혁, 산업혁명, 프랑스혁명을 통해 표출된 계몽주의 사상에 종식을 고하는 '이즘'인 것이다.[1]

포스트모더니즘을 이해하기 위해서는 먼저 모더니즘을 이해하여야 하고 특히 인간 이성의 절대화와 보편화를 주장하는 계몽주의적 세계관을 이해하여야 한다. 스탠리 그렌츠(Stanley J. Grenz)는 계몽주의는 "지식이 확실하고, 객관적이며, 유용하다"는 전제를 지니고 있음을 주장한다.[2] 이러한 근대 계몽주의 사상의 토대가 되는 사상가로는 프란시스 베이컨(Francis Bacon), 데카르트(Rene Descartes), 그리고 뉴턴(Isaac Newton)을 들 수 있다. 베이컨(1561-1626)은 '아는 것이 힘이다'라는 유명한 말을 남겼는데 여기에서의 앎은 실험을 강조하는 과학적 지식을 의미한다. 이성을 통한 과학적 탐구는 자연의 신비를 벗길 수 있고 이를 통해 인간이 자연을 정복할 수 있다는 것이다. 근대주의에 결정적으로 영향을 미친 철학자는 근대철학의 아버지로 불리는 데카르트(1596-1650)일 것이다. 데카르트는 진리의 확실성을 추구하였는데 모든 것을 다 의심할 수 있지만 의심하고 있는 자신을 의심할 수 없다고 주장하였다. 이것이 그의 유명한 명제인 '나는 생각한다. 고로 나는 존재한다'(Cogito ergo sum)의 의미이다.[3] 즉 그는 인간 정신(human mind)을 사고의 중심에 위치시켰으며, 인간 개인을 자율적인 존재(an autonomous being)로 보았다. 이는 서구 근대 민주주의의 한 기초를 형성하는 개인주의(individualism)의 토대가 되는 사상이기도 하다. 근대주의는 근대 철학의 등장만이 아니라 근대 과학혁명에도 기초하고 있다. 코페르니쿠스의 지동설은 중세의 천동설을 무너뜨리게 되며, 지구가 우주의 중심이라는 생각을 바꾸게 만든다. 특히 뉴톤(1642-1727년)의 우주관은 근대주의의 초석이 되는데, 그의 우주관은 우주를 질서정연하게 움직이는 기계로 보는 것이다.[4] 뉴톤은 그러한 우주 운행의 원리를 파헤치려 하였고 바로 이를 가능케 하는 것이 과학적 탐구라고 생각하였다.

모더니즘을 반박하고 포스트모던 철학을 시도한 사람들 중 미셀 푸코(Michel Foucault)와 자끄 데리다(Jacques Derrida), 그리고 리차드 로티(Richard Rorty)를 대표적으로 들 수 있다.[5] 푸코는 무엇보다 근대적인 세계관을 거부하는데 데카르트로부터 칸트에 이르기까지 지니고 있던 '인간을 자율적 앎의 주체로 보는 관점'을 비판한다. 푸코는 전통적인 서구 사회의 지식에 대한 세 가지 가정, 즉 첫째, 지식의 객관적인 실체가 존재하며, 둘째, 가치 중립적인 지식이 가능하고, 셋째, 지식의 추구가 특정 계층만이 아닌 전 인류에게 유익을 줄 것이라는 계몽주의적 가정을 거부한다.[6] 푸코는 지식의 가치중립성을 부인하는데 인간은 자신이 처한 역사와 사회를 초월할 수 없기에 어느 시대나 사회에도 받아들여질 수 있는 보편적인 지식이 가능할 것이라는 전제를 비판하고 있다. 그에 의하면 모든 지식은 힘(power)의 산물이다.[7] 지식은 일종의 담론(discourse)일 뿐인데 모든 담론은 권력과의 관계를 맺고 있기에 지식과 힘은 분리될 수 없다는 것이다.

자끄 데리다의 근대에 대한 비판은 그의 로고스중심주의(logocentrism)에 대한 공격으로 특징지워진다. 로고스중심주의란 로고스(logos), 즉 말이나 언어 특히 글로 씌어진 언어로 의미가 전해진다고 보는 철학적 방법을 일컫는 용어이다. 로고스 중심주의는 데리다가 '현존의 형이상학'(metaphysics of presence)이라고 부르는 것과 연결되어 있다.[8] 서구 철학자들은 우리의 언어의 기초에는 우리가 알 수 있게 마련인 존재나 혹은 본질이 현존한다고 가정하며, 언어는 이러한 주어진 실재의 본질적인 성격을 재현할 수 있다고 확신하는데 데리다는 이는 서양 철학이 '현존의 신화'(myth of presence)에 감염되어 있을 뿐 그러한 관점은 방어될 수도, 유지될 수도 없다고 비판한다. 데리다에 의하면 하나의 객관적인 현재(a singular objective present)에 대한 경험이라는 것은 환상에 불과하다는 것이다. 우리가 경험하는 것은 사실상 계속 변화하고 있는 의미의 복합적인 그 물망(a complex web of meanings)의 결과일 뿐이다.[9]

리차드 로티는 듀이(John Dewey)의 실용주의 철학으로부터 자신의 소위 '포스트모던 실용주의'를 발전시키고 있다. 로티는 그의 책 『철학과 자연의 거울』(Philosophy and the Mirror of Nature)에서 근대 철학이 전제한 지식의 기초들이 더 이상 기초가 될 수 없음을 주장한다. 그는 지식이 어떤 자연 현상 또는 사실을 그대로 표현하고 있다고 주장하는 근대주의적 표상주의(representationalism)를 거부한다. 그는 반기초주의자(antifoundationalist)로서 진리 탐구를 위한 객관적인 기초를 찾는 인식론(epistemology)이 더 이상 철학의 과제가 될 수 없으며 해석학(hermeneutics)적인 과제만 남아 있을 뿐이라고 하였다.[10] 즉 로티는 객관적인 인식이란 더 이상 가능하지 않으며 오직 주관적인 인식이 있을 뿐인데 철학은 이런 주관적인 인식들 사이의 대화를 가능케 함으로써 더불어 인류 사회가 당면한 문제들을 실용적으로 해결해 나가는 데에 관심을 두고 있다.

푸코, 데리다, 로티로 대표되는 포스트모던 사상의 경향은 철학을 비롯한 학문적인 영역에만이 아니라 건축, 음악, 미술, 문화 각 영역의 실제에서 이미 그 영향력을 발휘하고 있다. 지난 300-400년간 세계를 지배해 온 근대주의가 무너지고 새로운 사상과 가치관이 등장한 것이다. 이러한 포스트모더니즘의 경향을 몇 가지 특징으로 요약하면 다음과 같다.

첫째, 모더니즘에서는 '하나의 절대적 진리'를 전제했지만, 포스트모더니즘에서는 '다양한 진리들'이 존재하며, 절대적이기보다는 상대적이며, 객관적이기보다는 주관적인 진리관을 가지고 있다. 포스트모더니즘은 계몽주의 이후 인간이 갖고 있는 객관적인 세계상에 대한 관점을 거부하고 인간은 다만 해석하는 자로서 세계에 대하여 전망할 뿐이라고 주장한다.[11] 둘째, 모더니즘에서는 '웅장한 이야기'(Metanarrative)가 존재한다고 보고 이를 탐구하는 것을 학문의 과제로 삼고 있지만, 포스트모더니즘에서는 단지 다양한 이야기들(multiple narratives)이 존재할 뿐이다.[12] 모더니즘에서는 모든 사람들에게 공히 적용될 수 있는 삶의 원리가 있다고 보는 반면 포스트모더니즘에서는 지역, 문화, 공동체마다 상대적인 기준이 있을 뿐이기에, 웅장한 이야기의 강조는 오히려 소외를 불러일으키고 많은 사람들을 주변화(marginalize)시킬 뿐이라고 주장한다. 셋째, 모더니즘에서는 변하지 않고 존재하는 어떤 사실(fact)을 파악하는 것이 중요하다면, 포스트모더니즘에서는 객관적 사실을 규명하는 것보다는 다양한 이야기들을 이해하는 것에 관심을 갖는다. 역사이해에 있어서도 모더니즘은 한가지 사실을 보고하는 역사 서술이 가능하다고 보는 반면, 포스트모더니즘에서는 수 많은 역사이해가 가능하다고 생각한다.[13] 따라서 모더니즘에서는 원인과 결과의 단선적(linear) 관계를 규명하는 데에 초점이 있다면, 포스트모더니즘에서는 그물망과 같은 관계들 안에서 다양한 관점을 존중하는 것이 중요하다.[14] 넷째, 모더니즘에서는 데카르트가 주장했듯이 불변하는 자아의 확실성을 전제하지만, 포스트모더니즘에서는 다양한 상황 안에서의 다양한 자아들이 있을 뿐이다.[15] 즉 자아는 불변하거나 지속적이기보다는 상황과의 상호작용에 의해서 형성되어진다고 보는 것이다. 다섯째, 우주관에 있어서도 분명한 차이를 보이고 있는데, 모더니즘에서는 기계론적 관점을 지니고 있어서 탐구하고 분석하면 그 실체를 파악할 수 있는 대상으로 이해하는 반면, 포스트모더니즘에서는 우주를 계속적으로 생성되고 변화하는 과정에 있는 유기체적인 것으로 이해한다.[16] 여섯째, 모더니즘에서는 인간이 모든 피조세계의 정점에 위치한다고 이해하며 모든 다른 자연은 인간의 유익을 위해 존재하는 것으로 간주하는 반면, 포스트모더니즘에서는 인간은 단지 자연현상 중의 한 부분에 불과하며 다른 존재와의 그물망 식의 관계로 엮어져 있어서 상호 영향을 주고 받는 존재로 이해한다.[17] 일곱째, 모더니즘에서는 합리적 사고가 가장 가치있는 것으로 강조되며, 순수하게 객관적인 탐구가 가능하다고 보는 반면, 포스트모더니즘에서는 합리적 사고가 위험할 수도 있으며, 순수하게 객관적인 탐구는 불가능하다고 보며 사고는 늘 주관적일 수 밖에 없으며 관계적이며 참여적이라고 주장한다. 여덟째, 모더니즘에서는 과학은 객관적이라고 보고 과학적 앎을 가장 정확한 현상이해라고 생각하지만, 포스트모더니즘에서는 과학적 앎만이 아닌 직관적, 상상적, 예술적 앎의 중요성을 강조한다.

2) 교육에 있어서 포스트모던 경향들

이상과 같은 포스트모더니즘의 경향들은 교육의 영역에서도 발견되어진다. 최근에 발표되고 있는 교육이론이나 연구들, 그리고 학문적인 경향도 포스트모던 색채를 지니고 있는데, 이들의 공통점은 근대주의를 비판하고 이를 극복하려는 시도들이라는 것이다. 이러한 경향들은 포스트모던 교육의 특징들을 보여주고 있는데, 여기에서는 그 중 대표적인 몇 가지 흐름들을 살펴보려고 한다.

(1) 다중지능론(MI이론)

교육영역에서 최근 가장 영향력 있는 이론 중의 하나가 하버드 대학의 교육학과 교수이면서 보스턴 의과대학의 신경정신과 교수이기도 한 하워드 가드너의 다중지능론일 것이다. 그는 기존의 IQ 중심의 지능이론에 반대하면서 지능에는 다양한 요소들이 있다고 주장하면서 9가지 지능을 소개하고 있다. 처음 이 이론을 발표할 때에는 7가지 지능을 소개하였지만, 최근의 저서에서는 자연관찰 지능과 실존 지능을 추가한 것이다. 9가지의 다중지능을 열거하면 다음과 같다.[18]

첫째로 언어 지능(linguistic intelligence)이 있다. 언어지능은 효과적으로 언어를 인식하고 사용할 수 있는 능력으로서 전통적으로 IQ 검사의 중요한 부분을 차지하여 왔다. 가드너에 따르면 언어지능은 두뇌의 특정한 영역과 관련되어 있는데 예컨대 브로카 영역(Broca's area)은 문법적인 문장을 형성하는데 관여하며 이곳에 손상을 입을 경우 단어를 문법적으로 맞추는 것에 어려움을 겪지만 다른 사고 과정에는 영향을 주지 않는다.[19]

둘째는 논리수리적 지능(logical-mathematical intelligence)이 있다. 논리수리적 지능은 언어적 지능과 함께 IQ 검사의 주축을 이루어 왔다. 우리가 일반적으로 이러한 지능이 높은 아동을 '머리가 좋은' 아동으로 인식하지만 이 논리수리적 지능도 두뇌의 특정한 부분과 관련된다. 가드너는 다른 모든 능력은 모자라는 백치아 중에서도 계산을 뛰어나게 잘하는 경우가 있음을 예로 들며 이를 입증하고 있다.[20]

셋째, 공간지능(spatial intelligence)이 있다. 공간지능은 공간문제를 해결할 수 있는 능력인데, "항해라든지 지도를 읽을 때 필요하고, 장기 게임을 하거나 다른 각도에서 보여진 물체를 시각화할 때도 요구되는 능력"이다.[21] 공간적 능력을 관장하는 두뇌의 부분에 손상이 가면 길을 찾지 못하고 얼굴이나 장소를 기억하지 못하게 된다.[22]

넷째, 신체운동적 지능(bodily-kinesthetic intelligence)이 있다. 이 지능은 몸 전체 또는 일부를 이용하여 효과적으로 표현하고 물체를 솜씨있게 다루는 능력으로서 전통적으로는 지능으로 이해되지 못했다. 물론 이 지능은 수학의 방정식을 푸는 것과 같은 '문제해결 능력'은 아니지만, 감정을 표현하고 게임을 하며 새로운 것을 창조해 내기 위해 몸을 움직이는 것은 분명히 신체활동의 인지적 능력을 포함하는 증거이다.[23]

다섯째, 음악지능(musical intelligence)이 있다. 이는 음악적 형식들을 인식하고 구별하며 변형하고 표현하는 능력이다.[24] 가드너에 의하면 이 음악적 지능은 언어적 지능처럼 분명하게 뇌에서의 위치가 정해져 있지는 않지만 그 신경조직이 대체로 우측 뇌에 존재하고 있다.

여섯째, 대인관계 지능(interpersonal intelligence)이 있다. 이 지능은 타인들이 가지는 기분, 기질, 동기, 의도 등을 파악하는 능력이다. 이는 지도자들에게서 확연히 발견되어지는 능력으로서, 높은 수준에 가면 이 지능은 타인이 감추고 있는 욕망이나 의도까지 파악할 수 있다.[25] 가드너는 두 뇌연구를 통하여 전엽(frontal lobes)이 대인관계 지능에 큰 역할을 한다고 보았는데 오늘날 사회에서 중요시하는 집단 응집력, 지도력, 조직력, 결속력 등의 사회적 기능은 이 지능에 해당된다는 것이다.[26]

일곱째, 내면성찰 지능(intrapersonal intelligence)이 있다. 이 지능은 자기 자신을 아는 능력이며 이러한 자기 이해를 토대로 적절하게 행동할 수 있는 능력이다. 이러한 지능은 자기 자신에 대한 정확한 자아상을 지니며, 내적인 감정, 의도, 동기, 기질, 그리고 욕망을 아는 능력을 포함하며, 자기 훈련, 자기 이해, 자기 존중의 능력까지도 포함한다.[27] 가드너는 자신을 이해하는 능력인 내면 성찰 지능은 타인을 이해하는 능력인 대인관계 지능과 잘 조화되는 것이 중요하다고 주장한다.[28]

여덟째, 자연탐구 지능(naturalist intelligence)이 있다. 이는 가드너가

1996년에 첨가한 지능으로서 동식물이나 주변 사물을 관찰하고 이를 분석하는 능력이다. 자연탐구 지능이 높은 사람은 자연친화적이고 식물이나 동물 채집을 좋아하고 이들을 분류하기를 좋아한다.

마지막으로 실존지능(existential intelligence)이 있다. 이 지능은 인간 실존의 이유와 삶과 죽음의 문제, 인간 본성과 가치의 문제 등 존재의 의미를 성찰하고 종교적인 사고를 할 수 있는 능력이다. 이 지능은 뇌에 해당하는 영역이 존재하는 것은 아니며 아동기에는 이 지능이 거의 나타나지 않기 때문에 가드너는 반쪽 지능으로 간주하기도 한다.[29]

하워드 가드너의 다중 지능 이론에 의하면 종래까지의 근대교육은 다양한 지능들 중 첫 번째와 두 번째, 즉 언어지능과 논리-수리적 지능만을 지나치게 강조했다는 것이다. 그러나 그 외의 여러 지능들이 있으며 이는 상호 독립적으로 존재함으로써 한 지능이 높은 사람이 모든 지능이 높은 것을 의미하는 것은 아니라는 것이다. 가드너는 뇌의 연구를 통해 각 지능이 뇌의 독특한 부분과 관계있음을 밝힘으로써 이를 입증하고 있는 것이다. 그동안의 근대주의적 교육은 언어, 논리-수리 지능만 높은 아이들을 똑똑하다고 생각했는데, 이제는 다양한 영재가 있다는 것을 인정해야 하며 다양한 지능이 함께 존중되어야 한다고 가드너는 주장한다. 혹자는 이러한 다중지능은 지능(intelligence)만이 아니라 재능(talents or gifts)을 포함시킨 것이라고 비판하지만, 가드너는 그러한 구분 자체가 매우 IQ 중심적인 사고 방식이며, 언어와 논리-수리만을 강조하는 문화적 편견에서부터 나오는 것일 뿐이라고 논박한다.

이러한 다중지능의 발견은 그동안의 교육이 매우 편협했음을 드러내고 다시금 통전적인 교육으로 회복하는 데에 의미있는 공헌을 하고 있다. 그동안 근대교육이 지나치게 지적인 교육으로 제한되어 왔다면, 지, 정, 의를 모두 포함하며 예술적, 신체적, 관계적, 내면적, 실존적 능력을 교육의 가치로 회복하는 전기를 마련하고 있다고도 할 수 있다. 이는 기독교교육마저도 근대교육의 틀에 의존되어 있었는데, 이를 극복하고 원래적인 하나님 형상으로서의 전인적인 인간이해의 중요성을 인식하고 통전적 기독교교육으로 나아갈 수 있는 계기를 주고 있다는 점에서 일반교육만이 아닌 기독교교육 분야에도 신선한 자극을 주고 있는 것이다.

다중지능이론은 교육방법에도 혁신을 가져오고 있다. 다양한 지능에 따른 다양한 교수방법이 가능하다는 것이다. 한가지 주제를 일곱가지 또는 아홉가지 방식으로 가르칠 수 있으며 각기 다른 지능이 발달한 아이들과 다양한 학습 스타일을 가진 아이들이 다 효과적으로 학습할 수 있는 방법이 개발되고 있다.[30] 이는 지식전달을 위주로 한 전통적인 기독교교육의 교수방법에도 변혁을 초래하고 있는데, 근대주의적인 학교식 교육에서 탈피한 다양한 삶의 현장에서의 활동과 경험이 교육의 장이 될 수 있으며 예술적, 신체적, 관계적, 내면적, 실존적 경험 자체가 중요한 교수방법이 될 수 있음을 시사하고 있는 것이다. 이런 점에서 다중 지능이론은 근대주의 교육에서 포스트모던 교육으로 전환되는 한 연결고리를 이루고 있는 이론이라고 할 수 있고, 그 영향은 점점 심대할 것이라고 전망할 수 있다.

(2) 상상에 대한 강조

최근 일반교육에서 두드러지게 나타나고 있는 또 하나의 현상은 '상상'을 강조하는 경향을 들 수 있다. 특별히 교육에 있어서 상상의 중요성을 강조하는 교육학자 중의 한 사람으로 엘리옷 아이즈너(Elliot Eisner)를 들 수 있는데 그의 『교육적 상상력』(The Educational Imagination)이라는 책은 이를 분명히 보여준다. 이 책에서 그는 교육에 있어서 상상의 중요성을 강조하면서, 지나치게 기술공학적 모델이라고 할 수 있는 타일러식 교육과정을 비판했다.[31] 아이즈너의 타일러 모델에 대한 비판은 아이즈너가 주장하는 인지다원주의(Cognitive Pluralism)에 근거하고 있다. 인지다원주의는 지식의 다원성을 강조하는데, 시각적(visual), 미각적(gustatory), 후각적(olfactory), 촉각적(tactile), 청각적(auditory) 형태 등 다양한 인지적 형태가 있음을 강조한다.

아이즈너의 인지에 대한 이해는 그의 책 『다시 생각해보는 인지와 교육과정』(Cognition and Curriculum Reconsidered)에서 더 구체적으로 파악될 수 있는데 무엇보다 아이즈너는 개념(concept)과 형상(image), 그리고 감각(sense)이 서로 밀접히 연관되어 있다고 주장한다.[32] 그에게 있어서 교육의 목적은 다양한 앎의 형태들을 발전시키는 것이다. 이런 맥락에서 아이즈너는 인지에 있어서 상상(imagination)의 중요성을 강조한다. 그는 우리가 갖게 되는 세계에 대한 개념은 우리가 갖고 있는 형상(image)로부터 나오며, 우리가 감각으로 반응하게 되는 경험으로부터 형성된다고 본다. 즉, 개념의 형성 자체가 인간의 감각 구조에 뿌리박혀 있다는 것이다. 예컨대 장미는 단지 물질로서의 구조만이 아니라 색깔, 향기, 그리고 이들이 질적으로 서로간에 맺고 있는 관계에 의해 이해되어질 수 있다.

아이즈너에게 있어서는 데카르트의 이원론과는 대조적으로 육체와 정신, 감각과 인지 사이가 분리되지 않는다. 오히려 아이즈너는 감각구조가 의식에 이르는 가장 중요한 통로이며 그것을 통해 개념형성이 가능케 된다고 주장한다. 특히 아이즈너는 인지(cognition)가 감정(affection)과 대립되는 것으로 간주하는 인지에 대한 그릇된 견해를 비판한다. 즉, 인지는 앎에 관련되지만 감정은 단지 느낌에만 관계된다는 식의 분리적 사고를 비판한다. 그는 인지는 감정으로부터 분리될 수 없다고 주장하며 인지가 없는 감정이 있을 수 없으며, 감정이 없는 인지가 있을 수 없음을 강조한다.[33] 아이즈너는 보다 폭넓게 지식을 이해할 것을 주장하는데 인지는 모든 형태의 지각(perception)을 포함하는 것으로 이해해야 하며 교육은 그러한 지식에 대한 관점에 근거해야 한다고 주장한다.

아이즈너는 특히 예술적 상상력을 강조했는데 미술이나 음악 등이 절대 덜 중요한 과목이 아니라 상상이 인지에 있어서 중요하기 때문에 이들 과목의 중요성을 강조했다. 아이즈너에 따르면 진정한 교육개혁은 문자나 숫자만이 아닌 인간의 오감을 이용하여 다양한 인지 능력을 아이들에게 길러주는 것이라고 하였다. 그러기에 인지적 과목인 국어,영어,수학은 오전에 주의집중이 잘 될 때 가르치고 미술, 음악 과목같은 정서적인 과목은 졸리는 오후나 주말에 가르쳐도 된다는 사고방식을 비판하였다.[30] 아이즈너의 인지에 있어서의 상상의 강조는 근대주의 교육의 편협한 인지관을 극복하는 것으로서 다중지능이론이 언어, 논리-수리 지능만을 강조해온 경향에서부터 통전적인 지능이해를 가능케 했던 것처럼 보다 통전적인 교육인식론을 가능케 하는 단초를 제공하고 있다고 할 수 있다.

(3) 인격적 지식론

근대 인식론은 한마디로 '객관적 인식론'이라고 할 수 있다. 모든 지식은 그것에 해당되는 사실(fact)이 있다는 주장이며, 탐구하는 사람이 순수 객관적으로 관찰함으로써 그 지식을 파악할 수 있다고 주장하는 것이다. 여기에서 소위 가치중립적인 지식이 가능하다는 주장이 나오는 것이다. 이러한 인식론이 근대 과학의 기초를 이루고 있다.

그러나 포스트모던 인식론은 이를 반박한다. 그 선구자적 역할을 감당하는 학자가 마이클 폴라니(Michael Polanyi)이며 그의 『인격적 지식론』 (Personal Knowledge)이라는 책은 이러한 그의 인식론을 담고 있다. 관찰을 통해 순수하게 객관적인 지식을 획득할 수 있다고 보는 서구 근대인식론에 대해 비판하는 폴라니는 앎에 있어서 주체와 객체를 완전히 분리하는 것은 불가능하며 지식에 대한 객관주의적 관점은 환상에 불과하다고 주장한다.[35] 폴라니는 전통적 서구 인식론의 대안으로서 앎의 주체와 객체, 자아와 세계, 정신과 육체, 이론과 경험이 분리될 수 없음을 주장하는 인격적 지식론을 제안하고 있다.

폴라니의 인격적 지식론을 이해하기 위해서는 '내주'(indwelling)의 개념을 이해해야 한다. 그에 의하면 앎에 있어서 주체는 객체에, 객체는 주체 속에 내주하게 된다. 즉, 무엇인가를 알기 위해서는 주체가 객체에게 헌신해야 하고, 주체의 앎 속에는 이미 객체가 내주되어 있다는 것이다. 보조적(또는 암묵적) 수준에서 앎의 주체는 이미 알려지는 것 속에 참여해 있기 때문이다. 이런 맥락에서 모든 지식은 그 정도가 어떠하든지 참여적(participatory)임을 부인할 수 없다. 아는 자와 알려지는 것의 관계는 일종의 상호 참여적이다. 이 관계는 '나-그것'의 관계라기보다는 '나-너'의 관계이다. 폴라니는 그의 인격적 지식의 논거를 상상(imagination)과 연결시킨다. 폴라니는 인문학이나 예술만이 아니라 자연과학의 연구에도 상상이 기본적으로 개입되어 있다고 주장한다. 그에 의하면 과학자의 추측은 일종의 발견을 추구하는 상상에 기인한다.

그런데 이러한 폴라니의 '인격적' 지식은 '객관적' 지식과 구분될 뿐 아니라 '주관적' 지식과도 구별되어야 한다. 폴라니는 인격적 지식은 객관적 지식이 파악할 수 없는 숨겨진 실재(reality)에 관련되기 때문에 주관적인 것이 아니라 '진정으로 객관적인'(indeed objective) 것이라고 주장한다. 폴라니는 또한 지식의 공동체적(communal) 성격을 강조하는데 앎의 주체들이 하나의 사회를 이루고 있고, 이 사회 안에서의 상호통제는 과학자들 사이를 서로 연결시켜주는 합의(consensus)를 도출해내게 된다고 주장한다. 폴라니에 의하면 의사소통(communication)은 말하는 자와 듣는 자가 같은 '암묵적 추론'(tacit inferences)을 공유할 때만 가능하다. 모든 상징, 비유, 그리고 언어는 이러한 공유된 암묵적 추측에 기인하는 것이다. 지식은 오직 이러한 암묵적 추론의 연결에 의해서만 전달되어질 수 있다. 이것이 폴라니의 인격적 지식이 개인주의적이기보다는 공동체적인 특성을 지님을 분명히 보여준다.

폴라니의 이론에 근거하여 교육을 생각할 때 교사가 객관적인 지식을 순수하게 전달할 수 있다고 주장하는 것은 사실이 아니다. 교사의 인격적인 요소, 교사의 신념, 교사의 열정, 교사의 가치관, 교사의 영성, 교사의 삶 등이 어떤 형태로든 영향을 미칠 수 밖에 없다. 교과서의 내용 자체도 객관적인 진리일 수 없지만 그것이 전달되는 과정 역시 객관적인 과정이 아니다. 학생들에게는 교과서의 내용 못지않게 그 이상으로 교사의 영성과 삶, 인격이 영향을 미친다고 할 수 있다.

(4) 공동체 이론

일반교육과 기독교교육에서 공히 발견되는 또 하나의 경향은 '공동체'의 중요성을 새롭게 인식하고 있다는 것이다. 근대주의가 '개인주의'로 특징지어질 수 있고 이것이 민주주의와 자본주의의 기초를 이루기도 하지만 그것의 한계를 인식하는 것이다. 그러나 공동체는 또 하나의 확장된 개인주의의 문제점을 지니는 공산주의와 같은 집단주의를 의미하는 것은 아니다. 공동체 의식은 인간이 더불어 사는 존재이며 진리도 더불어서 깨달을 때만이 진정한 진리임을 깨닫는 것이다.

기독교교육 분야에서는 존 웨스트호프(John Westerhoff)나 엘리스 넬슨(Ellis Nelson) 같은 학자들이 소위 '신앙공동체 이론'을 주장하였다. 이는 신앙은 교수학습을 통해 이루어지기보다는 신앙 공동체에 참여하여 경험함으로써 사회화되고 문화화되기 때문에 신앙을 논리적으로 변증하고 설득하는 것 이상으로 공동체 생활이 중요하다는 것이다. 웨스트호프는 오늘날 기독교교육이 기초부터 흔들리고 있다고 보면서 그러한 위기의 이유를 교육적 패러다임의 문제에서 찾고 있다. 그에 의하면 기존의 기독교교육이 학교수업이라는 '학교식-교수 패러다임'(Schooling-instruction paradigm)에 근 거하고 있는데 이러한 의도적인 수업으로는 신앙이 형성될 수 없음을 주장 하고 있다.[36] 전통적 학교식-교수 패러다임은 의도적인 지식 전달은 강조했 지만 잠재적 교육과정이라고 할 수 있는 종교적 사회화(religious socialization) 의 과정에는 관심을 기울이지 못하는 한계를 지니고 있다. 웨스트호프에 의하면 학교식-교수 패러다임에서는 종교에 관해서(about) 가르칠 수는 있 지만 신앙을 가르칠 수는 없으며 결국 가르쳐지는 것은 지식으로서의 기독 교 내용 뿐이다.[37] 그는 이런 패러다임의 대안으로서 '신앙공동체-문화화 패러다임'(a community of faith-enculturation paradigm)을 제안하고 있다.[38] 웨 스트호프는 기독교교육의 자리를 학교 교실로부터 신앙공동체로 옮길 것 을 주장하고 있는데, 신앙공동체 안에 참여함을 통해 한 인간이 공동체 안 에서 문화를 내면화 하듯이 일종의 문화로서의 신앙을 형성하게 된다는 것 이다.

이러한 공동체에 대한 웨스트호프의 강조는 의식(ritual), 경험 (experience), 활동들(activities)에의 참여를 강조하는 경향으로 나타나게 되는 데, 이는 강의나 설교만이 아닌 예전(liturgy)의 중요성을 회복해야 한다는 주장과 이어진다.[39] 종교개혁 이후 근대시대에는 '말씀신학'이 중심이 되 고 '설교'의 중요성이 부각되었지만, 상대적으로 덜 강조되어온 성례전이 나 공동체의 여러 종교의식의 중요성이 회복되어야 한다는 것이다. 얼마나 잘 가르치느냐도 중요하지만 어떤 공동체에 속해 있느냐가 신앙형성에 관 건인 것이다. 학교식 체제(schooling system) 속에서 수업(instruction)을 통해 교사가 인지적 내용을 거의 일방적으로 가르쳤던 것이 근대주의 교육의 전 형적인 모습이었다면, 신앙공동체(faith community) 안에 구성원들이 함께 참여하고 상호작용하는 공동체적 경험을 통해 신앙을 형성하게 되는 교육의 모델은 포스트모던 교육의 한 형태로 간주될 수 있을 것이다.

(5) 영성에 대한 강조

포스트모던 현상 중에서 또 한가지 발견할 수 있는 특징은 '영성에 대한 강조'이다. 이러한 경향 중 교육과 관련하여 파커 팔머(Parker Palmer)의 책들을 살펴보는 것은 의미있을 것이다. 그의 책『가르침과 배움의 영성』(To know as we are known)은 교육자들에 놀라운 통찰을 준다.

팔머는 교육을 '영적 형성'(spiritual formation)의 과정으로 보았는데, 그의 책『가르침과 배움의 영성』에서 '영적 형성으로서의 교육'에 대해서 자세히 설명하고 있다. 특히 팔머는 교육의 가능성을 영적 공동체인 수도원에서 찾고 있는데 그는 오늘날의 교육이 수도원 전통에서부터 세 가지 영적 훈련을 배울 것을 강조하고 있다. 첫째는 신성한 문헌들에 대한 연구, 둘째는 기도와 관상훈련 그리고 셋째는 공동체의 공동생활을 들고 있는데 팔머는 마이클 폴라니의 인식론을 인용하면서 지식(앎)이 객관적인 것이 아니라 관계적이며 인격적이고 영성적임을 주장한다.[40] 이러한 그의 교육에 대한 영성적인 접근은 그의 가르침에 대한 이해에서 분명히 드러나고 있는데 팔머는 가르침을 "진리에 대한 순종이 실천되어지는 공간을 창조하는 것"으로 정의내리고 있다.[41] 근대교육은 가르치는 것을 '채우는 것'으로 이해하는 경향이 있어왔다. 그러나 팔머는 교육은 공간을 만드는 것이고 오히려 비우는 것이야말로 진정한 가르침이라는 것이다. 그래서 그는 교육의 가장 중요한 요소는 사실이나 정보를 주입하는 것이 아니라 공간을 만드는 것, 즉 '비우는 것'이라고 보았다. 팔머가 '침묵'의 교육적 가치를 강조한 것이 이 때문이다. 또 팔머는 공간을 만드는 요소로서 '환대'를 들고 있다. 무엇보다 '기도'야말로 가르침에 있어서 진리에 대한 순종이 실천되어지는 공간 창조의 방법으로 보았다. 그리고 이런 영성교육이 이루어지기 위해서는 무엇보다도 교사의 영성이 중요한데 교사의 겸손이야말로 단지 도덕적 덕목이 아니라 인식론적 덕목이라고 말하였다. 이런 교사가 되기 위해서는 교사의 영성훈련이 필요한데, 그는 침묵과 고독과 기도를 통한 영성훈련을 특별히 강조하였다.

이상과 같이 최근 교육에 있어서 나타나고 있는 포스트모던 경향은 다중지능론의 등장, 상상에 대한 강조, 인격적 지식론, 그리고 공동체 및 영성에 대한 강조 등으로 요약될 수 있다. 이러한 교육에 있어서의 포스트모던 경향들은 서로 연관되어 있으며 그동안 팽배했던 근대주의적 교육에 도전을 주고 있으며 새로운 교육으로의 변화를 촉구하고 있는 것이다.

3. 기독교교육 기회로서의 포스트모던 시대: 통전적인 복음을 향하여

포스트모던 시대의 변화와 도전에 대해 교육이 어떻게 응전하느냐의 문제는 포스트모던 시대에도 교육이 지속적으로 의미있는 역할을 할 수 있느냐의 관건이 된다. 오늘날 관찰되는 소위 '교실붕괴'를 비롯한 학교교육의 위기[42]는 앞에서 살펴본 포스트모던 경향과 도전에 대하여 여전히 근대주의적 방식으로 대응하기 때문에 나타나는 것으로 보여진다. 근대 교육의 핵심구조라고 할 수 있는 학교 체제(schooling system) 자체가 매우 근대적인 산물이다. 학교는 더 많은 지식을 소유했다고 전제되는 교사가 어느 정도 일방적으로 지식을 필요로 하는 학생들에게, 책이라는 문자중심의 매체를 갖고, 언어를 매개로 하여, 어느 정도 권위주의적인 방식으로 가르치는 체제이다. 이러한 학교를 중심으로 한 근대주의적 교육이 개혁되어 포스트모던의 도전들을 응전할 수 있는 변화를 가지지 않고는 앞에서 열거한 교육의 위기는 극복되기 어려울 것이다.

근대주의적 교육의 특징인 일방적 커뮤니케이션 방식은 쌍방적 커뮤니케이션 방식으로 변화되어야 하며, 권위주의적 태도는 상호존중과 섬김, 친절의 태도로 변화되어야 하고, 개인주의적 성격보다는 공동체적 성격이 강조되어야 하며, 책 중심, 강의 중심, 말 중심의 문자문화에서부터 이들의 중요성을 인정하면서도 이미지와 상징, 감성을 강조하는 영상문화를 함께 강조할 필요가 있으며, 객관적 인식이나 과학적 탐구만을 가치롭게 여기는데서부터 벗어나 간주관적(inter-subjective) 인식이나 예술적, 심미적 접근의 가치를 인정하는 변화가 필요하며, 뇌의 좌반구만을 중시하고 언어적, 논리-수리적 지능만을 강조하는 경향에서부터 우반구도 강조하며 상상과 다양한 지능 모두를 강조하는 방향으로 나아가며, 세속적이며 기술공학적인 관심에서부터 영성적이며 초월적인 관심으로의 전환이 필요하다고 할 수 있다.

이런 점에서 포스트모던 시대는 기독교교육의 위기를 가져올 수 있을 뿐 아니라 반대로 기독교교육의 새로운 기회가 될 수도 있다. 포스트모더니즘은 절대적 진리를 부정하며 모든 진리의 기초를 무너뜨리는 반기초주의(anti-foundationalism)의 특징을 지니고 있다. 또한 하나의 웅대한 이야기(Meta-narrative)를 부정하며, 기독교의 구속사적인 역사 이해나 성서 이해도 상대화함으로써 기독교교육의 기초를 해체하는 위험을 지니고 있음을 부인할 수 없다. 그러나 포스트모던 시대는 근대주의의 편협성을 극복하고 있다는 점에서는 근대주의로 왜곡된 기독교교육을 회복하여 '통전적 기독교교육'(holistic Christian education)을 지향할 수 있는 기회를 제공하고 있다고 할 수 있다. 전 근대주의(pre-modernism)에서의 가치있는 것들, 예컨대 상징, 비유, 상상, 이야기, 공동체 등이 근대주의의 과학주의적, 객관주의적,

실증주의적, 개인주의적 경향으로 말미암아 무시되어 왔는데 포스트모던 시대에는 이러한 가치들이 회복될 수 있다는 점에서 포스트모던 시대는 하나의 기회가 될 수 있다는 것이다. 물론 이는 단지 전 근대(pre-modernity)로 돌아가는 것을 의미하는 것은 아니다. 근대주의를 통과하되 편협되고 왜곡된 근대성을 회복함으로써 보다 온전한 기독교교육을 추구하자는 것이다. 이는 지나치게 헬라적 방식으로 채색된 근대적 기독교교육을 히브리적 방식으로 회복하자는 의미로 해석할 수도 있을 것이다.

스텐리 그렌츠(Stanley J. Grenz)는 이런 맥락에서 볼 때 매우 의미있는 주장을 하고 있다. 그는 그의 책 『A Primer on Postmodernism』의 결론 부분에서 복음적인 신앙의 관점에서 포스트모더니즘을 평가하고 있다. 그는 기본적으로 진리의 절대성을 부인하고 진리의 상응이론(the correspondence theory of truth)을 거부하는 푸코, 데리다, 로티의 견해로부터 복음의 절대성을 수호하고 있다.[43] 기독교 신앙은 어떠한 실재(reality)의 존재 근거도 인정하지 않는 포스트모던 경향을 결코 받아들일 수 없다는 것이다. 또한 모든 인간의 해석들은 다 가치가 있기에 기독교적 관점으로서의 복음만이 가치있는 것은 아니라는 포스트모더니즘의 주관적인 경향성을 비판하며, 포스트모던 시대에도 여전히 변치 않는 구원의 이야기가 웅장한 이야기(Meta-narrative)로서 존재함을 천명하고 있다.[44]

동시에 그렌츠는 포스트모던의 경향들이 편협한 근대주의를 비판하고 있다는 점에서, 그동안 복음을 근대주의적으로 편협하게 이해해온 측면들을 회복할 수 있는 기회로서 포스트모던 시대를 긍정적으로 바라보는 일면을 지닌다. 이것은 신학자들을 포함한 기독교인들의 자기 반성이기도 하다. 특히 포스트모던 인식론에서 지식의 확실성, 지식의 객관성, 지식의 유용성을 강조한 근대주의적 인식론을 비판하고 있는 것처럼 기독교 신학자들도 지나치게 지적인 합리성과 논리성을 강조하였으며, 과학적 방법을 진리 탐구의 가장 가치있는 수단으로 인식하는 경향이 있어왔음을 시인해야 한다는 것이다.[45] 지식은 순수 객관적으로 탐구할 수 있는, 앎의 주체와 앎의 객체가 분리될 수 있는 성질의 것이 아니라 앎의 주체의 헌신(commitment)과 참여(participation)를 통해서 진정한 앎을 추구할 수 있음을 재확인하여야 한다는 것이다. 그리고 인간의 과학지식이 인류에게 반드시 유용한 것만이 아니라 그것이 위험한 결과를 가져올 수 있음을 깨닫는 것이 중요하다. 그렌츠는 이러한 근대주의의 편협성에 대한 포스트모던의 비판은 기독교인들로 하여금 '근대주의로 왜곡된 복음'이 아닌 원래의 '온전한 복음'으로 회복할 수 있는 기회를 제공해주고 있다고 주장한다. 이런 맥락에서 그렌츠는 포스트모던 경향들로 인하여 회복된 복음의 모습을 '포스트모던 복음'(a Postmodern Gospel)으로 소개하고 있다.[46]

포스트모던 복음의 첫 번째 특징은 탈-개인주의적 복음(a post-individualistic gospel)이다. 계몽주의 이후, 특히 데카르트의 모든 것을 의심할 수 있지만 의심하고 있는 자신은 의심할 수 없다는 '자아의 확실성'으로부터 기인한 근대적 개인주의적인 경향은 복음을 지나치게 개인주의적인 성향으로 인식하게 만들었다. 그러나 공동체를 강조하는 포스트모던 경향은 복음에 대한 개인주의적인 편향적 이해로부터 원래의 복음의 모습을 회복하는 기회를 제공하고 있다. 성부, 성자, 성령 삼위일체 하나님이 이미 공동체적으로 존재하셨고 이는 우리에게 관계의 중요성을 일깨워주고 있다. 포스트모던 복음은 사람들을 신앙 공동체 안에 초대하고 참여케 하여 공동체적 삶을 누리게 함으로 온전한 복음의 의미를 깨닫도록 하는 것이다.

포스트모던 복음의 두 번째 특징은 탈-합리주의적 복음(a post-rationalistic gospel)이다. 근대주의의 중요한 특징으로 개인주의 외에 이성적 사고를 중시하는 합리주의를 들 수 있다. 이러한 근대적 합리성은 미신에 사로잡혀 있었던 전 근대적 사고방식을 탈피하여 보다 합리적인 사고가 가능하도록 하여 과학을 발전시키는 공헌을 하였다. 이러한 경향은 근대주의적 복음 이해에 있어서도 발견되어지는데 복음의 지적인 측면만을 지나치게 강조하는 현상으로 나타나고 있다. 물론 지적인 측면이 중요하지만 근대주의에 대한 포스트모던 비판은 그동안 상대적으로 덜 중요시되었던 감성적인 면과 신비적인 면의 중요성을 회복하고 있는 것이다.[47] 하나님의 실재는 인간의 합리성을 초월해 존재하시기에 복음은 인간의 인지적 영역으로만 제한될 수는 없는 것이다. 인지적 요소 외에 감성과 상상을 중시하는 포스트모던 경향은 복음이 지적으로 하나님에 관해서 알게 되는 것을 넘어서서 하나님과의 인격적인 만남이 내포하고 있는 인지적 요소 외의 다른 측면을 강조함으로 통전적 복음으로 회복할 수 있는 기회를 제공하고 있는 것이다.

포스트모던 복음의 세 번째 특징은 탈-이원론적 복음(a post-dualistic gospel)이다. 계몽주의 이후 근대주의는 실재를 정신과 물질로 이원화시키는 경향이 있어왔다. 이는 인간을 영혼과 육체로 나누는 이원론적 인간이해와 맥을 같이한다. 포스트모던 경향은 이러한 이원론을 거부하는데 성경적인 인간이해인 통전적(holistic) 이해를 회복하는 기회를 제공하고 있다. 그렌츠는 탈-이원론적 복음은 단지 한 개인 안에서 육체와 정신이 통합되어 있다는 것만을 주장하는 것이 아니라 인간이 인간과 자연, 인간과 다른 인간, 인간과 하나님과의 관계 안에 존재함을 강조하는 것으로 이해한다.[48]

포스트모던 복음의 마지막 특징은 탈-지적인 복음(a post-noeticentric gospel)이다. 복음은 머리로 하나님을 인정하는 것 이상이다. 복음은 단지 지식(knowledge)의 축적만이 아닌 지혜(wisdom)의 획득과 관련되며, 이는 신앙이 인간 삶의 모든 영역과 관련되어 있음을 의미하는 것이다. 복음은 올바른 교리에 동의하는 것이거나 지적인 확신을 갖는 것만이 아니라 모든 삶이 신앙적 삶으로 변형되는 것을 포함하는 것이다. 이런 점에서 그렌츠는 "포스트모던 세계는 올바른 머리(head)는 올바른 마음(heart)으로부터 분리되어서는 가치가 없다는 옛 경건주의자들의 신념을 재음미해볼 수 있는 기회를 제공하고 있다"고 보았다.[49]

그렌츠의 '포스트모던 복음 이해'는 포스트모던 시대가 복음의 기초를 해체하는 면이 있지만 동시에 통전적 복음을 회복할 수 있는 기회가 됨을 보여주는데, 이는 포스트모던 경향이 통전적 기독교교육을 회복할 수 있는 기회도 될 수 있음을 시사하고 있는 것이다.

4. 포스트모던 시대 기독교교육의 가능성

포스트모던 시대에 기독교교육은 과연 가능한가? 가능하다면 그 방향은 어떠해야 할 것인가? 이 장에서는 포스트모던 경향들이 그동안의 편협한 근대주의 교육의 한계를 극복하여 '통전적 기독교교육'으로 회복할 수 있는 기회를 주고 있음을 인식론적인 관점에서 설명하려고 한다.[50] 모든 교육은 앎과 관련되어 있으며 어떤 인식론에 뿌리박혀 있게 마련인데 그 인식론의 성격을 따라 교육의 특성이 나타나게 되는 것이다. 여기에서는 먼저 근대인식론에 근거한 근대주의 기독교교육의 문제점을 살피고, 이를 극복하는 포스트모던 시대 기독교교육인식론의 윤곽을 그려보려고 한다.

1) 근대 인식론과 근대주의 기독교교육

근대주의 교육에 대한 포스트모던 비판은 대부분 근대 인식론의 문제점에 근거하고 있다고 볼 수 있고 새롭게 등장하는 포스트모던의 경향들은 그동안 근대 시대에는 상대적으로 무시되어 온 인식의 제 측면들을 강조하고 있다고 볼 수 있다. 앞장에서 언급한 바 있듯이 계몽주의 이후 데카르트, 록크, 칸트의 인식론이 근대주의 인식론의 기초를 형성하고 있다고 할 수 있다. 포스트모던 경향으로 근대 인식론을 비판할 때 근대 인식론의 몇 가지 한계점을 지적할 수 있을 것이다.

첫째, 근대 인식론은 객관주의적(objectivistic)이다. 이 인식론은 '순수하게 객관적인 실재'가 존재한다고 가정한다. 앎의 주체(knower)는 앎의 객체(the known)와 분리될 수 있다고 본다. 이러한 객관주의적 인식론은 모든 지식은 실재와 상응하고 있다고 주장한다. 리차드 로티가 주장하듯이, 데카르트, 록크, 칸트의 인식론들 사이에 존재하는 상이성에도 불구하고 그들은 실재와 상응하는 진리를 전제하고, 실재를 표상하는 진리를 전제하고 있다는 점에서 공통분모를 가지는 것이다.[51]

둘째, 근대 인식론은 개인주의적(individualistic)이다. 데카르트, 록크, 칸트의 인식론들 사이의 또 하나의 공통점은 이들 각각이 앎의 공동체적 성격을 무시하는 경향이 있다는 것이다. 그들은 지식이 앎의 주체가 처한 사회적 상황과 관련되며 그 공동체에 뿌리박혀 있다는 사실을 강조하지 않는다. 특별히 데카르트는 개인의 정신을 앎의 중심에 위치시키고, 칸트는 앎에 있어서 자율적 자아의 중심성을 강조하고 있는 것이다. 그렌츠가 지적하듯이 근대주의 인식론은 개인을 고양(the elevation of the individual)하고 있다고 할 수 있다.

셋째, 근대 인식론은 합리주의적(rationalistic)이다. 따라서 앎에 있어서 상상(imagination)의 중요성을 무시하는 경향이 있다. 데카르트는 지식을 단지 합리적 확실성과 동일시함으로써 상상을 지식으로부터 배제시켰다. 록크의 인식론에 있어서 지식은 우리가 경험하는 대상에 의하여 일어나는 개념들로 제한된다. 마이클 폴라니가 지적한 바와 같이 모든 인식에는 상상적인 요소가 있으며 인격적인 요소가 개입된다는 점을 이해하고 있지 못하다.

넷째, 근대 인식론은 관객주의적(spectator-like)이다. 앎의 주체가 마치 관중석에 구경하듯이 앎의 대상을 관찰함으로 지식을 획득할 수 있다고 보았다. 이 점에서 근대 인식론은 비 참여적이다. 데카르트, 록크, 칸트는 아는 자가 무엇인가를 알 때에는 이미 그 속에 참여하고 있음을 인식하지 못하였다. 자신이 지식 안에 참여하지 않으면서 순수 객관적인 관찰을 통해 가치중립적인 지식을 획득할 수 있다고 보았던 것이다.

이러한 근대 인식론은 일반 교육만이 아니라 기독교교육에도 심대한 영향을 미쳤다. 근대의 교육제도 가운데 가장 상징적인 기관인 학교는 일반 교육만이 아닌 기독교교육의 전당이 되었다. 그런데 이런 학교교육은 근대 인식론인 객관주의적, 개인주의적, 합리주의적, 관객주의적 인식론을 근거하고 있는데, 기독교교육마저 상당부분 이러한 인식론에 근거된 교육을 실시했다고 할 수 있다. 이는 앞에서 그렌츠가 주장했듯이 복음을 '근대주의적인 관점'으로 편협하게 이해하는 오류를 범하게 되었는데, 합리주의적이고 개인주의적이며, 이원론적이고 지적인 복음 이해로 국한시키는 한계성을 보여왔던 것이다.

2) 포스트모던 시대 통전적 기독교교육

포스트모던 경향은 이러한 근대 인식론의 한계를 비판하고 이를 극복하도록 도와주는데 특히 앞에서 열거한 최근 교육에서 나타나고 있는 다양한 도전들은 근대주의 교육을 극복하고 새로운 대안을 모색하려는 시도들로 보여진다. 다중지능론은 그동안 IQ로 상징되는 근대교육의 '주지주의' 경향을 비판하고 극복하는 대안으로 보여지며, 상상에 대한 강조는 순수 객관적인 지식이 존재한다고 보고 과학적, 합리적 탐구만을 가치로운 지식추구의 방식으로 생각해온 근대 교육을 넘어서려는 시도인 것이다. 인격적 지식론은 앎의 주체와 앎의 객체가 분리될 수 있다고 보는 객관주의적 근대 인식론이 간과하고 있는 인식의 암묵적 요소를 강조하며 모든 지식에 인격적이고 주관적인 요소가 개입되었음을 밝히며, 뉴미디어로 인한 새로운 인식론은 '형상'만을 강조해 온 근대주의적 관점에서부터 '바탕'의 중요성을 회복하는 시도이며, 교육을 가르침의 관점에서만 생각하던 것을 커뮤니케이션의 관점으로 바라볼 수 있도록 도와주고 있다. 공동체에 대한 강조는 근대 교육의 상징적인 구조인 학교식–교수 패러다임이 지니는 문제점을 드러내며, 개인주의적인 한계를 극복하는 공동체적인 교육구조로서 신앙공동체–문화화 패러다임을 대안으로 제시하고 있고, 영성에 대한 강조는 근대주의 교육이 지나치게 '지식의 눈'만을 강조한 것에 대해 '마음의 눈'을 회복함으로 통전적 시각을 지니는 데에 공헌하고 있다.

이상과 같은 포스트모던 경향들은 기독교교육이 새롭게 변화될 것을 요청하고 있는데, 이러한 포스트모던 도전들에 의하여 기독교교육이 해체되는 것이 아니라 오히려 원래의 복음을 회복하는 기독교교육의 정체성을 발견할 수 있다면 포스트모던 시대는 참다운 기독교교육이 회복되는 기회가 될 수 있을 것이다. 포스트모던 경향들을 요약해 볼 때, 포스트모던 시대에 있어서 기독교교육을 가능케 하는 기독교교육인식론은 다음의 네 가지 특징을 필요로 하고 있음을 알 수 있다. 이는 근대 교육이 뿌리박고 있는 근대 인식론의 한계를 극복하는 교육이기도 하다.

첫째는 포스트모던 시대의 기독교교육인식론은 인격적(personal)이다. 앎의 주체가 객체로부터 분리될 수 없으며, 앎(knowing)은 존재(being)로부터 완전히 독립될 수는 없다. 이런 점에서 앎은 '나–그것'의 관계라기보다는 '나–너'의 관계이며 순수하게 객관적인 진리란 존재하지 않는다.

객관주의적 인식론에 터한 근대 교육에서는 교사와 교육내용의 분리라는 심각한 현상이 발생하였다. 교사의 인격적인 요소나 영성, 그의 삶과는 전혀 분리되어 있는 '독립되어 존재하는 지식'을 가르칠 수 있을 것이라고 전제하였다. 그러나 인격적 지식론이나 뉴미디어 인식론에서 말하고 있듯이 암묵적 요소가 개입되며 형상보다 바탕이 영향을 미치게 되는 것이다. 팔머가 지적했듯이 예수님은 "내가 곧 진리다"라고 말함으로써 예수님의 인격과 지식을 분리시키지 않았다.[52]

둘째, 포스트모던 시대의 기독교교육인식론은 공동체적(communal)이다. 앎의 주체로서 자율적 개인을 강조하는 서구 근대 인식론과는 달리, 신앙적 앎은 공동체에 뿌리박혀 있다. 모든 지식은 공동체 및 사회 문화적 상황과 분리될 수 없으며, 모든 앎은 함께 알고 있는 사람들(co-knowers)이 있음을 전제하는 공동체적 성격을 지닌다. 개인주의적 인식론에 기초한 근대 교육에서는 학생과 학생 사이가 분리된다. 서로가 경쟁자로 인식되는 경향이 있다. 그러나 신앙공동체 이론이 주장하듯이 공동체 자체가 교육한다. 성부, 성자, 성령이 삼위일체 되심은 이미 하나님께서 공동체적으로 존재하심을 의미하기에, 공동체 안에서 가장 하나님을 잘 알게 된다.

셋째, 포스트모던 시대의 기독교교육인식론은 상상적(imaginative)이다. 상상을 앎에서 제외시키는 경향이 있는 객관주의적 인식론과는 달리 새로운 교육인식론은 모든 앎에 상상적 요소가 있음을 강조한다. 동시에 지식을 감정과 의지로부터 독립된 좁은 의미의 인지(cognition)에 국한시키지 않고 전인(whole being)을 포함하는 것으로 이해한다. 합리주의와 실증주의에 근거한 근대 교육은 상상과 감성, 비유와 상징을 비과학적인 요소로 무시하는 경향이 있었다. 이러한 주지주의적인 경향은 IQ만을 중시하는 왜곡된 지능관을 낳았고, 음악, 미술, 체육, 그리고 다양한 지능들을 소홀히 여기게 되었다. 그러나 다중지능론과 상상과 영성에 대한 강조는 다시금 통전적 기독교교육으로 회복될 수 있는 기회를 제공하고 있다. 기독교교육은 단지 인지적인 변화만을 추구하는 것이 아니라, 지, 정, 의가 포함된 충실한 상상을 불러일으킴으로 통전적인 삶의 변화를 추구하는 것이다.

넷째, 포스트모던 시대의 기독교교육인식론은 참여적(participatory)이다. 객관주의적 인식론이 '관객적 의식'(the onlooker consciousness)을 강조하는 반면, 새로운 인식론은 앎의 주체가 지식에 참여하고 있음을 강조하는데, 모든 앎에는 앎의 주체의 앎에 대한 헌신이 있음을 주장한다. 근대교육의 학교체제는 관객주의적 인식을 강화하는 경향이 있어왔다. 교실이 공연장이라면 학생들을 관객석에 앉아서 교사가 무대에서 펼치는 연기를 구경하는 구조이다. 또한 학교 자체가 사회와 격리된 채 현장 속에 참여하지 않는 경향을 지니고 있다. 교사나 학생 모두가 추상화되고 관념화된 지식을 현장과 괴리된 공간 안에서 배우고 있는 셈이다. 그러나 앎의 주체가 앎의 객체에 이미 참여하고 있음을 강조하는 인격적 지식론과 공동체에의 참여를 강조하는 새로운 교육의 경향은 기독교교육이 보다 참여적인 구조로 변화될 수 있는 기회를 주고 있다.

5. 나가는 말

포스트모던 시대에도 과연 기독교교육이 가능할 것인가? 계몽주의 이후 모든 근대주의의 기초를 무너뜨리는 포스트모더니즘의 경향은 기독교교육의 기초마저 위협하고 있는 것이 사실이다. 그러나 포스트모던 경향은 근대주의 교육의 편협성을 극복할 수 있는 계기를 제공한다는 점에서 오히려 통전적 기독교교육의 기회가 될 수 있다. 근대주의 교육의 편협한 객관주의적, 개인주의적, 합리주의적, 관객주의적 인식론을 극복하여, 인격적, 공동체적, 상상적, 그리고 참여적인 기독교교육인식론을 회복함으로 '근대주의적인' 기독교교육이 아닌 '통전적인'(holistic) 기독교교육을 추구할 수 있을 것이다. 이는 이때까지 근대주의 교육이 '머리의 교육'이었다면 '마음의 교육'으로의 전환을 의미한다. 또한 이러한 새로운 패러다임에 의한 기독교교육이야말로 여전히 편협된 교육이 이루어지고 있는 기독교교육 현장의 문제들을 해결할 수 있을 것이다.

토의문제

1. 오늘날을 '포스트모던 사회'(Postmodern society)라고 부를 수 있다면, 그 대표적인 현상들은 무엇이라고 생각하는지 말해 보자.

2. 모더니즘과 포스트모더니즘의 차이를 말해보고, 이러한 변화가 기독교교육에 미칠 긍정적, 또는 부정적 영향에 대하여 토의해 보자.

3. 교육에 있어서 포스트모던 경향들이 무엇인지를 살펴보고, 이 가운데 자신이 보기에 가장 중요한 현상이 무엇인지, 그리고 그렇게 생각한 이유가 무엇인지를 나누어 보자.

4. '포스트모던 시대는 기독교교육의 기회가 될 수 있다' 는 말의 의미를 설명해 보자. 특히 통전적인 기독교교육의 회복에 어떻게 공헌할 수 있는지를 말해 보자.

5. 포스트모던 시대의 기독교학교교육의 방향이 어떠해야 할지 생각해 보자. 그리고 기독교대안학교가 과연 포스트모던 시대 기독교교육의 한 방안이 될 수 있는지 토의해 보자.

제15장 멀티미디어 커뮤니케이션 시대의 기독교교육

1. 교육에 대한 새로운 이해

교육을 커뮤니케이션의 관점에서 이해할 때 교육의 새로운 의미를 파악할 수 있다. 전통적으로 교육은 가르침(teaching)으로 이해되어 왔다. 가르침은 이미 지식을 알고 있는 교사가 아직 그 지식을 알지 못하는 학생들을 깨우치는 행위라고 할 수 있다. 이 가르침의 구조 안에서는 교사와 학생의 만남이 전제되어 있지만 교사는 '주는 사람'으로서, 학생은 '받는 사람'으로서 인식되는데, 이러한 가르침은 학교라는 제도를 통해서 강화되어 왔다. 오늘날 교육의 보편적인 구조로 인식되고 있는 학교체제(schooling system)는 교사와 학생을 각각 교육자와 피교육자로 규정하는 경향이 있다. 이 체제 안에서 교육은 교사가 교단에 서서 교실(classroom) 안에 질서정연하게 앉아 있는 학생들에게 '위에서 아래로' 지식을 전수하는 행위로 간주된다.

그런데 이러한 전통적인 교육 이해에 대해 많은 질문을 던질 수 있다. 과연 교육은 가르침과 동일한 것인가? 교육은 오직 지식을 전수하는 행위인가? 교사는 '주는 사람'이고 학생은 '받는 사람'이라는 인식이 옳은 것인가? 교육은 학교에서 일어나는 일로서 국한되는가? 이와 같은 질문에 답하는데 있어서 커뮤니케이션의 관점은 교육을 새롭게 이해하도록 도움을 준다. 여기에서는 교육을 커뮤니케이션의 한 현상으로 이해하고, 먼저 교육의 다양한 요소들을 커뮤니케이션 용어로 설명하고, 커뮤니케이션의 역사적 발달에 따라 교육의 패러다임이 어떻게 변화되고 있는지를 분석하려고 한다. 이러한 작업은 그동안 교육의 어느 한 측면만 강조해 온 편향적 이해를 극복하고 보다 온전한 교육이 무엇인지를 파악할 수 있도록 할 것이다.

2. 커뮤니케이션으로서의 교육

커뮤니케이션을 다양하게 정의할 수 있겠지만, 일반적으로 '기호를 통해서 의미를 전달하는 현상'[1]이라고 정의할 수 있다. 이 정의에서 '기호'(sign)는 전달하는 내용을 나타내는 수단으로서 언어는 물론 비언어적 수단도 포함하는 개념이다. 또한 '의미'(meaning)는 그 기호가 지시하는 바가 무엇인지를 깨닫는 체계라고 할 수 있다. 이런 점에서 커뮤니케이션을 '메시지의 부호화(encoding)와 해독화(decoding)'로 이해하기도 한다. 이러한 커뮤니케이션 이해는 바로 교육현상을 설명해주는 원리와 동일시 될 수 있다. 교육현상은 다름 아닌 '기호를 통해서 의미를 전달하는 현상'이다. 다르게 표현해서 교육은 '메시지의 부호화와 해독화의 과정'이라고 정의내릴 수도 있다. 좀 더 구체적으로 교육과 커뮤니케이션의 관계를 커뮤니케이션의 관점에서 설명해 보자. 이것은 일종의 번역 작업이라고도 할 수 있는데, 교육현상을 교육학적으로만 설명하는 것이 아니고 커뮤니케이션의 용어로 번역하는 것으로서 간학문적 접근(interdisciplinary approach)이라고 할 수 있다. 이는 교육학으로 교육을 이해할 때 미처 파악하지 못했던 교육

현상을 드러내줄 수 있다.

교육현상이 커뮤니케이션 현상이라면 교육의 다양한 요소들은 커뮤니케이션의 다양한 요소들로 설명될 수 있다. 일반적으로 교육의 구성요소를 교사, 학생, 교재(교육내용), 환경 등으로 들 수 있고, 좀 더 세분하자면 교육내용을 교육목표, 교육과정, 교육방법, 교육평가 등으로 분류할 수 있다. 또한 교육방법을 기능적으로 세분하자면 교육상담, 교육행정, 교수방법으로 재분류할 수 있다.

커뮤니케이션의 구성요소는 접근방식에 따라 다양하게 분류할 수 있지만, 일반적으로 ① 커뮤니케이션 과정의 참여자로서 송신자와 수신자, ② 커뮤니케이션 과정의 내용물로서 메시지(message), ③ 커뮤니케이션 내용물을 실어 나르는 용기로서 미디어(media), ④ 메시지에 대한 반응으로서 피드백을 들 수 있다.[2] 앞의 교육의 구성요소를 이러한 커뮤니케이션 요소로 해석하면 다음과 같은 설명이 가능하다.

1) 교사와 학생: 송신자와 수신자

교육에 있어서 가장 필수적인 요소이며 교육의 중심 요소가 교사와 학생이다. 교육은 이 두 종류의 사람의 만남을 통해 이루어진다. 교육을 '인간행동의 계획적인 변화'라고 정의내릴 때, 교사는 의도적으로 이러한 변화를 추구하는 사람으로, 학생은 이러한 변화를 경험하는 사람으로 인식된다. 전통적인 교육에서는 교사가 교육의 주체이고 학생은 교육의 객체인 셈이다. 원인과 결과의 관계로 볼 때, 교사는 원인제공자이고, 학생은 그 결과의 수혜자로서 목적적인 존재가 되는 것이다.

커뮤니케이션의 관점에서 볼 때, 교육은 송신자(sender)와 수신자(receiver)와의 상호작용으로 이해된다. 커뮤니케이션 과정에서 가장 중요한 구성 요소는 어떤 메시지를 전달하고자 하는 송신자와 그 메시지를 받는 수신자이다. 전통적인 교육에서는 당연히 교사가 송신자가 되고, 학생이 수신자가 되는 것으로 이해한다. 교사가 가르치는 내용으로서 메시지를 가지고 있고, 학생은 그 메시지를 받아들여야 하는 존재인 것이다. 그러나 커뮤니케이션은 그 어원적 의미가 말해주듯이 '공유'하는 쌍방향적 관계를 지향하고 있다. 어느 한 쪽은 영향을 주기만 하고 다른 한 쪽은 일방적으로 영향을 받기만 하는 관계가 아니라 상호 영향을 주고 받는 과정이라고 할 수 있다. 이런 점에서 교사만 송신자가 아니고 학생도 송신자가 될 수 있고, 또한 되어야 하며, 교사는 송신자일 뿐만 아니라 수신자가 될 수 있어야 한다.

2) 교육내용: 메시지

교육은 교육내용을 수반한다. 일반적으로 교육의 3요소를 말하자면 교사, 학생, 교육내용을 들 정도로 교육내용은 교육의 필수요소이다. 교사에게 있어서는 가르칠 내용이며, 학생에게 있어서는 배울 내용이다. 전통적인 교육에서는 이 교육내용은 '교과서'로 상징되었으며, 그것은 지식(knowledge)을 의미하였다. 이 지식은 언어로 구성되며, 논리적인 특징을 지닌다. 해방교육론자인 프레이리가 비판한 것도 바로 교육을 학생들의 머리에 지식을 집어넣어주는 것으로 이해하는 관점이었던 것이다. 그러나 교육내용은 지식만을 의미하지는 않는다. 지, 정, 의가 포함되며 가치와 행동적 요소를 제외해서는 안 된다.

커뮤니케이션의 관점에서 볼 때, 교육내용은 메시지이다. 메시지는 단지 언어적 내용만이 아니라 비언어적 내용도 포함한다. 앞에서 언급하였듯이 '기호'(sign)로서 표현될 수 있는데 이는 부호(code), 신호(signal), 상징

(symbol)을 모두 포함하는 개념이다.[3] 이것은 인간의 감각 가운데 시각이나 청각에 의해서만 파악될 수 있도록 제한되는 것이 아니라 오감(시각, 청각, 후각, 미각, 촉각) 모두를 포용하는 내용이다. 지, 정, 의를 포함하며 진, 선, 미를 포함한다. 우리가 장미가 무엇인지를 가르치는 것은 장미에 관한 식물학적 지식만이 아니라 장미의 아름다움을 느낄 수 있도록 하고, 장미가 지니는 다양한 상징들을 이해할 수 있도록 하는 것을 포함한다. 교육내용을 보다 체계적으로 의미하는 개념으로 교육과정(curriculum)을 들 수 있는데, 이런 커뮤니케이션의 관점에서 볼 때 공식적 교육과정(formal curriculum)만이 아니라 비형식적 교육과정(informal curriculum), 또는 잠재적 교육과정(hidden curriculum)이 중요하게 인식된다. 그리고 인쇄된 자료(printed materials)만이 아니라 다양한 만남들과 활동들, 느낌들이 포함되어진다. 이런 의미에서 메시지로서 교육내용은 개념(concept)보다는 개념을 포함하는 이미지(image)로 이해하는 것이 바람직할 것이다.

3) 교육방법: 미디어

교육이 일어나는 통로가 교육방법(educational method)이다. 교육방법은 교수방법(teaching method)보다 넓은 개념이다. 이것은 교육(education)이 교수(teaching)를 포함하는 개념인 것과 마찬가지이다. 그러나 전통적으로 교육방법은 교수방법으로 축소되어 이해되어져 왔다. 교수방법 중에서도 특히 지적인 설득을 위주로 하는 수업(instruction)을 강조하는 경향이 있어왔고, 이로 인해 강의가 주된 교수방법으로 정착하게 되었다. 반면에 강의가 아닌 것, 수업이 아닌 것, 교수가 아닌 것은 상대적으로 덜 중요하게 인식되었는데, 언어로 전달하는 말하기(speaking)가 아닌 교사의 표정, 제스처, 눈맞춤, 미소, 침묵 등이 소홀히 다루어졌고, 교사와 학생의 만남, 교사의 삶과 영성, 수업시간 외의 다양한 상호작용 등이 무시되는 경향이 있어 왔다.

커뮤니케이션의 관점에서 볼 때, 교육방법은 미디어(media)이다. 미디어는 일종의 채널로서 신호를 전달하는 수단 또는 용기라고 할 수 있다. 여기에는 언어적 수단은 물론 비언어적 수단도 포함된다. 우리의 목소리, 얼굴 표정, 몸짓 등을 비롯해 책, 그림, 사진 등과 라디오, 영화, TV, 컴퓨터 등 다양한 미디어가 포함된다. 미디어는 그 미디어가 전달할 수 있는 코드의 범위나 전달될 수 있는 영역에 따라 세 가지 범주로 분류될 수 있다. 첫째는 표현적 미디어(the presentational media)로서 송신자와 수신자가 한 장소에서 주고 받는 목소리, 얼굴, 표정, 몸짓 등이 해당되며, 둘째는 구상적 미디어(the representational media)로서 서적류, 그림, 사진, 편지 등 표현되는 메시지를 저장할 수 있는 미디어이다. 그리고 마지막으로 기계적 미디어 (the mechanical media)를 들 수 있는데 메시지를 전달하는 전달매개로서의 미디어인데 전화, 라디오, TV, 팩스, 컴퓨터 통신 등이 해당된다.[4] 이러한 분류에 비추어볼 때 주된 교수방법으로 인식되어온 강의는 수많은 미디어의 종류 중 극히 한 부분일 뿐이라는 것을 알 수 있다. 앞에서 언급한 교육 내용이 오감을 모두 포함하는 것이라면 교육방법은 오관을 통해 오감을 경험할 수 있도록 다양한 감각기관을 이용한 미디어들을 포함하는 것이다.

4) 교육평가: 피드백

교육평가는 교육의 필수요소이며, 의도한 교육목표가 달성되었는지의 여부를 파악하는 교육의 종착점일 뿐만 아니라 새로운 교육을 시작하는 출발점이 된다. 랄프 타일러(Ralph W. Tyler)의 유명한 '타일러 논리'(Tyler rationale)라고 불리우는 교육과정과 수업의 네 가지 원리도 교육목표설정,

교육내용선정, 교육내용조직(교육방법), 교육평가인데, 교육은 이 네 가지가 계속 순환됨으로서 이루어진다고 보았다.[5] 교육평가에는 학습자의 준비도(readiness)를 확인하는 진단평가, 학습의 과정이 제대로 이루어지는지를 평가하는 형성평가, 학습의 결과가 목표대로 성취되었는지를 평가하는 총괄평가로 분류할 수 있는데 이 모든 평가는 학생들의 반응을 파악하는 것이다. 교수행위가 교사중심의 행동이라면 교육평가 행위에서는 학습자의 행동이 중요하다.

커뮤니케이션에서 피드백은 전달된 메시지에 대해서 수신자가 송신자에게 보내는 반응을 의미한다.[6] 수신자가 송신자에게 반응을 할 때에는 이미 수신자가 송신자가 되고 송신자가 수신자가 된다. 즉, 피드백을 통해 커뮤니케이션은 명실상부한 커뮤니케이션(communication)이 되고 일방적 의사전달이 아닌 쌍방적 의사소통이 되는 것이다. 만약 피드백을 상실한 커뮤니케이션이라면 그것은 상대방의 참여를 불러일으키지 못한 채 일방적인 강요나 허공에 맴도는 메아리가 되고 만다. 전통적인 교육에서 교육평가가 완전히 무시된 것은 아니었다. 소위 시험(examination)을 통해 학업성취를 평가하고 이를 통해 학생을 구분(screening)하기도 하고 선발(selection)하기도 하며, 교육목표의 달성 여부를 판단한다. 그러나 교육의 모든 과정, 특히 미시적 과정에서 교육평가를 통해 피드백을 받는 것의 중요성을 소홀히 다루는 경향이 있다. 모든 교육이 일방적 커뮤니케이션(one-way communication)이 아닌 쌍방적 커뮤니케이션(two-way communication)임을 인식하는 것이 중요하다. 또한 지적인 영역의 평가만이 아닌 감정적, 의지적, 행동적, 가치적 영역의 평가도 중요하며, 공식적 반응만이 아닌 비공식적, 잠재적 반응을 포함하는 간접적 커뮤니케이션(indirect communication)도 중요함을 인정해야 할 것이다.

3. 커뮤니케이션으로 본 교육의 변천사

교육이 일종의 커뮤니케이션임을 인식할 때, 커뮤니케이션의 패러다임의 변화와 교육의 패러다임의 변화는 매우 밀접한 상호 연관성이 있음을 알 수 있다. 역사적으로 성찰해 볼 때 원시사회로부터 오늘날에 이르기까지 커뮤니케이션의 형태가 변화함에 따라 교육의 방식이 변화해왔다. 이는 현재의 커뮤니케이션 형태도 지속적으로 변화되고 있으며 향후 더욱 급변할 것을 예측하게 될 때, 교육의 형태도 변할 수밖에 없고 또 변해야 함을 예견할 수 있다. 최근 한국 교육이 경험하고 있는 '교실붕괴,' '학교붕괴,' '교육붕괴' 현상도 일면 오늘날 커뮤니케이션 패러다임의 변화에 교육이 새롭게 대처하지 못한 채 과거의 낡은 교육적 패러다임을 고집하고 있었기 때문에 오는 일종의 문화지체 현상(cultural lag), 또는 학교지체 현상(school lag)이라고 할 수 있을 것이다.

커뮤니케이션의 역사를 시대 구분하는 다양한 입장과 방식이 있지만 커뮤니케이션의 패러다임의 변화라는 관점에서 볼 때 크게 세 단계로 시대구분할 수 있을 것이다. 문자가 발명되기 전의 구두커뮤니케이션 시대와 문자커뮤니케이션 시대, 그리고 뉴미디어로 불리우는 전자미디어커뮤니케이션 시대 등이다. 그런데 문자커뮤니케이션 시대를 다시 세분하여 인쇄술이 발명되어 문자의 대중적인 보급이 가능한 시기 이전과 이후를 구분한다면 필기문화시기와 인쇄활자시기로 나눌 수 있다. 또한 전자미디어커뮤니케이션 시대를 다시 시청각커뮤니케이션 시기와 멀티미디어커뮤니케이션 시기로 분류할 수 있다.[7] 이 글에서는 이렇듯 세분화된 다섯 단계로 커뮤니케이션 역사를 시대구분하면서 이에 따라 교육의 패러다임이 어떻게 변화되었는지를 살펴보려고 한다.

1) 구두커뮤니케이션 시대: 교육의 원 역사

문자가 발명되기 이전의 원시사회에서는 구두로 커뮤니케이션이 이루어졌다. 구두 커뮤니케이션은 '만남의 커뮤니케이션'이다. 화자와 청자가 같은 장소에서 존재하고 면대면을 통해 의사소통이 이루어진다. 같은 장소에서 소리를 전하고 듣고 이내 그 소리는 사라진다는 점에서 구두 커뮤니케이션은 공간구속적(space-bound)이고 시간구속적(time-bound)인 형태를 지니고 있다.[8] 이러한 커뮤니케이션 패러다임에 있어서는 메시지가 오랜기간 저장될 수 없고 공간적으로 떨어져 있는 사람들과의 커뮤니케이션이 이루어질 수 없다는 한계점이 있지만, 반면 화자(송신자)의 얼굴표정, 의상, 제스처 등 비언어적 요소들이 목소리의 크기와 억양 등 언어적 요소와 함께 통전적으로 커뮤니케이션이 일어난다는 강점이 있다. 맥루한은 인간이 언어만 의존하던 이러한 구두커뮤니케이션 시대에는 소리에 의해서는 청각을, 제스처에 의해서는 시각을 각각 활용함으로 감각의 균형을 이룰 수 있었다고 말한다. 이런 점에서 맥루한은 원시사회의 인류 조상들을 가리켜 오감의 조화로운 균형을 이루었던 '고결한 원시인'(noble primitives)이라고 표현하였다.[9]

구두커뮤니케이션 시대의 교육의 가장 큰 특징은 '앎'(knowing)이 '삶'(living)으로부터 분리되지 않는다는 점이다. 교육의 장면은 일상적인 삶의 장면과 분리되지 않고, 삶 속에서 이루어지는 커뮤니케이션이 바로 교육적 기능을 수행하였다고 할 수 있다. 앎과 삶이 분리되지 않았다고 하는 것은 지식과 감성이 분리되지 않았음을 의미하기도 한다. 수신자는 송신자의 말만 듣는 것이 아니라 표정과 몸짓을 함께 보게됨으로 지식과 감성이 나누어지지 않는 보다 통전적 커뮤니케이션이 가능하였다.[10] 모든 앎은 생활 속에서 일어나며, 송신자가 전달하는 메시지는 그의 삶과 어우러져 수신자에게 전달된다. 이 때의 커뮤니케이션은 공간구속적이고 시간구속적이기에 '나와 그것'(I-It)의 관계가 아닌 '나와 너'(I-You)의 관계로 이루어진다. 이것은 오늘날 학교체제가 야기하는 비인간화의 현장과는 사뭇 다른 장면이라고 할 수 있다. 또한 인간의 오감이 모두 커뮤니케이션에서 사용되기에 소위 '멀티미디어 교육'(multimedia education)이 이루어졌고, 청각이나 시각 어느 하나만을 의존하는 교육 방식이 아닌 통전적 교육이 가능하였다. 좀 더 철학적으로 설명하면 이 시대의 앎은 일종의 '인격적 앎'(personal knowledge)이며 송신자의 존재적 삶이 앎과 분리되지 않는다는 점에서 인식론(epistemology)은 존재론(ontology)과 분리되지 않으며, 더 나아가 교수론(pedagogy)과 분리되지 않는다고 할 수 있다.

2) 문자커뮤니케이션 시대: 비인격적 교육의 시작

구두커뮤니케이션 시대에서 문자를 사용하는 문자커뮤니케이션 시대로의 전이는 커뮤니케이션에 있어서 청각보다 시각을 강조하게 되었다. 이 때의 시각은 화자의 얼굴표정이나 몸짓을 보는 시각과도 다르다. 화자로부터 분리되어 존재하는 '글'을 보게 된다. 문자는 시간구속적 한계를 지닌 구두커뮤니케이션을 필기를 통해 말을 저장함으로 그 한계를 극복하게 되었다. 그러나 동시에 말과 글의 분리라는 심각한 현상을 초래하게 되었고, 언어가 문자로 고착되면서 비언어적인 다양한 요소들이 제거되고 경시되는 경향성을 지니게 되었다. '나와 너'의 만남의 커뮤니케이션은 문자를 매개로 함으로 '나와 그것'의 관계로 커뮤니케이션의 패러다임이 변하게 되었다. 그러나 구텐베르크에 의해서 인쇄술이 발명되기 전까지는 소위 '필기문화시기'로서 말을 글로 옮기는 사람의 열정과 태도가 글씨체를 통해 어느 정도 느껴질 수 있었다. 무엇보다 이러한 '글'이 여전히 사람들에게 구두로 읽혀지되 소리내어 낭독하는 형식이 혼용됨으로 구두커뮤니케이션 시대의 특징을 함유하고 있었다고 볼 수 있다.

문자커뮤니케이션 시대는 교육의 확장이라는 긍정적인 측면과 비인격적 교육의 시작이라는 부정적인 면을 동시에 지니고 있다. 문자의 발명으로 필기가 가능해진 것은 교육이 하나의 '일상적인 삶과는 구분된 영역'으로 정착될 수 있는 길을 열어주었다. 말을 글로서 저장할 수 있게 됨으로 교육내용으로서 메시지를 장기간 확보할 수 있게 되었다. 이는 교재의 개발로 이어지며, 구두커뮤니케이션과는 달리 필자와 독자가 같은 시간과 공간에 존재하지 않아도 커뮤니케이션이 가능하게 되었고 이는 별도의 교육의 영역을 확립하게 되는 것을 의미한다.

3) 인쇄활자커뮤니케이션 시대

구텐베르크(Johannes Gutenberg)에 의해서 1453년 발명되어진 인쇄술은 커뮤니케이션 역사의 새로운 분기점이 되었다. 인쇄술이 발명되기 전인 필기문화시기에도 문자는 수기(handwriting)를 통해 사용되어졌지만 그 문자를 읽고 해독할 수 있는 사람은 매우 제한되었으며, 문자를 손으로 기록하는 데에는 많은 시간과 노력이 소모되기 때문에 여전히 커뮤니케이션에 있어서 공간적 제한을 지니고 있었다. 그러나 인쇄술이 발달하면서 '책'은 가장 강력한 미디어로서 한 사람의 생각을 수 많은 사람들에게, 그리고 지역의 한계를 넘어 수 많은 지역으로 전파가 용이하게 되었다. 종교개혁이 가능하게 된 것도 이러한 책의 보급, 특히 라틴어 성경이 아닌 독일어 번역 성경의 보급과, 개혁사상을 담은 글들의 보급으로 인한 것이었다고 해도 과언이 아닐 것이다. 이런 점에서 루터는 인쇄기를 '신의 창조물 중 최고의 것'으로 지칭하고 있다.

인쇄술의 발명으로 대중교육이 가능하게 되었다. 필기문화시기에는 귀족들이나 특권 계층을 위한 학교들에 국한되었다면, 인쇄활자커뮤니케이션 시대에는 민중들에게도 교육의 기회가 주어지는 대중교육이 가능하게 되었다. 대학들의 설립과 수많은 학교들이 세워지게 된 것은 이러한 커뮤니케이션의 패러다임의 변화에 의한 것이라고 할 수 있다. 대중교육의 확립 외에도 인쇄활자커뮤니케이션은 교육의 영역에 다양한 영향을 미치게 되었다. 구두커뮤니케이션 시대와 비교해 볼 때 보다 더 지성을 감성으로부터 구분하는 경향을 지니게 되었다. 인쇄된 활자는 정교하며, 선형(linear)적으로 조직되어 있으며, 질서정연하게 나열되어 있기에 보다 논리(logic)와 추상적 사고를 강조하는 특징을 지닌다. 또한 메시지의 생산자와 수용자의 분리가 극대화됨으로 처음 글을 쓴 필자의 삶의 정황과 존재론적 상황(context)과의 연계성을 상실한 '객관적' 내용이 형성되게 된다. 이런 점에서 인쇄활자커뮤니케이션 시대의 지식은 탈맥락적(decontextualized) 지식이요 비인격적(impersonal) 지식이라고 할 수 있다. 또한 활자는 그것을 대하는 개인이 혼자 독해하며, 메시지의 생산자나 그 공동체로부터 분리되어 있다는 점에서 개인주의적 성향을 지닌다. 대중을 대상으로 하는 매스커뮤니케이션을 가능케 하였지만, 공동체성은 오히려 약해지는 경향을 지니는 것이다.[11]

가장 심각한 영향 중의 하나는 지적 영역이 교육내용의 중심을 차지하게 되었다는 점이다. 인쇄술의 발달은 이성과 합리적, 과학적 사고를 가장 중요시하는 계몽주의의 등장과 함께 교육에 심대한 영향을 미치게 되었는데, 다양한 인간의 능력 중 지적 능력이 가장 중요시되었으며, 다양한 인간의 감각기관 중 시각이 중요시되었으며, 다양한 인간의 지능 중 언어적 지능이 가장 중요시되었다. 학교의 발달은 앎의 삶으로부터의 분리를 가속화시켰으며, 인간의 어느 한 영역이나 능력, 기능만을 강조하는 편향적인 교육이 이루어짐으로 통전적인 교육으로부터 멀어지게 되었다.

4) 시청각커뮤니케이션 시대

제2차 세계대전 이후 확산하게 된 텔레비전은 커뮤니케이션 체제에 큰 영향을 미치게 된다. 무엇보다 텔레비전은 라디오와는 달리 시각과 청각을 재결합시킨다. 시청각커뮤니케이션 이전 시대에는 시각과 청각이 분리되었다. 구전이 강조되는 시대에는 청각이, 문자커뮤니케이션 시대에는 문자를 보면서 읽는 시각이 중요한 역할을 수행하였다. 그런데 뉴 미디어의 등장으로 시각과 청각과 분리되지 않음으로 보다 원시사회의 인간적 커뮤니케이션으로 회귀할 수 있는 가능성을 보여주었다.

삐에르 바뱅은 시청각 매체에 대한 이해를 세 단계로 나누고 있다. 첫째는 '가르침의 보조수단' 으로 시청각의 힘을 깨닫는 것이다. 둘째는 시청각 자료를 단순히 '보조' 수단이 아니라 그 자체가 하나의 '언어' 라는 사실을 인정하는 것이다. 셋째는 시청각 매체가 새롭고 포괄적인 '문화' 를 함께 가지고 온다는 것을 이해하는 것이다. 전통적으로 교육에서 시청각은 중요시되어왔는데 이는 효과적인 교육의 수단으로서의 인식이었다. 에드가 데일(Edgar Dale)은 소위 '경험의 삼각뿔' (Cone of Experience)을 통해서 시청각 교육의 중요성을 강조하고 있다.[12] 이는 언어적 상징(verbal symbols)이 경험의 강도가 가장 약한 것으로 이해하고, 시각적 상징(visual symbols), 정지된 그림(still pictures), 활동사진(motion pictures), 전시(exhibits), 현장학습(field trips), 시범(demonstration), 극적인 참여(dramatic participation), 고안된 경험들(contrived experiences), 그리고 직접적이고 목적이 분명한 경험들(directed, purposeful experiences)로 갈수록 경험의 강도가 강해지기 때문에 시청각 자료나 활동을 통해 보다 효과적인 교육을 할 수 있다는 주장이다.

그러나 삐에르 바뱅은 시청각을 단지 가르침의 보조 수단으로 사용하는 것은 충분치 않다고 말하며, 전통적인 교수법에 시청각 방법을 가미시키는 것은 마치 알약을 삼키기 쉽게 알약 표면에 설탕을 바르는 것과 같다고 비판한다.[13] 시청각 매체는 교육의 보조수단이 아니라 교육의 언어이며, 더 나아가 전혀 새로운 교육의 패러다임을 요청하고 있다.

5) 멀티미디어커뮤니케이션 시대

멀티미디어(multi-media)는 뉴미디어(new media)와는 구별되어야 한다. 사실 뉴미디어는 올드미디어(old media)와 대조되는 상대적 개념이다. 구전에 비해서 문자는 뉴미디어이며, 인쇄미디어(printed media) 시대에 있어서 정보를 전파로 전달하는 라디오가 등장했을 때 라디오는 뉴미디어가 되는 것이다. 현재는 텔레비전과 라디오는 방송미디어(broadcasting media)로서 이미 올드미디어가 되어가고 있다. 결국 뉴미디어는 상대적인 개념에 불과하며 완성적인 의미를 담을 수 없다. 인간이 가지고 있는 모든 감각을 다 동원하여 경험할 수 있고, 인간과 인간이 만나 직접 커뮤니케이션하는 것과 같은 것은 멀티미디어를 통해 커뮤니케이션하는 것이다.[14]

4. 멀티미디어커뮤니케이션 시대의 통전적 기독교교육

커뮤니케이션의 패러다임의 변화는 인식의 패러다임의 변화를 의미하고, 이는 바로 교육의 패러다임을 의미한다. 언어나 문자를 매개로 한 커뮤니케이션에서의 인식은 개념중심의 논리적 인식이다. 그리고 이러한 형태의 커뮤니케이션에서의 교육은 강의와 판서를 중심으로 한 교수방법을 통해 이루어진다. 그러나 멀티미디어 커뮤니케이션에서의 인식은 모든 감각기관이 작용하여 이미지를 획득하는 통전적 인식이라고 할 수 있다. 이러한 멀티미디어 커뮤니케이션에서의 교육은 다양한 매체를 사용하여 오감의 반응을 일으키는 방식으로 이루어진다. 이런 점에서 멀티미디어 커뮤니케이션 시대는 전통적인 교육이 지녔던 '논리중심의 인식', '언어중심의 인식', '개념중심의 인식'을 넘어서는 새로운 통전적 교육인식론을 요청하고 있다.

멀티미디어 커뮤니케이션 시대의 도래는 교육에 있어서 멀티미디어를 효과적으로 사용하려는 교육공학적인 변화만이 아니라 사물을 지각하고 인식하는 '인식론'에 있어서의 변화와 커뮤니케이션 체제의 변화를 가져오고 있다.[15] 삐에르 바뱅(Pierre Babin)은 그의 책 『디지털시대의 종교』에서 미디어의 변화가 이런 점에서 인류의 삶에 엄청난 영향을 미칠 것을 말하고 있다. 그에 의하면 영상문화 속에서의 시각적이고 이미지 중심의 커뮤니케이션 방식이 기존의 문자적이고 논리적인 사고가 지배적이었던 커뮤니케이션 방식을 대체하고 있다. 그는 한 대화를 예로 들고 있다. "내가 한 젊은 여성에게 '당신 삶에서의 의미나 존재 이유는 무엇입니까?'라고 묻자 아무 대답도 하지 않았다. 내가 다시 대답을 재촉하자 '나를 열광시킬 수 있는 누군가, 또는 무언가를 발견한다면 그것이 내 삶의 이유예요'라고 답했다."[16] 이는 문자문화에서는 지적이고 논리적으로 이유를 설명하는 것에 반해 영상문화에서는 '심리적인 강렬함'이 그 이유가 되는 것이다.

바뱅은 뉴미디어 시대에는 복음을 깨닫고 전달하는 방식도 달라질 수 있다고 주장하는데 이는 기독교교육의 방식도 변화될 수 있고 또한 변화되어져야만 함을 시사하고 있다. 그는 뉴미디어 시대의 복음전달 과정의 네 가지 조건을 제시하고 있다.[17] 첫째, 이 시대의 큰 고뇌를 감정적으로 깊이 느끼지 못한다면 기쁜 소식을 말하지 말라. 둘째, 말로써 설득하기 전에 먼저 기적을 행하라. 셋째, 존재의 내면을 일깨우기에 적합한 인간관계와 분위기를 형성함으로써 각자가 '구원되었다'는 체험을 할 수 있도록 하라. 넷째, 이러한 체험이 이루어진 다음에 복음을 설명하라. 이것은 새로운 미디어 시대에는 단지 말로써 의사를 전하는 것이 아니라 온 몸으로 영향력을 주는 것이다. 이것이 바로 '전달매체가 전달내용(메세지)이다'의 의미인 것이다. 바뱅은 텔레비전 커뮤니케이션의 전문가인 맥루한의 글을 인용하고 있는데, 맥루한에 의하면 말로 전달하는 것은 메시지의 7%에 불과하며, 38%는 표현방식(목소리, 어휘선택, 말할 때의 리듬)을 통해 전달되고, 55%는 얼굴표정과 몸의 움직임으로 전달된다는 것이다.[18]

　　미디어를 제대로 이해하려면 바탕(ground)과 형상(figure)을 구별하여야 한다. 이는 뉴미디어 인식론에 대한 기초이해이며 커뮤니케이션 원리에 대한 새로운 이해인데, 뉴미디어는 형상만이 아닌 바탕의 중요성을 일깨워주고 있다. 형상은 무엇인가를 인식할 때 주의력이 모아지는 곳을 뜻하는데 종이에 있는 활자라든지 사진이나 텔레비전 화면에 나오는 사람들이나 행위를 뜻한다.[19] 바탕은 잡지의 종이, 흰 여백, 사진의 배경, 영화나 텔레비전에서의 조명, 카메라의 위치, 침묵과 소리의 대조 등인데 이 바탕이야말로 '명시된 형상을 틀에 넣어주고 문맥 안에 넣어 주는 것으로서 매개된 메시지의 결정적인 요소라는 것이다.[20] 미디어 언어에서 바탕은 시선이 가게 되는 초점보다 더 중요하고 근본적이다. 이것이 가르침에서 왜 시선이나 몸짓, 목소리의 변화가 중요한지를 깨닫게 한다.[21] 잡지에 있어서 내용보다 더 중요한 것은 레이아웃이다. 음악에서 중요한 것은 가사보다 진동이다. 뉴 미디어는 이런 바탕의 언어가 형상의 언어보다 중요함을 말해주는데 이는 교육에 있어서도 잠재적 교육과정이 공식적 교육과정보다 더 영향력이 있음을 시사한다. 또한 기독교교육의 핵심도 '복음이 수용될 수 있는 바탕을 만드는 일'임을 암시한다.[22]

이러한 뉴미디어의 도전은 교육을 전통적인 관점인 '가르침'(teaching)으로서보다 '커뮤니케이션'(communication)으로 이해할 것을 촉구하고 있다. 가르침은 가르치는 내용을 전달하는 데에 관심이 있다. 가르치는 내용은 '형상'으로서 가르치는 자는 이것을 초점적으로 인식하고 있다. 그러나 학생들은 그 가르치는 내용으로서의 형상만이 아닌 더 많은 것에 영향(influence)을 받는다. 영향을 주는 요소에는 바탕이 포함되는데 형상 이상으로 중요한 역할을 수행한다.[23] 바뱅은 지금까지 학교와 교회가 가르침을 통해 합리적이고 효과적으로 설명하고 전달하는 데 주력해왔지만 신앙의 전달은 교리교육으로 제한될 수 없다고 주장한다.[24] 바뱅은 오늘날 복음을 세상에 전달하기 위해서는 형상보다 바탕을 만들어나가는데 더 많은 시간을 쏟으라고 권고하는 이유가 여기에 있다. 예전에는 단어를 먼저 규정짓고 그에 따른 삽화나 설명을 덧붙이는 식이었는데 오늘날에는 이미지나 음악에서 시작하여 문자로 요약 설명하는 방식으로 나가야한다는 것이다. 바뱅은 이를 오히려 복음이 쓰여지던 초대교회 시대의 커뮤니케이션 형태를 회복하는 것으로까지 보았다.[25] 커뮤니케이션의 관점에서 교육을 새롭게 바라보면 그동안 그 중요성을 간과했던 다양한 바탕의 교육적 의미를 깨달을 수 있고 이는 보다 중심을 움직이고, 지적인 설복만이 아닌 마음의 감동을 불러 일으킬 수 있는 교육으로의 회복이 가능할 것이다.

5. 나가는 말

교육은 커뮤니케이션이다. 커뮤니케이션의 관점으로 교육을 볼 때 교육의 지평은 보다 확대되고 종래의 교육이 소홀히 다루었던 비언어적 커뮤니케이션의 중요성을 재발견하게 된다. 또한 교사주도의 주입식 교육인

일방적 커뮤니케이션의 한계를 극복하여 교사와 학생, 학생과 학생의 만남과 대화를 강조하는 쌍방적 커뮤니케이션을 지향할 수 있게 된다. 단지 가르침으로만 이해되어 왔던 교육현상을 인간 삶의 변화에 영향을 주는 모든 커뮤니케이션 현상을 교육적으로 이해함으로 교육의 총체적 이해를 가능하게 하였다. 무엇보다 근대주의 교육의 한계, 특히 학교체제(schooling system)의 한계를 뛰어넘어 포스트모던 시대, 특히 멀티미디어 시대에 걸맞는 통전적 커뮤니케이션을 통한 통전적 교육(holistic education)을 회복할 수 있는 가능성을 보여준다. 이러한 문자 및 인쇄활자 커뮤니케이션의 제한성을 극복하는 통전적 커뮤니케이션이야말로 진정한 상상을 가능케하여 지, 정, 의를 통합하는 신앙을 매개하는 기독교교육적 통로가 될 수 있다.

토의문제

1. 교육을 커뮤니케이션으로 이해할 때 교육에 대한 어떤 새로운 통찰을 얻을 수 있는지 말해 보자.

2. 현재 학교 안에서 이루어지는 커뮤니케이션에는 어떤 문제가 있는지 생각해 보자. 그리고 이러한 문제를 극복할 수 있는 방법에 대해 토의해 보자.

3. 커뮤니케이션의 역사를 다섯 단계로 시대구분할 때에, 각 시대마다 교육의 특징이 어떠했는지를 살펴보자.

4. 멀티미디어 커뮤니케이션 시대는 커뮤니케이션의 관점에서 볼 때 그 변화가 혁명적이라고 할 수 있다. 이러한 변화를 기독교학교교육에서 어떻게 수용 또는 저항해야 할지를 토의해 보자.

5. 멀티미디어 커뮤니케이션 시대는 기독교학교교육에 있어서도 '통전적 기독교교육'을 회복할 수 있는 기회를 제공하고 있다고 볼 수 있다. 통전적인 기독교학교교육이 되기 위해서는 어떤 노력이 필요하다고 생각하는가?

제16장 포스트모던 시대의 학원선교

1. 새로운 시대의 학원선교

새로운 시대는 새로운 선교전략을 요청한다. 오늘의 시대를 사는 청소년들을 선교하기 위해서는 선교대상인 청소년들에 대한 정확한 인식이 필요하고, 이들이 몸담고 있는 이 시대의 문화적, 상황적 특징을 이해하는 것이 중요하다. 선교가 어느 시대, 어느 대상을 막론하고 쉬운 과제가 아니지만, 특히 21세기의 청소년을 대상으로 하는 선교는 결코 용이하지 않다. 21세기는 과거의 어느 시기도 경험하지 못한 급속한 변화를 경험하고 있고, 청소년은 그 변화의 한 복판에 서있기 때문이다. 그러나 청소년 선교는 청소년 시기가 '자아정체감 형성'의 시기이기 때문에 복음에 가장 민감할 수 있는 시기이기 때문에 어느 대상을 위한 선교보다 중요한 비중을 차지하며, 청소년은 곧 성인이 되어 한국교회를 짊어지고 갈 대상이라는 점에서 가장 중요하다고 할 수 있다.

최근 통계청이 발표한 2005년 '인구주택총조사'에 따르면, 우리나라 총 인구 4,728만 명 가운데 53.1%에 해당하는 2,497만 명이 종교인구인데, 기독교(개신교) 인구는 전체의 18.3%에 해당하는 876만 명인 것으로 나타났다.[1] 이는 불교가 22.8%인 것에 비해 상대적으로 낮은 수치일 뿐만 아니라, 1995년을 기준으로 할 때, 천주교가 무려 74.4% 증가하고, 불교가 3.9% 증가한 것에 비해, 기독교는 오히려 -1.6% 감소한 통계치이다. 이러한 통계 결과에 대한 다양한 해석이 가능하겠지만, 분명한 것은 오늘날 한국 교회는 선교의 위기에 직면하고 있으며, 이는 이 시대에 걸맞는 선교전략을 요청하고 있다는 사실이다. 이 연구는 21세기의 다문화 속에서 살아가는 청소년선교들에 대한 새로운 선교 정책을 마련하기 위한 것으로, 특히 학원선교 정책에 초점을 맞추어 그 방안을 모색하고자 한다.

2. 21세기 한국 사회 및 문화 진단

청소년을 선교하기 위해서는 그들이 살고 있는 21세기 한국 사회와 문화를 이해하여야 하며, 특히 청소년 문화를 이해하여 그들과의 접촉점을 갖는 선교가 될 수 있도록 해야 한다. 21세기는 포스트모던 시대의 시작이라고 할 수 있고, 21세기 청소년 문화는 포스트모던 문화로 특징지어진다. 또한 한국 사회는 다종교, 다문화 사회로서, 포스트모더니즘의 영향은 보다 다양한 가치를 수용하고 인정하는 방향으로 나아가고 있다. 최근 강의석 군 사건을 비롯한 학원선교를 제한하려는 다양한 시도는 이러한 가치를 반영하고 있다. 그리고 21세기는 멀티미디어커뮤니케이션 시대이며, 오늘의 청소년들은 문자문화와는 다른 영상문화 속에서 살아가고 있으며, 소위 웰빙시대라고 부를 만큼 육체를 강조하는 문화를 지니고 있고, 전세계가 인터넷으로 네트워킹 되는 지구촌 문화 속에서 살아가고 있다.

1) 포스트모던 문화

21세기의 청소년문화는 한마디로 포스트모던 문화(Postmodern culture)라고 할 수 있다. 기성세대의 문화를 모던문화(Modern culture) 또는 근대문화라고 한다면 청소년들은 지난 400여년간 이 땅을 지배해 온 모더니즘을 거부하고 탈근대적 성격을 지닌 포스트모던 문화를 공유하고 있다. 포스트모던 문화는 다음과 같은 포스트모더니즘의 경향을 지니고 있다.

첫째, 포스트모던 문화는 상대주의적이다. 모더니즘에서는 '하나의 절대적 진리'를 전제했지만, 포스트모더니즘에서는 '다양한 진리들'이 존재하며, 절대적이기보다는 상대적이며, 객관적이기보다는 주관적인 진리관을 가지고 있다. 소위 절대불변하는 진리의 기초(foundation)가 있다고 보는 근대적인 사고를 거부하고, 계몽주의 이후 인간이 갖고 있는 객관적인 실재(reality)로서의 세계상에 대한 관점을 거부하고, 인간은 다만 해석하는 자로서 세계에 대하여 전망할 뿐이라고 주장한다.[2] 따라서 너도 그렇게 주장할 수 있지만, 나도 이렇게 주장할 수 있다고 생각한다.

둘째, 포스트모던 문화는 다원주의적이다. 상대주의적 관점은 서로의 다름을 인정하는 것이다. 모더니즘에서는 '웅장한 이야기'(Metanarrative)가 존재한다고 보고 이를 탐구하는 것을 학문의 과제로 삼고 있지만, 포스트모더니즘에서는 단지 다양한 이야기들(multiple narratives)이 존재할 뿐이다.[3] 모더니즘에서는 모든 사람들에게 공히 적용될 수 있는 삶의 원리가 있다고 보는 반면 포스트모더니즘에서는 지역, 문화, 공동체마다 상대적인 기준이 있을 뿐이기에, 웅장한 이야기의 강조는 오히려 소외를 불러일으키고 많은 사람들을 주변화(marginalize)시킬 뿐이라고 주장한다. 그렇기 때문에 종교에 있어서도 다른 종교의 가치를 인정하고 다른 종교에도 구원이 있을 수 있다는 종교다원주의적 경향이 팽배하게 된다.

셋째, 포스트모던 문화는 생태적이다. 모더니즘에서는 인간이 모든 피조세계의 정점에 위치한다고 이해하며 모든 다른 자연은 인간의 유익을 위해 존재하는 것으로 간주하는 반면, 포스트모더니즘에서는 인간은 단지 자연 현상 중의 한 부분에 불과하며 다른 존재와의 그물망 식의 관계로 엮어져 있어서 상호 영향을 주고 받는 존재로 이해한다. 모더니즘에서는 인간이 자연을 정복하고 개척하고 개발하는 것을 발전(development)이라고 생각했지만 포스트모더니즘은 자연과의 조화를 강조한다. 오늘날 관심이 급증하고 있는 환경운동, 녹색운동은 이러한 관점을 보여준다.

넷째, 포스트모던 문화는 초과학적 성향을 지닌다. 모더니즘에서는 합리적 사고가 가장 가치있는 것으로 강조되며, 순수하게 객관적인 탐구가 가능하다고 보는 반면, 포스트모더니즘에서는 합리적 사고가 위험할 수도 있으며, 순수하게 객관적인 탐구는 불가능하다고 보며 사고는 늘 주관적일 수 밖에 없으며 관계적이며 참여적이라고 주장한다. 모더니즘에서는 과학은 객관적이라고 보고 과학적 앎을 가장 정확한 현상이해라고 생각하지만, 포스트모더니즘에서는 과학적 앎만이 아닌 직관적, 상상적, 예술적 앎의 중요성을 강조한다. 과학을 통한 유토피아 건설을 더 이상 믿지 않으며, 과학을 넘어선 영성적 세계에 관심을 갖고 초월에 대한 관심이 회복된다. 최근 젊은이들이 점이나 운세에 관심을 갖고 있는 것은 이런 성향을 반영하고 있는 것이다.

이러한 포스트모던 문화는 청소년문화의 특징이면서 시대사조이기도 하다. 학문 분야만이 아니라 건축, 미술, 음악, 영화 모든 분야에서 이러한 포스트모더니즘의 성향을 보게 된다. 포스트모더니즘은 절대적인 진리를 거부한다는 점에서 기독교를 뿌리채 흔들 수 있는 위험이 있지만, 동시에 계몽주의 이후 지나치게 합리주의, 과학주의, 이성주의를 강조하여 편협해진 기독교와 복음을 원래의 모습으로 회복할 수 있는 기회이기도 하다. 그렇기 때문에 포스트모던 문화를 일방적으로 악하게 인식하기보다는 이러한 문화에 심취되어 있는 청소년들을 이해하고 '포스트모던 시대에 방식'의 전도와 기독교교육으로 이들을 복음화해야 할 것이다.

2) 다종교 사회

오늘날 사회에 강한 영향력을 미치고 있는 사상적 흐름이 있다면 다원주의이며, 종교와 관련해서는 다종교주의라고 할 수 있다. 이는 앞에서 언급한 포스트모더니즘의 경향이 종교에 대한 사고에 끼친 영향으로서, 더 이상 절대적인 기초(foundation)를 지닌 종교가 있는 것이 아니고 다른 종교에도 구원이 있을 수 있으며, 타 종교를 존중하여야 한다는 입장이다. 세계화(globalization)는 지구촌 어느 곳에서나 다양한 종교를 접할 수 있는 기회를 만들어 주었으며, 9.11 테러를 비롯한 종교간 테러와 전쟁, 지구촌 곳곳에서 일어나는 종교분쟁은 다른 종교와 화해하고 더불어 공존할 것을 요구하는 거센 흐름으로 변하고 있는 것이다.

이와 관련하여 한국 사회, 특히 학교 안에서 일어나는 분쟁의 예는 강의석 군 사건을 들 수 있다. 미션스쿨에 재학하는 학생이지만 학교의 종교적 이념과 상치되는 종교 또는 사상을 향유할 수 있는 권리가 있다고 주장하며 항거할 때, 사회는 이를 인정해주는 '다종교주의' 입장에 서 있는 것이다. 이는 인터넷 상에서 나타나는 무수한 반기독교(Anti-Christianity) 사이트에서 그 심각성을 알 수 있다. 이제는 기독교가 일종의 사회의 지배적인 종교가 되었는데 이에 저항하고 공격하려는 다양한 시도들이 있고, 이러한 탈기독교적 이데올로기와 정서는 청소년 선교에 심각한 장애가 되고 있음을 인식하여야 한다. 더욱이 한국사회는 뿌리깊은 다종교 사회로서, 불교, 유교, 도교, 전통종교 등이 오랜 세월 공존해 왔고, 다종교를 지닌 가정들이 많으며 청소년들이 기독교가 아닌 다른 종교적인 영향을 받고 있는 경우가 많기 때문에 이를 고려한 청소년 선교 정책이 필요하다. 다종교주의적 경향이 팽배한 현실을 인정하고, 그러나 그 속에서 기독교의 복음과 접촉점을 갖도록 할 수 있는 세심한 배려와 주의깊은 전략을 필요로 하는 것이다.

3) 영상문화

청소년문화는 영상문화라고 불리울 수 있다. 이것은 기성세대의 문화가 '문자문화'인 것과 대조된다. 이는 커뮤니케이션의 변화로 인해서 야기된 특성인데, 지금의 청소년들은 태어날 때부터 텔레비전과 비디오, 컴퓨터 등 영상매체들이 보다 영향력있는 커뮤니케이션 통로가 되었다. 어릴 때부터 TV 앞에서, 그리고 인터넷 앞에서, 게임기 앞에서 화려한 영상물을 대하며 자라왔다. 그렇기 때문에 영상은 이들의 삶의 자연스러운 환경이다. 커뮤니케이션 변천과정으로 이해한다면 소위 '인쇄활자 커뮤니케이션 시대'에서부터 '멀티미디어 커뮤니케이션 시대'로의 전이가 이루어진 것이다. 이는 구텐베르크가 인쇄술을 발명함으로 새로운 시대를 열었던 것보다 훨씬 더 큰 변화로서, 문자적 인식이 아닌 영상적 인식을 하게 되었다는 '인식론적 변화'(epistemological shift)가 일어난 것이다. 문자세대는 이성적인 사고를 하는 반면, 영상세대는 감성적인 사고를 하며, 문자세대에게 개념(concept)이 중요하다면 영상세대에게는 이미지(image)가 중요하다. 문자세대는 제한된 지면으로 인해 정보의 양이 한정되지만, 영상세대는 무한한 인터넷 정보를 접할 수 있다. 한마디로 문자세대가 '아날로그' 사고에 익숙하다면, 영상세대는 '디지털' 사고에 익숙하다.

청소년문화가 기성세대의 문자문화와는 달리 영상문화를 지니고 있다는 것은 이들과의 의사소통의 방식이 달라야 하고 이들을 대상으로 한 선교의 방식도 달라야 함을 의미한다. 과거에는 전도하기 위해 복음을 '논리적'으로 전달하는 것이 중요했다. 대표적인 전도 소책자인 '사영리'도 네 가지 영적인 원리로서 논리적으로 복음을 설명하고 있다. 또한 질문하는 불신자들에게 논리적으로 변증하는 것을 선교의 중요한 과제로 인식해 왔다. 그러나 오늘을 살아가는 청소년들을 위한 선교는 단지 논리적으로 설명하는 것으로는 불충분하다. 그들이 감동할 수 있고, 느낄 수 있고, 체험할 수 있는 선교가 이루어져야 한다. 사영리의 논리도 중요하지만 그에 못지않게 그 복음을 전하는 사람의 열정과 헌신, 그 눈빛과 눈물, 그 사람의 삶의 이미지가 전도 대상자의 마음을 감동시킬 때 복음을 받아들이게 되는 것이다. 그리고 다양한 문화적인 매체와 영화를 비롯한 영상물이 선교의 중요한 도구로 사용될 수 있다. 단지 시각적 이미지만이 아니라 음향, 진동 등 청각적 이미지, 그리고 오감에 호소하는 커뮤니케이션 방식이 필요한 것이다. 무엇보다 이미지가 중요시되는 청소년들에게는 '교사의 이미지'가 영향력이 있다. 교사의 가르치는 내용이나 그 논리보다도 그것을 가르치는 교사의 삶이 아름다운 이미지가 되어 청소년들의 가슴 속에 각인될 때 진정한 변화가 일어날 수 있는 것이다.

4) 육체 문화

오늘날 청소년들은 어느 다른 세대보다 육체를 중시하는 문화를 지니고 있다. 소위 얼짱, 몸짱 신드롬이 일어나고 있으며, 배꼽 티를 통해 자기의 신체를 노출하고 남성들도 귀걸이를 하거나 심지어 배꼽에도 피어싱을 하는 경우를 볼 수 있다. 문신을 새기거나 머리에 염색을 하기도 하며 독특한 헤어스타일을 하기도 한다. 이러한 육체에 대한 강조는 그동안 지나치게 이원론적 사고를 하며, 육체는 무시하고 정신만을 고귀하게 여긴 근대정신에 대한 반작용의 경향으로 설명할 수 있다. 얼마나 오랜 세월동안 육체는 가려야 하는 것으로, 성은 수치스러운 것으로, 그리고 불결한 것으로 인식되었는가? 이러한 정신 우위의 서구사상과 가치관의 경향을 부정하고 억눌려왔던 육체의 가치를 드러내려는 노력이라고 할 수 있다. 또한 모든 것이 절대적이지 않고 상대적이며 변화하는 것이고 신뢰할 수 없는 것이지만 자신의 육체에 관심을 갖고 이를 장식함으로 자신의 정체성을 확인하고 싶은 욕망이 작용하기도 한 것이다. 이러한 육체문화 또는 몸짱문화는 외모지상주의라는 잘못된 가치관으로 전락할 수 있기에 비판받아야 하지만 육체도 하나님이 주신 선물이요 자신을 구성하는 중요한 부분임을 인정하고 아끼는 것은 비성경적인 문화로만 생각해서는 안될 것이다. 최근 웰빙(Wellbeing)문화와 함께 지나치게 육체주의 또는 반영성주의로 나가는 것은 경계하여야 하지만 하나님이 주신 삶을 이원론적으로 분리하여 육체를 경시하는 것이 아니라 정신과 함께 육체의 가치를 존중하는 문화로 성숙할 수 있도록 도와야 할 것이다.

막 존슨(Mark Johnson)이라는 철학자는 근대주의의 가장 심각한 문제점은 그것이 인간 육체와 인간 이해의 육체적 측면을 무시하는 것이라고 주장한다. 그는 그의 책 『정신 안에 있는 육체』(The Body in the Mind)에서 어떻게 정신이 육체와 분리될 수 없는 지를 설명하고 있다. 그는 그의 시도를 '신체를 정신의 영역 안으로 제자리에 돌려놓는 일'이라 명명하면서 '이미지 구조'(image schemata)라는 개념으로 육체적 경험의 중요성을 강조한다. 존슨은 이미지 구조, 즉 상상을 '우리의 경험에 윤곽과 구조를 제공하는 인식적 상호작용의 역동적인 형태'로 정의한다.[4] 그는 이러한 형태는 우리의 육체적 경험에 뿌리박혀 있고 또한 그로부터 도출되어 나온다고 주장한다. 존슨은 이미지 구조의 예로서 '수직적 구조'를 예로 든다. 수직적 구조는 수직적 경험들로부터 도출되어 나오는 것이다. 우리는 우리가 매일 경험하는 수천의 지각들과 활동을 안에서 반복적으로 이 수직성의 구조를 알아챈다. 예를 들면 한 나무를 지각하는 것, 우리가 똑바로 서 있다는 것을 느낀다거나 계단을 오르는 활동, 깃대에 대한 이미지를 형성하는 것, 아이들의 키를 재는 것, 그리고 욕조에 차 오르는 수면의 높이를 경험하는 것 등이다.[5] 결국 이렇듯 육체를 강조하는 청소년문화는 근대정신의 한계를 극복하려는 후기 근대적 몸부림이라고 할 수 있다. 이러한 청소년문화가 지닌 특성을 이해하면서, 그러나 그것이 전부가 아닌 정신의 세계, 영의 세계가 있음을 깨닫게 하는 노력이 병행되어야 할 것이다.

5) 지구촌 문화

오늘을 살아가는 청소년들은 기성세대와는 달리 외국에서의 경험을 쉽게 맛볼 수 있다. 조기유학이 일반화되어 있으며, 경제적인 부의 축적으로 해외여행도 얼마든지 경험해 볼 수 있는 세대이다. 중고등학생들에게도 어학연수, 해외로의 수학여행 등을 통해서도 외국에서의 생활을 접해볼 수 있다. 무엇보다 세계를 네트워크로 연결시켜주는 인터넷의 발달은 더 이상 국가간의 장벽이 존재할 수 없도록 만들었다. 이러한 지구촌 시대를 사는 청소년들은 우리나라가 아닌 수 많은 나라들이 존재하며, 단일민족이 아닌 수 많은 민족들이 있음을 알게 된다. 그동안은 오직 하나의 문화에 익숙하였는데 이제는 다문화 사회(multi-cultural society)를 경험하게 되는 것이다. 다양한 인종과 다양한 종족, 다양한 종교, 다양한 언어, 다양한 생활습관, 다양한 음식, 다양한 제품들의 등장은 내적으로는 우리 사회를 지탱하던 보수적 전통과 가치관을 빠른 속도로 허물고 있고, 외적으로는 국경없는 소위 지구촌으로 말미암아 세계의 뉴스가 바로 우리의 뉴스가 되고 있다.

지구촌 문화는 보다 문화상대주의의 경향을 가속화시켜서 더 이상 절대적인 윤리나 가치를 강요할 수 없게 되고, 종교마저도 종교다원주의라는 거대한 파도에 휩싸이게 되어 타 종교와의 대화는 불가피한 추세가 되고 있다. 제1세계 중심적인 관점이 퇴색하지만 그렇다고 제3세계의 관점이 그 대안으로 자리잡는 것이 아니라, 모든 것이 주변적인 것이 되어버려서 공통적인 기초(foundation)를 찾을 수 없게 된다. 이로 인해 청소년들은 서로의 주장에 대해 순종할 이유가 없다고 생각하며, '나도 다른 사람에게 강요하지 않고 다른 사람도 나를 강요해서는 안된다'는 생각을 갖게 된다. 이것은 극도의 개인주의 성향을 갖게 하면서 동시에 이를 극복하고 철저하게 자신을 몰입할 수 있는 공동체를 내적으로 희구하게 되는 역설적 현상을 나타내게 된다. 자신의 자율성이 보장되면서도 함께 욕망과 의사를 표현할 수 있는 집단을 선택하거나 형성하게 된다. 최근 사이버 상에서 형성되는 모임은 이러한 현상의 한 표현이라고 볼 수 있다.

지구촌 문화는 또한 혼합 문화를 양산하게 되는데, 더 이상 장벽이나 울타리 없는 문화 간의 빈번한 교류는 문화접변(acculturation) 현상을 나타내게 되어 문화가 혼합되어 소위 퓨전 문화를 형성하게 된다. 더 이상 국제결혼이 금기시되지 않으며, 남녀의 문화 간에도 퓨전 현상이 일어나며, 새로운 혼합종교나 혼합적인 의식, 혼합적인 예술, 혼합적인 음식 문화가 발달하게 된다. 그러나 이러한 세계화(Globalization)의 과정은 동시에 역설적으로 지역화(Localization) 현상을 낳게 하는데, 세계 속에서 그 지역이 갖는 의미는 그 지역만이 갖는 독특성을 추구함으로써만 가능하기 때문이다.[11] '세계화는 곧 지역화이다' '가장 세계화되는 것은 가장 지역화되는 것이다'라는 말들은 이러한 의미를 담고 있다. 세계화되면 될수록 보다 한국적인 것이 무엇인가에 대한 관심을 갖게 되고 그래서 청소년들이 지구촌 문화를 가지고 서구문화를 무분별하게 받아들이면서도 동시에 한국적인 문화에 관심을 갖는 이중적이고 역설적인 문화 현상이 나타나게 된다.

3. 전통적인 청소년 선교의 한계

21세기의 급변하는 사회와 문화는 청소년 선교에 대한 새로운 전략을 요청하고 있다. 오늘날의 청소년들을 감동시키며 그들과의 접촉점을 갖는 선교방식만이 그들로 하여금 복음에 반응하게 할 수 있다. 거대한 파도처럼 몰아닥치는 새로운 문화의 도전 앞에서 변화를 거부하고 전통적인 방식을 고집하는 것은 파멸을 자초하는 것이다. 여기에서는 과거 전통적인 청소년 선교 방식이 지니는 한계점을 분석하고 이를 극복할 수 있는 대안을 모색하고자 한다. 전통적인 선교는 교회학교 중심의 선교, 미션스쿨 중심의 선교, 전도활동으로서 선교, 그리고 성인 중심의 선교로 요약될 수 있다.

1) 교회학교 중심의 선교

한국교회의 청소년 선교에 있어서 가장 중심을 차지하는 것은 역시 교회학교, 그 중에서도 중고등부서일 것이다. 대부분의 교회는 교회학교 중고등부 외의 별도의 학원선교를 위한 부서나 선교전략을 지니고 있지 않다. 교회학교가 한국교회의 초창기에 많은 선교적 역할을 감당한 것은 부인할 수 없는 사실이다. 사실 1907년 평양 대부흥운동을 전후한 한국교회의 주일학교는 일종의 전도학교였다. 그 때의 주일학교는 선교적 구조를 지니고 있었으며 적극적으로 '밖' 을 향해 열려있는 구조를 지니고 있었다. 성경학교나 사경회는 동네 전도잔치였으며, 믿지 않는 수많은 아동들과 청소년들이 주일학교에 나와서 기독교 신앙을 갖게 되는 선교지향적 주일학교였다. 그러나 외부적으로는 출산율 감소로 인한 자라나는 세대 인구의 감소 현상과 함께, 내부적으로는 교회성장의 둔화와 교회의 정형화, 그리고 교회학교의 학교체제(Schooling System)로의 정착은 교회학교를 역동적 선교 구조가 아닌 정태적 구조로 전락시키고 말았다.

기본적으로 학교식 체제는 마치 일반 학교에서 볼 수 있듯이 아래 학년의 학생을 받아서 가르치고 이 학생들을 어느 정도 걸러서 위의 학년으로 올려 보내는 스크리닝(screening)의 역할을 한다. 이는 피라미드 구조로서 위의 학년으로 갈수록 학생들의 수가 줄어드는 구조를 상정하고 있다. 이러한 학교식 구조는 몇 가지 점에서 한계를 지닌다. 첫째는 선교에 있어서 소극적 구조라는 점이다. 선교는 같은 학년과 연령대의 청소년들을 향해 밖으로 확산하는 구조를 지녀야 함에도 불구하고, 학교식 체제는 단선적 구조이며, 내부 순환적 구조를 지니고 있다. 둘째는 학교라는 형태는 청소년들에게 새로운 이미지를 주지 못한다. 기존의 학교의 부정적 이미지가 교회학교에 전이되고 있으며, 그러한 이미지를 극복하지 못하면 청소년 선교의 열매를 기대하기 어렵다. 셋째는 학교식 구조, 그리고 그 안에서 갖게 되는 '스승'으로서의 교사상으로서는 학생들과의 접촉점을 지니고, 관계성을 맺고, 내면적 변화까지를 추구하기에는 불충분하다는 것이다. 교회학교가 여전히 중요한 기능을 수행해야 하지만 청소년 선교를 위해서는 교회학교를 넘어선 장치가 필요함을 부인할 수 없다.

2) 미션스쿨 중심의 선교

종래의 학원선교는 한마디로 미션스쿨 중심이었다고 할 수 있다. 미션스쿨은 교목실을 두어 학원선교를 담당하게 하고 있다. 교목은 학원선교의 선봉장으로서 역할을 감당해왔다고 할 수 있다. 소위 황금어장으로 불리우는 학교는 선교의 대상자들로 가득 차 있는 보고와 같고, 한국에 언더우드와 아펜젤러가 경신과 배재학당을 설립한 이래 미션스쿨을 통해서 많은 청소년들이 복음을 접하고 선교의 열매로 맺혀졌다. 여기에는 설립자의 분명한 건학이념과 교장과 교목을 비롯한 학원선교에 헌신한 많은 사람들의 수고가 있었다. 그런데 이러한 미션스쿨 중심의 선교가 위기를 맞이하게 되는데, 그 대표적인 장애물이 평준화 정책이다. 평준화 정책, 특히 1974년부터 시행된 고교평준화 정책은 일종의 고등학교 획일화 정책으로서 학교의 학생선발권과 교육과정 편성권, 그리고 학생들의 학교선택권을 상실케 하였다. 미션스쿨은 기독교교육을 원하지 않는 학생들을 대상으로 기독교교육을 행해야 하는 부담을 안게 되었고, 마침내는 강의석 군 사건과 같은 갈등이 유발되게 된 것이다.

　　미션스쿨을 중심으로 한 선교가 맞이하게 된 몇 가지 한계를 지적하면 다음과 같다. 첫째는 미션스쿨이 한정되어 있다는 점에서 전체 청소년을 위한 선교전략으로는 그 범위에 한계가 있다. 모든 학교를 그 대상으로 하는 전체 학원선교 전략이 있고, 그 가운데 중추적인 역할을 감당하는 기관으로서 미션스쿨을 생각해야 할 것이다. 둘째, 미션스쿨이 모든 교육의 영역에서 기독교적 가치관으로 교육과 활동이 이루어지는 것이 아니기 때문에 예배와 수업, 건학이념과 교육실제 사이에 분리가 있기 때문에 오는 한계성이다. 셋째, 이로 인해 설립자나 교장과 교목을 중심으로 한 학원선교의 정신이 모든 교사들에게까지 파급되지 못하는 면이 있다. 실제적으로 학생들을 만나 그들을 변화시키는 주체는 교사이기에 이들을 학원선교사로 세우는 일이 중요하다. 무엇보다도 현 상황에서의 미션스쿨은 평준화 정책이라는 제도적 한계에 묶여 그 학교를 선택하지 않은 학생들을 대상으로 한다는 어려움이 있다. 그러나 이는 역으로 생각하면 선교의 가능성을 시사하는데, 그만큼 기독교를 알지 못하는 불신 학생들을 만날 수 있는 기회와 장을 제공한다는 점이다. 평준화 이전의 예배 및 선교 활동과는 전혀 다른, 평준화 이후의 상황에 맞는 '맞춤형 전도 활동'을 개발하여 불신 학생들과의 접촉점을 갖는 선교 방안을 계획해야 할 것이다.

3) 전도활동으로서의 선교

전통적인 선교는 좁은 의미의 전도 개념과 동일시하였는데, 구두나 문서로 복음을 전하는 행위로 이해되어 왔다. 예컨대 전도지를 나누어 준다든지, 개인적인 만남을 통해 복음을 소개한다든지, 기독교의 기초 진리를 담은 문서를 배부하는 것 등을 의미하였다. 이러한 직접적인 전도는 여전히 필요하며 오늘날 시대와 청소년 선교에 있어서도 지속적으로 강조되어야 할 것이다. 그런데 선교는 이보다 더 넓은 개념으로 이해되어져야 하고 다양한 간접적인 선교가 장기적으로 강한 영향을 미칠 수 있음을 인식해야 한다.

이러한 간접적인 선교 가운데 하나가 이미지 선교이다. 기독교에 대한 이미지를 어떻게 형성하느냐는 결국 그 기독교에 대한 호감을 결정하고, 이를 받아들일 것인가를 결정하는 데에 중요한 영향을 미치게 된다. 이는 좁은 의미에서 기독교적 이미지를 구성하고 장식하는 것의 중요성을 의미하는 것이 아니라 다양한 기독교 문화 활동을 비롯해 봉사활동, 그리고 기독교적 가치를 지닌 교육활동이 궁극적인 의미에서 중요한 선교적 통로가 됨을 의미한다. 이런 점에서 학원선교를 학원전도와 동일시했던 한계에서 벗어나 좀 더 폭넓은 시각을 갖고, 또 보다 종합적인 총체적인 선교전략이 필요하다고 할 수 있다.

4) 성인 중심의 선교

　　과거의 학원선교는 선교의 대상은 학생이지만 선교의 주체는 성인이었다. 학교의 교목이나 교사들이 다 어른이고, 교회의 교역자나 학원 선교 단체의 간사들도 어른이다. 이러한 성인중심의 학원선교는 학생들이 자라나는 세대이고 아직 미성년이라는 점에서 당연시할 수 있으나, 학생들 스스로가 선교의 주체도 될 수 있는 가능성을 살펴볼 필요가 있다. 청소년 시기의 학생들이 또래를 가장 중요시하며, 가장 영향을 받는 존재도 또래이기 때문에 같은 또래 사이에 수평적 선교전략을 사용할 수 있다면 또 다른 효과를 기대할 수도 있다.

　　성인과 청소년 사이의 문화적 간격은 또 다른 장애물이다. 성인들을 중심으로 청소년들에게 다가간다고 하지만 그 문화적 상이성으로 인해 이내 그 한계를 경험하게 된다. 같은 문화적 성격을 지니는 청소년들이 상호 선교할 수 있는 전략을 개발해낼 필요가 있다. 그리고 이 시대의 청소년들이 소위 P세대로서 참여(participation)를 강조하는 세대임을 인식할 때 청소년들이 직접 선교의 주체로 참여할 수 있는 기회를 주는 것은 잠재된 청소년들의 선교적 가능성을 구현하는 길이 될 것이다.

4. 비기독교학교에서의 학원선교

　　비기독교학교는 물론 '기독교학교가 아닌 학교'를 의미한다. 학원선교의 관점에서 비기독교학교는 미션스쿨을 포함한 기독교학교와는 전혀 다른 특성을 지닌다. '비기독교학교'는 다음 몇가지 점에서 중요한 선교적 의미를 지니고 있다.

1) 비기독교학교의 선교적 의미

　무엇보다 먼저, 모든 학교는 선교적 중요성을 지닌 학교이며, 하나님의 관심 안에 있는 학교임을 기억하는 것이 중요하다. 이런 의미에서 모든 학교는 '하나님의 학교'이며, '하나님의 통치가 이루어지는 학교'가 되어야 한다. 즉, 비기독교학교는 기독교와 관계없는 학교가 아니라 '잠재적 기독교학교'로 이해되어야 한다.

　둘째, 비기독교학교 안에도 많은 기독교적 요소들이 있고, 이러한 기독교적 요소들이 선교적 접촉점들이 될 수 있다. 비기독교학교지만 이사장(사립인 경우)이나 교장 및 교감이 기독교인일 수 있고, 교사들 가운데 상당수의 기독교사들이 있으며, 학생들 가운데 많은 기독학생들이 있음을 인식해야 한다. 또한 그 학생들의 학부모들 중 상당수는 지역교회에 출석하고 있는 교인이라는 사실도 비기독교학교의 기독교적 성격을 말해주고, 비기독교학교에 대한 선교전략을 세울 때에 중요한 연결고리로 활용될 수 있다.

　셋째, 비기독교학교는 보다 더 기독교적 선교가 필요함을 의미한다. 기독교학교는 그래도 기독교적 건학이념이 있고, 기독교인 이사진이 있으며, 모든 교직원이 기독교인으로 구성되어 있으며, 무엇보다 교목실이 있어서 학원선교의 사역을 감당하고 있다. 또한 기독교학교는 교회와 연계 속에서 음으로 양으로 지원을 받고 관심의 대상이 되고 있다. 그러나 비기독교학교는 이러한 관심의 대상에서 제외되어 있기에 보다 더 '기독교적' 관심이 요청되는 필요(needs)를 지니고 있다는 의미를 내포하고 있다.

　마지막으로, 비기독교학교는 교회와 세속 사회가 만나는 접점으로서 선교의 대상지역을 의미한다. 마치 미전도종족이 선교의 최첨단으로서 선교적 노력이 집중되어야 하는 것처럼, 비기독교학교는 선교의 불모지로서 학원선교사를 요청하고 있는 곳이다. 해외선교사로 헌신하는 것과 같은 질의 헌신과 관심이 요청되는 선교 대상지임을 의미한다.

2) 비기독교학교에서의 선교적 분리현상

(1) 교회와 학교의 분리

오늘날 비기독교학교의 선교적 현실을 가장 명백히 보여주는 것은 학교와 교회의 분리현상이다. 마치 물과 기름처럼, 학교와 교회는 같은 지역 내에 있으면서도 일부 예외적인 경우를 제외하고는 철저하게 분리되어 있고, 구분되어 있다. 지금까지의 기독교교육은 거의 교회교육과 동일시되어 왔고, 교회 울타리를 넘지 못한채 교회 내 프로그램과 활동으로 제한되어 왔다. 적극적인 선교활동을 하는 교회라고 하더라도 '교문 앞' 전도라는 말이 의미하듯이 '교문 안'에 들어가 학원 내에서의 선교활동을 갖기보다는 단지 교회학교 성장이라는 관심에 매여있는 경향이 있다. 학교도 '교육의 종교적 중립성' 신화를 믿으며, 다종교 사회에서 아무 종교도 개입되지 못하도록 자기방어를 하며, '종교적 편향성'으로 인한 시비에 휘말리지 않으려고 학교의 고립화를 더 강화해 왔다고 볼 수 있다. 즉, 학교와 교회는 내부적 논리에 의해 보다 자기중심적 성향을 띄게 되었고 이로 인해 학교와 교회의 분리현상은 심화된 것이다.

(2) 교육과 선교의 분리

비기독교학교에 대한 학원선교에서 나타나는 현상 가운데 '교육'과 '선교'를 분리하려는 경향성을 발견하게 된다. 학원선교를 학원전도의 개념으로 이해한 나머지 교육의 다양한 활동 속에 선교가 스며들도록 하지 못하는 한계를 노출하고 있다. 학원선교는 학생들에게 전도지를 나누어주는 것 이상이다. 학생들이 수업에 임할 때에 그 교육내용을 통해서도 기독교를 접할 수 있고, 학생상담을 통해서도 복음을 대할 수 있다. 그렇기 때문에 교육의 전 영역이 선교의 영역이 될 수 있다. 이는 제대로 교육하는 것, 즉, 교육의 전영역에서 기독교교육이 이루어지도록 하는 것은 선교적 영향력이라는 관점에서 매우 중요하다. 기독교학교에서도 예배와 수업이 분리되고, 교목실과 교무실이 분리되는 것이 문제이듯이, 비기독교학교에서도 교육과 선교를 분리시키지 않는 보다 통전적인 접근이 필요하다.

(3) 교회와 선교단체의 분리

학원선교에 있어서 아직도 교회와 선교단체의 분리현상이 심각하다. 교회와 선교단체, 각각이 자신의 구성원(membership)의 증가와 사역의 밀도에 관심이 집중되면 상호 갈등을 유발하게 된다. 일부이기는 하지만 과거 몇몇 대학생 선교단체와 지역교회와의 갈등은 교회와 선교단체가 사실상 같은 하나님 나라를 향한 '선교적 목적'을 지닌 동역자 임에도 불구하고 상처를 주고 받는 관계로 변질된 사례이다. 교회는 주일예배와 교회봉사 중심의 사역을 강조하고, 선교단체는 양육의 전문성과 캠퍼스 전도를 강조하면서 협력의 방법을 찾지 못하였다. 그러나 학복협(학원복음화협의회)의 출범과 상호공존의 필요성을 더 인식하게 되면서 현재는 새로운 협력관계를 모색하고 있지만 아직 이러한 분리현상은 잔존하고 있다. 교회와 선교단체가 상호존중하며, 선교단체는 보다 교회에 뿌리를 둔 사역을 감당하고, 교회는 전문성 함양을 위해 선교단체와 적극적으로 협력하는 것이 초, 중고등, 대학교 모두의 학원선교에 요청되는 새로운 패러다임이 될 것이다.

(4) 선교와 문화의 분리

학원선교에서 발견되는 또 다른 현상은 선교와 문화의 분리이다. 전통적인 선교이해는 전도이며, 전도는 '말'이나 '글'로서 복음을 전하는 행위로 이해되어 왔다. 예컨대 전도지를 나누어주든지, 사영리로 복음을 전하든지, 아니면 학생들의 집회에서 전도설교를 하는 방식으로 학원선교를 담당하려고 하였다. 그러나 미디어의 발달은 선교의 통로에 대한 확장적 이해를 요청하고 있다. 멀티미디어 커뮤니케이션(multi-media communication) 시대의 선교는 다양한 미디어를 통한 선교를 필요로 한다. 문자세대를 향한 학원선교의 방식과 영상세대를 향한 학원선교의 방식은 달라야 한다. 소위 문화세대라고 불리우는 오늘의 청소년들을 향한 선교는 상당부분 '문화적 선교'의 형태를 띠어야 한다. 이제는 더 이상 선교와 문화가 분리되는 구조가 아니라 선교가 문화 속에 스며들고, 문화가 선교를 지향하는 형태로의 변화가 요청되고 있다. 종래에는 청각과 시각에 의존된 학원선교방식이 이제는 오감을 통한 방식이 되어야 하며, 오프라인에서의 선교만이 아니라 사이버 공간을 포함한 온라인에서의 선교를 포함하는 방식으로 이해되어야 한다.

(5) 사역 내의 분리

종래의 학원선교가 지니는 가장 심각한 한계성 가운데 하나가 공동체적이지 못하다는 점이다. 학원 선교 사역 안에서 협력체제가 구축되지 못한 채, 개별적인 노력만 이루어지고 있는 실정이다. 개교회주의에 의한 교회 간 분리현상이 있으며, 선교단체도 공동체적 노력을 기울이지 못하고 있고, 개 학교마다의 학원선교적 노력이 통합되어 이루어지지 못하는 안타까움을 지니고 있다. 전체 학원선교에 대한 청사진이나 지도를 갖고 있지 못한 채 '각개전투' 식으로 학원선교가 이루어지기 때문에 체계적이지 못하여서 효율성(efficiency)이 낮을 수밖에 없는 것이다. 학원선교는 '전면전'이기에 연합전선이 구축되어야 하고, 총회적인 차원, 그리고 교단을 뛰어넘는 초교파적인 협력도 필요하다.

5. 21세기 학원 선교의 새로운 방향

전통적인 청소년 선교의 한계를 극복하고, 21세기 청소년 선교의 새로운 지평을 열 수 있는 방안은 무엇인가? 이는 지나치게 교회학교 내의 학교식 선교에 머무르는 한계를 극복하며, 미션스쿨로 제한되고 좁은 의미의 전도 개념에 매여있는 선교의 범위를 확대해야 하며, 성인 중심만이 아니라 청소년들 스스로 참여할 수 있는 선교 정책과 선교 전략을 수립할 때 가능할 것이다. 21세기 학원선교를 위한 구체적인 지침을 제시하면 다음과 같다.

1) 지역교회의 학원선교 전략

(1) 교육부서 내의 학원선교부 설치
지역교회의 학원선교 사역은 지역교회가 지닌 본질적 사역임을 확인한다. 복음전파는 교회의 본래적 사명이며, 그 가운데 자라나는 세대를 대상으로 하는 학원선교는 가장 영향력있는 복음전파의 방법이다. 학원선교는 교회의 부수적이거나 이차적인 사역이 아니라 핵심에 자리잡고 있고, 그렇기에 헌신된 일꾼을 요청한다. 그런데 대부분의 경우 지역교회가 학원선교를 위한 부서를 별도로 두고 있지 않다. 선교부서가 있지만 이는 주로 해외선교에 초점을 두고 있고, 국내선교에 관심을 갖더라도 농어촌 교회나 무교회 지역의 선교에 관심을 두는 정도이다.

지역교회에서 학원선교 사역은 교육부서와 분리해서 생각할 수 없다. 중고등학생에 대한 선교는 중고등학생을 교육하는 중고등부와 밀접한 관련을 맺고 추진해야 하기 때문이다. 이 점에서 교육부 안에 유치, 아동, 중고등부 등과 같은 교육부서 외에 학원선교부를 둘 것을 제안한다. 이 학원선교부는 비단 청소년선교만이 아니라 지역 내의 각급 학교와의 관계 속에서 그 학교에 속해 있는 학생들에 대한 선교를 담당하는 부서이다. 학원선교에 헌신하는 한 명의 교역자와 각 교육부서의 교역자 및 파송된 한 명씩의 위원들로 구성된 학원선교부가 그 교회의 학원선교 전략을 수립하고, 교육부서와의 연계 속에서 학원선교를 추진할 수 있도록 하는 방안이다.

이는 교육부서 각각을 교육공동체에서 선교공동체로 변화시키는 노력과 병행되어야 한다. 교회학교가 학교체제이기 때문에 갖게 되는 정태적 구조에서 탈피하여 수평적으로 복음을 확산하는 선교적 구조를 지니고, 이런 점에서 그 지역에 있는 아동과 청소년들을 주 대상으로 하는 선교전략을 부서별로 수립하고, 이를 학원선교부와 연계하여 추진할 수 있을 것이다. 지역교회의 학원선교부가 선교의 센터가 되고, 교사들과 학생들은 그 지역 속으로 파송되는 학원선교사라는 자기 정체성을 갖고 그 역할을 수행할 수 있도록 도와야 할 것이다.

(2) 학원선교부(팀)의 전략

① 목적과 방향

학원선교팀은 분명한 목적과 방향을 지니고 있어야 한다. 목적이 이끄는 학원선교팀이 될 때만이 선교사역을 효과적으로 감당할 수 있다. 그러기 위해서 가장 중요한 것은 비전문(vision statement) 작성이다. 학원선교팀이 추구하는 바 분명한 목적을 진술하고, 학원선교부의 모든 구성원들이 그 비전을 공유해야 한다. 이를 위해서는 '학원'이 무엇인지, '선교'가 무엇을 의미하는 지를 탐구해야 하며, '학원'이 어떻게 '선교'와 관련되는 지도 파악하여야 한다. 학원을 초, 중, 고교 및 대학으로 설정하더라도 기독교계 학교와 비기독교계 학교, 인가 학교와 대안 학교를 어떻게 포함하는지를 설명해야 한다. 그리고 '선교'를 전도의 개념과 동일시하는지, 아니면 보다 넓은 개념으로 하나님의 주권을 인정케하는 모든 활동으로 그 범위를 넓힐지를 탐구해야 한다. 그리고 '학원'과 '선교'의 관계는 이 둘을 배타적으로 파악하여 교실 밖의 선교만을 의미할 수도 있고, 교실 내의 교육을 통한 선교로 연결할 수도 있다. 이 비전이 사역과 활동의 종류와 범위를 결정 짓는다.

학원선교팀의 사역은 '지속성'이 생명이다. 학원선교의 사명은 임시적인 것이 아니다. 1년 단위로 계획이 바뀌어서는 그 효과를 크게 기대할 수 없다. 3-5년 중기 계획과 10년 이상의 장기 계획을 수립하고, 그 청사진대로 사역을 추구할 필요가 있다. 물론 그 과정 중에 수정과 보완이 필요하지만 사회와 학원의 변화를 조망하면서 장기적인 전망을 갖고 사역에 임하여야 한다.

또한 학원선교팀 사역은 개인의 취향이나 역량에 따라 그 근본전략이 흔들려서는 안된다. 누가 팀원이 되든지 학원선교의 비전을 따라 사역할 수 있는 구체적인 사역 매뉴얼이 마련되어야 한다. 팀원의 열정과 헌신이 결정적으로 중요하지만 그 수고가 올바른 방향으로 열매맺기 위해서는 시스템이 작동할 수 있어야 하고, 사람이 바뀌더라도 지속적으로 사역이 진행될 수 있는 분명하고 구체적인 지침이 마련되어야 한다.

② 범위

학원선교의 범위가 구체적으로 설정되어야 한다. 현재의 사역이 하나님이 원하시는 학원선교 사역을 다 포괄하고 있는지, 그리고 어디에 편중되어 있는지를 파악하여야 한다. 현재 학원선교팀은 학원선교, 교육자선교, 기독교학교 선교(상담선교 포함), 비기독교학교 선교, 학원선교단체 지원, 대학 캠퍼스 선교 등을 포함하는데 전체 학원선교 사역 중 제외된 부분, 약화된 부분이 없는지를 살펴야 한다. 물론 이 가운데 어떤 우선순위가 있는지도 설정해야 할 것이다.

학원선교의 범위에 있어서 '선교'의 범위를 어떻게 설정하느냐는 매우 중요하다. 선교는 개인전도나 직접전도만이 아니라 복음적 영향력을 미침으로 궁극적으로 하나님을 알게 하는 모든 과정을 포함하는 것으로 이해해야 할 것이다. 이런 점에서 선교와 교육을 분리된 개념으로 이해하기보다는 '교육선교'(교육을 통한 선교), '선교교육'(선교를 통한 교육)으로 분리할 수 없는 관계로 이해하는 것이 필요하다. 예컨대 교과목을 가르칠 때 기독교적 세계관에 입각해서 가르치는 것도 넓은 의미의 선교에 포함된다고 보는 것이다.

이런 점에서 성경에 나타나는 하나님의 네 가지 명령 – 전도의 명령, 문화 명령, 성화의 명령, 이웃사랑의 명령– 은 모두 선교의 명령으로 이해할 수 있고, 이는 학원선교와 관련하여 학원전도의 명령, 기독교적 교수–학습의 명령, 교사와 학생의 양육과 인격성숙의 명령, 학생상담과 봉사 및 사회개혁의 명령으로 적용할 수 있다.

③ 구조 및 조직

교회의 조직이 학원선교를 위해 최선의 구조를 지니고 있는지를 점검할 필요가 있다. 선교부 안에 학원선교팀이 구성되어 있다면, 타 부서 안에 학원선교 관련 사역이 있는 경우, 어떻게 협력사역을 감당할 수 있는지를 진단하고, 사역지향적 구조로 재구성하는 것이 필요하다. 예컨대 교육부서 안에 초·중·고등학생 관련 부서가 있고, 학원선교 관련 모임이나 활동이 있기 때문에 이들과 협력하여 효율적으로 사역을 추진하기 위해서는 '학원선교위원회'와 같이 보다 상위의 위원회 구조를 두는 것도 검토할 수 있다. 학원선교팀 내에도 효율적인 조직을 갖출 필요가 있다. 일반적으로 교회의 행정구조가 정태적인 특징이 있는데, 학원선교라는 역동적인 사역을 감당하기 위해서는 '선교단체'들이 지니는 전투적이고 공격적인 구조를 갖는 것이 필요하다.

④ 인적자원

지역교회 학원선교 사역을 지속적으로 활발하게 감당하기 위해서는 헌신된 일꾼들이 이 사역에 계속 충원되어야 한다. 이를 위해서는 교회적인 홍보도 필요하고, 충원 시스템을 효율적으로 갖추는 것이 필요하다. 또한 학원선교팀의 구성원이 되었을 경우, 이들에 대한 체계적인 양성과정이 있는지를 점검하여야 한다. 그리고 팀원의 양성만이 아니라 계속해서 지도력을 발휘할 수 있는 '학원선교 리더십 훈련과정'이 필요하다. 그리고 전문분야별로 양성과정이 정착되어야 하는데, 기독교학부모학교, 기독교상담선교학교, 학원선교사학교 등을 개설하는 것도 고려해볼 수 있다.

학원선교팀의 인적자원의 가장 효율적인 충원, 양성방식은 '재생산 구조'라고 할 수 있다. 학원선교팀을 통해 양육받고 훈련받은 학생들이 후에 학원선교팀의 구성원이 되고 헌신적인 사역자로 성숙하여 다시 학생들을 양육하고 훈련시키는 재생산 구조가 확립되도록 하는 것이 바람직하다.

⑤ 평가

학원선교는 평가를 통해 지속적으로 수정, 발전되어야 한다. 학원선교 내의 개별 사역에 대한 평가로서 분기별, 년도별 평가를 시행하되 평가지침(이것은 비전문과 목적진술에 근거하여야 한다)과 평가방법을 개발하되, 사역주체자의 입장에서만이 아니라 학생들, 교사들, 학원선교관련자들의 요구도, 만족도를 평가하여 이를 다음 사역에 반영할 수 있도록 하여야 한다. 또한 개별사역들이 유기적으로 연계되어 전체 학원선교가 어느 정도 효율적으로 이루어지고 있는지를 평가하며, 지역교회 내외의 구조와의 협력사역도 평가하여, 다시 중장기 계획에 반영하는 노력이 필요하다.

2) 선교 주체별 학원선교 전략

(1) 교사중심 학원선교

기독교학교나 비기독교학교에 공통적으로 접근할 수 있는 가장 기본적인 학원선교 전략은 기독교사 중심의 학원선교이다. 학원선교의 궁극적인 대상인 학생들을 가장 가깝게 만나면서 가장 강한 영향력을 주는 존재가 기독교사들이다. 미션스쿨만이 아니라 비기독교학교에서도 교사들을 통해서 학원선교를 실천할 수 있다. 교사중심의 학원선교를 위해서는 학원선교의 비전을 가진 기독교사들을 세우는 일이 가장 중요하다.

① 지역교회 기독교사 모임 활성화

각 교회별로 기독교사모임을 활성화하는 것이 시급하고 중요하다. 모든 교회가 기독교사모임을 구성할 수 있는 것은 아니지만, 지역의 교회들이 연대해서라도 그 지역의 기독교사들의 모임이 교회를 중심으로 이루어지는 것이 바람직하다. 학원선교를 위한 도구적 가치로서 기독교사 모임이 아니라 진정으로 기독교사들이 도움을 받고 지속적으로 성장할 수 있도록 돕는 모임이 되어야 한다.

기독교사들은 첫째, 영성적으로 성숙하고 인격적으로 성화되는 면에서 지속적으로 개발되어야 하고, 둘째, 학원전도의 전략과 기술을 익혀야 하며, 셋째, 자신의 교과목이나 전공을 기독교적으로 바라보고 기독교적 교수방법을 개발하도록 돕고, 넷째, 학생상담이나 학급경영을 통한 이웃사랑의 실천은 물론 학교현장에서 정의가 구현될 수 있도록 도와야 한다. 이를 기독교사를 위한 커리큘럼으로 작성하여 체계적으로 기독교사의 성숙을 도모할 수 있어야 할 것이다.

② 지역 학교의 기독교사와의 네트워크

지역교회의 기독교사 모임은 기독교사들이 각 학교에서 실행할 수 있는 프로그램을 제공하고, 지역학교의 기독교사 사역을 지원하는 센터의 역할을 수행한다. 그리고 각 학교의 교사모임(교사 신우회)과 연계하여, '모이고 흩어지는' 구조를 통해 영향력을 확장한다. 과거 교회와 학교가 분리되어 있는 구조를 극복하고, 지역의 교회와 학교가 연계하여 학원선교를 담당해야 할 것이다.

③ 학교급별, 과목별, 은사별 소그룹 형성

기독교사모임은 초등학교 교사 모임, 중고등학교 교사모임 등 학교급별로 하위 모임을 둘 수 있고, 교과목별 소그룹을 두어 과목별로 기독교적인 가르침을 개발하도록 격려하고, 교사QT모임, 그룹성경공부모임, 제자훈련모임, 미디어모임 등의 관심을 갖는 교사들이 그 관심을 보다 심화시킬 수 있는 소그룹을 형성한다. 이러한 소그룹은 교사들의 선택을 기본으로 하여 교사들의 자발적인 참여를 격려하고, 기독교사들의 관심과 은사를 지속적으로 개발하는 데에 초점을 두어야 할 것이다.

④ 한국교회 기독교사 단체로의 전문화

지역교회 차원만이 아니라 한국교회의 교사들이 연대하여 건전하면서도 전문적인 기독교사 단체로 확대될 때 보다 한국 교육현실을 변화시키며 효율적이면서도 적극적인 학원선교를 감당할 수 있다. 한국교회의 잠자는 기독교사들을 깨우며, 그들에게 학원선교의 사명을 다시금 확인시켜서 '학원선교사'로 파송하는 일은 한국교회에 공헌할 수 있는 또 다른 측면이다. 기독교사 모임의 활성화를 위해서는 현재 '기독교사연합' 인 좋은 교사운동으로부터 많은 노하우를 전수 받을 수 있다.

(2) 교역자 중심 학원선교 전략

교목중심의 학원선교전략으로서 기독교학교의 교목만이 아니라 교회가 교역자를 파송하여 학원선교를 담당하는 방식이다. 물론 이것은 학원선교팀에서 주관할 수 있는 과제는 아니지만, 이미 파송되거나 사역하는 교목 또는 교목실과 협력하여 사역하는 것도 이 범주에 포함될 수 있다. 사실 한국교회는 교목의 중요성을 알고는 있지만 교목으로 하여금 활발하게 학원선교를 감당할 수 있도록 지원하지 못한 책임이 있다. 교목들의 현장연구를 통한 지속적인 프로그램 개발을 지원하고, 교목이 자부심을 갖고 학원선교에 임할 수 있는 방안을 모색해야 한다. 그러나 교역자 중심의 학원선교 전략은 학교의 공식적인 과정이나 행사를 통해, 보다 광범위한 학원선교를 실천할 수 있다는 장점이 있지만, 학생들과의 직접적인 관계를 맺고 구체적인 변화를 추구할 수 없다는 한계가 있다.

(3) 학원선교사 중심 학원선교 전략

여기에서의 학원선교사는 평신도선교사로서 CA활동이나 학생 동아리 지도, 또는 학생들을 소그룹으로 만나 상담하며 선교하는 역할을 감당한다. 교회의 청년이나 교회학교 교사들 중 학생지도의 경험이 있고 찬양, 문화사역, 운동 등 다양한 활동을 통해 복음의 접촉점을 마련하는 선교전략으로서, 교목실의 도움을 받거나, 비기독교학교의 경우 학교장의 협조를 얻으면 보다 효과적일 수 있다. 이 경우보다 더욱 소그룹으로 접근하는 방식으로 학원 상담선교를 들 수 있다. 상담선교 전략은 학원선교 유형에 있어서 독특한 것으로 학생들과의 '관계' 속에서 지속적으로 선교할 수 있는 장점이 있다. 학원선교사 또는 학원상담자들에 대해서는 훈련의 과정을 거치며, 함께 모여 계속적으로 전략을 개발하는 노력이 병행되어어야 할 것이다.

(4) 학부모 중심 학원선교 전략

한국교회에는 많은 여전도회, 남선교회가 있는데, 불행히도 '학부모회'로서의 기능을 수행하고 있지 못하다. 교회의 어머니(아버지)들이 기독학부모회로 모여서 학원선교의 파트너가 될 때에 엄청난 힘을 발휘할 수 있다. 사실 자녀교육은 부모의 책임이며, 자녀들의 학교교육에 대해서도 관심을 가질 뿐만 아니라 영향을 끼칠 권리와 책임이 있다. 21세기는 학부모가 학교에 대해 방관자가 아닌 적극적인 참여자로 그 역할을 감당할 것을 요구하고 있다.

① 학부모 기도회

학부모들이 자신의 자녀만을 위해서 기도하는 것이 아니라, 학원선교를 위해서, 지역의 학교를 위해서, 기독교사를 위해서, 한국의 교육 갱신을 위해서 기도하는 것만으로도 중요한 사역을 감당하는 것이다. 교회의 학부모들이 모여서 그 지역의 학교의 이름과 교사들의 이름을 불러가며 기도하는 것 자체가 이미 학원선교이다.

② 학교별 학부모 모임

학교별 학부모 모임이 가능하다면 좀 더 구체적으로 기도하며 학원선교를 도울 수 있을 것이다. 학부모들이 해당 학교의 기독교사들을 초청하여 격려할 수 있고, 함께 학원선교 전략을 협의할 수 있다. 그리고 학부모의 은사와 관심에 따라 특별수업이나 간증, 그리고 CA나 학생동아리 지도 등으로 학원선교의 일익을 담당할 수 있다.

③ 기독학부모 운동

왜곡된 교육현실을 새롭게 하고 보다 거시적으로 학원선교를 힘있게 감당하기 위해서는 기독교학부모 단체가 결성될 필요가 있다. 전교조와 같은 교사단체가 교사의 이익을 우선적으로 생각하여 교육을 왜곡시킬 때 기독교학부모 단체가 기독교적 관점으로 견제하며 올바른 교육의 방향을 제시할 수 있다. 지역교회 기독학부모 모임이 기초가 되어 한국교회의 건실한 기독학부모 단체가 결성될 수 있다면 교육의 영역에서 하나님 나라는 보다 더 힘있게 실현될 수 있을 것이다.

④ 학원선교 단체 지원 전략

지역교회가 청소년제자선교회와 동북선교회를 비롯한 많은 학원선교단체 또는 기독교사단체들을 지원하는 것도 중요한 학원선교 사역이다. 우리가 직접 학교 현장에서 선교하지 못하는 경우에도 이들 선교단체를 지원함으로서 '보내는 선교사'의 사명을 감당할 수 있다. 일선의 학원선교 단체만이 아니라 학원선교와 관련된 다양한 단체, 기관, 운동들을 지원하는 것도 필요하다. 기독교사연합(좋은교사운동), 교목연합회, 기독교학교교육연구소 등이 활성화되도록 지원하면, 공동체적으로 학원선교 활성화에 공헌할 수 있을 것이다.

⑤ 학생중심 학원선교 전략

학생이 학원선교의 중심에 서게 하기 위해서는 학생 자발적인 기구를 만드는 것이 필요하다. 한국의 상황 속에서는 입시경쟁으로 인해 학생들의 자발적인 활동이 매우 제한되고 있는 것이 사실이지만, 최근 학생들의 '두발자유화'를 위한 시청앞 촛불시위에서 볼 수 있듯이 이들이 관심만 있으면 얼마든지 참여하고 활동할 수 있으며, 그 영향력을 심대하게 미칠 수 있음을 알 수 있다. 기독교학교의 종교부 임원들을 중심으로 조직해 볼 수도 있겠으나, 교단 산하에 학생선교단체를 구성하는 것도 한 방법이다. 21세기 청소년들의 중요한 코드 중의 하나가 참여(participation)이다. 학생들이 피동적인 선교의 대상으로만 인식하는 것이 아니라 선교의 주체로서 참여하도록 격려하고 이를 조직화할 수 있다면, 21세기의 중요한 학원선교를 위한 대안이 될 수 있을 것이다.

3) 총체적 학원선교 전략

(1) 복음적 문화선교

요즈음의 청소년들을 일컬어 문화세대라고 칭한다. 그만큼 문화에 민감한 세대이고 논리적이고 개념적인 설득보다는 감성과 이미지에 의해 영향을 받는 영상세대임을 의미한다. 그렇기 때문에 이들에 대한 청소년 선교전략은 문화선교의 성격을 띠는 것이 효과적이다. 예를 들어 지역교회가 학원선교를 할 때에 문화공연을 통해서 접근할 수도 있으며, 다양한 문화적 매체를 통해 선교를 효과적으로 수행할 수 있다. 교단적으로도 가칭 '청소년 문화선교단'과 같은 기구를 만들어 청소년을 위한 기독교문화 행사를 기획하며, 이를 통해 복음을 전하는 전략을 수립해야 한다.

이 문화선교단은 청소년들이 쉽게 공감할 수 있고 흥미를 갖을 수 있는 문화적 컨텐츠를 개발하고 이를 보급하여야 하며, 이와 함께 적극적으로 복음을 전할 수 있는 전도팀을 동반하며, 이들을 개 교회에 연결하고 양육할 수 있는 양육팀이 있어야 한다. 즉, 공연, 전도, 양육이 연계되어 청소년 문화선교를 수행하게 되는 것이다. 문화선교단 자체의 컨텐츠 개발이

용이하지 않다면, 다른 문화단체들과 연대하여 그 공연을 본 후에 이들을 복음으로 연계시키는 피드백 과정을 담당할 수도 있다. 그리고 개교회에 이러한 문화선교적 전략과 내용을 담은 지침서와 동영상 자료를 포함한 모든 컨텐츠가 들어있는 패키지를 제공함으로써 새로운 학원 선교전략의 문을 열어가야 할 것이다.

(2) 청소년 선교 네트워크: e-Mission

오늘날 멀티 미디어 커뮤니케이션 시대의 청소년 선교를 위해서 꼭 고려해야 할 것이 e-Mission이다. 청소년들이 모임에 참여할 가능성이 적어지는 만큼, 온라인 상에서 접촉할 수 있는 기회는 그만큼 커지고 있다. 청소년들의 문화와 그들의 감각에 맞게 접근하되 그들이 쉽게 접할 수 있는 인터넷을 통한 선교전략을 새롭게 마련할 필요가 있다. 이것은 교단적으로 과감하게 투자하여 21세기의 새로운 선교전략으로 정립하여야 한다. 인터넷 공간은 마치 학교의 공간처럼 학원선교의 장으로 펼쳐져 있는데, 이곳이 단순히 엔터테인먼트로 채워지는 것이 아니라 하나님의 사랑이 담긴 선교정신으로 채워질 수 있다면, 마치 과거 활자인쇄 커뮤니케이션 시대에 전도지나 문서선교가 담당했던 역할을 멀티미디어 커뮤니케이션 시대에 e-Mission이 담당하게 될 것이다. 구전시대에는 구전으로, 문자시대에는 문자로, 그리고 인터넷 시대에는 인터넷으로 선교하는 것은 당연하며 우리 시대의 의무이다. 선교는 그 시대의 커뮤니케이션 방식을 사용하여야 하기 때문이다. 이 점에서 멀티 미디어 커뮤니케이션 시대에 살면서도 인쇄활자 커뮤니케이션 시대의 구태의연한 선교방식에 집착한 나머지 선교의 영향력을 상실하는 일은 없어야 할 것이다.

(3) 총회 산하 학원선교단체 출범

교단의 총회 산하 단체이면서도 독자적인 브랜드를 갖는 학원선교단체를 출범시키는 전략이다. 학원선교의 주체로서 '학원선교위원회'는 그 활동에 한계가 있다. 대학생 선교단체들이 IVF, 네비게이토, CCC, JOY, 예수전도단 등의 이름으로 활발히 활동하는 것처럼, 중고등학생과 대학생을 각각 대상으로 하는 학원선교단체가 출범될 필요가 있다. 교단의 정체성을 지니며, 교회와 학원을 보다 긴밀히 연계하기 위해서는 교회와 뿌리가 다른 선교단체가 아닌, 교회에 뿌리를 둔 학원선교단체의 출현이 필요한 것이다. 예를 들어 청소년들을 대상으로 선교하는 '미션틴즈'(Mission-teens)와 대학생들을 대상으로 선교하는 '캠퍼스미션'(Campus-mission)을 출범시킨다고 생각해보자. 초창기에는 선교담당자를 모집하고 훈련하여 몇 학교를 대상으로 시작하지만, 점점 확대하여 전국적인 조직을 갖추도록 할 수 있을 것이다. 이러한 학원선교단체는 전문적인 선교단체로서 노하우를 쌓아가고, 전략을 개발하여, 오늘날의 문화적 상황에 맞는 선교적 접근을 할 수 있을 것이다. 학원선교단체의 강점을 최대한 살리면서, 교회와의 유기적 관계를 지닐 수 있는 구조이다.

(4) 교단 내의 기독교사 운동

학원선교의 가장 중요한 접점은 기독교사(Christian teachers)이다. 기독교학교에서는 교목 중심의 활동이 가능하지만, 공식적인 종교활동이 금지되어 있는 일반학교에서는 기독교사들을 통한 선교활동이 제일 효과적이라고 할 수 있다. 기독교사들이 수업시간 내의 간접적인 전도와 담임학급경영을 통해서, 그리고 CA활동과 기독동아리 활동을 통해서 학원선교의 사명을 감당할 수 있다. 사실 학원선교는 학생들을 직접 대하는 교사들이 학생들과의 인격적 관계를 통해서 담당하는 것이 최선의 방법이기에, 이러한 기독교사들의 선교활동을 잘 격려하는 체제를 구축하는 것이 교회적, 노회적, 총회적 과제이다. 현재 좋은교사운동(기독교사연합)이나 한국교육자선교회 등 기독교사들의 모임이 활발하게 이루어지고 있지만, 아직도 대다수의 크리스천 교사들이 학원선교의 사명을 감당하기보다는 직업으로서 교사직에 머무르고 있는 실정이다. 교단 내 교회들 안에 있는 기독교사들을 엮어내어 학원선교사로 재파송하고 이들의 학원선교를 지속적으로 지원하기 위해서는 교단 내 기독교사모임을 조직하는 것이 필요하다. 그래서 건전한 기독교사운동과 연계하되 교단 내의 모든 기독교사들을 일깨우고 이들이 각 지역 안에서 학원선교의 사명을 첨단에서 감당토록 하는 것이다. 신임 기독교사에 대한 교육과 훈련, 그리고 다양한 학원선교 전략에 대한 연수, 연합활동 등을 통해 보다 체계적이고 효과적인 학원선교를 담당할 수 있을 것이다.

(5) 학원선교의 지원체제 구축

오늘날의 학원선교는 단회적인 프로그램이나 일시적인 활동으로 감당하기가 어려운 복합성을 띠고 있다. 급변하는 사회와 문화 속에서, 그리고 계속적으로 변화하는 교육정책과 학교상황 속에서 학원선교를 수행하기 위해서는 지속적인 연구와 지원이 필요하다. 무엇보다 교단 산하에 학원선교의 방향과 정책, 그리고 구체적인 프로그램의 내용들과 전략들을 개발하고 보급할 수 있는 연구기관이 필요하다. 학원선교에 대한 기본 매뉴얼로부터 시작해서 학원선교담당 교사의 연수, 리더십 개발, 그리고 프로그램을 수행할 수 있게 하는 모든 자료들을 제작, 공급할 수 있는 지원체제가 확립되어야 한다. 그리고 이러한 센터를 중심으로 학원선교 사역이 네트워크를 형성하여 공동체적으로 추진될 수 있도록 해야 할 것이다. 그리고 총회 학원선교위원회와 맥을 같이 하는 노회의 학원선교위원회가 설치 운영되어야 하며, 무엇보다 개 교회에 교회학교와 긴밀히 협조하되 교회학교 성장의 차원을 넘어 학원선교를 강력히 추진할 수 있는 학원선교위원회가 필요하다. 그리하여 '학원선교주일'을 지킴으로 학원선교에 대한 관심을 갖고 기도함은 물론 교회가 그 지역의 학원선교에 대한 책무성을 지니고 추진하여야 할 것이다.

6. 나가는 말

오늘날 학원선교는 위기를 맞이하고 있다. 평준화 이후, 그리고 최근의 사립학교법 개정 문제와 서울시 교육청의 종교교육 제한 조치로 기독교학교는 학원선교의 의욕을 상실하고 있으며, 비기독교학교는 그 문을 단단히 잠가둔 채 학원선교의 이방지역으로 존재하고 있다. 교회는 그 성장이 둔화되어 선교의지가 감퇴하고 있으며, 교회학교마저도 간간히 그 존립만 유지하고 있는 현상이다. 여기에 새로운 시대적 변화는 학원선교에 부정적인 영향력을 끼치고 있으며, 비기독교 내지 반 기독교적 정서가 청소년들을 복음의 길로 들어서지 못하도록 가로막고 있다.

그러나 위기는 위험하면서도 기회임이 분명하다. 시대적 변화를 예의 주시하며 진정으로 청소년들과 접촉점을 갖으며, 그러면서도 복음의 열정으로 가득차서 그들에게 복음을 전하려고 하는 학원선교의 의지를 지닌 자를 통해 하나님은 역사하실 것이다. 오늘의 시대가 학원 선교가 어려우면 어려운 만큼 학원 선교가 가장 필요함을 역설하고 있는 것이다. 복음적 열정에 충일하되 그러나 과거의 방식에 고착되기보다는 새로운 포도주를 새부대에 넣어야 부대가 터지지 않는 것처럼, 이 시대의 청소년들에게 맞는 선교전략을 세우고 이를 추진해 나가야 할 것이다.

토의문제

1. 오늘날 학원선교에 영향을 줄 수 있는 21세기 문화적 현상들에는 어떤 것들이 있으며, 그 중 가장 강한 영향을 미치는 것은 무엇이라고 생각하는가?

2. 전통적인 청소년 선교의 한계는 무엇이며, 이를 극복할 수 있는 방안은 무엇이라고 생각하는지 이야기해 보자.

3. 현재 지역교회가 실천하고 있는 학원선교 전략에는 어떤 것들이 있는지를 생각하고, 향후 실천할 수 있는 효과적인 방안들을 모색해 보자.

4. 종전까지는 성인중심의 선교방식이었다면, 학생(청소년)들이 직접 참여할 수 있는 학원선교 및 청소년 선교의 방법을 생각해 보자.

5. 오늘날 청소년들의 눈높이에 맞출 수 있는 '문화선교'나 'e-Mission'을 통한 학원선교의 가능한 예들을 제시해 보자.

주

1장

* 이 글은 「장신논단」 제24집(장로회신학대학교 출판부, 2005)에 발표되었다.

1) 여기에는 장로교(501), 감리교(158), 성공회(4), 안식교(2), 천주교(46), 기타: 종교미상(84)에서 세운 학교들이 포함된다.

2) 정웅섭, 『현대 기독교교육의 과제와 방법』(서울: 대한기독교서회, 1991), 119.

3) 종교교육에 있어서 7차 교육과정은 "온전한 인격 형성과 바람직한 사회 구성원의 양육이라는 교양교육의 일환"으로 편성되었기 때문에 '기독교적 정체성'을 함양하려는 기독교학교교육과 충돌하고 있다. "교양 교육과정의 기본 방향"(유위준, 김영일, 2000)에 의하면 7차 교육과정의 종교교육의 방향을 알 수 있다. 가장 대표적인 특징은 종교학적 성격을 강화함으로써 교단의 신앙교육을 지양하고 있는 것이다. 또한 지구촌 사회에서 민족, 종교, 계급, 성적 차이를 넘어서 비판적으로 사고하는 것을 지향하고 있다. 그리고 신앙의 초월적 가치나 교리적 교육보다는 인격의 도야에 초점을 맞추는 교양교육의 형태라는 점이다. 결국 종교를 종교적 현상으로 이해하고 종교 내적 접근(emic approach)보다는 종교현상 자체를 이해하려는 거시적 접근(etic approach)을 지니고 있다.

4) 김종희, "교육평준화에서 2002년 7차 교과과정까지", 대한 예수교 장로회 총

회(통합) 전도부, 『2000년 학원선교의 전망과 과제 자료집』, 33-53.

5) 은준관, "기독교학교 교육의 본질과 교사의 사명", 기독교학교협의회 편, 『기독교학교교육 제2집』(서울: 목양사, 1990), 21.

6) 고용수, "이것이 기독교학교이다", 기독교학교협의회 편, 『기독교학교교육 제1집』(서울: 목양사, 1988).

7) 김희자, "기독교학교의 본질과 목적", 총신대 부설 기독교교육연구소 편, 『기독교학교, 왜 필요한가』(서울: 새한기획, 1998), 15.

8) 은준관은 '교회성'과 '학교성'의 개념을 통해 기독교학교의 정체성을 밝히고 있다. 그는 '학교의 교회화'도 '학교의 탈교회화(세속화)'도 잘못되었다고 지적하며 다음과 같은 기독교학교의 정체성을 주장한다. "그러므로 학교의 현장화를 위한 기독교적 접근은 학교의 교회화를 의미하는 것도 아니고, 그렇다고 '종교없는 학원'(Religionless campus)을 의미하는 것도 아니다. 오히려 학원의 본래화(Authenticity)를 돕는 일이며, 기독교적인 비전에 의하여 영감되는 학교의 학문적 우월성, 인간 우월성, 그리고 영적·도덕적 책임을 묻는 공동체화를 돕는 일을 말한다." (은준관, 『기독교교육현장론』(서울: 대한기독교서회, 1988), 350.)

9) 기독교계 학교마다 교목실이 있고 교목과 성경교사들이 있지만 학교교육 전체를 기독교적으로 변화시키기에는 역부족인 것처럼 보인다. 사실 교단적인 차원에서 교목과 성경교사들을 기독교 학교교육의 구심점으로 인식하고 그들을 적극적으로 지원하고 있지 못한 현실이다. 다음의 몇가지 문제점을 지적할 수 있다. 첫째, 교목과 성경교사를 양성하는 신학교의 기독교교육과정이 기독교 학교교육을 소홀히 다루는 경향이 있다. 신학대학원이나 기독교교육학과의 커리큘럼 속에 학교교육에 대한 기독교 교육적 관점이나 방법론이 제대로 정립되어 있지 못하다. 둘째, 교목에 대한 교단적인 지원이 부족하다. 노회에 참석하면 으레 느끼게 되는 당회장 중심 분위기는 오히려 이들의 사기를 저하시키는 역할을 하기도 한다. 오직 '지역 교회 목회만이 목회'라는 인식 속에서, 교목에게 "목사님은 언제 목회를 시작할 계획입니까?"라고 묻

는 상황 속에서 교목들의 헌신적인 학교교육 사역을 기대하기 어렵다. 셋째, 교목 및 성경교사들 간의 상호 협력체제가 빈약하다. 교목전국연합회를 비롯해 기독교학교연맹이나 기독교학교연합회 등과 같은 기구들이 있지만 친목도모의 성격을 넘어선 '사역공동체' 로서 학교교육을 갱신시키는 구심점으로의 역할을 하기에는 역부족이다. 특히 이러한 연합체들이 행정직 또는 교역자 중심의 구조이기 때문에 평교사 집단에게 영향을 주어 학급의 실제를 변화시키기는 어려운 실정이다. 넷째, 교목과 기독교사 집단, 그리고 기독교교육학자들 간의 상호 커뮤니케이션 체제가 구축되어 있지 못하다. 최근의 기독교사 운동에서마저도 미션스쿨의 교목들과 기독교사들 간의 연결고리가 약한 인상을 받는다. 교목은 기독교사와 학교 설립자나 교장단 사이에서 자기 목소리를 내지 못하는 안타까움마저 보이기도 한다.

10) 그러나 이러한 기독교학교 운동은 몇 가지 취약점을 지니고 있다. 무엇보다 기독교학교운동은 기독교교육학자들의 충분한 논의를 기초로 하고 있지 못하다. 물론 이것은 기독교학교 운동을 시작하거나 참여하려고 하는 설립자나 행정가, 교사들만의 문제라고 할 수는 없다. 오히려 기독교교육학자들이 교회교육에 관심을 집중한 채 기독교 학교교육에 무관심한 결과이다. 기독교학교 운동이 신학적으로, 그리고 교육학적으로 보다 든든한 기초를 갖기 위해서는 기독교교육학자들과의 충분한 논의 및 깊은 연대가 필요하다. 또 하나의 문제점은 기독교학교 운동이 교단의 교육적 지침이 없는 채 개 교회적으로, 또는 개인적으로 이루어지고 있다는 점이다. 기독교학교 운동에 대한 교단적인 관심과 이를 위한 정책적인 지침과 전체 기독교 학교교육의 구조 속에서 적절한 역할 설정과 공동체적인 지원이 필요하다.

11) 로버트 레익스(Robert Raikes)가 1780년 영국에서 주일학교를 시작할 때에는 그것이 좁은 의미의 신앙교육의 관점이 아닌 사회를 새롭게 하고자하는 '기독교교육 운동' 이었으며, 성경만이 아닌 일반 과목을 가르치는 일종의 보상교육이자 사회교육이었다. 미국의 기독교 교육의 역사를 보더라도 초창기 주일학교에서는 일반 과목을 가르치며 공교육을 대신해 왔다. 그러나 공립

학교가 제도적으로 정착되면서 주일학교는 '교회 안 교육'으로 국한되기 시작하였고, 결국 '교회 성장의 시녀'로 전락했다는 비판을 받고 있다.

12) 은준관, 『기독교교육현장론』(서울: 대한기독교서회, 1988).

13) 정웅섭, 『현대 기독교교육의 과제와 방법』(서울: 대한기독교서회, 1991), 119.

14) 김희자, "기독교학교의 본질과 목적", 총신대 부설 기독교교육연구소 편, 『기독교학교, 왜 필요한가』(서울: 새한기획, 1998), 27.

15) Gabriel Moran, *Religious Education As A Second Language* (Birmingham, Ala.: Religious Education Press, 1989), 39.

16) Albert E. Greene, 현은자 외 역, 『기독교세계관으로 가르치기』(서울: CUP, 2000), 156.

17) 마이클 폴라니(Michael Polanyi)는 그의 책 『인격적 지식』(*Personal Knowledge*)에서 관찰을 통해 순수하게 객관적인 지식을 획득할 수 있다고 보는 전통적 서구 인식론을 비판한다. 그는 앎에 있어서 주체와 객체를 완전히 분리하는 것은 불가능하며, 지식에 대한 객관주의적 관점은 환상에 불과하다고 주장한다. 그는 객관적 확실성의 이상을 '근대적 우상'(modern idolatry)으로 간주한다. 폴라니는 전통적 서구 인식론의 대안으로서 앎의 주체와 객체, 자아와 세계, 정신과 육체, 이론과 경험이 분리될 수 없음을 주장하는 인격적 지식론을 제안한다.(Michael Polanyi, *Personal Knowledge: Towards a Post-Critical Philosophy* (Chicago: University of Chicago Press, 1962).

18) Arthur F. Holmes, *All Truth Is God's Truth*(Grand Rapids, MI.: Eerdmans, 1977).

19) Brian J. Walsh & J. Richard Middleton, 황영철 역, 『그리스도인의 비전: 기독교 세계관과 문화변혁』(서울: IVP, 1987), 49-112.

20) Arthur F. Holmes, 이승구 역, 『기독교세계관』(서울: 도서출판 엠마오, 1985), 32-54,

21) Neil Postman, 차동춘 역, 『교육의 종말: 무너지는 교육 이대로 둘 것인가』(서

울: 문예출판사, 1999).

22) 김신일, 이성진 편, 『우리가 꿈꾸는 아름다운 학교』(서울: 교육과학사, 2002).

23) 위의 책, 9-32.

24) 2006년 2월에 개소된 '기독교학교교육연구소'는 우리나라 최초로 기독교학
교교육에 초점을 둔 기독교교육 분야의 연구소라고 할 수 있다.

2장

1) 기독교특수학교는 기독교정신으로 장애학생을 대상으로 교육하기 위해 설립
된 학교로서, 오늘날 사회 속에서 기독교계가 공헌할 수 있는 중요한 기독교
학교인데, 이 글에서는 직접적으로 다루지 않는다.

2) 기독교가 주 종교인 나라와 한국의 상황은 다르다. 한국은 여전히 다종교사
회(multi-religion society)이다. 아직 비기독교인이 70%를 상회하고 있다. 그렇
기 때문에 다른 서구와는 달리 여전히 미션스쿨이 필요한 상황이며, 선교를
그 중심과제로 하고 있는 기독교선교학교가 요청되는 상황이다.

3) 해롤드 버쥐스(Harold W. Burgess)는 그의 책 『기독교교육론』(An Invitation to
Religious Education)에서 신학의 성격에 따라 기독교교육의 유형을 네 가지로
분류하고 있다. 전통적 신학이론적 접근방법, 사회, 문화이론적 접근방법, 신
정통 신학이론적 접근방법 그리고 사회과학 이론적 접근방법 등이다. 이 각
각은 기독교학교의 유형도 암시하고 있다고 볼 수 있고, 결국 신학의 종류에
따라 크게 네 가지 유형의 기독교학교로 분류될 수 있다.(Harold W. Burgess,
문창수 역, 『기독교교육론』(서울: 정경사, 1984). 최근에 버쥐스는 그의 책 『종
교교육의 모델』(Models of Religious Education)에서 기독교교육을 다섯 가지

의 유형으로 재분류하고 있다. 종교교육의 역사적 원형(The historic prototype of religious education), 고전적 자유주의 모델(The classical liberal model of religious education), 주류교단 모델(The mid-century mainline model of religious education), 복음주의/순복음주의 모델(The evangelical/kerygmatic model of religious education), 사회과학적 모델(The social-science model of religious education) 등이다.(Harold W. Burgess, *Models of Religious Education: Theory and Practice in Historical and Contemporary Perspective* (Nappanee: Evangel Publishing House, 2000).

4) 대안교육의 영어식 표현은 'alternative education' 또는 'alternatives in education' 등인데 이는 기존의 교육에 대한 비판이 전제되어 있는 것이다. 대안교육을 정의한다면 '현존하는 교육의 근본적인 한계를 직시하고 그것을 극복하고자 시도하는 교육'이라고 할 수 있다.(이종태, 『대안교육과 대안학교』 서울: 민들레, 2001, 13) 알버트 그린은 기독교세계관을 '대안의식'이라는 개념으로 표현하였는데, 그린에 의하면 모세, 다니엘, 바울, 어거스틴, 루터와 칼뱅 등이 그 시대사조에 대한 대안의식을 지닌 인물들이고, 기독교학교는 학생들에게 이러한 대안의식을 심어주는 것으로 보았다.(Albert Greene, 『기독교세계관으로 가르치기』, 47-59.)

5) 이종태는 대안학교를 네 가지 형태로 분류하고 있는데, 첫째는 자유학교형 대안학교로서 영국의 섬머힐과 같이 인간의 자율성과 아동중심의 교육을 강조하는 학교들, 둘째는 생태학교형 대안학교로서 생태와 노작, 그리고 지역사회와 학교의 결합을 강조하는 학교들, 셋째는 재적응학교형 대안학교로서 일반학교에 적응하지 못하는 학생들을 대상으로 하는 학교들, 그리고 마지막으로 고유이념 추구형 대안학교로서 독특한 교육이념과 방식을 바탕으로 하는 학교들이 있다고 본다.(이종태, 『대안교육과 대안학교』, 119-121.)

6) 최근 감성지수(E.Q)에 대한 강조나 다중지능이론(Multiple Intelligences)의 등장등은 I.Q로 대표되는 지식중심의 지능이론에 대한 비판으로서 통전적 교육을 지향하는 경향들로 볼 수 있다.

7) Maria Harris, *Fashion Me A People: Curriculum in the Church*(Kentucky: Westminster/John Knox Press, 1989), 28-30.

8) William E. Doll, *A Post-modern Perspective On Curriculum*(New York: Teachers College Press, 1993), 52-55.

9) Douglas Sloan, *Insight-Imagination: The Emancipation of Thought and the Modern World* (Westport, Conn.: Greenwood Press, 1983), 29.

10) 기독교교육과정의 측면에서의 자세한 논의는 졸저『기독교교육과정 탐구』(서울: 장로회신학대학교 출판부, 2004)를 참고.

11) Ivan Ilich, 심성보 역,『학교 없는 사회』(서울: 도서출판 미토, 2004).

12) 학교와 사회의 관계를 어떻게 설정하느냐도 기독교대안학교의 정체성을 형성하는 중요한 변수가 될 수도 있다. 리차드 니버(Richard Niebuhr)의『그리스도와 문화』(*Christ and Culture*)에 의하면 그리스도와 문화의 관계를 어떻게 보는지에 따라 다섯가지의 유형을 나눌 수 있는데, 문화에 대항하는 그리스도, 문화의 그리스도, 문화 위의 그리스도, 그리스도와 문화의 역설적 관계, 그리고 문화의 변혁자 그리스도 등이다. 이들 각각은 기독교대안학교의 어떤 형태를 암시하고 있다고 볼 수 있다.

3장

* 이 글은「바른교회」제1권(바른교회아카데미, 2005)에 발표되었다.

1) 이형기,『하나님의 나라와 교회: 20세기 주요 신학의 종말론적 교회론』(서울: 한들출판사, 2005), 345-346.

2) Stanley Grenz, *The Theology for the Community of God*, 신옥수 역,『조직신학:

하나님의 공동체를 위한 신학』(서울: 크리스천 다이제스트사, 2003), 685.

3) Ibid.

4) 이형기, 『하나님의 나라와 교회』, 346-347.

5) Ibid., 349.

6) Ibid., 349-350.

7) Thomas Groome, *Christian Religious Education*, 이기문 역, 『기독교적 종교교육』(서울: 대한예수교장로회총회교육부, 1983), 66.

8) Ibid., 68.

9) Ibid., 87.

10) Ibid., 93.

11) Thomas Groome, *Sharing Faith: A Comprehensive Approach to Religious Education & Pastoral Ministry* (N.Y.: HarperCollins, 1991), 14.

12) Maria Harris, *Fashion Me A People: Curriculum in the Church*, 고용수 역, 『교육목회 커리큘럼』(서울: 한국장로교출판사).

13) Ibid., 31-32.

14) Ibid., 33-42.

15) Ibid., 47.

16) Ibid., 51.

17) Ibid., 52-54.

18) Ibid., 56.

19) Ibid., 60.

20) Mary C. Boys, *Education for Citizenship and Discipleship*, 김도일 역, 『제자직과 시민직을 위한 교육』(서울: 한국장로교출판사, 1999).

21) Ibid., 69.

22) Ibid., 102-103.

23) Ibid., 104.

24) Ibid., 105.

25) Ibid., 106-107.

26) Ibid., 109.

27) Ibid., 116.

28) 한국교육개발원, "초등학생의 생활 및 문화실태 분석", 연구보고서, 2004.

29) 2005년에 발표된 청소년백서에 의하면 전체 청소년 사망에 있어서, 교통사고로 인한 사망이 28.7%, 자살 17.3%, 암(악성신생물) 13.0%의 순으로 나타났다. (문화관광부, 『2004청소년백서』, 2005.)

4장

1) Arthur F. Holmes, *Contours of a World View*, 이승구 역, 『기독교세계관』 (서울: 도서출판 엠마오, 1991), 8.

2) 제임스 사이어는 세계관을 "이 세계의 근본적 구성에 대해 우리가(의식적으로든 무의식적으로든, 일관적이든 비일관적이든) 견지하고 있는 일련의 전제 (전체적으로 혹은 부분적으로 옳거나, 아니면 전적으로 틀릴 수도 있는 가정)들" 이라고 정의하고 있다.(James W. Sire, *The Universe Next Door*, 김헌수 역, 『기독교세계관과 현대사상』 (서울: IVP, 1995), 20.

3) 장상호, 『행동과학의 연구논리』 (서울: 교육과학사, 1983), 36-41.

4) 아더 홈즈, 『기독교세계관』, 14-16.

5) Parker Palmer, *To Know As We Are Known*, 이종태 역, 『가르침과 배움의 영성』 (서울: IVP,2000), 30-31.

6) Brian V.Hill, *Faith At The Blackboard* (Grand Rapids: Eerdmans, 1982), 114-120.

7) 지식의 유기적 통일성에 대해서는 노오만 디 종의 『진리에 기초를 둔 교육』의

제2장 "지식의 통일성"을 참조하라.(Norman De Jong, *Education in the Truth*, 신청기 역, 『진리에 기초를 둔 교육』 (서울: 생명의 말씀사, 1985). 41-52.

5장

* 이 글은 제1회 기독교사대회(1998년)의 주제강의로 발표되었다.

6장

* 이 글은 장로회신학대학교 - 복단대학교(중국) 공동 학술대회(2005년)에서 발표되었다.
1) 최근에는 기독교학교를 보다 세분하여 미션스쿨, 기독교계 학교, 기독교학교(기독교 대안학교, 기독교 인가학교)로 구분하여, 기독교학교를 기독교인 자녀들을 대상으로 기독교적 교과목을 기독교적 방법으로 가르치는 학교로 제한하여 이해하려는 경향이 있으나, 여기에서는 총칭하여 기독교학교로 부르기로 한다.
2) 이 글에서 말하는 기독교학교의 민족교육과 항일운동의 시대적 배경은 1910년 한일합방(韓日合邦) 이후부터가 아닌, 이미 일제의 침략이 시작된 1905년 을사조약(乙巳條約) 전후를 포함한다. 즉, 이 글은 선교사들이 기독교학교를

세우기 시작한 개화기로부터 1919년 3.1운동이 일어나기 전까지를 그 시대적 배경으로 삼고 있다.

3) 손인수, 『한국교육사연구(하)』 (서울: 문음사, 1998), p.232-233.

4) 한규원, 「한국 기독교학교의 민족교육 연구」 (서울: 국학자료원, 2003), p.27.

5) L. G. Paik, *The History of Protestant Mission in Korea*, Pyeng Yang: Union Christian College Press, 1929, p.120-121.

6) '이화학당' 이라는 이름은 명성황후(明成皇后)가 1887년에 지어주었는데, 배꽃은 당시 황실을 상징하는 꽃으로서 여성의 올바른 태도와 순결, 명랑을 상징하는 것이었다.(곽안전(Allen Clark), 『한국교회사』(서울: 대한기독교서회, 1973), 46.)

7) 한규원, 위의 책, p.30-31.

8) 손인수, 위의 책, p.235.

9) 위의 책, p.238.

10) H. H. Underwood, *Modern Education in Korea*, New York: International Press, 1926, 8쪽.

11) 당시 학교의 명칭들은 학당(學堂), 사숙(私塾), 학교(學校), 학원(學院) 등 다양했는데, 일반적으로 학교와 학원은 보다 제도적인 틀과 시설을 갖춘 학교들이고, 학당이나 사숙은 재정적인 여건이 결여된 상태에서 세운 학교들의 명칭이라고 할 수 있다.(오인탁, "일제하 민족교육과 종교교육의 갈등", 「근대 민족교육의 전개와 갈등」 (성남: 한국정신문화연구원, 1982), p.222)

12) 김기석, 유방란, 『한국 근대교육의 태동』 (서울: 교육과학사, 1999), p.87.

13) 김인수, 『한국기독교회사』(서울: 한국장로교출판사, 1994), p.123.

14) 김기석, 유방란, 위의 책, p.80.

15) 한국기독교역사연구소(편), 『한국기독교의 역사』 (서울: 기독교문사, 1997), 221p, 번호는 원래 사용된 번호임,

16) 김기석, 유방란, 위의 책, p.85.

17) 1897년 미국북장로교회 선교부는 연차회의에서 "교인이 다수 거주하는 지

역에 반드시 초등학교를 세워야 하며 유지비는 그 지방교회가 부담하고 지
역담당 선교사가 감독을 맡는다"는 요지의 결의문을 채택하였다.(『연동교
회 100년사』(서울: 연동교회, 1995), p.119.)

18) S. A. Moffet, "Evangelistic Works" (1901) p. 23 교회건물도 마찬가지로 840개
예배당 중 외부 원조를 받아 세워진 것은 '20개 미만' 이었다.(김기석, 유방
란, 위의 책, p.85에서 재인용)

19) H. Underwood, "The Call of Korea", 이광인(역), 『한국개신교수용사』(서울:
일조각, 1989), p.92.

20) Horace Underwood, Modern Education in Korea (New York: International
Press, 1926), p.112.

21) 백낙준, "기독교의 전개" 『한국사 20: 근대 문화의 발생』, 국사편찬위원회,
1977, p.339.

22) 오인탁, "일제하 민족교육과 종교교육의 갈등", p.221-222.

23) 『조선예수교장로회 사기(史記)』, 1928, p.224.

24) 박용규(朴容奎)는 부흥운동으로 인해 직접 선교에 대한 관심이 어느 때보다
높아진 것이 사실이지만, 간접 선교인 기독교학교 설립을 가속화시키는 요
인이 되었다고 주장한다. 처음부터 교회가 자립할 경우 학교를 설립할 것을
권장해 온 전통에 따라 자립하는 교회가 늘어나면서 교회가 설립, 운영하는
기독교학교가 급속하게 확대되었다.(朴容奎, 『평양대부흥운동』(서울: 생명
의말씀사, 2000), p.429.)

25) E. M. Cable, "West Korea Districs," Minutes of Korea Mission, Methodist
Episcopal Church, 1904, p.31, Annual Report, PCUSA, 1909, 270.

26) A. J. Brown, Report of a Second Visit to China, Japan, and Korea, 1909, p.189.

27) Lak-Geoon George Paik, The History of Protestant Missions in Korea (Seoul:
Yonsei University Press, 1990), p.404.

28) 김기석, 유방란, 위의 책, p.86, 106.

29) 손인수, 『한국교육사연구(하)』, p.241.

30) 위의 책, p.242.

31) 한규원, 위의 책, p.36.

32) 스크랜튼은 다음과 같이 쓰고 있다. "우리는 한국인이 한국적인 것에 대하여 긍지를 가지게 되기를 바란다. 나아가서는 그리스도와 그의 교훈을 통하여 완전무결한 한국인을 만들고자 희망하는 바이다"(L. G. Paik, 128)

33) 한규원, 위의 책, p.40. 이들 학교 외에도 정신여학교(貞信女學校)는 '하나님을 믿자, 바르게 살자, 이웃을 사랑하자', 숭의여학교(崇義女學校)는 '신앙을 겸비한 인물의 배양', 숭실학교(崇實學校)는 '한국의 국가, 사회와 교회를 위하여 선도적 역할을 할 수 있는 일꾼 양성'을 교육목적으로 삼고 있으며, 한영서원(韓英書院)은 '우리 민족의 살 길은 내 손으로 능히 나를 기르는 능력을 주는 교육'을, 영명학교(永明學校)는 '전도(傳道), 개화(開化), 민주주의(民主主義)'를 건학이념으로 삼고 있다.(한규원, 위의 책, p.40-43.)

34) 위의 책, p.44.

35) 문형만, "일제의 식민교육과 종교교육의 갈등", 「근대 민족교육의 전개와 갈등」(성남: 한국정신문화연구원, 1982), p.136-138.

36) 대한 그리스도인 회보, 3권 15호, 1899. 4. 12.

37) 1905년 이후에 설립된 관·공립학교의 설립이념은 일제 통감부의 '제도적 동화정책'에 의하여 세워졌는데, 여기서 한국민족의 동화란 일본 민족의 언어, 풍습, 습관 등을 채용케 하고, 일본 민족의 특징인 충의심(忠義心)을 체득시키는 데 있는 것이다. 따라서 구한말의 우리 국민은 관·공립학교는 일제의 이익을 위한 것이라 보고 사립학교를 선택하게 되었다.(손인수, 『한국교육사연구』, p.253.)

38) 조선총독부, 관보, 제135호, 1911. 9. 14.

39) 국사편찬위원회, 『한국독립운동사(I)』, 1967, p.905.

40) 문형만, "일제의 식민교육과 종교교육의 갈등", p.145.

41) 일제의 종교와 교육의 분리가 가장 분명하게 언급된 것은 1915년 3월 사립학교규칙을 개정하면서 발표한 총독부의 훈령이라고 할 수 있다. "제국의 학

정(學政)에 있어서는 국민의 교육이 종교 밖에 있음을 주의로 한다. 이로써 본 총독은 조선교육령 실시에 즈음하여 관·공립학교는 물론 법령으로서 일반으로 학과과정을 규정한 학교는 종교상의 교육을 실시하거나, 또는 기의 식을 행하는 바를 불허함을 명백히 밝히는 바이다."(조선총독부, 관보, 1915. 3. 24.)

42) 한규원, 위의 책, p.168.

43) 문형만, "일제의 식민교육과 종교교육의 갈등", p.152.

44) 이만규, 『조선교육사(하권)』 (서울: 을유문화사, 1949), p.199.

45) 한규원, 위의 책, p.178.

46) 1910년 학부(學部)에서 발간한 통계자료를 보면, 사립학교에서 사용하던 교과용 도서를 검정 신청한 건수는 모두 117건이었는데, 그 중 인가받은 건수는 55건에 불과하였고, 그 가운데서도 학생들에게 민족정신과 항일의식을 고취시키는 것과 관계있는 교과인 수신(修身), 국어(國語), 역사(歷史), 지리(地理), 그리고 한문(漢文) 교과에서 두드러지게 인가되지 못한 것으로 나타나고 있다.(학부, 「한국교육의 현상」, 1910, p.60.)

47) 학부, 한성부내 기독교학교상황 일반, 1910. 6. pp.19-88.

48) 손인수, "한국근대 민족주의 교육운동 연구", 「근대 민족교육의 전개와 갈등」 (성남: 한국정신문화연구원, 1982), p.18. 손인수는 당시에 기독교를 믿게 되는 신앙의 동기도 대부분이 독립을 위한 민족주의적인 동기였다고 주장하는데, 지식층 인사 뿐만 아니라 일반신도들도 구국운동을 전개하기 위하여 기독교의 믿음을 갖게 되었다는 것이다.

49) 한규원, 위의 책, p.70.

50) 이만열, 『한국기독교문화운동사』(서울: 대한기독교출판사, 1987), p.90-94.

51) 한규원, 「개화기 한국기독교 민족교육의 연구」 (서울: 국학자료원, 1997), p.233.

52) 『연동교회 100년사』 (서울: 연동교회, 1995), p.169.

53) 손인수, 위의 책, p.15-16.

54) 한규원, 「한국 기독교학교의 민족교육 연구」, p.156.

55) 위의 책.

56) 위의 책, p.71.

57) 위의 책, p.79.

58) 현채, 「유년필독」, 「유년필독범례」, 1907, p.140-141.

59) 한규원, 「한국 기독교학교의 민족교육 연구」, p.84.

60) 조용만 외 2인, 『일제하의 문화운동사』 (서울: 민중서관, 1970), 64.

61) 선교사들은 선교에 필수적인 찬송가를 편찬하였는데, 감리교의 존스 (George H. Jones)와 로드와일러(Louisa C. Rothweiler)가 1892년에 편찬한 『찬미가』, 언더우드(Horce C. Underwood)가 1893년에 편찬한 『찬양가』, 감리교에서 1895년에 편찬한 『찬미가』, 같은 해에 미국북장로교 선교사 리 (Graham Lee)와 기포드(Mrs. M. H. Gifford)가 편찬한 『찬성시』 등이 선교 초기에 나온 찬송가이었다.(한규원, 「개화기 한국기독교 민족교육의 연구」, p.313.)

62) 손인수, "한국근대 민족주의 교육운동 연구", p.18.

63) 한규원, 위의 책, p.161.

64) 위의 책, p.162.

65) 손인수, 위의 책, p.22.

66) 위의 책, p.23.

67) 손인수, 『한국근대민족교육의 이념연구』 (서울: 문음사, 1983), p.249.

68) 한규원, 위의 책, p.144.

69) 대한매일신보, 제1권 제61호, 1907. 8. 8.

70) L. G. Paik, *The History of Protestant Missions in Korea*, p.329.

71) 손인수, 위의 책, p.25.

72) 한규원, 위의 책, p.148.

7장

* 이 글은 한국기독교학교연합회 50주년 기념 학술대회의 발제문이며, 「장신논단」 제22집(장로회신학대학교 출판부, 2004)에 발표되었다.

1) Patrick Slattery, *Curriculum Development in the Postmodern Era* (New York: Garland Publishing, 1995), 67.

2) Ibid., 68.

3) Ibid., 84. 필자는 전 근대, 근대, 후기 근대라는 시대구분을 강조하기 위해 슬래터리의 도표에서 첫째 줄과 둘째 줄의 순서를 바꾸어서 표기하였다.

4) 은준관, 『기독교교육현장론』(서울: 대한기독교출판사, 1988), p.308-312.

5) Stanley J. Grenz, *A Primer On Postmodernism* (Grand Rapids: Eerdmans, 1996), 4.

6) Rene Descartes, *Discourse on the Method*, part 4, trans. Laurence J. Lafleur (Indianapolis: Bobbs-Merrill, 1960), 24.

7) Grenz, *A Primer on Postmodernism*, 67.

8) 해리 스미스(Harry E. Smith)가 그의 책 '세속화와 대학'(Secularization and the University)에서 주장했던 '세계의 탈우상화'(deidolization)는 바로 이러한 교조주의로부터의 탈피로서의 세속화를 의미한다고 볼 수 있고, 이를 근대화의 과정으로 이해할 수 있을 것이다. 예컨대 '신비와 악령으로 휩싸였던 세계를 과학적 세계관의 영역 으로 변화시키고, 학교를 교권주의적 통제와 교회의 간섭으로부터 해방시키는 과정으로 인식하는 것이다. (Harry E. Smith, *Secularization and the University* (Richmond: John Knox Press, 1968), 67.

9) 은준관, 『기독교교육현장론』, p.355.

10) 이진우, 『포스트모더니즘의 철학적 이해』(서울: 서광사, 1993), 11.

11) Michael Polanyi, *Personal Knowledge: Towards a Post-Critical Philosophy* (Chicago: The University of Chicago Press,1974), 16.

12) Michael Polanyi, *The Tacit Dimension* (Garden City, New York: Doubleday, 1966), 4.

13) Polanyi, *Personal Knowledge*, 55.

14) Ibid., 55.

15) Ibid., 3.

16) Ibid., 6-7.

17) 슬로언에 의하면 Huston Smith가 이 개념을 처음 사용하였다. 스미스는 근대 과학은 규범적이고 내면적인 가치(normative and intrinsic values), 목적 (purpose), 지구적이고 실존적인 의미(global and existential meanings), 그리 고 질(qualities)을 다루지 않는다고 지적한다.

18) Ibid., 23.

19) Ibid., 167.

20) Ibid., 193.

21) Parker Palmer, *To Know As We Are Known: Education as a Spiritual Journey* (San Francisco: HarperSanFrancisco, 1993), XXiii.

22) Parker. Palmer, *The Courage to Teach: Exploring the Inner Landscape of a Teacher's Life* (San Francisco: Jossey-Bass Publishers, 1998), 66.

23) Palmer, *To Know As We Are Known*, 7.

24) Ibid., 17.

25) Ibid., 69.

26) 필자는 "기독교사, 그 부르심의 의미" 『다음 세대를 책임지는 기독교사』(서 울: 한국기독학생회출판부, 1999)에서 기독교사를 향한 하나님의 네 가지 부 르심을 첫째, 선교(mission)의 명령, 둘째, 성화(sanctification)의 명령, 셋째, 문 화명령(cultural mandate), 넷째, 이웃사랑과 사회적 책임(social responsibility) 의 명령으로 이해하고, 이들 각각을 '학원복음화' '교사의 영성' '기독교적 교과목 교수' '학생상담 및 교육개혁'과 연결지었다.

27) 은준관 교수에 의하면 해리 스미드(Harry Smith)의 접근은 이 유형에 속한다 고 할 수 있다. 해리스는 기독교학교의 세속화과정을 긍정적으로 이해하면 서, "기독교신앙과 신학적 견지에서 대학의 세속화와 지식의 폭발은 신앙에

위협이 아니라 오히려 세계를 알고 이해하고 또 추구하는 신의 명령 앞에 인간이 제시하는 응답적 현상"이라고 보았다. 즉 스미드는 대학의 과학적 연구와 학문의 우월성을 반기독교적인 것이 아니고 기독교적 의미를 지니는 것으로 본다.(은준관,『기독교교육현장론』, p.342-343.)

28) 찰스 맥코이(Charles McCoy)는 "얼마나 많은 지식을 쌓았는가가 아니라 그 지식과 기술을 어떻게 사회적으로 책임있게 사용할 수 있는가를 물어야 한다"고 주장한다. 기독교학교교육은 지식의 전달과 연구만이 아니라 의미있는 삶과 목적에로 학생들을 초청하여야 하며, 사회를 변화시킬 수 있는 교육이어야 한다는 것이다.(Ibid., p.345-346.)

29) Richard Niebuhr, *Christ and Culture*, 김재준 역,『그리스도와 문화』(서울: 대한기독교서회, 1998).

30) Arthur F. Holmes, *All Truth Is God's Truth*, 서원모 역,『모든 진리는 하나님의 진리이다』(서울: 크리스천 다이제스트, 1991).

31) Brian J. Walsh & J. Richard Middleton, *The Transforming Vision: Shaping a Christian World View*, 황영철 역,『그리스도인의 비전』(서울: 한국기독학생회출판부, 1987).

32) 박상진 외,『다음 세대를 책임지는 기독교사』, 17.

33) 기독교학교교육을 학교교육에 대한 기독교 세계관적 접근으로 이해할 때 몇 가지 극복해야할 과제가 있다. 첫째, 오직 하나의 기독교 세계관 논의만을 주장하는 한계를 극복해야 한다. 물론 하나님의 관점은 절대적이다. 그러나 한 교파나 한 개인의 세계관을 절대화시키게 되면 일종의 주의(ism)로 전락하게 된다. 둘째, 성경을 어떻게 해석하느냐와 기독교 세계관은 밀접히 관련을 맺고 있다. 기독교 세계관은 성경적 세계관(Biblical worldview)과 동일시할 수 있는데, 성서해석과 신학적 입장에 따라 기독교 세계관의 성격이 다를 수 있음을 인정해야 한다. 셋째, 명제주의의 오류를 극복해야 한다. 세계관을 명제주의적으로 이해하면 실천과 괴리된 담론이 될 수 있고 관념론에 빠질 수 있다. 넷째, 세계관은 'view'를 강조하는 시각주의에 빠질 위험이 있는

데 이를 극복해야 한다. 객관주의적 인식론이 그러하듯 자신은 참여하지 않은 채 관객주의적 조망만 하는 오류를 범해서는 안된다. 기독교 세계관 논의는 폐쇄되어서는 안되고 서로의 관점을 이해하려고 노력하면서 무엇이 '기독교적'인지를 함께 찾아가는 공동체적 여정이 되어야 할 것이다.

34) Norman De Jong, *Education In the Truth*, 신청기 역, 『진리에 기초를 둔 교육』 (서울: 생명의 말씀사, 1985), 51.

35) Grenz, *A Primer on Postmodernism*, 167.

8장

* 이 글은 『하나님의 나라와 경건』(서울: 한국장로교출판사, 2005)에 수록된 것을 수정, 보완한 것이다.

1) 『동아 새국어사전』 147.

2) 이수영, "깔뱅에 있어서의 경건의 개념" 『교회와 신학』, 제27집, 1995, 350.

3) 노영상, 『경건과 윤리』 (서울: 성광문화사, 1994), 90.

4) 이수영, 365.

5) Joseph Richard, *The Spirituality of John Calvin*, 한국칼빈주의연구원 역, 『칼빈의 영성』(서울: 기독교문화사, 1986), 169.

6) 배경식, 『경건과 신앙』 (서울: 한국장로교출판사, 1998), 13.

7) 위의 책, 40-41.

8) Neil Postman, 차동춘 역, 『교육의 종말: 무너지는 교육 이대로 둘 것인가』(서울: 문예출판사, 1999).

9) 좋은교사운동, 《좋은교사》, 2005. 5월호. 특집, "학교는 얼마나 정직한가" 46-75.

10) Parker Palmer, *To Know as We Are Known*, 이종태 역, 『가르침과 배움의 영성』(서울: IVP, 2000), 19.

11) 노영상, 74-75.

12) Calvin, *Institutes of the Christian Religion*, 1.2.1.

13) B. A. Gerrish, *Grace & Gratitude: The Eucharistic Theology of John Calvin* (Minneapolis: Fortress, 1993), 68.

9장

* 이 글은 제1회 기독교학교교육연구소 심포지움 '한국에서의 종교교육 자유의 현실과 과제' (2006)에서 발표되었다.

1) 서울시 교육청은 지난 2006년 5월 16일 9개항에 달하는 '종교 관련 교육과정 지침 준수 철저' 라는 공문을 일선 학교에 보내었고, 6월 5일에 이 중 세부항목은 축소하되 기본원칙을 강조하는 '2006 종교교육 활동 관련 유의사항 및 장학지도 계획 알림' 이라는 공문을 재차 발송하였다. 수정된 공문은 '공립학교 내에서 특별활동 시 특정 종파 교육 금지' 로 규정함으로써 종교계 사립학교에서의 특별활동에 대해서는 종교활동을 허용하고 있다는 점에서는 차이가 있으나, 종교과목 개설시 복수과목 편성이나 종교활동에 있어서 학생의 선택과 자율적 참여보장을 요구하고 있다는 점에서 그 기본 입장은 크게 다르지 않다.

2) 민법 913조 참조.

3) 강인수, 『교육법연구』(서울: 문음사, 2003), 58-59.

4) 리차드 에들린은 그의 책 『기독교교육의 기초』에서 이 점을 다음과 같이 분명

히 밝히고 있다. "정부는 교육에 대한 궁극적인 책임을 가지고 있지 않으며 교사 역시 그러한 책임의 주인공이 아니다. 이러한 책임을 행하기 위해 하나 님께 부르심을 받은 자는 다름 아닌 부모들이란 것이다. 물론 자녀를 교육함에 있어 부모들은 교회 공동체나 다른 사람들의 도움을 받을 수 있다. 하지만 부모들은 자녀 교육에 있어서 언제나 가장 우선적인 책임과 권위를 가지게 된다."(Richard J. Edlin, *The Cause of Christian Education*, 기독교학문연구회 교육학분과 역, 『기독교교육의 기초』(서울:그리심, 2004), 139.

5) 성낙인은 종교의 자유를 신앙의 자유, 종교적 행위의 자유, 그리고 종교적 집회 결사의 자유로 분류하고 있다. 신앙의 자유에는 종교선택, 종교변경(개종), 무종교의 자유와 신앙고백의 자유가 포함되며, 종교적 행위에는 신앙을 외부에 나타내는 모든 의식, 축전(기도, 예배, 독경) 등이 포함된다. 그리고 종교적 행위의 자유에는 종교의식의 자유, 선교의 자유, 그리고 종교교육의 자유가 포함된다.(성낙인, "종교의 자유과 학교에서의 종교교육" 비교법실무연구회 편, 『판례실무연구 Ⅱ』 (서울: 박영사, 1998), 31.)

6) 평준화정책의 위헌성에 대해서는 강인수 교수도 그의 책 『교육법 연구』에서 다음과 같이 주장하고 있다. "중학교 무시험추첨입학제와 고교의 학교배정 등으로 중ㆍ고등학교의 신입생이 감독청에 의해 일괄 배정됨에 따라 사학기관의 종교교육은 많은 문제점을 갖게 된다. 즉 학교의 교육과정에서 종전과 같이 종교과목을 정규 교과과정으로 하여 수업하거나 평가할 수 없게 되었고 또한 학생은 헌법상의 종교의 자유가 보장되고 있지만 자기의 종교적 신앙에 적합한 학교를 선택할 자유가 없고 부모도 자녀의 학교교육에서 종교교육을 받게 하기 위해 학교를 선택할 자유가 실현될 수 없다. 이같은 문제들은 헌법이 보장하는 종교의 자유에 대한 위헌성을 갖는 것이다."(강인수, 『교육법 연구』(서울: 문음사, 2003), 65.)

안기성은 우리나라의 경우, 공교육제도의 확산에 따라 "중등교육 단계의 입학제도가 종교설립의 종파학교에까지 그 관할권을 확대함으로써 아동들의 종교의 선택이나 종교교육이 본인 의사나 종교적 입장에 반하여 강제되는 사

례를 남기게 됨으로써 양심 또는 종교의 자유를 침해할 수도 있다는 아슬아슬
한 상황에 부딪혀 학교법제에서의 정교분리에 대한 관찰은 중요한 의의를 가
질 수가 있는 것"이라고 주장하며 평준화제도가 지니는 '종교교육의 자유'의
침해에 대해 깊은 우려를 하고 있다.(안기성, 『교육법학연구』(서울: 고려대학
교출판부, 1994), 157.)

7) 이 판결의 요지는 "기독교재단이 설립한 사립대학이 학칙으로 대학예배의 6
학기 참석을 졸업요건으로 정한 경우, 위 대학교의 대학예배는 목사에 의한
예배뿐만 아니라 강연이나 드라마 등 다양한 형식을 취하고 있고 학생들에
대하여도 예배시간의 참석만을 졸업의 요건으로 할 뿐 그 태도나 성과 등을
평가하지는 않는 사실 등에 비추어 볼 때, 위 대학교의 예배는 복음 전도나 종
교인 양성에 직접적인 목표가 있는 것이 아니고 신앙을 가지지 않을 자유를
침해하지 않는 범위 내에서 학생들에게 종교교육을 함으로써 진리, 사랑에 기
초한 보편적 교양인을 양성하는 데 목표를 두고 있다고 할 것이므로, 대학예
배에의 6학기 참석을 졸업요건으로 정한 위 대학교의 학칙은 헌법상 종교의
자유에 반하는 위헌무효의 학칙이 아니다"라고 보았다.

8) 사립학교가 평준화 제도 안에서 '준공립' 학교의 성격을 띠는 것도 학원선교
의 측면에서 보면 매우 의미있는 일이다. 왜냐하면 학생들이 배정되어 입학
하기에 '비기독교' 학생들이 많은 비중을 차지할 수 밖에 없고, 이는 그만큼
선교의 대상이 많음을 의미하기 때문이다. 전폭적인 학원선교를 행하기에는
많은 제약이 따르지만, 제한된 범위 안에서 간접적인 선교의 방식으로 접근하
되, 분명한 목적의식을 갖는다면 이것도 '미션스쿨'의 중요한 한 형태가 될
수 있다.

9) Michael Polanyi, *Personal Knowledge: Towards a Post-Critical Philosophy*
(Chicago: Univ. of Chicago Press, 1974), 16.

10) 미국에서는 최근 그동안 지나치게 공교육에서 종교적 요소를 제거하기만 한
것에 대한 반성과 함께, 이제는 공교육에서 종교를 다시금 가르쳐야 한다는
움직임이 일고 있다. Stephen H. Webb, *Taking Religion to School: Christian*

Theology and Secular Education (Grand Rapids: Brazos Press, 2000), 59.

11) http://kirf.or.kr

10장

1) 2002년 12월 31일 현재 중고등부 교회학교 학생수가 17만 1,196명으로서 아동
   부나 청년부보다도 더 심각한 감소현상을 보이고 있다.(기독공보 2003. 8.30)

2) Ralph W. Tyler, *Basic Principles of Curriculum and Instruction* (Chicago: The
   Univ. of Chicago Press, 1949), 104-128.

3) 김신일, 『교육사회학』 (서울: 교육과학사, 1993), 191-204.

4) Ronald Dore, *The Diploma Disease: Education, Qualification and Development*
   (Berkeley: The Univ. of California Press, 1976).

5) 조선일보 2001. 5. 21.

6) Howard Gardner, *Multiple Intelligence: The Theory in Practice*, 김명희, 이경희
   역, 『다중지능의 이론과 실제』 (서울: 양서원, 1998).

11장

1) 동아일보, 2006. 5. 12.

2) 한국교육개발원의 설문조사에 의하면 조기유학을 보내는 이유로서 영어능력과 특기 향상이 가장 높았고(36.4%, 이하 복수응답), 학교교육에 대한 불만족(35.5%), 과다한 사교육비(34.0%), 학벌위주사회와 대입경쟁(24.5%), 한국의 미래가 불투명하기 때문(11.0%) 순으로 나타났다. 반면 조기유학의 부작용으로는 부적응으로 인한 탈선 가능성(34.8%), 유학비 부담과 외화낭비(18.5%), 가족해체로 인한 가정불안(17.7%), 빈부간 위화감 조성(10.3%), 한국인의 정체성 상실(10.1%) 등으로 열거되었다(한국교육개발원, "한국교육의 현실과 조기유학의 명암", 교육포럼자료집, 2001. 3. 30).

3) 조선일보 2002. 1. 15.

4) 윤철경, 『학교붕괴 실태 및 대책 연구』(서울: 한국청소년개발원, 1999).

5) 조선일보, 1999. 8. 24. 송인수는 '조선일보'를 필두로 한 중앙일보, 동아일보의 '공교육 위기론'은 교육의 부정적인 모습이 잘못된 정부 정책에 기인하는 것으로 인식하게 만드는 정치적 의도를 지녔다고 비판한다. (송인수, "2001 교육살리기 운동의 내용과 실천방안", 흥사단, '교육살리기 운동' 토론회 발제문, 2001. 6. 4.) 그러나 심도의 차이가 있고 해석의 차이가 있다 하더라도 학교현장이 과거와는 다른 위기적 상황을 맞고 있다는 현실 진단에 대해서는 이의가 없을 것이다.

6) 김호권, "학교붕괴: 그 현실과 의미", 김호권, 이성진, 이상주 편, 『학교가 무너지면 미래는 없다』(서울: 교육과학사, 2000), 14-17.

7) 이미나는 학교붕괴 현상을 '문화지체' (cultural lag) 현상에 빗대어 '학교지체' 현상으로 이해하고 있다. 그녀는 오늘날 학교가 정보사회에 뒤쳐져 ① 지식정보 제공자의 독점적 위치를 상실한 학교, ② 기업개념의 변화에 부응하지 못하는 학교, ③ 학력사회적 행태를 답습하는 학교, ④ 지식근로자를 키울 준비가 안된 학교가 되어가고 있다고 진단한다. (이미나, "정보사회에 뒤쳐진 학교", 『학교가 무너지면 미래는 없다』, 139-159.)

8) 미국의 경우, 대부분의 공립학교는 우리나라와 마찬가지의 문제점을 지니고 있다. '초점을 맞추어 교육'하는 경우는 사립학교와 일부 공립학교에 제한된

다고 할 수 있다. 황용길 교수는 이 점에서 미국의 공교육을 모방하는 한국의 교육정책을 통렬히 비판하고 있다. (황용길, 『부자교육 가난한 교육』(서울: 조선일보사, 2001) 참조)

9) 한준상, 『생각하는 학교, 꿈꾸는 아이들』(서울: 학지사, 1997), p.32

10) 김신일 외, 『시민의 교육학』(서울: 한길사, 1995), p.32-33.

11) 앞의 책, p.37.

12) 교육인적자원부에 의하면 2000년도 한국의 초중고생 사교육비 1인당 년 평균이 133만 5,000원이며 가구당 연지출은 184만원(서울 강남지역은 438만원)으로서 1년 총 과외비만도 7조 1,276억 원에 이르는데 이는 GDP대비 1.38%에 해당한다(동아일보 2002. 2. 1).

13) 박상진, "21세기의 학교와 기독교교육", 총회교육 100년을 위한 기독교교육 전문가 대회 자료집, 2001, p.319.

13장

1) 이 좌담의 글은 《좋은교사》 제24호(2002년 8월호)에 게재되었던 내용임을 밝힌다.

14장

* 이 글은 「장신논단」 제18집(장로회신학대학교 출판부, 2002)에 발표되었다.

1) 이진우, 『포스트모더니즘의 철학적 이해』(서울: 서광사, 1993), 11.

2) Stanley J. Grenz, *A Primer On Postmodernism* (Grand Rapids: Eerdmans, 1996), 4.

3) Rene Descartes, *Discourse on the Method*, part 4, trans. Laurence J. Lafleur (Indianapolis: Bobbs-Merrill, 1960), 24.

4) Grenz, *A Primer on Postmodernism*, 67.

5) Ibid., 123.

6) Ibid., 131.

7) Michel Foucault, *Discipline and Punish: The Birth of the Prison*, trans. Alan Sheridan (New York: Vintage Books, 1977), 27-28.

8) Grenz, 141.

9) Ibid., 144.

10) Richard Rorty, *Philosophy and the Mirror of Nature* (Princeton: Princeton Univ. Press, 1979), 316.

11) 이문균, 『포스트모더니즘과 기독교 신학』(서울: 대한기독교서회, 2000), 78.

12) Grenz, 44.

13) 이문균, 80.

14) William E. Doll, Jr., *A Post-modern Perspective on Curriculum*, 김복영 역, 『교육과정과 포스트모더니즘의 시각』(서울: 교육과학사, 1997), 57.

15) 이문균, 75-78.

16) William Doll, 93-104.

17) Ibid., 5.

18) 하워드 가드너가 1983년에 출판한 『*Frames of Mind: The Theory of Multiple Intelligences*』에서는 7가지 지능을 소개하지만, 그가 1996년에 출판한 『*Intelligence: Multiple Perspectives*』에서는 9가지 지능을 열거하고 있다.

19) Howard Gardner, *Multiple Intelligences: The Theory in Practice*, 김명희, 이경희 역, 『다중지능의 이론과 실제』(서울: 양서원, 1998), 45.

20) Ibid., 44-45.

21) Ibid., 46.

22) Ibid.

23) Ibid., 42.

24) Thomas Armstrong, *Multiple Intelligences in the Classroom* (Alexandria, VA: ASCD, 1994), 3.

25) Gardner, *Multiple Intelligences*, 48.

26) Ibid., 49.

27) Armstrong, 3.

28) Gardner, *Multiple Intelligences*, 51.

29) 손원영, 『기독교교육의 재개념화』(서울: 대한기독교서회, 2002), 152.

30) Armstrong, 65-85.

31) Elliot W. Eisner, *The Educational Imagination*, 2d ed. (New York: Macmillan, 1985), 61-86.

32) Elliot W. Eisner, *Cognition and Curriculum Reconsidered*, 2d ed. (New York: Teachers College Press, 1994), ix.

33) Elliot W. Eisner, *Cognition and Curriculum*, 김대현, 이영만 역, 『표상형식의 개발과 교육과정』(서울: 교육과학사, 1994), 55-57.

34) Ibid., 56.

35) Michael Polanyi, *Personal Knowledge: Towards a Post-Critical Philosophy* (Chicago: The University of Chicago Press, 1974), 16.

36) John H. Westerhoff III, *Will Our Children Have Faith?*, 정웅섭 역, 『교회의 신앙교육』(서울: 대한기독교서회, 1983), 32.

37) Ibid., 51.

38) Ibid., 87.

39) Ibid., 93-122.

40) Ibid., 17.

41) Ibid., 69.

42) '교실붕괴'에 대한 구체적인 논의는 김호권, 이성진, 이상주 편, 『학교가 무너지면 미래는 없다』(서울: 교육과학사, 2000)를 참고하기 바람.

43) Grenz, 163.

44) Ibid., 164.

45) Ibid., 165-166.

46) Ibid., 167.

47) Ibid., 170.

48) Ibid., 172.

49) Ibid., 172.

50) 여기에서의 '인식론'은 존재론(ontology)과 분리된 인식론(epistemology)을 의미하는 것이 아니고, 삶(being)과 분리된 앎(knowing)에 대한 것이 아니다. 그러한 인식론은 로티가 그 자체로 근대주의의 특징으로 이해한 것이며 따라서 '인식론으로부터 해석학(hermeneutics)으로' 전환되어야 함을 주장했던 것이다. 여기에서의 인식론은 '존재론적 인식론'(ontologic-epistemology)으로 이해될 수 있을 것이다.

51) Rorty, 166.

52) Palmer, 47.

* 이 글은 「기독교커뮤니케이션」(서울: 예영커뮤니케이션, 2004)에 수록된 것을 수정, 보완한 것이다.

1) 홍기선, 『인간커뮤니케이션』(서울: 나남출판사, 2002), 16.

2) 김정탁, 『미디어와 인간』(서울: 커뮤니케이션북스, 1998), 100.

3) 홍기선, 『인간커뮤니케이션』, 15.

4) 김정탁, 『미디어와 인간』, 101-102.

5) Ralph W. Tyler, *Basic Principles of Curriculum and Instruction* (Chicago: The University of Chicago Press, 1949), 1-2.

6) 김정탁, 『미디어와 인간』, 102.

7) 맥루한도 인류의 역사를 커뮤니케이션의 발달에 따라 다음과 같이 시대구분하고 있다. 1. 문자이전시대: 언어에만 의존하던 구두커뮤니케이션 시대, 2. 문자사용시대: 음소문자(알파벳)와 표음문자(한자)를 언어와 함께 사용하던 시대, 3. 활자시대: 인쇄기 발명에 따라 개인주의가 발달하는 시대, 4. 전자미디어시대: 전보로부터 시작된 전자미디어가 주요 커뮤니케이션으로 등장한 신부족시대. 맥루한은 각 시대별로 커뮤니케이션 양식을 아래의 도표와 같이 비교, 분석하고 있다. (김정탁, 『미디어와 인간』, 165)

시대별 커뮤니케이션 양식의 특성

시대구분	커뮤니케이션 테크놀로지 문법	커뮤니케이션 특성	커뮤니케이션 감각비율	집단의 특성
문자이전시대	구어형식	복수감각형	균형적	부족화
문자사용시대		시각단일형	다소 균형적	
활자시대	인쇄형식	시각단일형	불균형적	탈부족화
전자미디어시대	전자형식	복수감각형	다소 균형적	재부족화

8) 위의 책, 113.

9) 위의 책, 167.

10) "지식을 입으로 전하는 데는 감정이 지성과 합해진다"(Pierre Babin, *The New Era in Religious Communication*, 유영난 역, 『종교커뮤니케이션의 새시대』(왜관: 분도출판사, 1993), 38.)

11) 집단(collective)과 공동체(community)를 구별하여야 한다. 집단 안에서는 여전히 개인주의(individualism)가 팽배하지만, 공동체 안에서는 개인주의와는 다른 인격주의(personalism)가 가능하다. (Maria Harris, *Fashion Me A People*, 고용수 역, 『교육목회 커리큘럼』(서울: 장로교출판사, 1997), 33-34. 참조)

12) Edgar Dale, *Audio-Visual Methods in Teaching* (New York: Ohil Univ. Dryden Press, 1950).

13) Pierre Babin, 『종교커뮤니케이션의 새시대』, 18.

14) "뉴미디어는 어느 한 시기에만 존재하는 절대적인 의미의 미디어를 뜻하는 것이 아니라 미디어발전 단계에 따라서 모든 시기에 존재하는 상대적인 의미의 미디어를 의미한다. 결국 현재 우리가 뉴미디어라고 일컫는 미디어들은 일종의 멀티미디어인 셈이다. … 따라서 다양한 미디어들이 새로운 커뮤니케이션 기술에 의해서 통합된 미디어를 일반적으로 일컫는 뉴미디어라는 용어는 이제는 반드시 멀티미디어라는 용어로 대체되어야 마땅하다." 김정탁, 『미디어와 인간』, 57)

15) 뉴미디어는 마샬 맥루한(Marshall McLuhan)이 기존의 정치적, 미학적 질서를 전복하는 두 가지 기술 혁명으로 본, 15세기 중반에 이루어진 활판 인쇄술의 발명과 19세기 후반에 나타난 전기의 새로운 이용 방식들(전신, 전화, 텔레비전, 컴퓨터 등) 중 후자를 지칭하는 것으로 기존의 문자(인쇄) 미디어와 대비되는 개념이라고 할 수 있다. (Marshall McLuhan, *Understanding Media*, 김성기, 이한우 역, 『미디어 이해』(서울: 민음사, 2002), 8. 참조)

16) Pierre Babin, 이영숙 편역, 『디지털시대의 종교』(서울: 한경PC라인, 2000), 44.

17) Ibid., 63.

18) Ibid., 94.

19) Pierre Babin, 『종교 커뮤니케이션의 새 시대』, 25.

20) Ibid., 25-26.

21) 바뱅의 '형상' 개념은 폴라니의 '초점적 인식'(focal awareness)과 통하고, 바뱅의 '바탕' 개념은 폴라니의 '보조적 인식'(subsidiary awareness), 또는 '암묵적 요소'(tacit dimension)와 매우 밀접한 연관성을 지닌다. 이는 뉴미디어 인식론과 인격적 지식론이 연계되어 포스트모던 인식론을 형성할 수 있는 가능성을 보여준다.

22) Babin, 『디지털시대의 종교』, 108.

23) 바뱅은 "훌륭한 교육학을 통해 형상을 강화함으로써 문제 해결을 기대할 것인가? 그것은 환상이다"라고까지 말한다.(Babin, 『디지털시대의 종교』, 134) 바탕의 중요성을 강조한 그의 입장에는 공감하지만 교육학 자체를 형상의 범주와 동일시함으로써, 교육학이 형상과 바탕을 함께 강조할 수 있는 가능성을 배제한 것은 동의할 수 없다. 왜냐하면 전통적인 교육학은 교수학에 머무르는 한계를 지녀 형상만을 강조하는 경향을 지녔지만 진정한 교육학은 학생들에게 일어나는 모든 변화를 설명할 수 있어야 하고, 이런 점에서 형상과 바탕을 포함하기 때문이다.

24) Ibid., 202.

25) Ibid., 112.

26) Palmer, 47.

16장

1) 통계청, '인구주택총조사', 2006. 5.

2) 이문균, 『포스트모더니즘과 기독교 신학』(서울: 대한기독교서회, 2000), 78.

3) Stanley Grenz, *A Primer on Postmodernism* (Grand Rapids: Eerdmans, 1996), 44.

4) Mark Johnson, *The Body in the Mind: The Bodily Basis of Meaning, Imagination, and Reason* (Chicago: The University of Chicago Press, 1987), xiv.

5) 신국원, 『포스트모더니즘: 우리 시대의 사상과 문화에 대한 기독교적 조망』(서울: 한국기독학생회 출판부, 1999), 106.

참고문헌

강인수, 『교육법연구』, 서울: 문음사, 2003.

곽안전, 『한국교회사』, 서울: 대한기독교서회, 1973.

국사편찬위원회 편, 『한국사 20: 근대 문화의 발생』, 서울: 국사편찬위원회, 1977.

국사편찬위원회, 『한국독립운동사(I)』, 서울: 국사편찬위원회, 1967.

기독교사연합 편, 『다음 세대를 책임지는 기독교사』, 서울: IVP, 1999.

기독교학교협의회 편, 『기독교학교교육 제1집』, 서울: 목양사, 1988.

기독교학교협의회 편, 『기독교학교교육 제2집』, 서울: 목양사, 1990.

김기석 · 유방란, 『한국 근대교육의 태동』, 서울: 교육과학사, 1999.

김신일, 『교육사회학』, 서울: 교육과학사, 1993.

김신일 외, 『시민의 교육학』, 서울: 한길사, 1995.

김신일 · 이성진 편, 『우리가 꿈꾸는 아름다운 학교』, 서울: 교육과학사, 2002.

김인수, 『한국기독교회사』, 서울: 한국장로교출판사, 1994.

김정탁, 『미디어와 인간』, 서울: 커뮤니케이션북스, 1998.

김호권 · 이성진 · 이상주 편, 『학교가 무너지면 미래는 없다』, 서울: 교육과학사, 2000.

노영상, 『경건과 윤리』, 서울: 성광문화사, 1994.

문화관광부, 『2004청소년백서』, 2005.

박상진,『기독교교육과정 탐구』, 서울: 장로회신학대학교 출판부, 2004.

박용규,『평양대부흥운동』, 서울: 생명의말씀사, 2000.

배경식,『경건과 신앙』, 서울: 한국장로교출판사, 1998.

비교법실무연구회 편,『판례실무연구 Ⅱ』, 서울: 박영사, 1998.

손원영,『기독교교육의 재개념화』, 서울: 대한기독교서회, 2002.

손인수,『한국교육사연구(하)』, 서울: 문음사, 1998.

손인수,『한국근대민족교육의 이념연구』, 서울: 문음사, 1983.

신국원,『포스트모더니즘: 우리 시대의 사상과 문화에 대한 기독교적 조망』, 서울: 한국기독학생회 출판부, 1999.

안기성,『교육법학연구』, 서울: 고려대학교출판부, 1994.

연동교회,『연동교회 100년사』, 서울: 연동교회, 1995.

오인탁 외,『근대 민족교육의 전개와 갈등』, 성남: 한국정신문화연구원, 1982.

윤철경,『학교붕괴 실태 및 대책 연구』, 서울: 한국청소년개발원, 1999.

은준관,『기독교교육현장론』, 서울: 대한기독교서회, 1988.

이만규,『조선교육사(하권)』, 서울: 을유문화사, 1949.

이만열,『한국기독교문화운동사』, 서울: 대한기독교출판사, 1987.

이문균,『포스트모더니즘과 기독교 신학』, 서울: 대한기독교서회, 2000.

이종태,『대안교육과 대안학교』, 서울: 민들레, 2001.

이진우,『포스트모더니즘의 철학적 이해』, 서울: 서광사, 1993.

이형기,『하나님의 나라와 교회: 20세기 주요 신학의 종말론적 교회론』, 서울: 한들출판사, 2005.

장상호,『행동과학의 연구논리』, 서울: 교육과학사, 1983.

정웅섭,『현대 기독교교육의 과제와 방법』, 서울: 대한기독교서회, 1991.

조용만 외 2인,『일제하의 문화운동사』, 서울: 민중서관, 1970.

총신대 부설 기독교교육연구소 편,『기독교학교, 왜 필요한가』, 서울: 새한기획, 1998.

한국교육개발원,『초등학생의 생활 및 문화실태 분석』, KEDI 연구보고서, 2004.

한국교육개발원, 『한국교육의 현실과 조기유학의 명암』, 교육포럼자료집. 2001.

한국기독교역사연구소(편), 『한국기독교의 역사 I』, 서울: 기독교문사, 1997.

한규원, 『한국 기독교학교의 민족교육 연구』, 서울: 국학자료원, 2003.

한규원, 『개화기 한국기독교 민족교육의 연구』, 서울: 국학자료원, 1997.

한준상, 『생각하는 학교, 꿈꾸는 아이들』, 서울: 학지사, 1997.

현채, 『유년필독범례』, 1907.

홍기선, 『인간커뮤니케이션』, 서울: 나남출판사, 2002.

황용길, 『부자교육 가난한 교육』, 서울: 조선일보사, 2001.

Armstrong, Thomas, *Multiple Intelligences in the Classroom*, Alexandria, VA: ASCD, 1994.

Babin, Pierre, 이영숙 편역, 『디지털시대의 종교』, 서울: 한경PC라인, 2000.

Babin, Pierre, 유영난 역, 『종교커뮤니케이션의 새시대』, 왜관: 분도출판사, 1993.

Boys, Mary, 김도일 역, 『제자직과 시민직을 위한 교육』, 서울: 한국장로교출판사, 1999.

Brown, A. J., *Report of a Second Visit to China, Japan, and Korea*. 1909.

Burgess, Harold, 문창수 역, 『기독교교육론』, 서울: 정경사, 1984.

Burgess, Harold, *Models of Religious Education: Theory and Practice in Historical and Contemporary Perspective*, Nappanee: Evangel Publishing House, 2000.

Cable, E. M., *Minutes of Korea Mission, Methodist Episcopal Church*, 1904.

Dale, Edgar, *Audio-Visual Methods in Teaching*, New York: Ohil Univ, Dryden Press, 1950.

De Jong, Norman, 신청기 역, 『진리에 기초를 둔 교육』, 서울: 생명의 말씀사, 1985.

Descartes, Rene, *Discourse on the Method*, part 4, trans, Laurence J. Lafleur, Indianapolis: Bobbs-Merrill, 1960.

Doll, William, *A Post-modern Perspective On Curriculum*, New York: Teachers

College Press, 1993.

    Doll, William, 김복영 역, 『교육과정과 포스트모더니즘의 시각』, 서울: 교육과학사, 1997.

    Dore, Ronald, *The Diploma Disease: Education, Qualification and Development*, Berkeley: The Univ. of California Press, 1976.

    Edlin, Richard, 기독교학문연구회 교육학분과 역, 『기독교교육의 기초』, 서울: 그리심, 2004.

    Eisner, Elliot, *The Educational Imagination*, 2d ed. New York: Macmillan, 1985.

    Eisner, Elliot, *Cognition and Curriculum Reconsidered*, 2d ed. (New York: Teachers College Press, 1994.

    Eisner, Elliot, 김대현 · 이영만 역, 『표상형식의 개발과 교육과정』, 서울: 교육과학사, 1994.

    Foucault, Michel, *Discipline and Punish: The Birth of the Prison*. trans, Alan Sheridan. New York: Vintage Books, 1977.

    Gardner, Howard, 김명희 · 이경희 역, 『다중지능의 이론과 실제』, 서울: 양서원, 1998.

    Gerrish, B. A., *Grace & Gratitude: The Eucharistic Theology of John Calvin*, Minneapolis: Fortress, 1993.

    Green, E. Albert, 현은자 외 역, 『기독교세계관으로 가르치기』, 서울: CUP, 2000.

    Grenz, Stanley, *A Primer On Postmodernism*, Grand Rapids: Eerdmans, 1996.

    Grenz, Stanley, 신옥수 역, 『조직신학: 하나님의 공동체를 위한 신학』, 서울: 크리스챤 다이제스트사, 2003.

    Groome, Thomas, 이기문 역, 『기독교적 종교교육』, 서울: 대한예수교장로회총회교육부, 1983.

    Groome, Thomas, *Sharing Faith: A Comprehensive Approach to Religious Education & Pastoral Ministry*, N.Y.: HarperCollins, 1991.

    Harris, Maria, *Fashion Me A People: Curriculum in the Church*, Kentucky:

Westminster/John Knox Press, 1989.

　　Harris, Maria, 고용수 역,『교육목회 커리큘럼』, 서울: 한국장로교출판사, 1997.

　　Holmes, Arthur, *All Truth Is God's Truth*, Grand Rapids, MI.: Eerdmans, 1977.

　　Holmes, Arthur, 서원모 역,『모든 진리는 하나님의 진리이다』, 서울: 크리스챤 다
이제스트, 1991.

　　Holmes, Arthur, 이승구 역,『기독교세계관』, 서울: 도서출판 엠마오, 1985.

　　Ilich, Ivan, 심성보 역,『학교 없는 사회』, 서울: 도서출판 미토, 2004.

　　Johnson, Mark, *The Body in the Mind: The Bodily Basis of Meaning, Imagination,
and Reason*, Chicago: The University of Chicago Press, 1987.

　　McLuhan, Marshall, 김성기 · 이한우 역,『미디어 이해』, 서울: 민음사, 2002.

　　Moran, Gabriel, *Religious Education As A Second Language*, Birmingham, Ala.:
Religious Education Press, 1989.

　　Niebuhr, Richard, 김재준 역,『그리스도와 문화』, 서울: 대한기독교서회, 1998.

　　Paik, Lak-Geoon George, *The History of Protestant Missions in Korea*, Seoul: Yonsei
University Press, 1990.

　　Palmer, Parker, *To Know As We Are Known: Education as a Spiritual Journey*, San
Francisco: HarperSanFrancisco, 1993.

　　Palmer, Parker, 이종태 역,『가르침과 배움의 영성』, 서울: IVP, 2000.

　　Palmer, Parker, *The Courage to Teach: Exploring the Inner Landscape of a
Teacher's Life*, San Francisco: Jossey-Bass Publishers, 1998.

　　PCUSA, Annual Report, 1909.

　　Polanyi Michael, *Personal Knowledge: Towards a Post-Critical Philosophy*, Chicago:
University of Chicago Press, 1962.

　　Polanyi, Michael, *The Tacit Dimension. Garden City*, New York: Doubleday, 1966.

　　Postman, Neil, 차동춘 역,『교육의 종말: 무너지는 교육 이대로 둘 것인가』, 서울:
문예출판사, 1999.

　　Richard, Joseph, 한국칼빈주의연구원 역,『칼빈의 영성』, 서울: 기독교문화사,

1986.

Rorty, Richard, *Philosophy and the Mirror of Nature*, Princeton: Princeton Univ. Press, 1979.

Sire, James, 김헌수 역, 『기독교세계관과 현대사상』, 서울: IVP, 1995.

Slattery, Patrick, *Curriculum Development in the Postmodern Era*, New York: Garland Publishing, 1995.

Sloan, Douglas, *Insight-Imagination: The Emancipation of Thought and the Modern World*, Westport, Conn.: Greenwood Press, 1983.

Smith, Harry, *Secularization and the University*, Richmond: John Knox Press, 1968.

Tyler, Ralph, *Basic Principles of Curriculum and Instruction*, Chicago: The Univ. of Chicago Press, 1949.

Underwood, H. H., *Modern Education in Korea*, New York: International Press, 1926.

Underwood, Horace, 이광인 역, 『한국개신교수용사』, 서울: 일조각, 1989.

Underwood, Horace, *Modern Education in Korea*, New York: International Press, 1926.

Walsh, Brian. & Richard Middleton, 황영철 역, 『그리스도인의 비전』, 서울: 한국기독학생회출판부, 1987.

Webb, Stephen, *Taking Religion to School: Christian Theology and Secular Education*, Grand Rapids: Brazos Press, 2000.

Westerhoff, John, 정웅섭 역, 『교회의 신앙교육』, 서울: 대한기독교서회, 1983.

기독교학교교육연구소 창립취지문

오늘날 한국교육은 수많은 사람들에게 고통을 주고 있다. 입시위주의 교육체제와 그릇된 교육정책으로 인한 고통은 물론, 자살과 학교폭력, 그리고 조기유학 현상 등으로 인한 상처가 깊어가고 있다. 이러한 왜곡된 교육의 현실 앞에서 한국교회가 교육의 희망과 비전을 제시하지 못하였음을 깊이 반성하고 회개하며, 교육에 대한 기독교적 대안을 제시해야 할 책무성을 다시금 절감한다. 한국교회사 초기에 교회가 학교를 설립하여 교육구국운동에 앞장섰던 그 정신을 이어받아, 한국교회가 교육의 영역에서 하나님 나라를 회복함으로 한국교육의 희망이 되고자 한다.

지금까지 설립된 기독교학교가 이 사명을 보다 성실히 감당하며, 더 많은 기독교학교가 세워지고 명실상부한 기독교학교교육이 이루어지도록 하기 위해서, 이제 우리는 기독교학교교육연구소를 설립하고자 한다. 기독교학교교육연구소는 기독교학교와 기독교학교운동의 지원체제로서, 기독교학교의 정체성과, 그 신학적, 철학적, 교육학적 기초를 탐구하여 올바른 방향을 제시하며, 기독교학교의 커리큘럼 및 교재개발, 교육방법 및 교육행정, 그리고 기독교교육과 관련된 교육정책연구 등을 통해 한국교육에 대한 기독교적 대안을 제시하는 데에 그 목적이 있다. 한국교회가 기독교학교들과 더불어 연합하고 협력함으로 이 사명을 감당할 것을 촉구하며, 한국교회의 교육적 관심이 교회교육의 차원에 머무르지 않고 학교교육의 현실을 변화시키고, 궁극적으로 모든 영역에서 하나님 나라를 실현하는 데까지 나아가기를 소망한다.